社会主义先进文化建设的深圳探索与理论研究

陈秋明 谭属春 主编

商务印书馆
2018年·北京

图书在版编目(CIP)数据

社会主义先进文化建设的深圳探索与理论研究 / 陈秋明，谭属春主编. — 北京：商务印书馆，2018
ISBN 978-7-100-16840-3

Ⅰ. ①社… Ⅱ. ①陈… ②谭… Ⅲ. ①社会主义－文化事业－建设－研究－深圳 Ⅳ. ①G127.653

中国版本图书馆CIP数据核字 (2018) 第261859号

权利保留，侵权必究。

社会主义先进文化建设的深圳探索与理论研究
陈秋明　谭属春　主编

商 务 印 书 馆 出 版
（北京王府井大街36号　邮政编码100710）
商 务 印 书 馆 发 行
艺堂印刷（天津）有限公司印刷
ISBN　978-7-100-16840-3

2018年12月第1版	开本 710×1000　1/16
2018年12月第1次印刷	印张 28

定价：69.00元

目 录

叙　论 ………………………………………………………………… 1

第一章　深圳先进文化形成的文化渊源 ………………………… 49
　第一节　中华优秀传统文化与深圳先进文化的形成 …………… 49
　第二节　革命文化与深圳先进文化的形成 ……………………… 61
　第三节　外域文化与深圳先进文化的形成 ……………………… 72

第二章　深圳先进文化形成的实践基础 ………………………… 84
　第一节　经济改革发展实践与深圳先进文化的形成 …………… 84
　第二节　政治改革发展实践与深圳先进文化的形成 ………… 100
　第三节　文化发展实践与深圳先进文化的形成 ……………… 110
　第四节　社会建设实践与深圳先进文化的形成 ……………… 124
　第五节　生态建设实践与深圳先进文化的形成 ……………… 138

第三章　深圳先进文化形成发展的历史进程 ………………… 150
　第一节　初创奠基和改革开放局部推进阶段的深圳先进
　　　　　文化建设（1978年—1985年）……………………… 150
　第二节　经济转型发展和改革开放全面推进阶段的深圳
　　　　　先进文化建设（1986年—1992年）………………… 163
　第三节　增创新优势与跨越式发展阶段的深圳先进
　　　　　文化建设（1993年—2002年）……………………… 168

第四节　深化改革开放和全面发展阶段的深圳
先进文化建设（2003年—2012年）……………… 180
第五节　新时代的深圳先进文化建设（2013年—　）………… 192

第四章　深圳社会主义文化建设的基本内容…………………… 213
第一节　坚持马克思主义的指导地位………………………… 213
第二节　培育和践行社会主义核心价值观…………………… 227
第三节　深圳道德水平的提升………………………………… 247
第四节　深圳文化事业的繁荣和文化产业的发展…………… 266
第五节　弘扬法治精神，建设先进法治文化………………… 276
第六节　深圳精神的形成……………………………………… 289

第五章　深圳先进文化的基本特性……………………………… 309
第一节　一元主导与多元发展的统一………………………… 309
第二节　传统与现代的统一…………………………………… 320
第三节　科学精神与人文精神的统一………………………… 334
第四节　立足本土与面向世界的统一………………………… 346

第六章　深圳先进文化的历史作用……………………………… 360
第一节　深圳先进文化推动改革开放进程…………………… 360
第二节　深圳先进文化促进深圳社会和谐…………………… 370
第三节　深圳先进文化提升深圳城市形象…………………… 379
第四节　深圳先进文化助力市民自由全面发展……………… 387

第七章　深圳先进文化建设的主要经验………………………… 397
第一节　坚持党对先进文化建设的领导……………………… 397
第二节　实现改革开放与先进文化建设的良性互动………… 407
第三节　发挥人民群众在先进文化建设中的主体作用……… 416

第四节　综合创新实现深圳社会主义先进文化发展……………… 422

参考文献………………………………………………………… 430
后　记…………………………………………………………… 438

叙　论

一、文明、文化和先进文化

习近平总书记在中国文联十大、中国作协九大开幕式上的讲话，引用了毛泽东1940年曾说过的一段话："我们不但要把一个政治上受压迫、经济上受剥削的中国，变为一个政治上自由和经济上繁荣的中国，而且要把一个被旧文化统治因而愚昧落后的中国，变为一个被新文化统治因而文明先进的中国。"[①] 显然，经济上的繁荣、文化上的先进，是中国革命建设的两个重要目标。

"没有文明的继承和发展，没有文化的弘扬和繁荣，就没有中国梦的实现。"[②] "文明特别是思想文化是一个国家、一个民族的灵魂。"[③] 当前，我国社会主要矛盾的主要方面已经由原来生产力落后转化为发展的不平衡不充分，先进文化对于这一矛盾的解决具有至关重要的作用，因此加强文化建设也自然而然地成为解决矛盾的重要着力点和关键抓手之一。

（一）"文明""文化"概说

汉语中"文明"一词主要有三个义项。一为"光明，有文采"；二是"文治教化"；三指"社会进步，有文化的状态"，与"野蛮"相对。[④] "文化"则有四个义项：一是"广义指人类在社会实践过程中所获得的物质、

[①] 《毛泽东选集》第2卷，人民出版社1991年版，第663页。
[②] 习近平：《在联合国教科文组织总部的演讲》，《人民日报》2014年3月28日第3版。
[③] 习近平：《在纪念孔子诞辰二千五百六十五周年国际学术研讨会暨国际儒学联合会第五届会员大会开幕式上的讲话》，人民出版社2014年版，第9页。
[④] 参见夏征农、陈至立主编：《辞海（第六版彩图本）》，上海辞书出版社2009年版，第2382页。

精神的生产能力和创造的物质、精神财富的总和;狭义指精神生产能力和精神产品,包括一切社会意识形式如自然科学、技术科学、社会意识形态。有时又专指教育、科学、文学、艺术、卫生、体育等方面的知识与设施"。二是"泛指一般知识,包括语文知识,如'学文化'即指学习文字和求取一般知识"。三是"中国古代封建王朝所施的文治和教化的总称"。四是"考古学上指同一个历史时期的不依分布地点为转移的遗迹、遗物的综合体。同样的工具、用具,同样的制造技术等,是同一种文化的特征"。①

单就"文明"一词而言,日本近代学者福泽谕吉(1835—1901)在其《文明论概略》一书中指出:"文明之为物,是极难形容的……文明的含义,既可以作广义讲,又可以作狭义解释。或按狭义来说,就是单纯地以人力增加人类的物质需要或增多衣食住的外表装饰。若按广义解释,那就不仅在于追求衣食住的享受,而且要砺志修德,把人类提高到高尚的境界。……文明是一个相对的词,其范围之大是无边无际的,因此只能说它是摆脱野蛮状态而逐步前进的东西。"② 德国当代学者诺贝特·埃利亚斯(Norbert Elias,1897—1990)也认为,要用几句话来囊括文明的所有含义是不可能的。立足西方社会的研究,他强调:"这一概念表现了西方国家的自我意识,或者也可以把它说成是民族的自我意识。它包括了西方社会自认为在最近两三百年内所取得的一切成就,由于这些成就,他们超越了前人或同时代尚处'原始'阶段的人们。西方社会正是试图通过这样的概念来表达他们自身的特点以及那些他们引以为自豪的东西,他们的技术水准,他们的礼仪规范,他们的科学知识和世界观的发展等等。"③ 尽管如此,埃利亚斯也指出:"'文明'一词的含义在西方国家各民族中各不相同。……在德国,人们用'文化'而不是'文明'来表现自我,来表现对自身特点及成就所感到的骄傲。""英、法语言中的'文明'可以指成就,也可以指人的

---

① 参见夏征农、陈至立主编:《辞海(第六版彩图本)》,上海辞书出版社2009年版,第2379页。
② [日]福泽谕吉:《文明论概略》,北京编译社译,商务印书馆1959年版,第30页。
③ [德]埃利亚斯:《文明的进程:文明的社会起源和心理起源的研究》第一卷(西方国家世俗上层行为的变化),王佩莉译,生活·读书·新知三联书店1998年版,第61—62页。

行为、举止而不论有否成就"。①

　　我国"文明"一词的现代用法，在某种意义上也可以说是源自西方，特别是作为与"野蛮"相对立的"社会进步，有文化的状态"及其成果这一具体含义使用时，更是如此。然而我们也需要注意，在西方，文明含有碎片化特征，文化则被看作是有机整体，但在我国语境中有时却似乎正好相反。这一点从我们经常提到某个民族文明时具有的总体性和提到文化时的多样性，即可见一斑。当我们谈论物质文明和精神文明建设的时候，它们明显的具有总体性的意指；当我们提到华夏文明时它是同中华文化传统相接近的，它们通常在时间轴上联系着过去已经完成的对象。至于谈论现在，我们涉及文化现象更多。文化用作名词多，而文明则常用作形容词。

　　马林诺夫斯基（Malinowski，1884—1942）曾认为："'文化'一词有时和'文明'一词相混用，但是我们既有这两个名词，最好把它们分别一下。'文明'一词不妨用来专指较进展的文化中的一特殊方面。"② 区分当然是有必要的。显然他将文明作为文化中的一个特殊部分，虽不一定具有普遍的适用性，但其强调的进展、进步的观念是值得我们重视的。譬如我们说华夏文明、印加文明、古埃及文明、玛雅文明等，往往是指某一民族或某一地域人类群体的文化进步的整体高度，今天我们常说的精神文明、物质文明，也侧重强调文化发展进步的要求或精神、物质方面建设的总体成绩，确实突出了进步的含义。我们常说的"讲文明"，意味着讲礼貌、有教养，或是讲究行为举止的合乎礼仪规范，其中也内涵着文化先进性的特征。从中我们可以领会到，文明多指进步的文化，而就文化本身则既包括进步的和先进的内容，也包括退步的和落后的因素；文明多为褒义，一般的文化概念的色彩则为中性。同时，我们也注意到，"发展"一直是文化研究的重要主题。"不论是在对欧洲国家几百年来的发展进行研究，还是对位于地球其他部位的'发展中国家'几百年来的发展进行研究，总会一再地遇到这样的问题：在社会长期朝着某一方向所发生的总的变化中，描述这

---

① ［德］埃利亚斯：《文明的进程：文明的社会起源和心理起源的研究》第一卷（西方国家世俗上层行为的变化），王佩莉译，生活·读书·新知三联书店1998年版，第62页。

② ［英］马林诺夫斯基：《文化论》，费孝通译，华夏出版社2002年版，第2—3页。

种变化的专业术语是'发展'"。①

在布罗代尔看来，文化可能是一种尚不巩固的文明，在成熟程度上与文明之间存在明显差距。从历史上观察，某些被征服地区的文化当受到外族侵入冲击时很快就自动垮台可以作为其例证。因此，他认为，"所谓文化，这是指尚未完全成熟和未能确保其成长的文明。在它成长和成熟前——时间可能拖得很长——邻近的文明以各种方式剥削它，这是自然而然的，如果不能说是理所当然的。"②事实上，布罗代尔的这一看法也从另一个角度说明，文明在时间轴上处于文化之前，具有明显的完成时特征，是业已"巩固"了的，而文化则通常反映进行时的状态。

正如爱德华·萨义德（Edward Waefie Said，1935—2003）所暗示的，"所有的文化都是彼此关联的；没有任何文化是单一的、纯粹的，所有的文化都是混杂的、异类的、非常不同的、不统一的。"③我们可以接受别的文明的某些文化产品，但对于本民族的文明不致形成大的影响，"民族性和革新可以从一个文化转入另一个文化，主要的风俗制度和整个文化的亚系统也可以转入。在这类情况的每个例子中，在外部风俗制度的纳入显得可能或必要之前，作为接受者的文化中的政治和经济发展必须达到一个关键的关头。这些被接受的风俗制度进而成为推动这个社会系统进一步发展的重要催化剂。它们还引入了非源于本地的、或可能与本地发展完全平行的习惯、行为和世界观。"④然而，"文明之间发生对抗往往会产生悲剧，当今的世界还没有向这类悲剧告别。一种文明可能压倒另一种文明"。⑤

文明"强调的是人类共同的东西，或者说，应该是共同的那些东西——至少对于那些已经'文明'了的人来说是这样。'文明'体现了某

---

① [德]埃利亚斯：《文明的进程：文明的社会起源和心理起源的研究》第一卷（西方国家世俗上层行为的变化），王佩莉译，生活·读书·新知三联书店1998年版，第1页。
② [法]费尔南·布罗代尔：《十五世纪至十八世纪的物质文明、经济和资本主义：资本主义的活力（代译序）》第1卷，顾良、施康强译，商务印书馆2017年版，第105页。
③ [英]伊格尔顿：《文化的观念》，方杰译，南京大学出版社2003年版，第17页。
④ [加拿大]布鲁斯·炊格尔：《时间与传统》，蒋祖棣、刘英译，王宁校，生活·读书·新知三联书店1991年版，第246页。
⑤ [法]费尔南·布罗代尔：《十五世纪至十八世纪的物质文明、经济和资本主义：资本主义的活力（代译序）》第1卷，顾良、施康强译，商务印书馆2017年版，第106页。

些民族的自我意识。"① 但也有些学者并不注意区分文化和文明。譬如英国最杰出的人类学家和公认的文化人类学创始人 E.B. 泰勒（Edward Burnett Tylor, 1832—1917）认为："从广义民族志的意义上说，文化或文明是一个复杂的整体，它包括知识、信仰、艺术、道德、法律、社会风俗以及其他一些为作为这个社会成员的人所需要的能力和习惯。"②《跨文化管理》一书的作者就认为"文化是全面的包容物"。③

在我国，"文化"最早可追溯至《易经》"贲"卦的《彖》辞中"观乎人文，以化成天下"一句。实际上"文化"一词被认为是语言中含义最为复杂的单词之一。人种学家克鲁考恩（Kludkhorn）和斯特罗贝克（Strobeike）曾统计过超过 164 种关于"文化"一词的定义。爱德华·萨丕尔（Edward Sapir, 1884—1939）甚至断言："文化是根据行为的形式界定的，文化的内容就由这些形式构成，其多少是无数的。"④ 在亨廷顿看来，"'文化'一词，在不同的学科中和不同的背景之下，自然有着多重的含义"。⑤ 对于文化的多义性，人们没必要感到意外。英国学者斯诺认为，"'文化'具有字典上规定的意义：'智力的发展，心灵的发展'。多年来人们滥用了这个定义，往往过于深奥和含糊。结果很少有人能找到这个词的确切用法"。⑥ 斯诺认同和持有的看法是："'文化'，可以称之为'那些表征人性本质和才能的和谐发展'"。⑦ 在他的观念中，文化与发展密不可分。

马林诺夫斯基把文化区分为物质设备和精神方面的文化、语言、社会

---

① ［德］埃利亚斯：《文明的进程：文明的社会起源和心理起源的研究》第一卷"西方国家世俗上层行为的变化"，王佩莉译，生活·读书·新知三联书店 1998 年版，第 63 页。
② ［加拿大］布鲁斯·炊格尔：《时间与传统》，蒋祖棣、刘英译，王宁校，生活·读书·新知三联书店 1991 年版，第 95 页。
③ ［法］戈泰、克萨代尔：《跨文化管理》，陈淑仁、周晓幸译，商务印书馆 2005 年版，第 18 页。
④ Edward Sapir: *The Psychology of Culture*, reconstructed and edited by Jodth T. Irvine, Berlin: Walter de Gruyter & Co., 1994, p.84.
⑤ ［美］亨廷顿、哈里森：《文化的重要作用——价值观如何影响人类进步》，陈克雄译，新华出版社 2010 年第 3 版，第 8 页。
⑥ ［英］C. P. 斯诺：《两种文化》，纪树立译，生活·读书·新知三联书店 1994 年版，第 59 页。
⑦ 同上书，第 60 页。

组织等不同方面,这样他所谓的文化就大致包括了物态文化、制度文化、行为文化、心态文化等不同层次。他提出,"对于文化的正确认识,应当求之于一代代人类产生文化的过程及每一代新生的机体如何受文化淘炼熏染的情形中"。①这一观点显然是合理的。

有些考古学家把考古文化仅仅看成是物态文化的残余。无论如何,这种物质背后反映了某一民族文化的某一方面。布鲁斯·炊格尔就认为,文化"必须由人工制品类型的组合组成,而不能靠详细划分时代或进化阶段来创造"。②我们应当认识到,在文化史的研究中,最重要的证据是考古学提供的,"这个证据由人工制品和人工制品所处的背景条件组成"。③"'文化史'这个术语往往用于这样的研究。有些学者把自己限定在重建个别项目或文化领域的历史,如排箫、舷外有撑桨的独木舟、掷骰子游戏或巨石碑等。另外一些人则试图构造出整个文化的历史。"④显然,器物在文化史研究中占据着重要位置,同样在反映今日文化创造的成果时,我们也离不开以物的形式存在的文化产品。人类学家们可能把文明和文字的使用相等同。⑤虽然文字在某些人类早期文明类型中还没有产生,但非文字语言的存在必定是不可或缺的。文化和语言的这种紧密关联也反映在今天我们提到文化和教育时,首先体现的就是识字教育,譬如扫除文盲。

马克思主义的创始人曾经广泛使用过"文化"的概念,在马克思、恩格斯的叙述中"精神"与"文化"具有密切的相关性。这表明在他们看来,大多数情况下,文化在本质上是精神的。

在《德意志意识形态》一书中,马克思指出:"思想、观念、意识的生产最初是直接与人们的物质活动,与人们的物质交往,与现实生活的语言交织在一起的。人们的想象、思维、精神交往在这里还是人们物质行动的

---

① [英]马林诺夫斯基:《文化论》,费孝通译,华夏出版社2002年版,第10页。
② [加拿大]布鲁斯·炊格尔:《时间与传统》,蒋祖棣、刘英译,王宁校,生活·读书·新知三联书店1991年版,第95页。
③ 同上书,第146页。
④ 同上书,第147页。
⑤ 同上书,第224页。

直接产物。表现在某一民族的政治、法律、道德、宗教、形而上学等的语言中的精神生产也是这样。人们是自己的观念、思想等等的生产者"。① 可见,在人类社会发展历程中,人类的精神生产劳动最初是整合在物质生产劳动中的。此一特征的生产劳动,在创造物质财富的同时,也创造相应的精神财富。虽然在人类社会发展到一定阶段之后,专门性的精神生产劳动从物质生产劳动中分离出来而获得独立的形态,但物质生产劳动过程实质上还同时发挥着进行物质生产和精神生产两种不同的职能。"在再生产的行为本身中,不但客观条件改变着,例如乡村变为城市,荒野变为开垦地等等,而且生产者也改变着,他炼出新的品质,通过生产而发展和改造着自身,造成新的力量和新的观念,造成新的交往方式、新的需要和新的语言。"②

在《哥达纲领批判》中,马克思指出:"'劳动只有作为社会的劳动',或者换个说法,'只有在社会中和通过社会','才能成为财富和文化的源泉'。这个论点无可争辩是正确的,因为孤立的劳动(假定它的物质条件是具备的)即使能创造使用价值,也既不能创造财富,又不能创造文化。"③ "人的本质不是单个人所固有的抽象物,在其现实性上,它是一切社会关系的总和。"④ 从文化是人化的角度看,既然人的本质属性是社会关系的总和,那么文化就应该是社会劳动而不可能是孤立的个人劳动的产物。

恩格斯谈到古代日耳曼人的生产创造活动时指出:"这里更使我们感到惊异的,是工业水平本身。精致的纺织物、美丽的平底鞋和制作精巧的套具,都说明这是一个比塔西佗时代的日耳曼人高得很多的文化阶段;而尤其使我们惊讶不止的,是本地的金属制品。"⑤ 恩格斯在此赞美了日耳曼人通过他们所创造的物质财富体现出高超的工艺技能、审美观念等精神财富方面创造能力的巨大进步。

---

① 《马克思恩格斯文集》第1卷,人民出版社2009年版,第524页。
② 《马克思恩格斯文集》第8卷,人民出版社2009年版,第145页。
③ 《马克思恩格斯文集》第3卷,人民出版社2009年版,第430页。
④ 《马克思恩格斯文集》第1卷,人民出版社2009年版,第501页。
⑤ 《马克思恩格斯全集》第19卷,人民出版社1963年版,第519页。

马克思主义的文化理论在从经济、政治、文化的角度分析人类社会时，涉及的文化概念多指作为人类社会实践活动的精神产物的文化，也就是狭义的文化。在《〈共产党宣言〉1888年英文版序言》中，恩格斯写道："虽然《宣言》是我们两人共同的作品，但我认为自己有责任指出，构成《宣言》核心的基本思想是属于马克思的。这个思想就是：每一历史时代主要的经济生产方式和交换方式以及必然由此产生的社会结构，是该时代政治的和精神的历史所赖以确立的基础，并且只有从这一基础出发，这一历史才能得到说明。"[1]

在《新民主主义论》中，毛泽东从经济、政治、文化的角度分析人类社会特别是中国社会，并从一般原理的层面阐述了经济、政治、文化之间的关系。他指出："一定的文化（当作观念形态的文化）是一定社会的政治和经济的反映，又给予伟大影响和作用于一定社会的政治和经济；而经济是基础，政治则是经济的集中的表现。这是我们对于文化和政治、经济的关系及政治和经济的关系的基本观点。"[2]这里所谈及的文化，实质上也是狭义"文化"。

在马克思主义语境中，文化从本质上看是属于上层建筑的范畴，是为经济基础所决定，同时又反作用于经济基础的。同时，作为思想上层建筑的意识形态又"决定文化前进方向和发展道路"。[3]这里所提到的文化是较意识形态次一级的概念，也是"文化"的一种狭义理解。我们必须明白和引起适当注意：即使是狭义理解的文化概念，在不同的场合，它具体所指的对象及其范围也仍然可能存在明显差别，并非完全一致的。

习近平总书记在十九大报告中总结了过去五年思想文化建设所取得的成绩。他指出："加强党对意识形态工作的领导，党的理论创新全面推进，马克思主义在意识形态领域的指导地位更加鲜明，中国特色社会主义和中国梦深入人心，社会主义核心价值观和中华优秀传统文化广泛弘扬，群众

---

[1] 马克思、恩格斯：《共产党宣言》，人民出版社2014年版，第12页。
[2] 《毛泽东选集》第2卷，人民出版社1991年版，第663—664页。
[3] 习近平：《决胜全面建成小康社会 夺取新时代中国特色社会主义伟大胜利——在中国共产党第十九次全国代表大会上的报告》，人民出版社2017年版，第41页。

性精神文明创建活动扎实开展。公共文化服务水平不断提高，文艺创作持续繁荣，文化事业和文化产业蓬勃发展，互联网建设管理运用不断完善，全民健身和竞技体育全面发展。主旋律更加响亮，正能量更加强劲，文化自信得到彰显，国家文化软实力和中华文化影响力大幅提升，全党全社会思想上的团结统一更加巩固。"①这里所说的文化既包括广义的文化也包括狭义的文化内涵，特别是"文化产业"这一表述更加突出了文化进步与经济发展的相关性。

"中国特色社会主义道路是实现社会主义现代化、创造人民美好生活的必由之路，中国特色社会主义理论体系是指导党和人民实现中华民族伟大复兴的正确理论，中国特色社会主义制度是当代中国发展进步的根本制度保障，中国特色社会主义文化是激励全党全国各族人民奋勇前进的强大精神力量。全党要更加自觉地增强道路自信、理论自信、制度自信、文化自信，既不走封闭僵化的老路，也不走改旗易帜的邪路，保持政治定力，坚持实干兴邦，始终坚持和发展中国特色社会主义。"②

习近平总书记要求我们"根据新的实践对经济、政治、法治、科技、文化、教育、民生、民族、宗教、社会、生态文明、国家安全、国防和军队、'一国两制'和祖国统一、统一战线、外交、党的建设等各方面做出理论分析和政策指导，以利于更好坚持和发展中国特色社会主义"，③这里的文化即和经济、政治相联结，同时又与科技、教育相区别，应当是指一个更为狭义层面的精神性对象。中国特色社会主义道路自信、理论自信、制度自信、文化自信所指的"文化"一词，核心是精神力量，但也内含着作为精神力量体现的思想、观念及其行为方式、物化产品等等，它是中国特色社会主义人民群众创造力的综合体现。

"关于文化这一概念，……有社会学的、认识论的、人道主义的、规范主义的、适应性的、征候学的、价值说的等等。由于学者专业上的兴

---

① 习近平：《决胜全面建成小康社会 夺取新时代中国特色社会主义伟大胜利——在中国共产党第十九次全国代表大会上的报告》，人民出版社2017年版，第4—5页。
② 同上书，第16—17页。
③ 同上书，第18页。

趣及其对文化的某些方面的研究而产生的观点以及对这些观点的评述,都毋庸置疑。……没有一种定义能对文化做出完全恰当的、充分的解释,而且企图把所有这些观点统一到文化的一个定义中只是人为的设想,不会收到预期的效果。"① 尽管如此,通过前述分析,我们也大致可以在"社会进步,有文化(通过物质的和精神的产品表现出来)的状态"以及"教养"等含义上使用"文明"一词。至于文化,则可以从广义和狭义两个角度来理解。广义地理解,文化包括物质、精神、制度、生活方式等诸多因素,是人的社会生活实践及其产物;狭义地理解,文化主要指人类社会实践活动的精神产物,它是人的创造物,是在实践活动中人的本质力量的对象化。归根结底,文化发生和发展的力量源泉是也只能是人类的社会实践活动。

(二)何为先进文化?

"先进文化"的提出显然是与不先进、落后的文化相对立的,这一概念得以成立有赖于一个基本前提,即文化是不断运动、变化和发展的。虽然在学术界不乏否定文化总体上沿着上升的渠道不断发展的观点,但站在唯物辩证法的立场看,任何事物都有其产生、发展的过程。运动,它意味着有两种根本对立的方向,一个是向前的或上升的运动;另外一个是向后的或下降的运动。对于我们而言,文化是发展进步的结果,同时它还在继续发展着,这是毋庸置疑的。因为人类社会总体上沿着从原始社会、封建社会、资本主义社会到社会主义社会和共产主义社会的方向发展进步,作为人类重要成果之一的文化也不能例外。十九大报告指出:"中国共产党从成立之日起,既是中国先进文化的积极引领者和践行者,又是中华优秀传统文化的忠实传承者和弘扬者。当代中国共产党人和中国人民应该而且一定能够担负起新的文化使命,在实践创造中进行文化创造,在历史进步中实现文化进步!"②

---

① [苏]尼·瓦·贡恰连科:《精神文化:进步的源泉和动力》,戴世吉等译,求实出版社1988年版,第5页。

② 习近平:《决胜全面建成小康社会 夺取新时代中国特色社会主义伟大胜利——在中国共产党第十九次全国代表大会上的报告》,人民出版社2017年版,第44页。

对于文化发展的研究,有些学者宁可选择"文化变化"来说明,对于他们而言做出这一选择的好处在于:"这一术语可以同样成功地用来描绘文化进步和文化倒退,因为无论文化进步和倒退都具有一定的变化。"① 然而,"文化变化"概念并不反对文化发展,只是选择站在文化进步和倒退两个方向的中间点上,便于对照分析文化的进步或退步。

还有一种值得我们注意的观点是,"在西方知识分子中间就经常流传这样的一种见解,认为文化和文明是经常斗争着的。"② 卢卡契(Georg Luacs,1885—1971)认为,这种观点在帝国主义的资本主义社会里不能不说具有一定道理。在资本主义发展史上,"文明、技术、现代化生产,甚至现代科学成果都可能变成最残暴、最顽固、最危险的反对文化的武器。这一些事实在法西斯作战中,在法西斯的死亡工厂里已经达到了高峰。"③ 从奴隶社会到封建社会、从封建社会到资本主义社会、从资本主义社会到社会主义社会,期间的文明在前者手里无疑都曾起过革命和进步的作用,可是到那些社会的统治阶级最后变成保守的和反动的阶级的时候,在他们手中掌握着的文明成果,就一定会成为先进文化发展的阻碍力量。所以,卢卡契提出并思考了这样一个问题:"文明的力量到底是怎样和在谁的手里变成了反对文化的东西?"对问题的肯定回答则是:"劳动人民凌驾于生产力之上,它就是解决矛盾、文化和文明重新统一、彼此支持的唯一保证。"④ 最终,文化和文明无论是在理论上还是在实践上都统一起来,而且"它们的统一形成了新的社会主义文化的概念"。⑤ 从卢卡契的分析及相关历史事实中,我们可以看出,在某些情形和条件之下,文明可能与文化形成矛盾的对立面,同样,一种文化与另一种文化之间也可能产生直接的冲突。这样两种相互冲突的文化,或许就存在着进步的和退步的、先进的和落后的矛

---

① [苏]尼·瓦·贡恰连科:《精神文化:进步的源泉和动力》,戴世吉等译,求实出版社1988年版,第280页。
② [匈]卢卡契:《卢卡契文学论文集》(一),中国社会科学院外国文学研究所编译,中国社会科学出版社1980年版,第368页。
③ [匈]同上书,第368页。
④ [匈]同上书,第368页。
⑤ [匈]同上书,第368—369页。

盾。最终，只有社会主义文化才能从根本上解决矛盾，成为真正意义上的先进文化。

习近平总书记要求我们"坚决防止和反对宗派主义、圈子文化、码头文化，坚决反对搞两面派、做两面人"。① 显而易见，这里提到的几种文化就不再是进步的、优良的好东西，而是那一类具有破坏作用、我们应与之进行不懈斗争的对象。我们承认存在着落后的、坏的文化与进步的、好的文化的差别对立，这也是之所以需要倡导先进文化的重要缘由。

社会主义先进文化的先进性，首先，在历史阶段上它立足于社会主义这一历史发展阶段，内含着社会主义社会和中国共产党的进步性质要求；其次，基于社会主义社会的性质和内在要求，它的进步方向和最终目标始终指向高度发展的共产主义先进文化。如果说人类文化的发展标志着人自身的发展，那么社会主义先进文化的发展方向就朝着人的全面而自由发展的终极目标。我们推动传统文化创造性转化和创新性发展，推动先进文化建设，理所当然必须朝着这一方向前行。唯其如此，我们的文化强国梦才有望最终实现。"中国特色社会主义文化，源自于中华民族五千多年文明历史所孕育的中华优秀传统文化，熔铸于党领导人民在革命、建设、改革中创造的革命文化和社会主义先进文化，植根于中国特色社会主义伟大实践。发展中国特色社会主义文化，就是以马克思主义为指导，坚守中华文化立场，立足当代中国现实，结合当今时代条件，发展面向现代化、面向世界、面向未来的，民族的科学的大众的社会主义文化，推动社会主义精神文明和物质文明协调发展。要坚持为人民服务、为社会主义服务，坚持百花齐放、百家争鸣，坚持创造性转化、创新性发展，不断铸就中华文化新辉煌。"②

反映进步和退步的区分，是"先进文化"的题中之意，但更为重要的是，"先进文化"所包含的不仅仅是体现进步的性质，对进步的程度也作出了明确规定。《中国共产党章程》提出："中国共产党领导人民发展社

---

① 习近平：《决胜全面建成小康社会 夺取新时代中国特色社会主义伟大胜利——在中国共产党第十九次全国代表大会上的报告》，人民出版社2017年版，第63页。
② 同上书，第41页。

会主义先进文化。建设社会主义精神文明，实行依法治国和以德治国相结合，提高全民族的思想道德素质和科学文化素质，为改革开放和社会主义现代化建设提供强大的思想保证、精神动力和智力支持，建设社会主义文化强国。加强社会主义核心价值体系建设，坚持马克思主义指导思想，树立中国特色社会主义共同理想，弘扬以爱国主义为核心的民族精神和以改革创新为核心的时代精神，培育和践行社会主义核心价值观，倡导社会主义荣辱观，增强民族自尊、自信和自强精神，抵御资本主义和封建主义腐朽思想的侵蚀，扫除各种社会丑恶现象，努力使我国人民成为有理想、有道德、有文化、有纪律的人民，对党员要进行共产主义远大理想教育。大力发展教育、科学、文化事业，推动中华优秀传统文化创造性转化、创新性发展，继承革命文化，发展社会主义先进文化，提高国家文化软实力。牢牢掌握意识形态工作领导权，不断巩固马克思主义在意识形态领域的指导地位，巩固全党全国人民团结奋斗的共同思想基础。"[1]

（三）中国特色社会主义文化自信

2014年10月15日，习近平总书记在文艺工作座谈会上指出："增强文化自觉和文化自信，是坚定道路自信、理论自信、制度自信的题中应有之义。如果'以洋为尊''以洋为美''唯洋是从'，把作品在国外获奖作为最高追求，跟在别人后面亦步亦趋、东施效颦，热衷于'去思想化''去价值化''去历史化''去中国化''去主流化'那一套，绝对是没有前途的！"[2] 在此，他为文化进步指明了总体前进方向：重视思想内涵，保卫文化价值属性，尊重历史遗产，继承民族优点，高举主流旗帜。这一方向也是先进文化的前进方向和希望之所在。

2016年5月17日，习近平总书记在哲学社会科学工作座谈会上提出："我们说要坚定中国特色社会主义道路自信、理论自信、制度自信，说到底是要坚定文化自信。"7月1日，在庆祝中国共产党成立九十五周年大会上的讲话中，他又一次强调："文化自信，是更基础、更广泛、更深厚的自

---

[1] 《中国共产党章程》，人民出版社2017年版，第12—13页。
[2] 《十八大以来重要文献选编》（中），中央文献出版社2016年版，第135—136页。

信。"① 在十九大报告中他再次指出:"文化自信是一个国家、一个民族发展中更基本、更深沉、更持久的力量。"② 可见,文化自信是"四个自信"中最基本的自信。我们的自信依凭是什么呢?显然,只有文化的先进性才能为我们的文化自信提供充分条件,也给其他方面的自信夯牢基础。与此同时,文化自信也为推动先进文化建设提供强大动力。

"文化是一个国家、一个民族的灵魂。文化兴国运兴,文化强民族强。没有高度的文化自信,没有文化的繁荣兴盛,就没有中华民族伟大复兴。要坚持中国特色社会主义文化发展道路,激发全民族文化创新创造活力,建设社会主义文化强国。"③

二、先进文化的评价标准

"文化是民族生存和发展的重要力量。人类社会每一次跃进,人类文明每一次升华,无不伴随着文化的历史性进步。"④ 在人类社会的历史发展过程中,文化已经表现出独特的和巨大的推动作用,而且必然会继续深刻地影响人类社会未来的走向及其进程,因此,文化及其作用问题引起了学界极大的研究兴趣和广泛关注。

高占祥在其所著《文化力》一书中,提出"文化力是软实力的核心"这一观点。在他看来,靠"吸引"起作用的软实力与靠"施压"起作用的硬实力不同,同时文化是"化"自身的,与"化"自然的物理学上的力也截然不同,相对于硬实力,文化力具有主导性和先导性。在书中,他强调文化是文明的基石,它创造核心价值观、凝聚民族精神、创造和谐社会、促进科学发展、引导公平竞争和满足精神需求。他认为,文化力包括文化元素力、潜移力、吸引力、影响力、竞争力、创造力、生产力、思维力、先导力、孵化力、和谐力、和合力、微调力、平衡力、钝感力、形象力、

---

① 习近平:《在庆祝中国共产党成立九十五周年大会上的讲话》,人民出版社2016年版,第13页。
② 习近平:《决胜全面建成小康社会 夺取新时代中国特色社会主义伟大胜利——在中国共产党第十九次全国代表大会上的报告》,人民出版社2017年版,第23页。
③ 同上书,第40—41页。
④ 《十八大以来重要文献选编》(中),中央文献出版社2016年版,第127页。

破坏力、安全力、扬弃力、凝聚力、永恒力，总共有 21 种之多。①撒开文化究竟有多少种力量表现方式不论，文化能够在社会发展进步的过程中表现出自身强大的力量和作用，这是毋庸置疑的。在此基础上，如果我们承认文化与文化之间存在发展层次的差异，而且想要深入理解文化比较中不同文化的优劣高低区分，就不能不对文化的功能加以分析。

（一）文化的功能

换个说法，文化的功能也可称之为文化的作用。文化的内涵十分丰富，其功能表现自然也相当复杂。既然文化有众多可能的定义，那么对文化功能的界定也可以是多种多样的，不太可能悉数罗列。本研究仅从概括的角度，对文化的作用方式作简要分析。

首先，文化具有生产创造功能。从西方语言的词源考察可知，英文"culture"一词的原始意义为"耕作（husbandry）"，或说是对自然生长实施管理。"coulter"和"culture"同源，意为犁锋，它们都和劳动及农业生产密切相关。我们由此可以认为，文化一词的确"暗示了人造物与天然物、我们对世界所做的与世界对我们所做的事情之间的一种辩证法"。②文化包含了人们通过对世界的认识不断深化，使自身改造自然获取物质生活资料的生产能力得到日益增强。"科学技术是第一生产力"，这一论断本身掷地有声地表明：哪怕是作为精神性的文化，通过武装劳动者、改造生产工具和劳动对象等，也可以发挥出巨大的刺激和推动生产的作用。

电脑绘画、数字摄影、技术音乐、互联网、信息高速公路和互动电视不断发展，"消费者将继续在结合新创造和历史的持续新发明的丰富市场中进行选择。蓬勃兴旺、品种多样的文化产品的发展势头不会戛然而止"。③"文化在满足人类的需要当中，创造了新的需要。这恐怕就是文化最大的创造力与人类进步的关键。"④文化不仅通过生产新产品满足人类的需要，同时也生产新的需要，为新的生产提供新的可能和发展

---

① 高占祥：《文化力》，北京大学出版社 2007 年版。
② [英]伊格尔顿：《文化的观念》，方杰译，南京大学出版社 2003 年版，第 3 页。
③ [美]泰勒·考恩：《商业文化礼赞》，严忠志译，商务印书馆 2005 年版，第 233 页。
④ [英]马林诺夫斯基：《文化论》，费孝通译，华夏出版社 2002 年版，第 100 页。

动力。

"文化作为产品,具有两方面的属性,即作为精神文化的承载物所具有的社会属性和作为物质消费产品所具有的商品属性。文化产品的社会属性强调的是,它的主要功能在于以'文''化'人。作为载体的文化产品的价值主要体现在其蕴含和表达的、能影响社会成员思维方式和价值取向的思想文化内容。所以,任何社会所生产的文化产品必须首先承担起传播社会主流价值,从而'育'人'化'人的功能。文化产品的商品属性则强调的是,它的功能在于满足不同社会成员的文化消费需求。有消费就必然会形成消费市场,从而产生经济效益。文化产品所产生的经济效益反过来可以促进文化产品的再生产。所以,在市场经济条件下,文化产品的生产已然变成了一个能促进社会经济发展的重要产业。现代社会的发展越来越表明,社会发展程度越高,文化在社会经济中的作用越明显。文化产业不仅已然成为经济发展中的支柱产业,而且还创造出巨大的社会财富。"[1]"虽然文化的商品化及其所带来的文化产业化在一定程度上实现了较好的经济功能,但我们要认识到,社会属性仍然是文化的最主要的属性。"[2]

"文化是人在物质和精神生产领域中进行创造性活动的方式的总和,是这一活动的结果,是传播和使用物质和精神方面有重大价值的东西的方式,也是人在组织促进人类向前发展的社会的相互关系方面所取得的成果。"[3]

"文化发展的本质是创造。……文化的积累和继承都是一个创造的过程。"[4]文化透过生产既创造物的形式的成果或产品,也创造人们精神世界的道德、法律、科技、文艺、信仰等等诸多思想特性。

其次,文化具有传承功能。"文化根本是一种'手段性的现实',为满足人类需要而存在,其所取的方式却远胜于一切对于环境的直接适应。文化赋予人类以一种生理器官以外的扩充,一种防御保卫的甲胄,一种躯体上原有设备所完全不能达到的在空间中的移动及其速率。文化,人类的累

---

[1] 江畅等:《当代中国主流价值文化及其构建》,科学出版社2017年版,第400页。
[2] 同上书,第400页。
[3] [苏]尼·瓦·贡恰连科:《精神文化:进步的源泉和动力》,戴世吉等译,求实出版社1988年版,第6页。
[4] 陈先达:《文化自信中的传统与当代》,北京师范大学出版社2017年版,第72页。

积的创造物,提高了个人效率的程度和动作的力量;并且它予人以这样深刻的思想和远大的眼光,在任何其他动物中,都是梦想不到的。这一切无不是为个人成就的累积性的通力合作的能力所赐。"[1]文化演进过程中表现出明显的累积特征,文化对于传统的继承这一特点十分鲜明,同时也广受重视。问题只是在于随着时代的变迁,在特定背景条件下形成的文化遗产,需要经过怎样的改造,才能更好地符合现时代的要求并有机融入当代文化之中。某一民族或国家其文化传统悠久与否,是该文化深厚程度的标志之一,也是该文化之所以宝贵的一个重要依据。

第三,文化具有组织协调功能。企业文化的研究已经成为一门显学,它凸显的是文化在一个组织当中发挥的协调作用。随着企业的发展壮大,在一些大企业中会存在原来文化传统差别较大的人群不得不聚焦在一个部门里共同工作,如何能够提高这些具有不同文化传统和文化基础的人协同合作的效率,就成为企业管理中必须正视的重要问题。寻找解决的办法诸如培育建立一个企业主流的或核心的文化观念,使这些在一起工作的人能够至少在特定的工作时间和空间范围里具备合作沟通的渠道和桥梁等,都越不出文化建设的圈子。如果说一个企业是一个社会的缩影,那么一个社会也包括各式各样文化传统或文化基础的人群,要进行有效的社会管理,就肯定需要通过主流文化的培育发展、先进文化的弘扬传播等种种有效的文化建设工作,帮助协调人与人之间良性互动的社会关系。

第四,文化具有渗透功能。被人冠以"软实力之父"名号的哈佛大学肯尼迪政府管理学院院长约瑟夫·奈(Joseph Nye,1937—),在1990年首次提出"软实力(Soft Power)"这一概念,随后"软实力"一词便风靡世界政坛。在《软实力》一书中,约瑟夫·奈主张只有通过文明、文化、价值观念、生活方式等软力量的桥梁,才能在国际政治舞台持续不断地取得成功,软实力有助于解决国与国之间多边合作的全球重大问题。[2]其实,价值观念、生活方式与文明、文化是多有重叠的,概言之,软实力之"软"正因为其显性地呈现为一种观念形态,只是此一观念形态一经形成,作为

---

[1] [英]马林诺夫斯基:《文化论》,费孝通译,华夏出版社2002年版,第99页。
[2] [美]约瑟夫·奈:《软实力》,马娟娟译,中信出版社2013年版。

文明或文化的组成要素,便具有相对恒定持久的力量,区别于一般人的易变的、不稳定的个别观念。所谓的"软",相对于明显以物化为特征的"硬",标明作为精神形态存在的文明与文化具有较强的渗透作用,是需要经过大脑意识和心灵情感的发酵起作用的。但是,通过各种途径,"软实力"最终也可能以文学、艺术、工艺设备、生产工具等各种各样的创新性物化产品和物质的"硬"形式来实现其功能和使命。

"软实力和硬实力密切相关,都是通过影响他人行为,进而达到自己目的的能力。二者的区别在于其行为的性质,以及资源的有形程度。控制力,即改变他人行为的能力,以强迫或利诱作为手段;同化力指的是影响并塑造他人意愿的能力,依赖的是文化和价值的吸引力,或者通过操纵议程令人知难而退的能力。"① 软实力,其实质无非是文化渗透力在与"硬实力"比较时的内在特性的突出表现。

我们称科学技术为第一生产力,但它并非现实的物质生产力,而是作为非物质因素渗透到人才教育、劳动资料及劳动对象中起作用的。文化力也一样,它的作用的发挥也必须通过不断渗透到个人和社会组织当中,才能最终得到体现。人创造了文化,与此同时,人又是文化的产物。人是生产力中首要的物质性要素,文化已然影响到人的思想和行为的方方面面。

(二)文化的价值

文化功能的分析与文化的价值特性密不可分。

人类自从产生意识和自我意识之后,就开始形成诸如好坏(善恶)、得失、利害、美丑之类的价值观念。"文化(在这种意义上和自然是一样的)可以既是描述性的又是评价性的",② 而且文化自身也成为一个被评价的对象。

近代西方经济学大量使用了"价值"概念并讨论了诸多经济价值问题,但经济学中的价值概念与哲学层面的一般价值概念差异明显。马克思主义政治经济学把价值明确为"凝结在商品中无差别的一般人类劳动",即所谓劳动价值。这里的价值是专门用以分析商品生产及其交换过程的。我们

---

① [美]约瑟夫·奈:《软实力》,马娟娟译,中信出版社2013年版,第11页。
② [英]伊格尔顿:《文化的观念》,方杰译,南京大学出版社2003年版,第5页。

在此讨论的文化价值则不同，它与商品价值接近的程度甚至不如商品的使用价值。德国哲学家洛策（R. H. Lotze，1871—1881）和尼采（F. W. Nietzsche，1844—1900）最先将"价值（Value）"概念从经济学引入哲学，使价值成为具有普遍意义的哲学概念。稍后奥地利哲学家布伦塔诺（F. C. Brentano，1838—1917）和他的学生迈农（A. Meinong，1853—1920）及艾伦菲尔斯（C. Erhernfels，1850—1932）试图建立一般价值论，以研究统摄所有具体价值的一般价值。[1]

我们常谈起人生价值，通俗点讲无非是人的有用性，包括对自身、他人及社会的有用性。鲁迅小说《祝福》中的主人公祥林嫂对自我价值的否认，是通过一句"我真没用"表达出来的。文化的价值，简单地说也即是文化的有用性。有用性和人的欲望是相联系的。"能作为满足欲望对象的事物对于人是具有有用性的，但对于人具有有用性的事物并不都能成为欲望的对象。只有当一个事物能成为欲望的对象，并能满足欲望时，它才具有价值。因此，对于人来说，价值不仅取决于事物对于人的有用性，还取决于人对事物的欲望，取决于事物与欲望之间的契合性。事物是价值的载体，需要或欲望是价值的根据，事物与欲望之间的契合性是价值的实质。"[2] 价值因此有三个要件：一是事物的有用性，二是欲望的指向性，三是事物对欲望的满足性。这三个要件构成了价值的基础。

有用性和欲望都可以是中性的，它们的是与非取决于作为主体的人及指向目标的善与恶；价值概念首先也是中性的，它既包含正能量这种正向价值，也不排除负能量这类反向价值。由是观之，价值的选择对于一个人或一个社会而言，都至关重要。"价值观念是人们在进行价值判断和选择过程中自发起作用的标准，也是人们确立价值取向和追求的范型和定势。"[3] 苏联学者 А·И·阿尔诺尔多夫在集体撰写的《发达社会主义社会的精神世界》一书中写道："文化是人与人之间社会关系的反映，这种关系旨在建立、掌握、保存和传播物质和精神方面有重大价值的东西，旨在满足人

---

[1] 江畅等：《当代中国主流价值文化及其构建》，科学出版社2017年版，第2页。
[2] 同上书，第3页。
[3] 同上书，第3页。

们的需求和利益,这是历史上发展着的,由人们的创造性活动建立起来的精神价值和规范的体系;同时,它也是由物质生产方式决定的,就本质而言,它是具有社会意义的人类创造的过程,这一过程的目的在于掌握世界和改造世界。因此,关于文化的哲学概念,一方面包括每个具体的历史时期人类拥有的物质和精神方面有重大价值的东西的总和,另一方面包括文化活动本身实现的过程,也包括对这一过程的形式和内容有影响的各种因素"。① 法国启蒙思想家早已论证过"社会目的是最大多数公民的最大幸福"。中国共产党也一直将"代表最广大人民群众的根本利益"作为政党的追求目标。所以,本研究中的文化价值的选择基础,无疑也应当建立在这一前提之下。我们选择的必然是文化的正向价值,是能够有利于促进全社会每一个人的自由和全面发展的价值内容。

爱因斯坦在《我的世界观》一文中写道:"照亮我的道路,并且不断地给我新的勇气去愉快地正视生活的理想,是善、美和真。"② 就从文化的正向、积极的价值特征而言,文化的价值大体可从真、善、美三个角度进行阐释。

首先,就求"真"而言,文化与真理的追求是紧密关联的。人的文化进展与对整个世界的好奇并在此基础上展开的对世界的真理性认识密切联系在一起。科学技术的进步、人对自身和社会的了解和认识深化,都是人类知识进步与丰富的一个方面,同时也是文化增进、发展和提高的重要内容。对真理的追求和认识,同时也为善与美的追求提供前提和基础条件。人类文化进步的过程与人们对外在物理世界及内在精神世界的理解认识的发展进程相一致。可以说,每一次人类认识的跨越式进步、每一次科学技术的飞跃发展,都必然引起文化的换代更新。譬如哥白尼"日心说"的提出、哥伦布发现美洲新大陆,又譬如电子的发现、放射性的发现等,都无不从根本上改变人们看世界和自我审视的基本立场和观点。因为人们对于真理的认识越多越深刻,生产力也就越能得到快速的推动发展,而生产力

---

① [苏]尼·瓦·贡恰连科:《精神文化:进步的源泉和动力》,戴世吉等译,求实出版社1988年版,第6页。

② 赵中立、许良英编:《纪念爱因斯坦译文集》,上海科学技术出版社1979年版,第48页。

这一最革命的社会进步因素的日益发展,最终必定导致经济基础的变化,从而决定作为文化核心内容的社会意识的发展形态。与此同时,以真为基础的文化的每一更新变化,又进一步形成真理认识破浪前行的有力推动。纵观世界历史,欧洲文艺复兴及其后的文化进步,无疑为近代科学突飞猛进的发展提供了必要的土壤。

其次,就求"善"而言,自古以来,对美好生活的追求一直是人类社会孜孜以求的重要目标。善,包括人的道德观念的形成和发展,也包括人对好的生活的认知和理解,还包括在人类社会实践过程中多种多样的文化价值选择。在悼念玛丽·居里的演讲中,爱因斯坦强调:"第一流人物对于时代和历史进程的意义,在其道德品质方面,也许比单纯的才智成就方面还要大。……居里夫人的品德力量和热忱,哪怕只要有一小部分存在于欧洲的知识分子中间,欧洲就会面临一个比较光明的未来。"[1]科学技术在求真的意义上,强调的是其客观真实性,并无善恶之别,然而,当进入文化的和价值的视野,我们经常会想到"科学技术是一把双刃剑"这句话,表明科学技术存在利弊两端。道德方面对于善的要求,是文化的本义和核心内容。有人将中国古代的学术统统归为道德学说,正揭示了道德追求是中华传统文化的灵魂这一根本内容。人类社会对于善的孜孜以求,是走向未来和谐美好世界的最基本的精神动力之一。中国共产党代表中国先进文化的发展方向,与满足最广大人民群众不断增长的物质文化生活需要这一至善目标的追求,在实质上是相同的,都是中国共产党的初心的体现。

最后,就求"美"而言,文化自始至终都离不开对美的感知与欣赏。真、善也有趋向于美的内在动力。真正的美也可以视为真与善的统一体。"每个科学作品同时也是艺术作品。"[2]文化之美绝不仅仅体现于文学、艺术之中,而是深刻地表现于文化的各个方面的,科学具有美感,技艺致力于创造美,道德崇尚境界之美,法律追求秩序之美……美国学者泰勒·考恩把"文化和艺术用作两个可以互换的术语"。他认为,"它们适用于使我们感动、扩展我们对世界和自己的认识的人工制品和表演。我所想到的是绘

---

[1] 赵中立、许良英编:《纪念爱因斯坦译文集》,上海科学技术出版社1979年版,第37页。
[2] [意]克罗齐:《美学原理》,朱光潜译,作家出版社1958年版,第23页。

画、雕塑、音乐、电影、建筑、摄影、戏剧、文学和舞蹈。什么东西可被置于文化之列是一个程度问题;宽泛地说,文化应该扩展我们的视野,帮助我们以新的方式观察世界。文化高于娱乐概念,尽管扩展我们的视野的过程常常给人带来愉悦。"[1] 显然,他对文化的理解偏向于立足"美"这一视角。

到 21 世纪中叶,我国要努力建设成为富强民主文明和谐美丽的社会主义现代化强国,显然有赖于文化真善美价值的充分体现及其对社会进步的有力推动。

(三)文化先进性的评价标准

古希腊哲人普罗塔哥拉曾提出"人是万物的尺度"的著名论断,这一观点用到文化的进步评价中也具有一定指导意义。严格说来,文化的创造是人为的,同时也是为人的,文化的价值判断应当以是否有利于人的生存和发展作为依据和标准。

文化的先进性评价,从不同的角度出发,可以有不同的评价标准。关于文化先进性评判尺度,目前较常见的一种观点是分别从历史的尺度、科学的尺度和价值的尺度等三个不同维度来进行分析。[2] 与此相类似,也有人提出历史性与时代性相统一、规律性与目的性相统一、世界性与民族性相统一的评价方式。[3]

无论哪种标准,大体而言,说明整个文化的先进性可资利用的既包括数量指标,也包括质量指标。数量指标,包括出版物数量(图书册数等)、学校、剧院、博物馆、美术馆、图书馆、体育馆的数量,有文化的居民、被翻译成外国语言出版的作品数量的增加,等等;同时,犯罪率的下降、官僚主义和腐败现象的减少、监狱数量的减少等等,也可作为文化进步的证明。然而,数量指标也并不总能准确地反映文化发展的实际情况,这就要求提供质量指标作为决定性的指标加以充实。单纯的数量无法充分展开

---

[1] [美]泰勒·考恩:《商业文化礼赞》,严忠志译,商务印书馆 2005 年版,第 7—8 页。
[2] 沈壮海:《先进文化论》,高等教育出版社 2003 年版,第 83—87 页。
[3] 廖志成:《论先进文化的评价标准》,《郑州大学学报》(哲学社会科学版)2004 年第 1 期,第 46—48 页。

文化的具体内容，而且对于消费者的真实评价也难以客观准确地反映。所以，相对合理的文化评价应当是数量与质量相结合的统一、综合评价，两者缺一不可。

贡恰连科将文化进步的主要指标概括为如下几个方面：

1. 在整个社会生活中精神文化作用的增长，它对社会生活影响的程度、范围和深度的扩大和某个时代个性的发展。

2. 在某个历史时期的社会精神生活中，提出和解决新问题的能力；掌握过去遗产中和其他民族文化中的优秀东西的能力。

3. 精神文化内容的丰富，其中新思想、新部门、新的创作形式的产生，新的艺术形式的出现，新科学的创立。

4. 估计到精神文化和社会生活物质技术基础发展的相互作用，文化促进社会生产发展的能力。

5. 精神文化的内容（它的思想方针、任务、目的和职能等）与劳动群众——历史进步的决定性力量的根本利益相一致；人道主义理想相一致。

6. 劳动群众直接参加文化建设的程度和规模。某些学者把人从文化的客体变为文化创作主体的过程认为是文化进步性的主要措施。

7. 文化能在多大程度上不仅保存自己，而且保存整个人类和人类生存的不可分割的条件——自然界和周围环境。[①]

尽管这七条标准并不能涵括文化优劣的所有指标，但如果在这些定性描述的基础上增加相应的数量变化的说明，应该就不同的文化，大致也足以区分出到底孰优孰劣、哪个先进哪个落后。我们结合当代文化发展的现实状况，对这些进步指标进行转换归类，也可以概括为下述几类标准：

第一类——精神文化，主要涉及上面的第1、2、3条。先进文化在文化对社会生活作用的广度、深度方面表现更加突出，反映时代精神内容方面的成果也更为丰富；先进文化解决问题的能力更强，对传统文化和外部文化优秀成果的吸收转化方面更富于成效；先进文化在内容方面愈加丰富，其中的新思想、新部门、新的创作形式等不断产生，新的艺术形式纷纷涌

---

① ［苏］尼·瓦·贡恰连科：《精神文化：进步的源泉和动力》，戴世吉等译，求实出版社1988年版，第262—263页。

现，新科学相继创立，等等。

第二类——物质文化，主要涉及上面的第4条。文化的发展与科学技术进步及经济发展相互促进，形成更为合理的循环链条。以文化为基础，它成为科学技术进步和经济发展的一股强劲推动力量。与此同时，技术进步又令文化受益匪浅，社会财富也成为实现创造性表现和艺术交流的重要途径。"创作者对艺术内外的两种力量做出反应。内部力量包括艺术家对创造活动的热爱、对金钱和名誉的需求，以及构成新风格、实现审美追求、解决前人作品遗留下来的问题的欲望。外部力量包括可供使用的艺术方式、赞助条件、销售网络以及获得收入的机会。用经济学或理性选择理论的术语来说，内部力量对优先选择权做出反应，外部力量表示机会和制约因素。内部和外部力量互相作用，对艺术生产形成影响。"①

第三类——政治文化，这包括上面的第5、6两条，涉及两个主要方面，一是经济基础决定的上层建筑的性质，先进文化应当更能够体现人民当家做主的政治要求，先进文化的内容应该更充分体现最广大人民群众的根本利益；二是先进文化参与主体明显扩大，由少数社会精英的垄断把持的文化向着大众的文化方向发展。

第四类——生态文化，上面最后一条体现了人与自然和谐可持续发展的生态观，先进文化应当摆脱先前的人类屈从于自然或人类征服自然的成见，逐步形成人的发展与自然环境实现和谐统一的进步文明观念。

"中国共产党必须始终代表中国先进生产力的发展要求，代表先进文化的前进方向，代表中国最广大人民的根本利益。"这是"三个代表"重要思想的集中概括，其中提出了"代表先进文化的前进方向"的具体要求，也即文化先进性的要求。十六大报告指出："发展社会主义先进文化，就是发展面向现代化、面向世界、面向未来的，民族的科学的大众的社会主义文化。"② 十九大报告更进一步明确："发展中国特色社会主义文化，就是以马克思主义为指导，坚守中华文化立场，立足当代中国现实，结合当今时代

---

① ［美］泰勒·考恩：《商业文化礼赞》，严忠志译，商务印书馆2005年版，第21页。
② 江泽民：《全面建设小康社会 开创中国特色社会主义事业新局面——在中国共产党第十六次全国代表大会上的报告》，人民出版社2002年版，第38页。

条件，发展面向现代化、面向世界、面向未来的，民族的科学的大众的社会主义文化，推动社会主义精神文明和物质文明协调发展。"①"三个面向"对文化先进性的方向做出了规定，"民族的科学的大众的"则对我国当代文化先进性的内容特征做出了概括，这些内容无疑都应当被包含在中国特色社会主义文化先进性的评价体系之内。

党的十七届六中全会通过了《中共中央关于深化文化体制改革 推动社会主义文化大发展大繁荣若干重大问题的决定》，明确提出了坚持中国特色社会主义文化发展道路，努力建设社会主义文化强国的目标。其后，党的十八大报告又辟出专章论述，同时对扎实推进社会主义文化强国建设进行了全面部署。报告郑重地把社会主义核心价值体系这一兴国之魂的建设，作为扎实推进社会主义文化强国建设的首要任务。

文化实力和竞争力是国家富强、民族振兴的重要标志。从党的十五届五中全会通过的《中共中央关于制定国民经济和社会发展第十个五年计划的建议》首次明确提出要大力发展文化产业，到党的十八大明确提出要把文化产业作为国民经济支柱产业，期间我国文化产业取得了长足进步。文化产业日益成为经济发展新的增长点，在繁荣社会主义文化、满足人民精神文化需求、创造就业机会、优化产业结构、加快转变经济发展方式、提高国家文化软实力等方面，发挥了十分重要的作用。此后各级地方政府开始把文化作为强省立市的目标，制订了相应的发展规划，伴随国家产业结构调整等经济战略实施，文化的创新发展日益成为社会创新发展的核心抓手。但是，我国占据世界文化市场的份额依然偏低、对外交流内容和形式较为单一、世界认可度也较低，出现经济"走出去"同文化"走出去"不同步等情形还未根本扭转。因此，文化现代化的建设依然任重道远。

"文化强国是指一个国家具有强大的文化力量。这种力量既表现为具有高度文化素养的国民，也表现为发达的文化产业，还表现为强大的文化软实力。建设社会主义文化强国，就是要着力推动社会主义先进文化更加深入人心，不断开创全民族文化创造活力持续迸发、社会主义文化生活更加

---

① 习近平：《决胜全面建成小康社会 夺取新时代中国特色社会主义伟大胜利——在中国共产党第十九次全国代表大会上的报告》，人民出版社2017年版，第41页。

丰富多彩、人民基本文化权益得到更好保障、人民思想道德素质和科学文化素质全面提高、中华文化影响力不断增强的新局面，建设中华民族共有精神家园。"① 建设社会主义文化强国，必须培养高度的文化自信，而高度的文化自信必须以文化实力作为支撑。

文化的先进性是一个比较概念，有两个主要的比较维度：一方面是与之前的状况比较，另一方面是与其他国家和地区的发展状况比较。这就为文化的先进性提出了两个基本条件：一是比较之前的文化发展状况有明显进步和质的飞跃提升；二是比较其他国家和地区的文化发展水平或发展速度有明显的飞越。这种先进性的追求，我们在各地政府的文化发展规划中可以看到，既有质的要求，也有量的规定。在此我们聚焦文化的先进性评价，是从一般评价尺度的角度出发的，而非对某一特定的和具体的文化内容作出判断，因此难以对量的要素作具体规定，主要立足质的层面进行分析。鉴于文化先进性评价的复杂性和本研究的范围要求，对文化先进性的评价标准，我们不打算面面俱到地细致考察，只是联系新时代发展条件，将评价尺度简要概括为如下几个基本方面：

1. 历史尺度。虽然在文化的特殊方面，未必总是表现为单一线性的发展，譬如汉赋、唐诗、宋词所达到的高度，未必逊于后代，但是从唯物主义历史观的立场出发，文化的总体发展必然经历从原始社会、奴隶社会、封建社会、资本主义社会到社会主义社会和共产主义社会这几个由低到高的发展阶段。具体到我国现阶段的发展而言，文化的先进性是与社会主义性质紧密联系在一起的，它具体表现在对"举什么旗，走什么路"这一问题的回答上。

2. 素养尺度。从文化发展自身的内在视角来看，文化的先进性必然离不开文化成果的水平和质量高度，同时还体现在大众文化的普及（包括文化设施和活动的多寡）水平和质量的高度，体现在社会大众的精神气质和思想观念的总体水平。文化素养体现在大众的科学认识和人文精神高度的结合、对人与自然和谐共处的生态文明观念更趋合理、文明风尚和道德境

---

① 《毛泽东思想和中国特色社会主义理论体系概论》编写组编：《毛泽东思想和中国特色社会主义理论体系概论》，高等教育出版社 2018 年版，第 229 页。

界不断提升等认知和实践的各个方面,也体现为社会上庸俗的低级趣味的东西越来越少,而优美的崇高的文化追求越来越占优势。

3. 演进尺度。站在文化发展的动态角度看,先进性也表现在它更加富有创新性。它的创新表现在既立足民族传统,又面向世界,传统文化与当代文化发展相互融合,民族文化对外来文化的吸收升华效率日益提高,形成了积极健康的进步和发展逻辑。这种演进模式能够充分体现文化的民族性、世界性和未来前瞻与趋向性。

4. 经济尺度。社会发展到现今时代,作为社会意识的文化对社会存在的反作用越来越引起人们重视。文化产业的持续发展、文化业态日益丰富、文化辐射力不断增强,成为新经济强有力增长点,也成为文化先进性的一个重要参照尺度。虽然,"艺术市场有时不能发现伟大作者的价值;但是,与贫穷的经济制度相比,富有的经济制度在总体上对那种判断失败的反应更为有力。富有的经济制度为艺术家提供了更大数量的其他潜在的经济支持来源。"[1] 虽说经济因素不能独自决定人类的社会生活、政治生活、文化生活和文明,但"当代文明,具有了经济的特征",[2] 这是显而易见的。发育良好的市场支持文化多样性,文化批评者和评论者对市场活力的形成也做出积极贡献。文化进步与经济增长形成良性的相互促进的相伴模式,文化作为一种现实的生产力要素,文化成为推动产业结构优化升级的新引擎,为人们追求美好生活的理想实现提供有力支撑。

从历史唯物主义的观点看,"文化是依存于社会又反作用于社会的精神力量,但它并不是社会发展的决定因素。……文化的作用和这一作用的大小都是与经济发展和政治状况相联系的。只有中国共产党领导的中国革命成功,社会主义经济制度和政治制度的建立,才使先进文化的建立成为可能,使古老的文化传统再度复兴成为可能,使先进文化对经济和政治制度的能动作用成为可能。只有在变革了社会经济和政治制度的情况下,历史

---

[1] [美]泰勒·考恩:《商业文化礼赞》,严忠志译,商务印书馆2005年版,第22页。
[2] [法]让·富拉斯蒂埃:《2001年的文明》,朱邦造、陈立春译,商务印书馆1995年版,第3页。

才可能把建设先进文化的使命赋予当代中国共产党和中国人民。"①

三、中国特色社会主义先进文化的内涵与特性

文化是一个国家、一个民族在漫长历史发展过程中探索、积淀、凝聚而成的精神与智慧的结晶,以器物、制度、道德风俗、思想理论、文学艺术等方式存在,是国家、民族赖以生存与发展的精神支柱、思想引领。然而,文化在任何时代都有复杂性,每个时代都存在着代表时代发展方向的先进文化和保守腐朽的落后文化之间的较量。我国现阶段的文化,同样多元复杂、参差不齐,既有占主导地位的先进文化,也有大量的庸俗文化、落后文化,甚至还有一些腐朽文化即文化垃圾。落后文化腐蚀人,先进文化振奋人、引领人。习近平总书记在党的十九大报告中说:"文化是一个国家、一个民族的灵魂。文化兴国运兴,文化强民族强。"②因此传承优秀文化、创新发展先进文化,使我们的文化兴、文化强是时代赋予我们的重大责任与使命。今天,我们处在中国特色社会主义的新时代,当代中国最先进的文化就是中国特色社会主义文化。深圳无论是时间上还是空间上都处在中国改革开放的前沿,是建设中国特色社会主义先行先试的先锋城市,也是中国向全世界展示改革开放成就的标志性城市。建设和发展中国特色社会主义文化是时代赋予深圳的重大任务和光荣使命。

1. 什么是中国特色社会主义文化?

关于中国特色社会主义文化,习近平总书记在党的十九大报告中做出了全面精辟的概括:"中国特色社会主义文化,源自于中华民族五千多年文明历史所孕育的中华优秀传统文化,熔铸于党领导人民在革命、建设、改革中创造的革命文化和社会主义先进文化,植根于中国特色社会主义伟大实践。发展中国特色社会主义文化,就是以马克思主义为指导,坚守中华文化立场,立足当代中国现实,结合当今时代条件,发展面向现代化、面向世界、面向未来的,民族的科学的大众的社会主义文化,推动社会主义精神

---

① 陈先达:《文化自信中的传统与当代》,北京师范大学出版社 2017 年版,第 99 页。
② 习近平:《决胜全面建成小康社会 夺取新时代中国特色社会主义伟大胜利——在中国共产党第十九次全国代表大会上的报告》,人民出版社 2017 年版,第 40—41 页。

文明和物质文明协调发展。"①这段话清晰地告诉我们：中华优秀传统文化、革命文化和社会主义先进文化共同构成中国特色社会主义文化的基本内涵。这三种宝贵的文化资源，积淀着中华民族最深层的精神追求，代表着中华民族独特的精神标识，是激励全党全国各族人民奋勇前进的强大精神力量。

2. 中国特色社会主义文化具有深厚的优秀传统文化内涵

中华优秀传统文化是中华民族在五千多年的历史进程中，对宇宙、自然、人生和社会探索思考的智慧结晶，汇聚了中华民族独特的思维方式、行为准则和价值追求。中华优秀传统文化主要由孔子及其弟子开创的儒家文化、老子和庄子开创的道家文化、由古印度传入中国并本土化的佛教文化（也称"释家"文化）所构成。

中华传统文化因其是在农耕文明时代、小农经济和宗法制度环境下逐渐形成发展起来的，不可避免带有不同时代和提出者阶级地位的烙印，因此存在一定的历史局限性。但历史发展也早已证明中华传统文化中优秀、精华的部分具有超越时空的永恒魅力和价值。中华优秀传统文化自创立之初就持续不断地影响中华文明的进程和走向、维系中华民族的生存与繁衍，成就了当今人类历史上唯一没有中断过的文明。2012年11月15日，习近平总书记在十八届中央政治局常委同中外记者见面时发表讲话中说，"在漫长的历史进程中，中国人民依靠自己的勤劳、勇敢、智慧，开创了各民族和睦共处的美好家园，培育了历久弥新的优秀文化"②。2014年4月1日，习近平总书记在比利时布鲁日欧洲学院的演讲中对中华优秀文化做了更深入的论述："2000多年前，中国就出现了诸子百家的盛况，老子、孔子、墨子等思想家上究天文，下穷地理，广泛探讨人与人、人与社会、人与自然关系的真谛，提出了博大精深的思想体系。他们提出的很多理念，如孝悌忠信、礼义廉耻、仁者爱人、与人为善、天人合一、道法自然、自强不息等，至今仍然深深影响着中国人的生活。中国人看待世界、看待社会、看

---

① 习近平：《决胜全面建成小康社会 夺取新时代中国特色社会主义伟大胜利——在中国共产党第十九次全国代表大会上的报告》，人民出版社2017年版，第41页。
② 习近平：《人民对美好生活的向往，就是我们的奋斗目标》，《习近平谈治国理政》，外文出版社2015年3月第1版第4次印刷，第4页。

待人生，有自己独特的价值体系。"[①] 我们今天要做的就是对中华传统文化做进一步整理、归纳和提炼，把其中具有永恒独特价值的优秀部分发扬光大，使其能够结合新的时代特点和需求更好地进行创造性转化、创新性发展。

儒家文化对中国历史进程影响最为深远，是中华传统文化中作为主流社会意识形态而存在的集大成者。儒家文化强调处理好个人与他人、与社会、与自我之间的关系，并通过确立人们必须学习遵守的一系列"德目"来实现这个目标，由此建立了一整套中国古代社会的基本道德行为准则。仁、义、礼、智、信、和、敬、耻等就是儒家文化留给中华民族最珍贵的精神财富。

"仁"是儒家文化最核心的德目，"仁"最根本的内核是两个字："爱人"。《论语·颜渊》说："樊迟问仁。子曰：'爱人'。"仁者爱人，就是对他人要关心、爱护、同情、帮助。在《论语》中，孔子还进一步指出"爱人"的具体含义是："己欲立而立人，己欲达而达人。""己所不欲，勿施于人。"可见，将心比心、设身处地为他人着想是"仁"最深刻的内涵。孟子在孔子"仁者爱人"思想的基础上进一步发展，提出了推己及人、由内到外、由人到物的仁爱思想。《孟子·尽心上》说："亲亲而仁民，仁民而爱物。"意思是爱自己的亲人进而仁爱百姓，仁爱百姓进而仁爱万物。对"仁"的推崇奠定了儒家文化最内在的价值追求：做人的责任与使命就在于不断学习、修养、践履，从而成为一个能通过自己的言行传达对他人、对万物爱与关怀的"仁"者。

"义"是儒家文化另一个重要德目。《礼记·中庸》称："义者，宜也"，"义"就是适宜、应当、应该的意思。《墨子·天志下》中说："义者，正也"，"义"是做应该做的事、坚持正确的道路和原则。孔子在《论语·述而》中说："不义而富且贵，于我如浮云。"通过不正当的行为获得富贵，孔子不屑为之。"富与贵，人之所欲也，不以其道得之，不处也"，《论语·里仁》说的是同样的意思。《孟子·告子上》中说："生，我所欲也；

[①] 习近平：《习近平在布鲁日欧洲学院的演讲》，《人民日报》2014年4月2日第2版。

义,亦我所欲也。二者不可兼得,舍生而取义者也。""舍生取义"凸显了儒家文化对正义、正道的执守与坚定。

"礼"。中国号称礼仪之邦,礼在儒家传统文化中有着十分广泛的含义和非常重要的地位。"礼"初始的意思是举行仪礼,祭神求福。用珍贵的器物祭祀,表示对"天"的感谢和尊重。礼的核心就是"尊重"二字。要得到别人的尊重,首先要尊重他人。礼作为一种言行仪表仪式的规范体系,首先要求每一个人能自我克制,保持良好的行为规范,即我们通常所说的礼仪、礼节和礼貌。大到国家的外交,要遵循它;小到日常生活的方方面面,同样也要遵循它。讲究礼仪、礼节和礼貌,既是一个民族文明程度的标志,也是个人素质的基本体现。

"智"。知是智的古字,先有"知"字,方有"智"。智是关于个体的道德规范。古代很重视智德,并把它作为智、仁、勇"三达德"之首来加以强调。智,是一种认识道德标准和价值、认识事物发展规律的素质,是一种判断事物是非善恶的素质。我们把通晓天地之道、深明人世之理的人,称为智者。可见,这个"智"的要求,是"大聪明",不许要"小聪明";小聪明的人,不是"智者"。

"信"作为一种做人的准则,最早出自《周易》:"天之所助者,顺也;人之所助者,信也。"人与人之间的交往是建立在信用、信任基础上的。《说文解字》中说:"信,诚也。"又说:"诚,信也。"诚是真心实意、不弄虚作假,不自欺;信是言行一致,忠于自己的诺言与义务,不欺人。"诚""信"是"立身之道"。《论语·颜渊》中说:"子贡问政。子曰:'足食,足兵,民信之矣。'子贡曰:'必不得已而去,于斯三者何先?'曰:'去兵。'子贡曰:'必不得已而去,于斯二者何先?'曰:'去食。自古皆有死,民无信不立。'"取信于民,在孔子看来,是治国理政者最重要的事情,超乎其他事情之上。"信"也是"立政之本"。

"和"是儒家文化对个人内心、人际交往、社会管理追求的理想目标。"和"文化强调人们内心和善,人际和谐,强调"政通人和""协和万邦""天人合一"。"礼之用,和为贵"(《论语·学而》),以"和"为贵是儒家文化的价值目标。实现这个价值目标的前提是开放性和包容性,是对多元与差异的认可和尊重。《论语·子路》中孔子说："君子和而不同，小人同而不和"，就是强调"和"不是无差别、无原则、单一绝对的"同"，而是多元异质的事物相互涵容、整合、和谐共生。儒家"和"文化引导我们在多元、差异中寻求统一，在矛盾、冲突中寻求和谐。"和"文化是中华民族在历史沉浮、沧桑变迁中积淀的传统文化精华，内涵丰富、意蕴深远。正如习近平总书记在中国国际友好大会暨中国人民对外友好协会成立60周年纪念活动上的讲话中所说："中华文化崇尚的社会和谐，中国'和'文化源远流长，蕴涵着天人合一的宇宙观、协和万邦的国际观、和而不同的社会观、人心和善的道德观"。[①]

"敬"也是儒家文化的重要德目，是做人做事重要的态度要求，是主体人格对责任使命的内在庄重。一个人内心有"敬"，对人对事才不至于骄纵放肆。《论语》中孔子从两个方面诠释了"敬"的内涵：一是对人的态度；二是对事的态度。对事的"敬"，是因为所有的事都是人事，都与人相关。对人的"敬"最终也是要通过做事体现和落实。因此"执事敬"是"敬"这个德目侧重的方面。临事执业是人生重大的责任，也是每个人应尽的义务。以什么样的态度对待事业折射出一个人人格的品质、生存的状态，也影响着涉事所有相关的人。因此，"敬"是儒家文化对每个人临事执业的态度要求。

儒家文化倡导的德目绝大部分都是从人性正面生发而出，比如前文提到的"仁""义""和""敬""信"等，"耻"则是从人性负面生发出的概念，是对人性中可能存在和膨胀的缺点与恶的自我警觉。人可以是"仁"的，也可能不"仁"；可以是有"敬"的，也可能失"敬"；可以是守"信"的，也可能背"信"。对"耻"的强调就是警醒人们，不仁不义、背信弃义、失敬无礼等等都是可耻的，内心常有"耻"，行为举止才能无耻。正是在这个意义上，孔子说"行己有耻"（《论语·子路》）。《孟子·公孙丑上》中，孟子进一步指出："无恻隐之心，非人也；无羞恶之心，非人也；无辞让之心，非人也；无是非之心，非人也。"一个人若没有羞耻心，不能

---

① 习近平：《习近平在中国国际友好大会暨中国人民对外友好协会成立60周年纪念活动上的讲话》，《人民日报》2014年5月16日第2版。

称之为人,可见羞耻之心在孟子心目中是做人的一个根本性原则规范。《孟子·尽心上》还说:"人不可以无耻,无耻之耻,无耻矣。"意思是说人不能不知道羞耻,不知羞耻的那种羞耻,才真是无耻。明清之际的思想家顾炎武在他的名著《日知录·廉耻》中把知耻提到了新的高度:"廉耻,立人之大节","礼义廉耻,国之四维,四维不张,国乃灭亡……然而四者之中,耻尤为要。"知耻不仅是立人之大节,更是治世之大端。

儒家文化从"修己"开始,目的在"安人""安百姓"。《论语·宪问》中子路问君子,子曰:"修己以敬。"曰:"如斯而已乎?"曰:"修己以安人。"曰:"如斯而已乎?"曰:"修己以安百姓。修己以安百姓,尧舜其犹病诸?"《孟子·尽心章句下》中进一步说:"民为贵,社稷次之,君为轻。"孔子、孟子的"民本"思想与夏商周时代即已形成的"民惟邦本,本固邦宁"(《尚书·五子之歌》)的观念一脉相承。2014年5月4日在北京大学师生座谈会上的讲话中,习近平总书记就把"民惟邦本"列为中华文化的核心理念第一条。2015年10月20日,习近平总书记在英国议会发表讲话再次强调:"在中国,民本和法制思想自古有之,几千年前就有'民惟邦本,本固邦宁'的说法。"①

和儒家文化差不多同时代还出现了道家文化,两者共同构成中华民族重要的精神支柱和思想源泉。道家文化以老子、庄子为代表,思想主旨是强调人要处理好与自然、与天地万物之间的关系,《道德经》《南华经》是道家文化重要典籍。

"道"是道家文化核心范畴和整个思想体系的基础与逻辑起点。道家文化认为"道"是世界的根源,是形而上的存在本体和价值本体,是万事万物运行的规律。道家文化对"道""天道""地道""人道"的认识与强调,引导人们要依"道"而行,违背了"道"就会导致天怒人怨,进而受到自然法则的惩罚。"故道大,天大,地大,王亦大。域中有四大,而王居其一焉。人法地,地法天,天法道,道法自然。"(《道德经·第二十五章》)

"自然"是道家文化另一个重要概念,是对"道"的特性和存在状态的

---

① 《习近平在英国议会发表讲话》,《人民日报》2015年10月21日第1版。

描述。"自然"是与"人为"相对立的概念，是指万物按照自身的特性和运行规则而自我生成、演变的状态。"道生之，德畜之，物形之，势成之。是以万物莫不尊道而贵德。道之尊，德之贵，夫莫之命而常自然。故道生之，德畜之；长之育之，亭之毒之，养之覆之。生而不有，为而不恃，长而不宰，是谓玄德。"（《道德经·第五十一章》）这段话告诉我们："道"化生、养育万物，是万物存在的根源和依据，却又不占有万物，不自恃有功，不主宰万物，这是"道"的特性和功能。道德的尊贵之处就在于"道"化生、养育万物，完全是自然而然、无为而为。道家文化的"自然"不是指自然界，但包含着对自然秩序的敬畏；不单指人类社会，但表达了对人与自然、人与人、人与社会之间和谐共生的向往。"道"和"自然"的观念既是道家文化的宇宙观，也体现了向往个体生命、人类社会与自然和谐共生、天人合一的价值观。

"无为"也是道家文化重要的概念，是相对于强为、妄为而言的。"无为"不是无所作为，而是不强为、不妄为，因为"道"就是顺任万物自然本性而为的，"道常无为而无不为"。"企者不立，跨者不行，自见者不明，自是者不彰，自伐者无功，自矜者不长。其在道也，曰馀食赘行。物或恶之，故有道者不处。"（《道德经·第二十四章》）这段话中，企、跨、自见、自是、自伐、自矜，都是强为、妄为，就像残羹和赘瘤，让人厌烦，有道的人是不会做这种事情的。有道之人顺其自然而为，助其自然而成，就像"道"一样。因此，道家文化的"无为"和"自然"相辅相成，都是对人狂妄意欲的约束限制、对强为妄为和干扰自然行为的拒斥。

道家文化洞悉、敬畏自然之道，推崇、倡导清静无为、顺应自然，主张让世间万物通过自身发展演变达到最佳状态，这种宇宙观与价值观对中国传统文化乃至世界文化都影响深远。

佛教文化发源于公元前5世纪的古印度，创始人是乔达摩·悉达多，后人尊称他为佛陀释迦牟尼，因此在中国传统文化中佛教又称为"释"文化。佛教文化在西汉末年，经由西域传入中国，是中国思想文化发展史上的重大事件。佛教首先融入魏晋玄学，后又吸纳儒家忠孝、仁爱等思想，从而使出世的佛教和入世的儒学、超然的道家思想在中国文化语境中相互融合，形成了鲜明的中国特色，禅宗就是佛教中国化的典型，佛法教义也日益渗透到中国社会文化和人们的日常生活。赵朴初先生曾说："语言是一种最普通最直接的文化，我们中国汉语的大量用语，如世界、如实、实际、平等、现行、刹那、清规戒律、相对、绝对、觉悟、意识、忽然等等都来自佛教语汇。"[①]

佛教文化最基本的教义和思想理论基础是"缘起论"，即认为一切现象的存在，都是由种种条件和合而成，不是孤立的存在，众生相依相存。因此佛教文化主张众生平等、爱生护生、不杀生不盗窃等佛法观念。这些观念引导人们要以全面的眼光看待自我和他人、社会、自然、世界之间的关系，意识到众生之间休戚相关，要主动自利利他、自觉觉人。

佛教文化倡导消除对"自我"的执念、对外物的追逐和痴迷贪欲，注重人们内心的自我反省和约束。这种观念有利于消解自我中心，建立人与人之间良好的和谐关系；能消解种族主义，建立各民族的相互尊重和价值认同；能消解人类中心，建立人与自然的生态亲和关系。

佛教文化强调"因果报应""善有善报恶有恶报"，强调德行与幸福、恶行与灾祸的一致性。警示人们必须为自己的行为负责，要求人们不断内省自检，及时抑制心中恶念，潜心向善。引导人们在日常生活中积极避恶趋善，止恶扬善。佛教的善恶果报论与中国传统文化中"积善之家必有余庆""积恶之家必有余殃"观念高度契合，具有积极的劝善化俗的社会功能。

佛教文化传入中国本土以来，日渐成为与儒、道鼎足而立的重要社会思潮，并和儒、道文化一起成为调节人们内心思想、维系社会稳定和发展的重要文化资源，对中国古代思想文化和社会发展，都产生了广泛而深刻的影响。2014年3月，习近平总书记在联合国教科文组织巴黎总部的演讲中说："佛教产生于古代印度，但传入中国后，经过长期演化，佛教同中国儒家文化和道家文化融合发展，最终形成了具有中国特色的佛教文化，给中国人的宗教信仰、哲学观念、文学艺术、礼仪习俗等留下了深刻影响。

---

① 赵朴初：《要研究佛教对中国文化的影响——与几位青年朋友的一次谈话》，《法音》，1986年第2期。

中国唐代玄奘西行取经,历尽磨难,体现的是中国人学习域外文化的坚韧精神。根据他的故事演绎的神话小说《西游记》,我想大家都知道。"①

中华文化博大精深、源远流长,儒释道三家文化是其中的典型代表。中华优秀传统文化是中华民族的精神命脉,是我们最深厚的文化软实力,也是中国特色社会主义文化的精神基因。党的十八大以来,以习近平同志为核心的党中央高度重视中华优秀传统文化的传承发展。"中华优秀传统文化是中华民族的精神命脉。要努力从中华民族世世代代形成和积累的优秀传统文化中汲取营养和智慧,延续文化基因,萃取思想精华,展现精神魅力。"②党的十九大报告重申和强调:"深入挖掘中华优秀传统文化蕴含的思想观念、人文精神、道德规范,结合时代要求继承创新,让中华文化展现出永久魅力和时代风采。"③

3. 中国特色社会主义文化具有珍贵的革命文化内涵

习近平总书记在庆祝中国共产党成立95周年纪念大会上的讲话中指出:"文化自信,是更基础、更广泛、更深厚的自信。在5000多年文明发展中孕育的中华优秀传统文化,在党和人民伟大斗争中孕育的革命文化和社会主义先进文化,积淀着中华民族最深层的精神追求,代表着中华民族独特的精神标识。"④这段话明确了革命文化是指在党和人民伟大斗争中孕育而成的文化。

从鸦片战争到五四运动是中华民族历史上灾难深重的80年,鸦片战争之后,中国相继发生了太平天国革命、中法战争、中日战争、戊戌变法、义和团运动、辛亥革命和五四运动。但是农民起义失败了,知识分子变法失败了,资产阶级革命失败了,中国到了亡国灭种的边缘,谁能救中国?"十月革命一声炮响,给我们送来了马克思列宁主义。"俄国社会主义革命

---

① 习近平:《在联合国教科文组织总部的演讲》,《人民日报》2014年3月28日第3版。
② 习近平:《习近平主持中共中央政治局第二十九次集体学习》,新华网,2015年12月30日。
③ 习近平:《决胜全面建成小康社会夺取新时代中国特色社会主义伟大胜利——在中国共产党第十九次全国代表大会上的报告》,人民出版社2017年版,第42页。
④ 习近平:《在庆祝中国共产党成立95周年大会上的讲话》,《人民日报》2016年7月2日第2版。

的胜利使中国先进人士看到了救亡的希望,并经由俄国社会主义革命认识了代表广大无产阶级和劳苦大众利益的马克思主义。马克思主义在中国得到广泛传播并同中国工人运动相结合,中国革命由此呈现崭新的面貌。中国革命发展的客观需要催生了中国共产党的诞生。1921年7月,信仰马克思主义的中国共产党宣告成立。经过80年血与火的洗礼,中国人民终于找到自己的旗帜、自己的道路。

革命文化就是中国人民在中国共产党领导下,以马克思主义为指导,从1919年五四运动开始,历经北伐战争、土地革命、抗日战争、解放战争等阶段,经过艰苦卓绝的浴血奋战,推翻帝国主义、封建主义和官僚资本主义三座大山,取得新民主主义革命胜利,建立中华人民共和国的过程中所创造的独特文化。

任何一种文化,概括地说都包括物质文化和精神文化。进一步可以分为物质、制度、精神三个层次。今天我们能看到的革命战争遗址、纪念馆、革命人物故居、烈士陵园、革命文物等,就是物质形态的革命文化。这些实物形态的革命文化,能够让人们有身临其境之感,从而激发人们的革命认同和爱国主义情怀,是中华民族独特而宝贵的文化资源。

物质形态的革命文化固然珍贵,蕴含在物质形态革命文化和中华历史记忆中精神形态的革命文化更加珍贵。在长期的革命斗争中,我们党用鲜血和生命孕育了红船精神、井冈山精神、长征精神、延安精神、抗战精神、西柏坡精神等一系列璀璨夺目的革命精神,这些精神是我们党在长期艰苦卓绝斗争中孕育的革命文化的精髓。

1921年,中国共产党在浙江嘉兴南湖的一条游船(后称"红船")上宣告诞生。2005年6月21日,时任中共浙江省委书记的习近平同志在《光明日报》发表署名文章《弘扬"红船精神",走在时代前列》,首次公开提出"红船精神",并把"红船精神"的内涵概括为:"开天辟地、敢为人先的首创精神,坚定理想、百折不挠的奋斗精神,立党为公、忠诚为民的奉献精神。"[①]

---

① 习近平:《弘扬"红船精神",走在时代前列》,《人民日报》2017年12月1日第2版。

1927年，轰轰烈烈的大革命失败，国民党对共产党人和革命群众进行了疯狂屠戮。中国共产党深刻体会到掌握枪杆子，有一支自己独立领导的革命军队的重要性和紧迫性。八一南昌起义打响了武装反抗国民党反动派的第一枪，秋收起义、广州起义、百色起义等标志着中国共产党开始了创建红军的历史新时期。毛泽东从敌大我小的实际出发，带领红军向敌人力量薄弱的偏僻农村转移。1928年在毛泽东、朱德的领导下，红军在井冈山根据地大力发展党组织，深入开展土地革命斗争，建立湘赣边界工农政权，井冈山成为中国共产党领导的革命武装第一个立足点。在建设井冈山根据地的革命实践中红军形成了以"胸怀理想、坚定信念，实事求是、勇闯新路，艰苦奋斗、敢于胜利，依靠群众、无私奉献"的井冈山精神，对以后中国革命的进程产生了深远影响。

1934年10月，中国工农红军开始离开江西瑞金进行战略大转移，至1936年10月，红军走过了赣、闽、粤、湘等十一个省，爬雪山，过草地……完成了人类历史上前所未有，惊天地、泣鬼神，举世闻名的二万五千里长征。习近平总书记在纪念红军长征胜利80周年大会上，对长征精神做出精辟的概括："伟大长征精神，就是把全国人民和中华民族的根本利益看得高于一切，坚定革命的理想和信念，坚信正义事业必然胜利的精神；就是为了救国救民，不怕任何艰难险阻，不惜付出一切牺牲的精神；就是坚持独立自主、实事求是，一切从实际出发的精神；就是顾全大局、严守纪律、紧密团结的精神；就是紧紧依靠人民群众，同人民群众生死相依、患难与共、艰苦奋斗的精神。"①

1935年红军结束二万五千里长征到达延安，党中央在延安建立了牢固的革命根据地。党中央以延安为根据地带领全国人民赢得了抗日战争胜利，进而赢得了夺取全国解放战争的胜利。从1935年到1948年，延安成为中国革命的圣地，也培育了光辉灿烂的"延安精神"。2009年11月，时任中共中央政治局常委、中央书记处书记、国家副主席习近平在陕西调研时指出："弘扬延安精神，要把坚定正确的政治方向放在第一位，牢记全心全意

---

① 习近平：《在纪念红军长征胜利80周年大会上的讲话》，《人民日报》2016年10月22日第2版。

为人民服务宗旨,坚持解放思想、实事求是、与时俱进,始终牢记'两个务必',保持延安时期那么一种忘我精神、那么一股昂扬斗志、那么一种科学精神,为建设和发展中国特色社会主义不懈奋斗。"①

1931年,侵华日军发动"九一八"事变,侵占中国东北,成立"伪满洲国"。1937年7月7日,日军挑起卢沟桥事变,中日战争全面爆发,中国人民由此开始了保家卫国的全国抗战。从1931年到1945年,中国人民为保家卫国进行了前仆后继、不屈不挠、艰苦卓绝的抗战,不仅取得了抗日战争的胜利,也锻造出可歌可泣的抗战精神。2014年9月3日,习近平总书记在纪念中国人民抗日战争暨世界反法西斯战争胜利69周年座谈会上的讲话中指出:"在中国人民抗日战争的壮阔进程中,形成了伟大的抗战精神,中国人民向世界展示了天下兴亡、匹夫有责的爱国情怀,视死如归、宁死不屈的民族气节,不畏强暴、血战到底的英雄气概,百折不挠、坚忍不拔的必胜信念。伟大的抗战精神,是中国人民弥足珍贵的精神财富,永远是激励中国人民克服一切艰难险阻、为实现中华民族伟大复兴而奋斗的强大精神动力。"②

1948年5月党中央移驻西柏坡,组织了震惊中外的辽沈、淮海、平津三大战役,解放战争进入决胜期。正是在解放战争如火如荼的关键时刻,毛泽东提出了两个"敢于":敢于斗争,敢于胜利;两个"务必":务必保持谦虚谨慎的作风,务必保持艰苦奋斗的作风。2013年7月,习近平在河北省调研时指出:"毛泽东同志当年在西柏坡提出'两个务必',包含着对我国几千年历史治乱规律的深刻借鉴,包含着对我们党艰苦卓绝奋斗历程的深刻总结,包含着对胜利了的政党永葆先进性和纯洁性、对即将诞生的人民政权实现长治久安的深刻忧思,包含着对我们党坚持全心全意为人民服务根本宗旨的深刻认识,思想意义和历史意义十分深远。全党同志要不断学习领会'两个务必'的深邃思想,始终做到谦虚谨慎、艰苦奋斗、实事求是、一心为民,继续把人民对我们党的'考试'、把我们党正在经受

---

① 《"平语"近人——习近平谈革命战争年代的红色精神》,新华网,2016年6月30日。
② 习近平:《在纪念中国人民抗日战争暨世界反法西斯战争胜利69周年座谈会上的讲话》,《人民日报》2015年9月4日第2版。

和将要经受各种考验的'考试'考好，使我们的党永远不变质、我们的红色江山永远不变色。"①

回顾中国革命文化我们不难发现，革命文化和中华优秀传统文化一脉相承。

几千年积淀下来的中华传统优秀文化中"自强不息，厚德载物"的奋斗精神；"精忠报国"的爱国情怀；"天下兴亡，匹夫有责"的担当意识；"杀身成仁，舍生取义"的牺牲精神；"国而忘家，公而忘私"的奉献精神等，恰恰是红船精神、井冈山精神、长征精神、延安精神、西柏坡精神等革命文化精神的内核与底蕴。

革命文化是在艰苦卓绝的革命实践斗争中孕育发展起来，是党和人民精神品格、精神力量的凝聚，既是对中华优秀传统文化的传承与发展，也是社会主义先进文化的起点和引领，是中华民族迎接新的时代挑战不惧困难、奋发向上、开拓进取的精神源泉。

4. 中国特色社会主义文化具有鲜活的社会主义先进文化内涵

社会主义先进文化从时间上来看，是指我国社会主义改造完成以来尤其是改革开放以来到现在，广大中国人民在中国共产党领导下，以马克思主义为指导，在社会主义建设和改革开放的伟大实践中孕育创造出的新文化。从内容上看社会主义先进文化以社会主义核心价值观为灵魂，以培养"四有"公民为目标，是面向现代化、面向世界、面向未来的，民族的科学的大众的社会主义文化。社会主义先进文化是在中国革命文化基础上建立起来的，又深深植根于中华优秀传统文化的沃土。从性质上看社会主义先进文化既是社会主义制度下创生的文化，也是社会主义时代代表人类社会文化发展方向的先进文化。

社会主义先进文化最重要的内涵是马克思主义和马克思主义中国化的系列理论成果。可以说离开了马克思主义的指导，就没有中国共产党的诞生，没有中国共产党的诞生就没有新中国和中国特色社会主义道路。马克思主义的辩证唯物主义和历史唯物主义揭示了事物内部和事物之间本质

---

① 《习近平在河北省调研指导党的群众路线教育实践活动》，新华网，2013年7月12日。

的、固有的、内在的联系和发展规律,为人类认识世界、改造世界提供了科学有力的思想武器。马克思主义揭示了生产力和生产关系、经济基础和上层建筑之间的矛盾运动;发现了生产力是推动社会发展最活跃、最革命、最根本的力量;证明了代表先进生产力的劳动人民是历史的创造者;创立了科学社会主义,为人类社会未来发展指明了正确方向。全人类的解放和每个人全面自由的发展是马克思主义终极价值追求,因此马克思主义是代表人类前进方向与时俱进的科学真理。2017年9月29日,习近平总书记在中共中央政治局第四十三次集体学习时强调:"在人类思想史上,就科学性、真理性、影响力、传播面而言,没有一种思想理论能达到马克思主义的高度,也没有一种学说能像马克思主义那样对世界产生了如此巨大的影响。这体现了马克思主义的巨大真理威力和强大生命力,表明马克思主义对人类认识世界、改造世界、推动社会进步仍然具有不可替代的作用。""马克思主义就是我们党和人民事业不断发展的参天大树之根本,就是我们党和人民不断奋进的万里长河之泉源。背离或放弃马克思主义,我们党就会失去灵魂、迷失方向。在坚持以马克思主义为指导这一根本问题上,我们必须坚定不移,任何时候任何情况下都不能动摇。"①

马克思主义传入中国之后始终和中国革命、社会主义建设和改革开放的具体实践相结合,实事求是、理论联系实际,形成了毛泽东思想、邓小平理论、"三个代表"重要思想、科学发展观、习近平新时代中国特色社会主义思想等一系列马克思主义中国化的重大理论成果。这些理论成果指导中国人民克服前进道路上一个又一个困难,取得一个又一个胜利,才有了今天中国在政治、经济、文化各方面举世瞩目的成就,使国际共产主义运动达到了前所未有的新高度。因此,习近平总书记强调:"要坚持不懈用马克思主义中国化最新成果武装头脑、凝心聚魂,坚定全党马克思主义信仰和共产主义理想,不断提高全党特别是领导干部的理论思维能力和思想政治水平。领导干部特别是高级干部要带头学习,原原本本学习和研读马克思主义经典著作,学习毛泽东思想、邓小平理论、'三个代表'重要思想、

---

① 《深刻认识马克思主义时代意义和现实意义 继续推进马克思主义中国化时代化大众化》,《人民日报》2017年9月30日第1版。

科学发展观，学习党中央治国理政新理念新思想新战略，要深入学、持久学、刻苦学，带着问题学、联系实际学，把科学思想理论转化为认识世界、改造世界的强大物质力量，以更好坚持和发展中国特色社会主义。"①

　　社会主义先进文化最核心的内涵是社会主义核心价值体系。2016年1月18日，习近平总书记在省部级主要领导干部学习贯彻党的十八届五中全会精神专题研讨班的讲话中指出："要坚持社会主义先进文化前进方向，用社会主义核心价值观凝聚共识、汇聚力量，用优秀文化产品振奋人心、鼓舞士气，用中华优秀传统文化为人民提供丰润的道德滋养，提高精神文明建设水平。"②可见，社会主义核心价值观是社会主义先进文化的内核，是决定文化性质和方向的最深层要素，是统一和凝聚民众共识的法宝。习近平总书记还说："人类社会发展的历史表明，对一个民族、一个国家来说，最持久、最深层的力量是全社会共同认可的核心价值观。"③我们应该坚守的社会主义核心价值观，就是党的十八大提出的：倡导富强、民主、文明、和谐，倡导自由、平等、公正、法治，倡导爱国、敬业、诚信、友善。社会主义核心价值观把涉及国家、社会、公民三个层面的价值要求融为一体，深刻回答了我们要建设什么样的国家、建设什么样的社会、培育什么样的公民的重大问题。党的十九大报告重申和强调："社会主义核心价值观是当代中国精神的集中体现，凝结着全体人民共同的价值追求"，要"强化教育引导、实践养成、制度保障，发挥社会主义核心价值观对国民教育、精神文明创建、精神文化产品创作生产传播的引领作用，把社会主义核心价值观融入社会发展各方面，转化为人们的感情认同和行为习惯。"④

　　社会主义先进文化还包括在社会主义建设和改革开放时期孕育出的大庆精神、"两弹（原子弹、氢弹）一星（人造卫星）"精神、雷锋精神、焦

---

① 《深刻认识马克思主义时代意义和现实意义 继续推进马克思主义中国化时代化大众化》，《人民日报》2017年9月30日第1版。

② 习近平：《在省部级主要领导干部学习贯彻党的十八届五中全会精神专题研讨班上的讲话》，《人民日报》2016年5月10日第2版。

③ 习近平：《青年要自觉践行社会主义核心价值观》，《人民日报》2014年5月5日第2版。

④ 习近平：《决胜全面建成小康社会 夺取新时代中国特色社会主义伟大胜利——在中国共产党第十九次全国代表大会上的报告》，人民出版社2017年版，第42页。

裕禄精神、红旗渠精神、抗击"非典"精神、载人航天精神、抗震救灾精神、深圳特区精神等等。这些精神和代表这些精神的先进群体、英雄模范，是社会主义先进文化的集中体现，也是广大人民用实际行动对社会主义核心价值体系认同做出的最好诠释。

先进文化是一个民族的精神家园，体现了一个民族的认同感和归属感。习近平总书记指出："没有先进文化的积极引领，没有人民精神世界的极大丰富，没有民族精神力量的不断增强，一个国家、一个民族不可能屹立于世界民族之林。"因此，"要弘扬社会主义先进文化，深化文化体制改革，推动社会主义文化大发展大繁荣，增强全民族文化创造活力，推动文化事业全面繁荣、文化产业快速发展，不断丰富人民精神世界、增强人民精神力量，不断增强文化整体实力和竞争力，朝着建设社会主义文化强国的目标不断前进。"①

5. 中国特色社会主义文化的特性

习近平总书记指出："文化自信是一个国家、一个民族发展中更基本、更深沉、更持久的力量。必须坚持马克思主义，牢固树立共产主义远大理想和中国特色社会主义共同理想，培育和践行社会主义核心价值观，不断增强意识形态领域主导权和话语权，推动中华优秀传统文化创造性转化、创新性发展，继承革命文化，发展社会主义先进文化，不忘本来、吸收外来、面向未来，更好构筑中国精神、中国价值、中国力量，为人民提供精神指引。"② 习近平总书记这段话清晰地表明了中国特色社会主义文化的特性是"不忘本来、吸收外来、面向未来"。

"不忘本来"的文化自觉性。"不忘本来"就是保持高度的文化自觉性，自觉厘清中国文化的根脉，清楚怎样的文化铸就了中华民族的独特性，始终牢记中华民族从哪里来？知道自己从哪里来，在世界文化交流碰撞的任何时代，才能不迷失方向、不迷失自我，既不盲目自大，也不妄自菲薄。中华文化有着五千年不间断发展史，历史悠久、博大精深，有着自己的特

---

① 《建设社会主义文化强国 着力提高国家文化软实力》，《人民日报》2014年1月1日第1版。
② 习近平：《决胜全面建成小康社会 夺取新时代中国特色社会主义伟大胜利——在中国共产党第十九次全国代表大会上的报告》，人民出版社2017年版，第23页。

色和发展规律。"不忘本来"就是"要讲清楚中华优秀传统文化的历史渊源、发展脉络、基本走向,讲清楚中华文化的独特创造、价值理念、鲜明特色"[①]。同时,文化自觉也要把握时代的变化,辩证理性地对待我们几千年来积淀下来的文化资源,"取其精华,剔除糟粕""古为今用""与时俱进"。中国特色社会主义文化坚持"不忘本来"才能植根中华民族深厚的文化底蕴,通过文化自觉溯源固本,不断为中华民族积聚不断前进的力量。

"吸收外来"的文化包容性。2014年3月,习近平总书记在对联合国教科文组织进行访问时说:"文明因交流而多彩,文明因互鉴而丰富。文明交流互鉴,是推动人类文明进步和世界和平发展的重要动力。"[②]他在出席孔子诞辰2565周年国际学术研讨会时也指出:"各国各民族都应该虚心学习、积极借鉴别国别民族思想文化的长处和精华,这是增强本国本民族思想文化自尊、自信、自立的重要条件。"[③]中国古代就有崇尚"和而不同"的文化传统,"和"的前提是承认尊重多元与差异。中国古代虽然有过像晚清那样封闭保守、闭关锁国的时期,但更多是"有朋自远方来不亦说乎"的开放、包容、交流互鉴的喜悦。社会主义先进文化肇始于改革开放之际,开放与包容是其内在应有的特性。正是因为紧跟经济全球化的步伐,汇融吸纳了全世界的优秀文化成果,包容了能够代表先进生产力发展方向的各种积极因素,中国特色社会主义文化才能始终随着社会发展不断开拓创新保持先进性。

"面向未来"的文化创新性。中国特色社会主义事业是人类历史上前所未有的崭新而伟大的事业。党的十八大报告指出:"坚持和发展中国特色社会主义是一项长期而艰巨的历史任务,必须准备进行具有许多新的历史特点的伟大斗争,必须以改革创新精神全面推进党的建设新的伟大工

---

① 习近平:《培育和弘扬社会主义核心价值观》,《习近平谈治国理政》,外文出版社2015年3月第1版第4次印刷,第164页。
② 习近平:《在联合国教科文组织总部的演讲》,《人民日报》2014年3月28日第3版。
③ 习近平:《在纪念孔子诞辰2565周年国际学术研讨会暨国际儒学联合会第五届会员大会开幕会上的讲话》,《人民日报》2014年9月25日。

程。"①"面向未来"意味着中国特色社会主义文化要始终关注时代发展的新动向，不断推出具有前瞻性，能够成为时代精神引领的优秀文化成果。习近平总书记在庆祝中国共产党成立95周年大会的讲话中指出："时代是思想之母，实践是理论之源。实践发展永无止境，我们认识真理、进行理论创新就永无止境。今天，时代变化和我国发展的广度和深度远远超出了马克思主义经典作家当时的想象。同时，我国社会主义只有几十年实践、还处在初级阶段，事业越发展新情况新问题就越多，也就越需要我们在实践上大胆探索、在理论上不断突破。"②中国正积极成为全球治理体系中重要的参与者，只有不断创新发展，中国特色社会主义文化才能为解决人类问题，打造人类命运共同体贡献中国智慧、提供中国方案。

四、深圳先进文化建设是社会主义先进文化建设的典型样本

作为我国改革开放的排头兵，四十年来，深圳经济特区发扬改革创新、敢闯敢试的精神，创造了一个又一个奇迹。这种在改革开放和特区建设的伟大实践中所形成的特区文化，既是社会主义先进文化的重要组成部分，又是社会主义先进文化建设的重要来源和基础。四十年来，按照社会主义文化建设规律和深圳文化建设的实际，深圳提出了文化建设与发展的四项基本原则：坚持政府主导，社会参与；坚持质量引领，突出特色；坚持共建共享，全面协调；坚持改革创新，激发活力。努力建设与现代化国际化创新型城市相匹配的文化强市，取得了令人瞩目的成就，文化设施配套先进，文化精品成果丰硕，文化生活丰富多彩，文化产业创新发展，文化市场繁荣有序，文化体制充满活力，建立起适应社会主义市场经济要求的城市文化发展新格局，成为中国特色社会主义文化建设的鲜活样本。具体来说，一是社会主义核心价值观深入人心——深化新时期"深圳精神"新内涵，培育遵法纪、守诚信、讲道德的文明市民，市民思想道德素质和科学

---

① 《坚定不移沿着中国特色社会主义道路前进 为全面建成小康社会而奋斗——在中国共产党第十八次全国代表大会上的报告》，新华社，2012年11月17日。

② 习近平：《不忘初心，继续前进》，《习近平谈治国理政》第二卷，外文出版社2017年11月第1版第2次印刷，第34页。

文化素质全面提高。深圳从2005年获评首批全国文明城市开始，2008年、2011年、2014年、2017年，已五次荣获该项称号。二是现代公共文化服务体系更加完善——基本建成便捷高效、保基本、促公平的现代公共文化服务体系，公共文化设施实现全面覆盖、互联互通，每万人公共文化设施面积不少于2000平方米，公共文化服务的内容和手段更加丰富，服务质量显著提升，公共文化管理、运行和保障机制进一步完善，基本公共文化服务标准化、均等化水平显著提高。三是文化产业的支柱性产业地位更加巩固——数字内容产业和创意设计、文化信息服务等新型业态占比超过60%，产业质量和国际竞争力持续提高。文化创意产业增加值年均增长10%以上，对国民经济发展的贡献率进一步增强。文博会专业化市场化国际化水平显著提升，产业带动效应进一步增强，国际影响力持续扩大。四是城市文化软实力影响更大——文化艺术原创能力显著提升，涌现一批在全国有一定影响的文艺精品。重大文化活动的影响力持续扩大，活动质量不断提升。哲学社会科学理论建设和学术创新特色突出，研究水平跻身全国前列。文化传播力和辐射力显著增强，现代传媒集团在全国的影响力不断扩大。对外文化交流与合作领域不断拓展，深圳文化在国际的影响力进一步增强。五是城市文化特色更加鲜明——创新型、智慧型、包容型、力量型城市主流文化基本形成，城市凝聚力明显增强。建设成效显著，书香城市氛围日益浓厚，高雅艺术更加普及，"设计之都"的地位更加巩固。引进、举办一批国际性、国家级品牌文化节庆和赛事，城市国际化文化氛围更加浓郁。六是文化发展的体制机制更有活力——政府文化管理职能进一步转变，行政审批事项更加精简，社会资本参与文化建设的渠道更加畅通，文化类社会组织发展规范活跃。政府采购文化服务全面展开，公共文化供给多元化格局基本成型。文艺院团改革和文化事业单位改革不断深化，文艺创作的活力得到充分激发。文化治理体系和治理能力现代化水平显著提升。深圳由建设初期的"文化沙漠"，真正变成了举世公认的"文化绿洲"。

深圳社会主义文化建设，是深圳改革开放和社会主义现代化伟大实践的结晶，显示出改革创新、开放包容、团结奉献、高效务实、奋发进取、诚实守信等鲜明的深圳文化特色；做到了坚持马克思主义在先进文化建设中的主导地位与文化多样化发展的有机统一，继承中华优秀传统文化和本土文化传统与面向现代化的统一，科学精神与人文精神的有机统一，立足本土与面向世界的有机统一。这些鲜明的文化特色，使深圳文化充满活力与生命力，并迅速在国际国内产生重大影响，成为中国社会主义先进文化建设一张靓丽的名片。

深圳社会主义先进文化建设的成功不是偶然的，是历届深圳市委市政府准确把握中央和广东省关于深圳经济特区的定位，忠实执行中央和广东省关于特区发展的各项政策和指示的结果，是深圳改革开放伟大实践结下的硕果，也是全体深圳人民集体智慧的结晶。具体来说，深圳先进文化建设之所以能够在短时期内取得如此令人瞩目的成就，首先是深圳先进文化建设始终坚持马克思主义的指导地位，坚持党对文化建设的绝对领导权，确保深圳文化建设的社会主义正确方向。其次是深圳先进文化建设始终坚持改革开放与先进文化建设的良性互动，以改革开放促进先进文化建设，又以先进文化建设的成果来保障改革开放的健康发展，推动改革开放不断深入。再次是深圳先进文化建设特别注重发挥全体市民在先进文化建设中的主体作用，坚持紧紧依靠广大市民发展先进文化，发动广大市民参与深圳文化建设，深圳精神的形成、深圳十大观念的评选、"深圳读书月"的成功举办等等，都是广大市民参与的结果；坚持文化为人民的先进文化发展理念，让广大市民能够充分享受到深圳先进文化发展的成果，深圳是最先提出"实现市民文化权利"理念的城市，深圳高度重视基层文化基础设施建设，大力发展社区文化等等都充分体现了文化发展为人民的思想理念。最后是深圳先进文化建设始终坚持改革创新的深圳城市特色，改革创新是深圳的根、深圳的魂，是深圳这座城市最大的特色，深圳这座城市的快速发展与深圳始终保持敢闯敢试的改革创新精神是分不开的。而文化发展更是离不开创新，不论是文化理念的提出和文化制度、文化机制的建设，还是文艺创造、文化事业和文化产业的发展，都离不开改革创新，否则，文化建设就会失去灵魂，就成了无源之水、无本之木，迟早会凋谢。深圳文化发展所创造的多个第一，能够保持不断发展的生命力，就雄辩地证明了改革创新在深圳先进文化建设中的作用。

因此，从深圳在社会主义先进文化建设中的历史地位来看，深圳发展奇迹本身就是社会主义先进文化优越性的重要体现，有大量的历史经验值得总结和提炼；从深圳在社会主义先进文化未来发展中的责任来看，社会主义先进文化的建立和发展离不开改革和创新，而改革创新是深圳的根、深圳的魂，是深圳精神的重要标识，深圳必将成为社会主义先进文化建设的先锋；从深圳在社会主义先进文化走向世界过程中的特殊作用来讲，作为改革开放和中国特色社会主义事业的窗口，深圳必须成为传播中国特色社会主义先进文化的主力军。因此，以深圳先进文化作为样本来开展研究，总结、研究和传播深圳市在发展社会主义先进文化方面的经验，不仅对于推动深圳社会主义先进文化发展成果走向全国、走向世界，而且对于促进新时代中国特色社会主义先进文化建设，都具有非常重要的意义。

第一章 深圳先进文化形成的文化渊源

回顾改革开放四十年深圳的发展历程,由曾经的边陲小镇到如今的新兴现代化城市,深圳不只创造了世界工业化、城市化的奇迹,同时也创造了现代文化发展史上的奇迹。在东西方文化频繁交流交融交锋的大文化背景下,深圳一直坚持以马克思主义为指导,坚守中华优秀传统文化和革命文化的主体地位,弘扬以改革创新为核心的时代精神,将外域文化中的优秀因子,整合为社会主义先进文化的有机组成部分,文化建设取得重大成就,具有示范意义。特区先进文化建设的历程,已成为改革开放四十年间中国社会主义先进文化建设的精彩缩影和生动呈现。

第一节 中华优秀传统文化与深圳先进文化的形成

在五千多年文明发展中孕育的中华优秀传统文化,积淀着中华民族最深沉的精神追求,代表着中华民族独特的精神标识,是中华民族生生不息、发展壮大的丰厚滋养,它对延续和发展中华文明、促进人类文明进步,发挥着重要作用。建设当代中国社会主义先进文化,必须立足于中华优秀传统文化。同样,建设深圳先进文化,也必须立足于中华优秀传统文化。建设深圳先进文化,为什么要立足于中华优秀传统文化?中华优秀传统文化为深圳先进文化建设提供了怎样的底蕴和资源?立足中华优秀传统文化建设先进文化深圳采取了哪些举措?

一、立足中华优秀传统文化建设深圳先进文化的必要性

1. 立足中华优秀传统文化建设深圳先进文化，是延续中华优秀传统文化生命力的内在需要

英国著名历史学家汤因比曾把出现过的世界文明归纳为 26 种。到今天为止，还剩下七八种存在着。消失了的文明，有的已经死亡，有的发生了停滞，有的被其他文明同化，有的出现过中断，唯有中华文明没有出现过中断和停滞。这说明中华文明具有顽强的、可以穿越时空的生命力。这种生命力使中华文明、中华传统文化有别于其他文明形态和其他文化。

中华文明之所以具有如此顽强的生命力是因为中华文明和其他文明相比，具有独特的生存智慧、开放包容和务实品质。这种独特的生存智慧使中华文明在面对危机和逆境时能不断进行自我调节。这种自我调节使它一次次地跨过了危机和险境，然后以崭新的姿态重新出现。同时中华文明的开放包容使中华文明在面对异质文明时，能吸收对方文明的精华，发展壮大自身。中华文明不是经院派的玄学，它时刻关注当下，关注现实，这种务实品质使得历代统治者都想从传统文化之中去寻找治国之道。在和现实政治的紧密结合中，中华文明的生命力得以延续。

中华文明的生命力必须延续下去。历史悠久的中华传统文化是一种客观存在，它已经深深地融入民众的生活方式和思维方式中。中华优秀传统文化是历史的，又是现实的。从它的形成和发展来说，跨越几千年形成的中华优秀传统文化是历史的一种积淀与凝聚，从它的作用与价值彰显来说，中华优秀传统文化必须参与当代中国文化建设。只有融入当代文化建设中，才能彰显传统文化的价值，才能延续传统文化的生命力。深圳作为改革开放的前沿和窗口，面对蜂拥而入的西方文化的冲击、中西文化的频繁交流和激烈碰撞，要保持深圳文化的先进性和中国特色，保证深圳文化建设的社会主义正确方向，就必须坚持中华传统文化的文化自信，既要大胆吸收国外一切优秀文明成果，更要立足于中华优秀传统文化，充分挖掘和利用好中华优秀传统文化资源。

2. 立足中华优秀传统文化建设深圳先进文化,是文化建设的客观规律

文化建设有自己的客观规律。一般来说,经济基础决定上层建筑。1859年,马克思、恩格斯在《政治经济学批判》序言中指出,"人们在自己生活的社会生产中发生一定的、必然的、不以他们的意志为转移的关系,即同他们的物质生产力的一定发展阶段相适合的生产关系。这些生产关系的总和构成社会的经济结构,即有法律的和政治的上层建筑竖立其上并有一定的社会意识形式与之相适应的现实基础。"[①] 一个国家的经济基础对上层建筑作用虽有决定性作用,但对于一个国家、一个社会的文化发展而言,却具有一定的特殊性。任何一种文化的产生和发展,绝不仅仅取决于该社会的生产力发展状况,同时还取决于该社会深厚的文化传统和文化背景。这就是说,文化建设都是在继承原有的文化基础之上进行,都要从汲取前人积累的文化成果出发,都受着历史条件和文化传统的制约。列宁在领导十月革命成功后,对社会主义文化建设的这一规律异常清醒。"无产阶级文化并不是从天上掉下来的,也不是那些自命为无产阶级文化专家的人杜撰出来的。如果硬说是这样,那完全是一派胡言。无产阶级文化应当是人类在资本主义社会、地主社会和官僚社会压迫下创造出来的全部知识合乎规律的发展"。[②] 列宁强调社会主义社会是建立在过去社会基础之上的,无产阶级文化发展也必须继承先人创造的一切优秀成果。毛泽东在《新民主主义论》中也曾深刻阐述了这一观点,"中国现时的新政治新经济是从古代的旧政治旧经济发展而来的,中国现时的新文化也是从古代的旧文化发展而来,因此,我们必须尊重自己的历史,决不能割断历史"。[③] 在这样的认识基础上,中国共产党人把马克思主义作为自身指导思想,同时,还批判继承了中华优秀传统文化,在此基础上,形成了民族的、科学的、大众的新民主主义文化和社会主义建设时期的社会主义文化。当今,无论是国家层面进行先进文化建设,还是地方层面进行先进文化建设,都必须立足于自身已有的传统文化。深圳虽然是改革开放后崛起的一座新兴的现代化国际化城市,但

---

① 《马克思恩格斯全集》第 2 卷,人民出版社 1995 年版,第 32—33 页。
② 《列宁全集》第 39 卷,人民出版社 1986 年版,第 299 页。
③ 《毛泽东选集》第 2 卷,人民出版社 1991 年版,第 708 页。

是，深圳的文化建设不仅仍然根植于中华传统文化土壤之上，而且深圳本身也具有非常丰富的传统文化资源。因此，深圳文化建设，离不开中华优秀传统文化土壤，离不开这块土地上的文化传统和改革开放的伟大实践。

3. 立足中华优秀传统文化建设深圳先进文化，是深圳先进文化建设的客观要求

建设深圳先进文化，必须坚持马克思主义在意识形态领域的领导权，培育和践行社会主义核心价值观，加强思想道德建设等。这些都是深圳先进文化建设题中应有之义。建设深圳先进文化的最终目的是使民众认知、认同并践行这种文化，增强民众素质，提升城市形象。要使深圳市民认知、认同这种先进文化，必须要契合民众原有的价值观念、思维方式和审美情趣。民众原有的价值观念、思维方式和审美情趣，莫不受着有强大惯性的传统文化的影响。比如价值观念上，强调对民族对国家的责任意识，向往理想人格，注重美德修身；思维方式上，民众即便没有学过系统的哲学，也知道一分为二地看问题，也懂得用发展的眼光、辩证的眼光来看问题；在审美情趣上，注重形神统一、形神兼备、意在言外的含蓄美。这些价值观念、思维方式、审美情趣和日常生活相结合，已经深入、渗透到生活在中华大地上的中华儿女的骨髓深处。如果立足中华优秀传统文化建设深圳先进文化，可以拉近民众和先进文化之间的距离，增加深圳先进文化的亲和力，充分发挥深圳先进文化的引领作用和凝聚作用。

二、中华优秀传统文化为深圳先进文化的形成提供了丰厚底蕴和丰富资源

立足中华传统文化进行深圳先进文化建设，是因为中华民族在几千年历史中形成的中华传统文化源远流长、博大精深，它能为深圳先进文化建设提供丰厚底蕴和丰富资源。由于篇幅的关系，我这里只列举对深圳先进文化建设影响较大的几个方面略作分析。

第一，关于改革创新。《易经》有云："'己日乃革之'，行有佳也。"[①]

---

① 《易经》，河南出版集团2007年版，第3页。

《易经》中的革卦象征变革。这说明,中华民族的先民们很早就认识到变革的重要性。《商君书》更是中华民族变革思想的体现。商鞅指出,"治世不一道,便国不必法古。汤、武之王也,不修古而兴;殷、夏之灭也,不易礼而亡。然则反古者未必可非,循礼者未足多是也。君无疑矣。"[①]商鞅劝谏秦孝公不要疑惑不定,要适时变法。商鞅变革的思想奠定了秦国变法的基础,也推动了秦国的变革和强大。《易经》的变革思想被后来的众多思想家、政治家所继承并发展。西汉末年的扬雄在《法言·问道》中也指出了变革的思想,"可则因,否则革"。[②]扬雄认为,历史上遗留下来的东西,适合现实情况的就保留,不适合现实情况的就改革。《易经》中的变革思想也被北宋时期忧国忧民的改革家范仲淹所继承。范仲淹面对当时的社会现实,力推《周易》,他认为《周易》是忧患之作,是想通过天道来说明社会变革的重要性。范仲淹说:"以木顺火,鼎始用焉,圣人开基立器之时也。夫天下无道,圣人革之。天下既革而制作兴,制作兴而立成器,立成器而鼎莫先焉。故取鼎为义,表时之新也。汤武正位,然后改正朔,变服章,更器用,以新天下之务,其此之时欤!故曰革去故而鼎取新。"[③]明末清初的顾炎武也深受《易经》变革思想的影响。他指出,"天地之化,过中则变,日中则昃,月盈则食。故'易'之所贵者中,十干则戊己为中,至于己,则过中而将变之时矣。故受之以庚。庚者,更也。天下之事,过中而将变之时,然后革,而人信之矣。"[④]这一番话表达了顾炎武的变革思想——物来而顺应。这种变革思想也深刻影响了近代中国社会。面临资本主义列强,清政府中的一些有识之士都认识到了变革的重要性。从洋务运动、戊戌变法到清末新政,都是这种变革思想的外在体现。这样一些改革创新的文化传统与文化基因,与深圳改革创新的时代需求与文化特色不谋而合,成为深圳改革创新的重要思想武器。

第二,关于奋发进取。中国传统文化非常强调奋发有为、积极进取的

[①] 《商君书》,岳麓书社 2006 年版,第 7 页。
[②] 扬雄:《法言》,中华书局 1985 年版,第 10 页。
[③] 范仲淹:《范文正公文集》,上海古籍出版社 2002 年版,第 282 页。
[④] 《顾炎武全集》(《日知录》一),上海古籍出版社 2012 年版,第 70 页。

精神品质，这种精神品质作为一种内驱力，一直推动着中华民族向前发展并使中华文明长期居于世界先列。《易经》开篇就提出"天行健，君子以自强不息"。[①]先人们在长期的对自然的观察中，发现日月星辰、春夏秋冬的运行周而复始，循环不止，先人们提出君子应该效法天道，自立自强，永远奋斗。在《论语·泰伯》中，曾子曰："士不可以不弘毅，任重而道远。"只有弘毅，只有坚韧，才能走得更远。[②]这种刚健有为、自立自强的思想嵌入到了中华民族骨髓深处，为全社会所接受。从汉代到清代，历时两千多年，《易传》中的这种刚健有为、自强不息思想深入人心，不断激励着人们奋勇向前。《史记·太史公自序》载："昔西伯拘羑里，演《周易》；仲尼厄陈蔡，作《春秋》；屈原放逐，乃赋《离骚》；左丘失明，厥有《国语》；孙子膑脚，而论《兵法》；不韦迁蜀，世传《吕览》；韩非囚秦，《说难》《孤愤》；《诗》三百篇，大抵贤圣发愤之所为作也。"[③]这说明，中国古代先贤达人，越是受挫，越能自觉奋起。

1840年鸦片战争以后，中华民族处于危难之际，林则徐、李鸿章、康有为、孙中山、毛泽东等人没有让自己、让中华民族屈服于被奴役的命运。他们或从思想、或从实业、或从理论投身于中华民族的伟大复兴中。这期间，中华民族遭遇了前所未有的危机和磨难：甲午战争、八国联军侵华、十四年抗日战争，中华民族还面临许多预料不到的自然灾害，这些都没能使他们屈服。尤其值得一提的是中国共产党，在1934年第五次"反围剿"失败后，红一方面军八万六千人冒着飞机大炮的狂轰滥炸和枪林弹雨，翻越了二十多条巨大的山脉，渡过了三十多条峡谷大江，走过了世界上海拔最高、和法国国土面积相差无几的广袤湿地……这样的长途跋涉，大规模转移，靠的是什么支撑才得以成功？不就是中国共产党人的坚韧和积极进取吗？

积极进取、刚健有为、奋发拼搏的精神已经融入中华民族的血液中，成为我们民族精神的重要内容。正如鲁迅先生所言："我们自古以来，就有埋头苦干的人，有拼命硬干的人，有为民请命的人，有舍身求法的人……

---

① 郑春兴、王建国编译：《易经》，河南出版集团2007年版，第3页。
② 鲍思陶译：《论语》，崇文书局2007年版，第71—72页。
③ 司马迁：《史记全本》（下），万卷出版公司2016年版，第331页。

这就是中国的脊梁。"①这种精神不仅滋养了中国的过去，还将影响中国的未来。深圳的建设发展正是这种奋发进取精神的重要体现，深圳建设先进文化，必须要继承和发扬这种奋发进取的精神，并且把这种精神融入深圳经济发展、民主进步、和谐社会建设、环境建设的方方面面。

第三，关于包容开放。中华文化是否具有包容开放的品质，在学术界一直存在着争论。有学者认为中华文化由于所处的封闭的地理环境，由于自傲的心态，中华文化是一种封闭的保守的文化；有人因为近代中华文化和西方文化相比的劣势，把近代中国落后的根源归于中华文化的不开放；有人还把明清之际政府为抵御倭寇实施的"闭关锁国"归结于文化的保守。当然也有相当多的学者反对以上说法，认同并坚信中华文化的开放和包容。其实，评价一种文化的特质，不能妄下结论。文化的发展是一个缓慢的历史过程，"评价一个文化的精神特质要看它的全部历史过程和发展趋势，不能根据某一时期的特殊情况妄下结论"。②从中华文化发展的漫长时期看，从清朝整个历史看，晚清的闭关锁国，排斥外来文化从来都不是中华文化的主流。善于学习国（境）外的先进文化，建构新文化始终都是中华文化发展的主流。

中华文化开放包容的源头是《易传》和孔子的"仁爱"思想。《易传》曰：地势坤，君子以厚德载物。③君子应该像大地一样宽广深厚，这样才能承载万物。这种宽厚，使中华文化始终保持了一种包容开放的姿态。另外，儒家的仁爱思想也造就了中华文化的包容。儒家的仁爱不仅是一种亲亲，它还被推及到仁民和爱物。这种宽厚和仁爱思想曾得到德国哲学家费尔巴哈由衷的赞美。费尔巴哈认为"己所不欲，勿施于人"的道德训诫，"在许多由人们思考出来的道德原理和训诫中，这是素朴的通俗的原理，是最好的、最真实的，同时也是最明显而且最有说服力的，因为这个原理诉诸人心，因为它使自己对于幸福的追求服从良心的指示"。④

---

① 鲁迅：《朝花夕拾》，中国言实出版社2016年版，第166页。
② 何静、韩怀仁：《中国传统文化》，解放军文艺出版社2002年版，第35页。
③ 郑春兴、王建国编译：《易经》，河南出版集团2007年版，第3页。
④ 《费尔巴哈哲学著作选》上卷，商务印书馆1978年版，第577页。

仁爱和宽厚使得中华文化一直都能保持一种开放姿态。比如，东汉末年传入中国的印度佛教，最初中国人是从自己文化的角度去认识这种宗教的，认为印度佛教和黄老玄学有很多相似与共通之处，后来中国人将本土的儒、道和佛教相融合，形成了中国化的佛教，佛教在中国大地生根、发芽并开花和结果。如果不是中国文化自身的开放和包容，佛教又如何在中国发展呢？另外，汉唐时期，丝绸之路的开通使中亚游牧文化、波斯文化、阿拉伯文化、欧洲文化都源源不断地进入到了中国，中华文化在和这些域外文化的接触与交流中，相互融汇，相互渗透，博采众长，洋为中用，实现了中华文化的创新与超越。中华文化的这种开放性使中华文化在和其他文化交流与碰撞的过程中，始终保持文化主体质的稳定性。这种稳定使中华文化没有随着时间推移、历史发展而出现解体，反而不断发展与壮大。

深圳作为中国改革开放的前沿，开放包容是深圳文化应有的特质。建设深圳先进文化，必须要立足于中华优秀传统文化。深圳之所以在短短的四十年发展成如今的现代化、国际化的大都市，就是在于深圳能时刻保持一种开放和包容的姿态。它不仅包容和吸纳来自中国各地的优秀人才聚集于此，而且吸引着世界各国的企业、优秀人才参与深圳建设，善于吸收境外优秀的文化成果。

第四，关于诚实守信。中国传统文化是"尚德"的一种文化，非常强调"诚"和"信"的个人修养。最先提出诚信的是春秋时期的法家管仲。管仲指出，"先王贵诚信，诚信者，天下之结也。"[1]他认为"诚信"是凝聚人心，使天下统一的保证。管子还言："好恶形于心，百姓化于下，罚未行而民畏恐，赏未加而民劝勉，诚信之所期也。"[2]儒家也强调诚信的作用。诚信被儒家视为"进德修业之本""立人之道"和"立政之本"。孔子不仅提出了"人而无信，不知其可也"的思想，而且把信提到了做人的根本、"五常"之一："自古皆有死，民无信不立"。[3]在孔子思想体系中，诚信和孝悌一样，都是做人应该具有的品质，追求这些，最终目标是实现全德之

---

[1] 吴文涛、张善良编著：《管子》，北京燕山出版社1995年版，第109页。
[2] 同上书，第45页。
[3] 鲍思陶译：《论语》，崇文书局2007年版，第111页。

"仁"。对于违背诚信之事，孔子进行了严厉的批评，"狂而不直，侗而不愿，悾悾而不信，吾不知之矣"。①意思是说，狂妄自大又奸巧利滑，愚昧无知却又不诚实，表面诚恳，内心却不讲信用，真不知道这些人会有什么结果。孔子关于诚信的思想被后来孟子继承并丰富和发展。到了唐代，中国的思想文化发展到鼎盛时期。唐代的李翱将诚信看作是圣人的特性。宋明理学同样重视诚信的作用，他们不仅重新阐释了"诚"的内涵，而且形成了一套完整的理论体系，实现了儒家诚信观的哲理化。中国传统文化中的诚信观不仅是个人提升修养、立足社会的基础，也是统治者治理国家、实现仁政的重要基石。过去自给自足的封建社会需要诚信，今天市场经济的现代社会更加需要诚信。诚信是企业、商品者个人参与市场运行必须遵守的规则，必须该有的品质。深圳是社会主义市场经济体制改革的先行者，又是一个典型的移民城市，无论从经济发展的角度，还是从个人交往的角度，诚信都非常重要。因此，深圳建设先进文化，理应从中国传统文化关于"诚信"的资源中汲取营养，滋养自身，继承和弘扬中华传统文化中注重诚信的优秀文化品质。

此外，深圳本身属于岭南文化的重要地区，以开放务实、积极进取为特色的岭南文化滋养着深圳这片神奇的土地，创造了灿烂辉煌的深圳本土文化，积累了非常丰富的传统文化资源，这也是深圳先进文化建设可以吸收的重要文化资源。

三、立足中华优秀传统文化建设深圳先进文化的举措

毫无疑问，建设深圳先进文化，必须吸收和利用中华优秀传统文化。那么，立足中华优秀传统文化建设先进文化，深圳采取了哪些举措呢？

第一，对中华传统文化进行区分和筛选。深圳在进行先进文化建设过程中，首先对传统文化进行了区分和筛选。在区分、筛选传统文化的过程中，去掉了传统文化的糟粕部分，吸收了传统文化与深圳精神、深圳先进文化相契合的内容，为深圳先进文化建设所用。中国传统文化非常强

---

① 鲍思陶译：《论语》，崇文书局2007年版，第111页。

调"刚健有为，奋发进取"的精神状态，这种精神在改革开放新时期显得尤为重要。为了激发深圳建设者们的奋发进取，深圳市政府门前就矗立着一尊"孺子牛"雕塑，这尊"孺子牛"雕塑是深圳精神的象征，它告诫着来深圳的每一位建设者，唯有奋斗进取，才能立足深圳。为了更好地展示"孺子牛"精神，市政府还策划了"孺子牛"藏品展览。2008年1月，"孺子牛"深圳魂牛文化艺术品收藏展开幕，深圳市委几套领导班子都参加了这一仪式。许多民众也参加了这一活动。孺子牛是现代的艺术品，但是它承载了中华优秀传统文化的精华，它已经融入深圳改革开放的实践中，成为深圳先进文化建设的重要组成部分。再比如，以弘扬中国民族文化为主旨的锦绣中华和民俗文化村，在建设过程中也非常重视对传统文化的区分和筛选。锦绣中华微缩景区占地三十万平方米，是中国五千年历史文化和九百六十万平方公里锦绣河山的荟萃和缩影。在这么小的一个区域，如何更好地展示中华民族优秀的文化？锦绣中华和民俗文化村在建设之初，充分征询了文化学方面专家的意见，通过民族风情展示与体验、民族歌舞表演、民间手工艺展示、大型民间节庆活动和高科技互动体验项目，多角度、多侧面、生动形象地展示了我国各民族原汁原味、丰富多彩的民风民情和民俗文化，让游客快乐地体验中华民族的精华，领略民族文化的魅力。锦绣中华还创作了许多有价值的歌舞和晚会。在《龙凤舞中华》中，游客能领略到中华先民和自然的和谐共处，能感受到中华民族奋发进取的开拓精神。锦绣中华这一建设过程和作品创作过程也是对传统文化进行区分和筛选的过程。这些被筛选出来的自然景观和民俗文化，由于充分展示了中华优秀传统文化的精华，因而很容易引起广大游客的共鸣，深受广大游客的喜爱，收到了良好的社会效益和经济效益。

第二，对中华优秀传统文化进行创造性转化。深圳在建设先进文化过程中，非常重视对中华优秀传统文化的创造性转化。这种创造性转化，结合了时代特征，对传统文化中仍有借鉴价值的内容和形式加以改造，赋予其新的时代内涵和现代表达形式。比如，中国传统文化强调不因循守旧的"变革"思想，前文已有论述。这种变革思想对改革开放实践有重要的价值。1978年十一届三中全会后，中国改革大幕之所以最先在深圳拉开，并成为中国改革开放的排头兵和领头羊,就在于深圳经济特区对传统文化中"变革"思想的创造性转化。1980年,改革开放的先行者为了加快蛇口工业区建设进度,提出了"时间就是金钱,效率就是生命"。这一口号提出后引发了轩然大波,遭到了部分人的强烈反对。有人还给它贴上了资本主义的标签。袁庚力排众议,1981年底,一块写有"时间就是金钱,效率就是生命"的巨型标语牌就矗立在蛇口工业区最显眼的位置。如果没有袁庚的坚持,就不会有改革开放向其他领域、其他省份的辐射。这种变革是一种彻底的变革,包括思想观念、经济体制、政治体制等多方面。深圳的建设者们或许当时并没有意识到这种变革和传统文化的关系。但正是因为有深入思想深处的"变革"思想和对传统"变革"思想的创造性转化与坚守,才会有改革开放的不断深入推进。再比如,儒家倡导的"君子喻于义,小人喻于利"的重义轻利思想,这种思想本质上是一种政治伦理文化,它是建立在中国传统的自给自足的自然经济之上。这种思想对于中华民族和中国社会发展有着十分重要的影响。它引导着人们冲破名利的羁绊,努力提高自己的精神境界,成为一个高尚的人,一个有道德的人。这种对个体道德境界的塑造和提升,客观上起着规范人心、整合价值的作用,它使得中华民族的凝聚力日益增强。但今天看来,这种思想在一定程度上导致了中国经济的停滞和裹足不前。深圳在建设先进文化过程中,对这种思想也进行了创造性转化。深圳作为中国改革开放的试点城市,从一开始就是按照市场经济的方向在进行改革。深圳近四十年的高速发展和取得成绩的关键就是选择了市场经济。市场经济之下,每个市场竞争主体都有自己的个人利益。忽视个体利益,市场经济无法建构。但在这个过程中,如果过分追求了利,不仅不利于企业长远利益,还会损害企业整体形象。义利绝不是对立的关系,而是可以双赢的统一的关系。为此,深圳的众多企业家在进行自身企业文化建设过程中,比如腾讯、华为等知名企业,既充分尊重市场经济规律,注重企业和员工个人的经济利益,又都重视企业和员工对"义"的坚守,时刻不忘自己应该承担的社会责任。可以看出,深圳先进文化建设对中国传统文化的这种转化是一种结合时代特征和深圳改革开放实践的创造性转化。在这一转化过程中,中华优秀传统文化被重新进行了解读、阐释、挖掘,中华优秀传统文化因子彻底融入了深圳先进文化的形成中,中华优秀传统文化不仅获得新的生长空间、发展机遇,深圳先进文化建设也因此有了深厚的历史底蕴。

第三,对中华优秀传统文化进行创新性发展。创新性发展中华优秀传统文化是对传统文化最好的继承。深圳在建设先进文化过程中,继承了传统,但又不拘泥于传统、为传统文化所束缚,它赋予了中华优秀传统文化新的内涵、新的精神气质,实现了传统与现代的有机整合,实现了对传统的超越。比如在法治方面,中国古代社会总体上是重人治、轻法治的,但也不乏一些法治传统与思想。早在春秋战国时期,商鞅就提出的"壹刑"的思想。所谓壹刑者,刑无等级。"自卿相将军以至大夫庶人,有犯国禁、乱上制者,罪死不赦。有功于前,有败于后,不为损刑。有善于前,有过于后,不为亏法。"①这就与封建宗法时代因所谓的亲、故、贤、能、功、贵等事而降低刑罚标准迥异,这距离法律面前人人平等已经近了一大步。但这种法治思想是把君主排除在外的。这种法治思想和进入资本主义文明之后的现代法治思想有一定的距离,这种法治思想可以继承,但必须创新。作为改革开放前沿城市,深圳一直高度重视法治建设。深圳在全国率先提出建设"法治中国示范城市"的战略目标,把"法治化"作为全面深化改革的突破口,推动城市法治水平不断提升。深圳是中国地方立法最多的城市。深圳自1992年取得特区立法权以来,制定了400余件法规和法规性文件,290多件规章。立法15载,创新15年,深圳创造了国内数十个立法上的第一。深圳也非常重视政府的法治建设。2005年9月,深圳市政府发布了《关于推进行政管理创新,加强政府自身建设的实施意见》,明确提出要严格依法行政,建设法治政府。只有政府率先依法行政,才能把关乎全社会的法律落实到位,才能带动全体社会成员守法、用法,才能真正在全社会营造尊重法律的良好氛围。深圳法治建设正是对中国传统"法治"思想的创新性发展。

习近平总书记说:"不忘历史才能开辟未来,善于继承才能善于创新。

---

① 《商君书》,岳麓书社2006年版,第34页。

优秀传统文化是一个国家、一个民族传承和发展的根本,如果丢掉了,就割断了精神命脉。"① 深圳作为改革开放的先行城市,正是在立足中华优秀传统文化、吸吮中华优秀传统文化的丰富营养基础上,结合了时代特征,结合了深圳改革开放的实践进行了先进文化的建设。这一先进文化必将为下一步深圳改革开放提供精神动力。

此外,深圳在对深圳本土文化的保护和发展方面也做了很多卓有成效的工作,如对大鹏所城、客家围屋等传统文化场所的保护、开发和利用,对深圳本土非物质文化遗产的保护、继承和弘扬等方面,都走在全国的前列,不仅有力地促进了深圳先进文化的建设,而且彰显了深圳先进文化的特色。

第二节　革命文化与深圳先进文化的形成

虽然,今天的深圳是当之无愧的中国特色社会主义先进文化建设的样本,但是仍有很多人对深圳的文化抱有偏见或缺乏全面的了解,认为深圳只有在改革开放后的新时期发展起来的社会主义先进文化,并无任何文化积淀。实际上,深圳不仅有着丰富的传统文化资源,而且深圳也是一个具有光荣革命传统的地区,积淀了丰厚的革命文化。早在大革命时期,周恩来、贺龙、彭湃等同志就在东江地区播下了革命火种,诞生在本土的"东江纵队"更是被朱德同志赞誉为"中国抗战的中流砥柱"。

在改革开放的伟大实践中,革命文化一直是深圳的社会主义先进文化的重要渊源和根脉。老一辈革命家正是特区的重要开创者和奠基者。呼唤闯将、倡议办特区的邓小平,向中央要政策,主张广东先行一步的习仲勋和吴南生,主持负责中国经济特区的发轫地——蛇口工业区的袁庚(原东纵对外联络处处长、两广纵队炮兵团长),真正在深圳打开局面的梁湘等为代表的革命家,在深圳的社会主义先进文化建设中起着至关重要的作用。

---

① 习近平:《中国共产党人始终是中国优秀传统文化的忠实继承者和弘扬者》,《党建》2014年第10期。

一、共产主义的理想信念与深圳先进文化的形成

诚如十九大报告所言:"共产主义远大理想和中国特色社会主义共同理想,是中国共产党人的精神支柱和政治灵魂。"1985年,邓小平在全国科技工作会议上提醒大家:革命时期,我们之所以能够在非常困难的情况下奋斗出来,战胜千难万险使革命取得胜利,"就是因为我们有理想,有马克思主义信念,有共产主义信念"。现在我们处于建设时期,虽然国内形势很好,但是大家必须对我们搞的四个现代化的性质有清醒的认识,我们"是搞社会主义的四个现代化,不是搞别的现代化。我们采取的所有开放、搞活、改革等方面的政策,目的都是为了发展社会主义经济"。①试办特区,就是党的对外开放、对内搞活、改革不适应生产力发展的生产关系和上层建筑的决策的重要组成部分。在经济特区建设的过程中,共产主义远大理想和中国特色社会主义共同理想,一直作为特区建设的精神支柱和政治灵魂发挥着至关重要的作用。

在筹划和创办特区的初期,对于究竟应当办个什么样的特区,以及特区在社会主义现代化建设中的地位与作用,中央与地方是有相当的共识的。正如《中共中央关于〈广东、福建两省会议纪要〉的批示》(中发〔1980〕41号文件)所说:"试办经济特区,在经济上、意识形态上,有一个谁战胜谁的问题。"②建设经济特区的目的并不只是为了利用外资,引进技术,发展经济。因为经济特区在国家的版图上只是一小块,即使经济再发达,对于提升我国综合国力的作用也是有限的。特区实际上是观察资本主义的经济发展和学习资本主义的先进技术、科学管理以及前沿知识的窗口,也是对外宣传社会主义思想、文化、政策的窗口,同时也是进行各种改革的"试验场",目的是为全国的改革开放和社会主义现代化建设探路。③

1981年5月中共中央、国务院在北京召开广东、福建两省和经济特区工作会议时,吴南生在会上做了发言,他说:"实践证明,中央关于办特区

---

① 《十二大以来重要文献选编》(中),中央文献出版社2011年版,第133页。
② 广东省政协文史资料研究委员会编:《经济特区的由来》,广东人民出版社2002年版,第42页。
③ 同上书,第66、311—313页。

的决策是完全正确的。"与世界上一些国家和地区的出口加工区不同，我们建设特区的目的不是"单纯为了解决就业和外汇收入的问题，而是要利用特区的特殊条件，观察了解现代资本主义经济的发展，从中吸取对我们有益的东西；试验各种改革，尤其是经济体制方面的改革；学习国外的先进技术和科学管理方法。从长远来看，特区办好了，还有利于台湾的回归祖国，有利于稳定香港的华资和外资。"特区的性质"是在党和政府的直接领导和管理下，以引进外资为主的多种经济成分并存的特殊经济区域"。他希望中央能够坚定信心、下定决心，让特区大胆试验和创新，利用外资和技术、根据"以市场经济为主"的原则把特区建设好，让特区为我国社会主义现代化闯出一条路。①

  正是有共产主义的理想信念作为动力，深圳才自觉担当和发挥了改革开放的"窗口""试验田"和"排头兵"的作用，创造了世界工业化、城市化、现代化发展史上的罕见奇迹，充分证明了社会主义制度的优越性和社会主义文化的先进性。2009年5月6日，深圳呈报的《深圳市综合配套改革总体方案》获得国务院正式批复通过。在这个方案中深圳提出了加快建设"中国特色社会主义示范市"的目标。2012年，邓小平南方讲话20周年之际，时任国家主席的习近平同志，第一次离京就选择了来深圳视察。他批示要求，"深圳市要牢记使命、勇于担当，进一步开动脑筋、解放思想，特别是要鼓励广大干部群众大胆探索、勇于创新，在全面建成小康社会、全面深化改革、全面依法治国、全面从严治党中创造新业绩，努力使经济特区建设不断增创新优势、迈上新台阶。"充分表明了中央对深圳发展的肯定。2017年，习近平总书记又对广东工作作出重要批示："希望广东坚持党的领导、坚持中国特色社会主义、坚持新发展理念、坚持改革开放，为全国推进供给侧结构性改革、实施创新驱动发展战略、构建开放型经济新体制提供支撑，努力在全面建成小康社会、加快建设社会主义现代化新征程上走在前列。"如今，中国特色社会主义进入新时代，这既是我国发展新的历史方位，也是深圳牢记使命、勇于担当再出发的历史方位。深圳更

---

① 广东省政协文史资料研究委员会编：《经济特区的由来》，广东人民出版社2002年版，第251—252页。

是提出了"新时代走在前列，新征程勇当尖兵"，在广东省"加快建设社会主义现代化新征程上"，走在最前列，不断为建设中国特色社会主义创造新鲜经验。

二、"敢于试验、敢于创新的革命精神"与深圳先进文化的形成

"敢于试验、敢于创新的革命精神"的提法，较早见于《中共中央、国务院批转〈广东、福建两省和经济特区工作会议纪要〉的通知》（中发〔1981〕27号文件）。中共中央和国务院在通知中指出，在改革开放的过程中，"必然会遇到大量复杂的新情况，需要解决许多新问题"。为了研究新情况，解决新问题，把工作做好，鼓励广东、福建两省和经济特区发扬"敢于试验、敢于创新的革命精神……大胆放手去干"。[①]

这种革命精神是深圳特区创立和发展的重要精神动力，从特区创立的那一刻起，就作为基因植入于深圳的社会主义先进文化建设之中。

特区的创立是中央和广东省上下互动的结果。十一届三中全会前后，几乎与中央做出将工作重心转移到经济建设上来，实行改革开放、加快社会主义现代化建设的伟大决策同时，广东省的同志也正在积极酝酿试办"对外工业区"和"外贸基地"。1979年1月31日，中共中央、国务院正式批准由香港招商局在宝安县蛇口公社兴办蛇口工业区；同年7月19日，在《中共中央、国务院批转广东省委、福建省委关于对外经济活动实行特殊政策和灵活措施的两个报告》（中发〔1979〕50号文件）正式批准试办深圳出口特区。

1. "敢于试验、敢于创新的革命精神"与蛇口工业区的创立

1979年6月，袁庚受交通部部长叶飞委派，飞赴香港，对香港招商局的经营情况进行调查。经过周密细致的调查之后，袁庚起草了一份文件，经交通部党组讨论修订后，于10月9日上报给中共中央和国务院。在这份《关于充分利用香港招商局问题的请示》中，交通部党组提出了"立足港澳、背靠国内、面向海外，多种经营、买卖结合、工商结合"的二十四

---

① 广东省政协文史资料研究委员会编：《经济特区的由来》，广东人民出版社2002年版，第46页。

字经营方针,"建议允许香港招商局的中转代理、仓储、驳运等业务每年约500万港币的净收入,从1979年起留用5年,不用上缴财政,用以扩大业务"。"确定就地独立处理问题的机动权。建议授权可以一次批准招商局动用当地贷款500万美元的权限,从事业务活动;可以批准从港澳派去海外进行业务活动的人员,不必再报经国家审批。"这份带着"闯劲"的报告,打破了当时"一无外债,二无内债"的传统观念,提出了"向银行贷款(包括向外资银行抵押贷款)";同时打破了进出口贸易由外贸部一家独办、垄断经营的做法,提出"在国外设立分支机构,跨国经营等等"。三天之后,1978年10月12日,这份请示获得了党中央和国务院的批准。[①]

为了贯彻落实党中央对交通部《关于充分利用香港招商局问题的请示》的批示,广东省革命委员会和交通部在1979年1月6日,联合向李先念副总理并国务院递交了《关于我驻香港招商局在广东宝安建立工业区的报告》。《报告》说:"招商局初步选定在宝安蛇口公社境内建立工业区,这样既能利用国内比较廉价的土地和劳动力,又便于利用国外的资金、先进技术和原材料,把两者现有的有利条件充分利用并结合起来,对实现我国交通航运现代化和促进宝安边防城市工业建设,以及对广东省的建设都将起积极的作用。"[②]1979年1月31日,中共中央副主席李先念和分管对外开放的副总理谷牧一同接见了交通部副部长彭德清、香港招商局副董事长(主管具体工作)袁庚,并听取了关于招商局建立宝安工业区的汇报。根据《李先念副主席、谷牧副总理听取关于招商局建立工业区汇报纪要》:"当袁庚同志汇报到要求在蛇口划出一块地段作为招商局工业用地时,先念同志说:'给你一块地也可以,就给你这个半岛吧!(按:指南头以南的半岛)'"在征求谷牧副总理的意见后,李先念副主席在招商局的报告上签下"拟同意。请谷牧同志召集有关同志议一下,就照此办理。先念 1979·1·31"。这标志着中共中央、国务院正式批准由香港招商局以自筹资金的形式在蛇

---

① 涂俏:《袁庚传·改革现场》,海天出版社2016年,第15—18页;鞠天相:《争议与启示·袁庚在蛇口纪实》,中国青年出版社1998年,第20—25页。

② 广东省政协文史资料研究委员会编:《经济特区的由来》,广东人民出版社2002年版,第275页。

口创办工业区。①

2. "敢于试验、敢于创新的革命精神"与深圳特区的创立

1978年3月和8月由国家计委、外贸部、中国人民银行等单位与广东省外贸厅组成的联合工作组以及省计委副主任张勋甫率领的工作组先后对建立宝安县外贸基地问题进行调查研究,其中张勋甫所率工作组整理出的《关于宝安、珠海两县外贸基地和市政规划设想》(粤革发〔1978〕160号文件)成为后来中央、省委决策的重要依据。②

1978年11月10日到12月15日,中央召开工作会议。③习仲勋在会上就广东的情况做了汇报,他指出广东的特点是"商品经济历来比较发达,农副产品加工和各种轻工业很有基础。此外,这里又毗邻港澳,华侨众多,只要政策对头,多做工作,可以成为建设广东的一个有利因素"。他希望"中央能给广东更大的支持,同时多给地方处理问题的机动余地"。以农业机械化为例,如果中央允许广东省吸收港澳和华侨资金,从香港引进一批先进设备和技术,购进电力和部分饲料,就可以建立一些示范性的国有农场、畜牧场、海水养殖场,培养人才,取得经验。同时,为了加强对港澳的经济联系和调动华侨建设祖国的积极性,他建议中央考虑,"允许广东在香港建立一个办事处,加强调查研究,与港澳厂商建立直接的联系;凡是来料加工、补偿贸易等方面的经济业务,授权广东决断处理,以便减少不必要的层次和手续"。④

1979年4月5日到28日,中央工作会议在北京召开。习仲勋在中南组发言,希望中央给广东点权,让广东结合自己的有利条件在社会主义现

---

① 广东省政协文史资料研究委员会编:《经济特区的由来》,广东人民出版社2002年版,第277—278页。
② 刘中国主编:《纪事:深圳经济特区25年》,海天出版社2006年版,第2—3页。
③ 这次会议在党和国家的历史上非常重要,一些党内老领导将此次会议与遵义会议相对比,认为"就像遵义会议是毛泽东成为党主席的转折点一样,这次工作会议是邓小平崛起的一次决定性事件"。陈云也将此次会议的重要性同延安整风运动相比,指出:"就像延安整风带来了团结,使党能够在1949年以后领导国家一样,中央工作会议也带来了团结,使党能够领导国家实现四个现代化。"傅高义认为:"三中全会仅仅是正式批准了11月10日至12月15日中央工作会议上经过热烈讨论后形成的决定。"参傅高义:《邓小平时代》,生活·读书·新知三联书店2013年版,第231—232、246—247页。
④ 《习仲勋文选》,中央文献出版社2013年版,第274—285页。

代化建设的过程中先走一步。他在中南组发言说：学外国，只是借鉴它们的经验和引进先进的科学技术，外国不是什么都好，更不是什么都愿意帮我们。现代化是买不来的，也不能照搬，中国只能从自己的国情和社会经济基础出发"搞中国式的现代化，走自己的现代化道路"。十一届三中全会公报已经指出了我国经济管理体制存在权力过于集中的严重缺点，讲了让地方和工农业企业有更多经营自主权的原则，以此充分发挥中央部门、地方、企业和劳动者个人四个方面的主动性、积极性、创造性。但是光讲原则不行，这些原则要具体化。现在地方感到没有权，事难办。"希望这次会上能够就改革经济管理体制问题，定出若干条，以便有所遵循。"鉴于广东邻近港澳、华侨众多，便于对外经济技术交流的特点，"希望中央放点权，让广东先走一步，放手干。"除了对外经济技术交流之外，在计划、财政、外贸、外汇、物资等方面，也都存在着正确处理中央和地方的关系问题。现在的情况是，中央部门统得过死，省的地方机动权力太小，这样实际上不利于国民经济的发展。他指出广东省的要求是："在全国统一领导下，放手一点，搞活一点。"①

邓小平等中央领导同志对广东省的设想很赞成，中央批准了让广东先走一步的要求，指示"要进行体制改革，广东可以搞一个新的体制，试验进行大的改革"。②习仲勋在1979年5月26日召开的广东省委四届三次常委扩大会议上传达这次中央工作会议的主要精神时说："我的心情是一喜一惧。喜的是我们在中央的统一领导和大力支持下，能充分利用我省的有利条件，在实现'四化'中先走一步，为全国摸索一点经验，这个任务很光荣；惧的是，我们的担子很重，任务很艰巨，又没有经验，困难不少，怎样搞好，能否搞好，我是有些担心的……我们要有勇气去闯，要有信心完成中央交给我们的任务，踏踏实实地干。"③

为了支持广东省先走一步，进行经济体制改革，党中央、国务院委派

---

① 《习仲勋文集》（上卷），中共党史出版社2013年版，第506—509页。
② 广东省政协文史资料研究委员会编：《经济特区的由来》，广东人民出版社2002年版，第192页。
③ 同上书，第197页。

谷牧副总理到广东、福建两省进行研究论证。从1979年5月11日到6月5日，谷牧带领国务院进出口领导小组办公室、国家计委、外贸部等部门同志组成的工作组前往两省调查。在广东的18天里，同习仲勋、杨尚昆、刘田夫、梁湘等同志座谈讨论。去了深圳、珠海、汕头等地进行实地考察，最后分别帮助两省起草了向中央请示的政策性报告。谷牧在向小平同志汇报时，"谈到准备划出办区的四块地方，应当如何命名等。我说，国外有的叫'出口加工区'，有的叫'自由贸易区'，有的叫'投资促进区'等等，我们究竟叫什么合适？小平同志很赞成办这类区，并且明确地说：还是叫特区好，陕甘宁开始时就叫特区嘛！"①

负责筹划特区的几位同志，在商讨研究特区的模式、目标和任务等具体细节时，不约而同地提出：应该给特区定个更贴切的名称，最后提议使用"经济特区"。②1979年12月12日，中共中央和国务院召集会议（京西宾馆会议），吴南生在会上向中央汇报："特区固然要以办工厂企业为主，但也要搞楼宇住宅和其它经济事业。……因此，把'出口特区'改为'经济特区'，其含义会更确切些。"③1980年5月16日，中共中央国务院正式采纳了广东省的建议，在《中共中央关于〈广东、福建两省会议纪要〉的批示》（中发〔1980〕41号文件）中，正式将特区的名称和地位定为"经济特区"。1980年8月26日，全国人大常委会第15次会议，在叶剑英委员长的主持下，通过了《广东省经济特区条例》，标志着经济特区的正式建立。它昭告世界，中国的特区不是一般的以解决就业和创汇为目的的出口加工区，而是在经济领域进行改革试验，探索中国特色社会主义道路的经济特区，而非走资本主义道路的政治特区。④对于如何落实中发〔1980〕41号文件精神，吴南生在1980年就反复强调："经济特区要把市场经济与

---

① 谷牧：《谷牧回忆录》，中央文献出版社2009年版，第347—349页。
② 广东省政协文史资料研究委员会编：《经济特区的由来》，广东人民出版社2002年版，第311页。
③ 吴南生：《关于广东建立经济特区几个问题的汇报提纲》，见广东档案馆编《广东改革开放三十年重要档案文献》（上），中国档案出版社2008年版，第33页。
④ 广东省政协文史资料研究委员会编：《经济特区的由来》，广东人民出版社2002年版，第42、311—313页。

计划经济结合，以市场经济为主。特区可以充分利用自己的特殊环境和条件，充当一块试验田的作用，大胆地进行改革的试验。获得经验，全国可以借鉴。"①

3."敢于试验、敢于创新的革命精神"的精髓与深圳表达

虽然"敢于试验、敢于创新的革命精神"的提法，较早见于《中共中央、国务院批转〈广东、福建两省和经济特区工作会议纪要〉的通知》（中发〔1981〕27号文件），但是作为其精髓的实事求是（敢于试验），解放思想（敢于创新）却早已在党的长期革命和建设实践中形成了。

"实事求是"一词源于《汉书·河间献王》："修学好古，实事求是。"② 本意是指严谨好学、务求真理的一种治学态度。1941年5月，毛泽东在《改造我们的学习》中将中国传统文化中的"实事求是"做了马克思主义的解释："'实事'就是客观存在着的一切事物，'是'就是客观事物的内部联系，即规律性，'求'就是我们去研究。我们要从国内外、省内外、县内外、区内外的实际情况出发，从其中引出其固有的而不是臆造的规律性，即找出周围事变的内部联系，作为我们行动的向导。"③ 1945年，中共七大确立了实事求是思想路线的指导地位。1982年，党的十二大通过的《中国共产党章程》明确指出："党的思想路线是一切从实际出发，理论联系实际，实事求是，在实践中检验真理和发展真理。"正如毛泽东在《反对本本主义》中提出的："没有调查，没有发言权。"④ 实事求是，鼓励调查研究和试验，一直是我们党认识世界和改造世界的重要方法。

将解放思想与实事求是并提，较早见于邓小平同志在1978年的中央工作会议闭幕式上的讲话——《解放思想，实事求是，团结一致向前看》。他在讲话中指出，无论是解决历史遗留问题，还是研究新出现的一系列问题，改革不适应生产力迅速发展的生产关系和上层建筑，根据我国实际情况，确定实现社会主义现代化的具体道路、方针、方法和措施，都必须首

---

① 广东省政协文史资料研究委员会编：《经济特区的由来》，广东人民出版社2002年版，第366页。

② 班固：《汉书》（八），中华书局2013年版，第2410页。

③ 《毛泽东选集》第3卷，人民出版社1991年版，第801页。

④ 《毛泽东选集》第1卷，人民出版社1991年版，第109页。

先要解放思想。他告诫道:"一个党,一个国家,一个民族,如果一切从本本出发,思想僵化,迷信盛行,那他就不能前进,它的生机就停止了,就要亡党亡国。""干革命、搞建设,都要有一批勇于思考、勇于探索、勇于创新的闯将。"关于改革方案:"在全国的统一方案没有拿出来以前,可以先从局部做起,从一个地区,一个行业做起,逐步推开。中央各部门要允许和鼓励他们进行这种试验。"①

1979年7月19日,《中共中央、国务院批转广东省委、福建省委关于对外经济活动实行特殊政策和灵活措施的两个报告》(中发〔1979〕50号文件)正式批准试办深圳出口特区。对于如何贯彻中央文件精神,在"办好特区等方面闯出一条路子来,作为全国的参考",习仲勋首先想到的就是解放思想和实事求是。1979年9月21日,他在广东省地委书记会议上发言道:"我们是干革命的,现在搞四化就是革命,要发扬革命战争年代的那股拼命精神……一方面,要有闯劲,要当孙悟空,解放思想,敢于创新,敢于改革,只要不背离四项基本原则,就可以大胆试验,不要等……另一方面,要有科学的态度和扎扎实实的作风,要调查研究,总结经验,多商量,多动脑筋,不要毛毛草草。"②习仲勋认为解放思想的闯将必须"敢"字当头,大胆创新,同时具有实事求是的科学态度,在调查研究的过程中总结经验,大胆试验,如此才能按照中央的部署建好特区。可以说,在建设特区的过程中,习仲勋首先想到的"解放思想、实事求是",正是敢于试验、敢于创新的革命精神的精髓,是这种革命精神得以形成和发展的根据,以及贯穿于此种精神中的最本质的东西。

创办特区初期,小平就鼓励特区建设者们"杀出一条血路",1992年南方讲话时,评价道:"深圳的重要经验就是敢闯",③这是对深圳敢于试验、敢于创新的革命精神的赞许。如今,深圳将这种革命精神表达为"敢为天下先""改革创新是深圳的根深圳的魂"等观念。④这些观念一直鼓舞着深

---

① 中共中央研究室编:《三中全会以来重要文献选编》(上),中央文献出版社2011年版,第17—29页。
② 《习仲勋文集》(上卷),中共党史出版社2013年版,第556页。
③ 《邓小平文选》第3卷,人民出版社1993年版,第372页。
④ 王京生主编:《深圳十大观念》,深圳报业集团出版社2011年版,第96—169页。

圳人砥砺奋进!

三、自力更生、艰苦创业的革命传统与深圳先进文化的形成

"一九七八年我们党的十一届三中全会对过去作了系统的总结,提出了一系列新的方针政策。中心点是从以阶级斗争为纲转到以发展生产力为中心,从封闭转到开放,从固守成规转到各方面的改革。"[1](对外)开放与(对内)改革是党根据工作重心的转移而制定的重大战略,是实现中华民族伟大复兴和社会主义现代化的必由之路。

可是,在改革开放之初,我国实际上缺少思想理论和具体方针政策等方面的充分准备。对"二战"以后资本主义世界的经济发展所知不多,研究得不够透彻,缺乏同国际资本打交道的经验,缺少专业的外经外贸人才,甚至连水平较高的翻译都不够。因此我们需要一个"窗口"来观察研究当代世界经济的前沿。同时改革成规,没有现成的模式可供复制,只能通过试验逐步实施,因此我们需要"试验田"来探索改革的成功经验。再者,我国幅员辽阔,地区经济发展不平衡,在改革开放的过程中需要梯度推进,因此我们需要改革开放的"排头兵"。作为党的改革开放战略的重要组成部分的经济特区建设,正是在这样的背景下开始的,特区从创建之初就被赋予了"窗口""试验田""排头兵"等功能,承担着探索中国特色社会主义道路的光荣使命。[2]

"社会主义国家里举办经济特区,马列主义经典里找不到,是史无前例开创性的社会经济实验。"[3]在特区发展的每一个阶段,几乎都由于旧观念的束缚和利益羁绊等方面的原因,不得不面对争议和阻力。

特区建设,没有现成的模式可供遵循,起步艰难,任务艰巨,历程艰辛,何以能够较快打开局面,取得促进国民经济持续稳定健康发展的实绩,其背后的原因是什么呢?

在诸多原因中,自力更生、艰苦创业的革命传统所起到的精神作用,

---

[1] 《邓小平文选》(第三卷),人民出版社1993年版,第269页。
[2] 谷牧:《谷牧回忆录》,中央文献出版社2009年版,第396—398、430—435页。
[3] 同上书,第351页。

一定是其中很重要的一个。

"自力更生"是指将力量基点放在自身,但是,自力更生并不等于闭关自守、自给自足,而是要通过改革开放、洋为中用,补己之短,增强自身的能力。在1984年以前,面对"要不要办"特区存在认识不一的问题时,是深圳用自己的"发展和经验证明,我们建立经济特区的政策是正确的"。[①] 但是政策正确,只是在说深圳发展的速度快,"深圳的发展还是很快的,但毕竟是个试验",[②] "路子走得是否对,还要看一看"。[③] 看一看,具体是看特区的经济,能不能从内向转为外向,只有当出口的好产品很多时,才能证明深圳的"发展是很健康的"。[④] 在1985年、1986年面对"能不能办好"特区的疑问之时,特区凭借自己由内向型经济成功转型为外向型经济的实绩,回应了疑问。1987年,在得知深圳的"工业产品百分之五十以上出口,外汇收支可以平衡"。小平高兴地说:"我可以放胆地说,我们建立经济特区的决定不仅是正确的,而且是成功的。所有的怀疑都可以消除了。"[⑤] 可以说,特区每一次赢得支持,证明自身,靠的都是通过艰苦奋斗,增强自力更生的能力。小平1992年在深圳讲到"空谈误国、实干兴邦"时,袁庚就敏锐地感知到,这个理念正是自力更生、艰苦奋斗的革命传统在社会主义先进文化中的深圳表达,他授意相关人员将这八个字做成标语牌立在了蛇口工业区。如今,这句口号已经获评深圳最具影响力的十大观念之一,成为深圳社会主义先进文化的重要组成部分。[⑥]

第三节 外域文化与深圳先进文化的形成

深圳文化建设的历程,也是深圳市在特定的时空下传承中国传统文化、

[①] 中共中央文献研究室编:《邓小平年谱(一九七五——一九九七)》(下),中央文献出版社2004年版,第957页。
[②] 同上书,第1060页。
[③] 同上书,第1055页。
[④] 同上书,第1064页。
[⑤] 《邓小平文选》(第三卷),人民出版社1993年版,第239页。
[⑥] 王京生主编:《深圳十大观念》,深圳报业集团出版社2011年版,第64—65页。

融合外来文化、创建新文化的过程。在改革开放之初，大量移民所带来的各种各样的文化，使深圳成为各种文化的交汇点。在深圳，不仅有西方文化的影响和港台文化的渗透，也有中国各地域文化的浸润。这里既有西式的酒吧、咖啡屋和"麦当劳"，也有中式茶馆和来自全国各地的美味佳肴。深圳已经成为中西方文化新的交汇点和展示舞台。"世界之窗"和"锦绣中华"就是当时深圳兼容并蓄、多元共存的文化状况的典型代表。

中华优秀传统文化、革命文化和外域文化都是深圳社会主义先进文化形成的文化渊源，但是同样作为文化渊源，三者的地位却有很大差别。中华优秀传统文化和革命文化是"根本"和"源泉"，是深圳先进文化的主体，外域文化则可以视作一种媒介或外缘，在它的触发、刺激和挑战下，深圳对中华优秀传统文化和革命文化进行批判性继承和创造性发展，同时吸收外域文化中的优秀因素，整合为社会主义先进文化的有机组成部分。

文化按照结构可以划分为物质文化（包括器物、设备、技术等）、制度文化（经济制度、文化制度、社会制度等）、心理文化（思维方式、审美情趣、道德情操、民族气质等）三个层次。[①]改革开放以来，外域文化对深圳先进文化的影响，大致经过了三个阶段，首先引进技术、先进设备，后来进行体制改革，一直到如今"着力锻造创新型、智慧型、力量型城市主流文化"。[②]由于深圳的文化建设一直以马克思主义为指导，坚守中华优秀传统文化和革命文化的主体地位，因此会根据自身的文化发展战略来决定吸收外域文化的不同内容。按照文化发展战略的不同，以深圳市委在2003年三届六次全会正式确立"文化立市"战略为标志，深圳对外域文化的吸收过程又可以分为"文化立市"战略确立前和"文化立市"战略确立后两个阶段。

---

① 《三生万物：庞朴自选集》，首都师范大学出版社2011年版，第223—232页。
② 参见《中共深圳市委 深圳市人民政府关于深入实施文化立市战略建设文化强市的决定》，来源：深圳政府在线，http://www.sz.gov.cn/zfgb/2012_1/gb789/201205/t20120530_1918028.htm。深圳于2014年提出"城市文化'十大愿景'"，其中关于城市文化发展目标的愿景正是愿景十："让创新型、智慧型、包容型、力量型文化助力中华文化复兴"。具体内涵可以参考王京生：《城市文化"十大愿景"》，中国人民大学出版社2015年版，第233—261页。

一、"文化立市"战略确立前,文化战略隶属于经济、社会发展战略

80年代,深圳市委主要领导就已经意识到了经济、社会发展战略的重要性。1985年初,时任广东省副省长、深圳市长的梁湘同志邀请中国社会科学院副院长刘国光同志牵头,组织中国社会科学院和深圳特区经济研究中心等单位的研究人员共同组成"深圳特区发展战略调研组"。调研组在3月6日至4月20日,在对深圳经济特区的经济、社会发展战略问题进行比较系统的调查研究的基础上,提出了《深圳经济特区经济、社会发展战略问题研究报告》和八个专题研究报告。八个专题报告中的《深圳经济特区发展中的几个社会问题》虽然指出:"特区思想建设的战略任务,还要在马克思主义世界观指导下,创造性地吸收、消化东方文明和西方文明中一切积极成果,建立起适应社会主义现代化时代要求的崭新价值观念系统,造就一代新人,树立一代新风。"[1] 但是报告在描述文化和社会发展的关系时却说:"深圳特区发展中的社会问题,包含广泛的内容,诸如人口的控制及其素质的提高,文化、教育、体育、卫生事业的发展……"[2] 可以推知,在"以工业为主的外向型经济特区"的战略定位下,深圳还没有将文化提到"战略"的高度,只是将文化作为"经济特区发展中的社会问题"来处理,文化建设的目的,只是为经济建设营造良好的社会文化氛围而已。因此,此时,深圳对外域文化的吸收也主要集中在国外和港台先进的技术和管理经验层面,并没有形成吸收境外优秀文化成果的自觉意识。

1985年到1990年,特区发展的物质文明建设目标是"形成技术的窗口、知识的窗口、管理的窗口和对外政策的窗口,起到内外辐射的作用。"[3] 为了实现此目标,深圳市委在制订经济社会发展大纲之后,又于1985年制订了《深圳经济特区社会主义精神文明建设大纲(试行草案)》,《大纲》指出,特区社会主义精神文明建设的作用是"加强精神文明建设,

---

[1] 刘国光主编:《深圳特区发展战略研究》,香港经济导报出版社1985年版,第200页。
[2] 同上书,第190页。
[3] 邹乐康:《关于〈深圳经济特区社会主义精神文明建设大纲〉的说明》,见吴松营、段亚兵主编《深圳精神文明建设(文件汇编)》,海天出版社1996年版,第165页。

巩固物质文明建设成果"。① 随后,市委书记梁湘又在《红旗》杂志发文,明确指出:"特区发展战略……本身就要求也有利于建立一个高度发达的社会主义精神文明体系","建设高度的社会主义精神文明,是深圳特区社会发展战略的有机组成部分"。② 从这一时期深圳市政府在处理精神文明建设和物质文明建设的关系,以及精神文明建设在特区社会发展中的地位时展现的施政理念,可以发现栖身于精神文明建设的文化建设,此时仍隶属于经济、社会发展战略,而不具有与经济建设和社会建设平等的地位。因此,这个时期,深圳对域外文化的吸收,仍然是以境外先进技术和管理经验为主。但是,伴随着改革开放逐步深化,境外,尤其是港台的生活方式、文化娱乐也随之而来,深刻影响着深圳市民的文化消费,也给社会主义主流文化带来一定的冲击,引起深圳市委市政府的高度重视,他们敏锐地感觉到外来文化的影响和对社会主义主流文化的冲击与挑战,感觉到有必要加强深圳自己的主流文化建设,以社会主义主流文化引导深圳文化的发展和市民的文化消费。《深圳经济特区社会主义精神文明建设大纲(试行草案)》的制定和深圳早期八大文化设施的建设就是在这一背景下出台的。

1990年12月15日,李灏同志在深圳第一次党代会上首次提出把深圳建成"外向型、多功能的国际性城市";其后,1995年4月25日,厉有为同志在深圳第二次党代会上提出把深圳建成"社会主义现代化的国际性城市"。同80年代的"以工业为主的外向型经济特区"相比,90年代的国际性城市的新定位意味着城市功能更加多元化,只是让人遗憾的是,此时文化功能仍然尚未成为核心功能,文化战略也没有上升为城市战略。③ 以至于到1999年由广东省委宣传部、广东省委政策研究室等部门组成的联合课题组明确提出,深圳"必须把文化立市战略作为跨世纪发展的基础战略",

---

① 吴松营、段亚兵主编:《深圳精神文明建设(文件汇编)》,海天出版社1996年版,第148页。
② 梁湘:《在开放和改革中建设特区社会主义精神文明》,见吴松营、段亚兵主编《深圳精神文明建设(论文集)》,海天出版社1996年版,第24、31页。
③ 《继续办好深圳经济特区 努力探索有中国特色的社会主义路子——在中国共产党深圳市第一次代表大会上的报告》和《为把深圳建设成为社会主义现代化的国际性城市而奋斗——在中国共产党深圳市第二次代表大会上的报告》,全文参见深圳市史志办公室编:《中国经济特区的建立与发展:深圳卷》,中共党史出版社1997年版,第539—608页。

"必须确立'文化立市'的战略思想,在以经济建设为中心的同时,大力发展文化事业,把文化发展摆在深圳现代化发展战略全局的突出位置上,使之成为深圳经济社会发展的一个重要战略基础、支撑点和动力源,通过全面加速文化的发展,为深圳的社会主义现代化建设培育合格的'四有'新人,为全市经济社会的全面发展奠定较高的文化'平台'",可是当时的深圳却未对"文化立市"战略做出积极的回应。[①] 究其实,此时的深圳仍然延续着"经济立市"的发展战略,文化战略仍然隶属于经济、社会发展战略,没有上升到深圳发展战略全局的突出位置。

"文化立市"战略确立前的阶段,深圳先进文化建设的成就主要表现在,引进国外先进设备和技术的同时,吸收西方的市场经济理论和制度,用自己的发展和经验为中央确立和完善社会主义市场经济体制提供了探索,担当了窗口、试验田和示范区的作用。

传统经济学理论,包括西方经济学理论和马克思主义政治经济学理论,都不认为社会主义能搞市场经济。西方经济学理论认为,商品交换和市场经济都是建立在私有制的基础上的,社会主义国家只要坚持搞公有制,就不能搞市场经济。马克思、恩格斯曾设想,在消灭了资本主义私有制以后,未来社会将不存在商品货币关系。指出:"一旦社会占有了生产资料,商品生产将被消除,而产品对生产者的统治也将随之消除。社会内部的无政府状态将为有计划的自觉组织所代替。"此后,列宁则更加明确地指出:"只要还存在着市场经济,只要还保持着货币权力和资本力量,世界上任何法律也无力消灭不平等和剥削,只有实行巨大的社会化的计划经济制度,同时把所有的土地、工厂、工具的所有权交给工人阶级,才能消灭一切剥削。"也正是在上述理论的指导下,自俄国社会主义十月革命以后,包括苏联、中国在内的所有社会主义国家,都无一例外地建立和实行了计划经济体制。市场经济姓"资",计划经济姓"社",成为一时天经地义的信条和不可冒犯的戒律。

改革开放以后,党中央和国务院建立深圳经济特区的战略意图非常明

[①] 乐正、王为理:《文化立市发展战略与深圳文化建设的近期走向》,《改革与战略》2003年第4期,第73页。

确，就是要经济特区发挥"技术的窗口、管理的窗口、知识的窗口和对外政策的窗口"作用，从这个窗口引进国外的资金、先进的科学技术和管理方法。特区被命名为"经济特区"而非"政治特区"，就是希望在坚持社会主义制度的基础上，"跳出现行体制之外"，在经济体制改革方面大胆试验，发挥"试验田"的作用，进行以市场调节为取向的经济体制改革。以深圳的探索为基础，我国的广大理论工作者和实际工作者，解放思想、实事求是，认真总结国内外改革和发展的经验教训，大胆突破传统理论观点的束缚，坚持实践是检验真理的唯一标准，逐步提出和丰富了社会主义市场经济理论。其中在1982年，党的十二大正式提出计划经济为主、市场经济为辅的观点。1984年，党的十二届三中全会正式提出社会主义经济是公有制基础上的有计划的商品经济的观点。1987年，党的十三大正式提出社会主义有计划商品经济的体制应该是计划与市场内在统一的体制的观点。特别是，邓小平同志从1979年提出"社会主义也可以搞市场经济"，到1992年提出"计划多一点还是市场多一点，不是社会主义与资本主义的本质区别。计划经济不等于社会主义，资本主义也有计划；市场经济不等于资本主义，社会主义也有市场"等重要论断，从根本上破除了市场经济姓"资"、计划经济姓"社"的传统观念，为社会主义市场经济理论的提出和社会主义市场经济体制的建立指明了方向。在上述基础上，1992年6月9日江泽民同志在中央党校所作的讲话中，首次肯定了"社会主义市场经济体制"的提法。同年，10月12日在党的十四大报告中正式提出"我国经济体制改革的目标是建立社会主义市场经济体制"，这标志着深圳率先探索出的"社会主义市场经济体制"正式上升为国家意志。在此之后，深圳又在不断完善社会主义市场经济体制和运行机制方面一直走在全国前列，为全国市场经济体制改革积累了宝贵经验。

  从历史上看，社会主义市场经济体制是一种史无前例的体制，也是中外经济学经典中从来没有的一个概念。因此，从理论上说，这是我们党的一次真正的理论创新，是马克思主义中国化的一个光辉典范。从实践上说，这是社会主义经济体制的一次真正变革，是中国特色社会主义道路探索中的一个伟大创举。

二、"文化立市"战略确立后,文化战略升格为城市发展的全方位综合战略

2002年11月,党的十六大在科学把握世界文化发展趋势和中国社会主义先进文化建设面临的机遇和挑战的基础上,郑重指出:"当今世界,文化与经济和政治相互交融,在综合国力竞争中的地位和作用越来越突出","全面建设小康社会,必须大力发展社会主义文化"。党的十六大要求"全党同志要深刻认识文化建设的战略意义,推动社会主义文化的发展繁荣"。[1] 以此为背景,深圳站在历史的高度,用全球视野和战略眼光重新审视文化,以较早的文化自觉和创新的文化理念抓住宝贵时机,于2003年,深圳市委三届六次全会正式确立了"文化立市"战略。

"文化立市"战略确立后的阶段,深圳先进文化建设的成就主要表现在,传承中华文化精神,汇集域内外先进城市的文化潮流,提炼了创新、智慧、力量这些具有恒常意义和时代特色的价值元素,奋发有为的"建设创新型、智慧型、力量型城市主流文化",并以此为目标,出台了一系列具体举措,"使深圳文化创意勃发、学术睿智泉涌、文明浪潮波澜壮阔、文化产业风起云涌、国际声望日益彰显,成为文化发展繁荣的良田沃土","引领着我国文化道路在未来探索中的新动向"。[2]

2004年3月,深圳召开实施"文化立市"战略工作会议。会议指出,文化是影响和决定一个城市、一个地区综合竞争力和持续发展能力的基础性和关键性因素。"文化立市"战略不是单纯的文化自身发展的战略问题,而是关系到多领域(经济、社会、环境、科教、政治等)、多层次(政府、社会、企业、单位、个人)的战略全局问题,是深圳建设国际化城市的全方位综合战略。全面实施"文化立市"战略时,必须正确处理:经济建设和文化发展、政治文明建设和文化发展、城市建设与文化发展、特区内与特区外、常住人口和暂住人口、硬环境文化建设和软环境文化建设、民族

---

[1] 《江泽民文选》第3卷,人民出版社2006年版,第558—559页。
[2] 王京生:《以创新型智慧型力量型城市主流文化助力中华文化伟大复兴》,《中国文化报》2014年5月28日第7版。

文化发展与吸收国际先进文化成果、政府作用和市场作用及民间社会力量等八大关系。最终用文化的发展,推动深圳经济社会持续健康发展,展现特区的新形象、新理念、新发展、新实力。①随后,深圳市政府于2005年出台了《深圳市文化发展规划纲要（2005—2010）》;2006年出台了《深圳市文化产业发展专项资金管理暂行办法》《关于加快文化产业发展若干经济政策》;2008年出台了《中共深圳市委深圳市人民政府关于坚持改革开放推动科学发展努力建设中国特色社会主义示范市的若干意见》等文件,大力推进文化建设。②

2010年,深圳出台《中共深圳市委办公厅 深圳市人民政府办公厅关于全面提升深圳文化软实力的实施意见》。《意见》首次在官方正式文件中指出,未来30年深圳主流文化发展的基本定位是:"创新型、智慧型、力量型城市主流文化。"具体举措和目标是"1.建设创新型城市文化。继续发扬经济特区改革开放精神,以创新为城市之魂,努力在现代新价值的生产和输出上保持领先,在文化创意生产上形成优势。2.建设智慧型城市文化。大力弘扬知识和理性,使城市人文气息更加浓郁,公共智库更加活跃,学术文化更加繁荣,智慧产出能力明显增强。3.建设力量型城市文化。以自强不息为发展源泉,使城市文化既具有良好的亲和力、凝聚力,又具有强大的竞争力、辐射力和影响力。"《意见》同时要求,加强社会主义核心价值体系、公共智库、国际文化创意中心、文学艺术、公共文化服务体系、文化产业发展、文明城市创建、"设计之都"品牌、城市形象提升、文化传播等十大工程建设。③

2012年,深圳出台了《中共深圳市委 深圳市人民政府关于深入实施文化立市战略建设文化强市的决定》。《决定》指出:"文化是城市发展的根脉和灵魂,决定着城市的命运和未来……文化资源日益成为城市建设发展的基础资源,文化创意日益成为城市价值创造的重要支点,文化无形资产日

---

① 《建设高品位文化城市》,来源:福田政府在线,http://www.szft.gov.cn/ftxx/xwdt/ftdt/201107/t20110713_9486230.htm

② 江潭瑜主编:《深圳改革开放史》,人民出版社2010年版,第334—335页。

③ 来源:深圳政府在线,http://www.sz.gov.cn/zfgb/2010/gb690/201004/t20100407_1492506.htm。

益成为城市竞争力的关键因素。"《决定》要求:"将文化建设作为城市发展的主导战略……着力锻造创新型、智慧型、力量型城市主流文化,加快建设文化强市,争当文化改革发展的领头羊,率先实现社会主义文化大发展大繁荣。"具体举措和目标是:1.建设社会主义核心价值体系,熔铸文化强市灵魂;2.创建国家公共文化服务体系示范区,夯实文化强市基础;3.繁荣文艺精品创作,塑造文化强市品牌;4.争当文化产业龙头大市,提升文化强市实力;5.打造现代国际文化名城,树立文化强市形象;6.当好文化体制改革排头兵,增强文化强市动力;7.构筑文化人才高地,强化文化强市支撑。[1]

十八大以来,中国特色社会主义进入新时代,深圳继承和发扬改革创新精神,以国内外先进城市为标杆,在2016年发布《深圳文化创新发展2020(实施方案)》,提出"努力建设与现代化国际化创新型城市和国际科技、产业创新中心相匹配的文化强市"的目标。《方案》开启以构建五大体系——以社会主义核心价值观为引领的城市精神体系、以国际先进城市为标杆的文化品牌体系、以媒体融合发展为标志的现代文化传播体系、以市民精神文化需求为导向的公共文化服务体系、以质量内涵式发展为特征的现代文化产业体系为主要任务的新时代深圳先进文化建设新征程。[2]

回顾改革开放四十年间深圳先进文化建设的历程,以2003年深圳市政府正式提出"文化立市"战略为界,可以将深圳对域外文化的吸收过程分为两个阶段。前一阶段的成就主要表现在,引进国外先进设备和技术的同时,吸收西方的市场经济理论和制度,用自己的发展和经验为中央确立和完善社会主义市场经济体制提供了实践基础和理论探索;后一阶段深圳以更加开放的态度和文化自觉,在传承中华优秀传统文化精神、立足深圳改革开放伟大实践的基础上,广泛吸收境内外一切先进的思想文化观念和优秀文化成果,融入深圳社会主义文化建设中,提炼了创新、智慧、力量这

---

[1] 来源:深圳政府在线,http://www.sz.gov.cn/zfgb/2012_1/gb789/201205/t20120530_1918028.htm。

[2] 来源:深圳政府在线,http://www.sz.gov.cn/wtlyjnew/ztzl_78228/tszl/whcy/whcyflfg/201803/t20180323_11587297.htm。

些具有恒常意义和时代特色的价值元素，奋发有为地"建设创新型、智慧型、力量型城市主流文化"，更加彰显了深圳社会主义文化开放性、包容性和多样化特征，并以此为目标，出台了一系列具体举措，"使深圳文化创意勃发、学术睿智泉涌、文明浪潮波澜壮阔、文化产业风起云涌、国际声望日益彰显，成为文化发展繁荣的良田沃土"，"引领着我国文化道路在未来探索中的新动向"。

三、深圳吸收借鉴外域文化的特点

1. 深圳对外域文化的吸收借鉴始终与深圳改革开放的进程紧密结合

作为中国改革开放重要标志的深圳经济特区，始终是改革开放的先行者、排头兵和试验场，始终发挥着独特的作用，具有不可取代的举足轻重的地位。因此，深圳对外域文化的学习和借鉴始终都与深圳改革开放的进程紧密结合，一切服务于深圳改革开放的需要。如改革开放初期，深圳的改革开放刚刚起步，按照党中央和国务院的部署，先集中力量建设深圳经济特区，中央给深圳的目标是"形成技术的窗口、知识的窗口、管理的窗口和对外政策的窗口，起到内外辐射的作用"。[①] 因此，适应这个时期改革开放的需要，深圳对外域文化的吸收就以学习境外先进的技术、先进的管理方法和管理经验为主，对境外的思想文化则采取一种观望甚至排斥的态度。20世纪90年代后，随着深圳改革开放的逐步深入和经济的飞速发展，一方面境外的思想文化也伴随着经济开放和交流进入深圳，另一方面经济的发展对深圳文化建设也提出了更高的要求，对传入深圳的境外思想文化必须做出选择，并给予明确的态度。尤其是1992年邓小平南方讲话，充分肯定深圳改革开放和特区建设的伟大成就，解决了许多困扰深圳改革者们的思想困惑，进一步推动深圳改革开放的深入发展，也给特区人民带来了思想大解放。因此，深圳对外域文化的借鉴吸收，由单纯学习技术和管理，扩大到学习借鉴西方市场经济的理论和制度乃至境外一切优秀的文明成果。

---

① 邹尔康：《关于〈深圳经济特区社会主义精神文明建设大纲〉的说明》，见吴松营、段亚兵主编《深圳精神文明建设（文件汇编）》，海天出版社1996年版，第165页。

2. 深圳对外域文化的吸收借鉴始终与中国特色社会主义市场经济体制的建设紧密结合

深圳是中国经济改革和对外开放的"试验场",率先建立起比较完善的社会主义市场经济体制,创造了世界工业化、城市化、现代化史上的奇迹,是中国改革开放近四十年辉煌成就的精彩缩影。因此,深圳对外域文化的吸收借鉴始终与中国特色社会主义市场经济体制的建设紧密结合,服务于社会主义市场经济体制改革与建设的需要。社会主义市场经济体制改革是一场伟大的革命,国际上社会主义国家没有现成的经验,这就需要吸收借鉴西方资本主义市场经济理论、制度和与之相适应的诚信、效益、质量等思想文化观念。深圳在对外域文化吸收借鉴方面就很好地发挥了"试验田""窗口"和"示范区"的作用,为建立和完善社会主义市场经济体制做出了重大贡献。

3. 深圳对外域文化的吸收借鉴始终与国际化创新城市的建设紧密结合

创新是深圳最重要的文化基因,深圳的发展得益于改革创新。因此,深圳对待外域文化的吸收借鉴也不忘以创新的精神进行学习借鉴,没有照搬国外的经验和做法,更反对盲目地崇洋媚外,而是结合中国和深圳发展的具体实际,在坚持社会主义方向的前提下,进行选择性、创造性的学习借鉴。比如,我们在进行社会主义市场经济体制改革过程中,既学习借鉴西方市场经济理论、制度及与之相适应的思想观念,又坚持马克思主义指导地位,坚持社会主义市场经济的方向,对西方市场经济理论和制度进行创造性改造和转换,形成我们中国特色的社会主义市场经济体制和模式。在这样一种思想指导下,改革开放四十年来,深圳"变中求新、新中求进、进中突破",综合创新生态体系的"雨林效应"不断显现,创新加快从跟跑向并跑领跑迈进。在加快建设国际科技、产业创新中心的征程中,深圳坚持把创新作为城市发展的主导战略,扎实推进以科技创新为核心的全面创新,加快基础研究、技术开发、成果转化、金融支持的全链条创新,把深圳城市的创基因再强化、再巩固、再提升,打造具有全球竞争力的"创新之都",交出了一份沉甸甸的创新答卷。

4. 深圳对外域文化的吸收借鉴始终坚持"引进来"与"走出去"相结合

作为一座国际化创新型城市,深圳在对外文化交流过程中,始终注重平等双向交流,即坚持"引进来"与"走出去"相结合的方针。在特区建立初期,主要是以"引进来"为主,引进境外先进的技术、管理方法与管理经验,引进境外先进的经济理论、先进的思想文化,在促进深圳的改革开放、经济建设和文化建设方面发挥了重大作用。但是,随着深圳改革开放的不断深入、经济社会的不断发展、文化的发展繁荣,深圳逐步开始注意走出去,展示深圳经济发展和文化发展的成就,加强与境外发达国家和地区进行经济文化交流。如通过编排文化交响乐《人文颂》到国外多个国家成功演出,创作电视专题片《阅读深圳》,开设电视栏目《魅力深圳》,成立深圳学派和文创研究院,举办"鹏城春荟法兰西·中法文化之春艺术节",制作动画电影《熊出没之夺宝熊兵》,参与"欢乐春节"大型活动等形式,讲述中国故事,传播中国声音,积极推动中华文化走出去。2017年3月25日至4月16日,首届深圳"一带一路"国际音乐季在深圳音乐厅、深圳大剧院、深圳保利剧院等多个主要剧院举行。音乐季以"联接中外,沟通世界"为主题,促进与世界不同文明和音乐界的沟通与交流。来自近30个国家和地区的12个艺术团体的700余位世界知名音乐家,为深圳市民带来16场各具特色的精彩演出;由深圳市人民政府主办、深圳市公共艺术中心承办,深圳·香港城市建筑双城双年展,是全球唯一以城市或城市化为固定主题的国际双年展;文博会艺术节是中国(深圳)国际文化产业博览交易会的重要组成部分,旨在为中外舞台艺术精品,特别是为中国原创作品搭建一个交流和展示的平台,推动中华优秀文化产品走出去,促进本土文艺创作的繁荣发展;中国深圳国际钢琴协奏曲比赛由深圳市人民政府主办、市文体旅游局和市对外文化交流协会承办,自2006年开始每三年举办一届。本赛事是我国三个国际钢琴赛事之一,是深圳建市以来所举办的最高规格的国际专业艺术赛事。通过这样一些国际文化交流活动,让全世界看到了深圳文化建设的成就,有力地扩大了深圳文化乃至中国文化在世界的影响。

第二章 深圳先进文化形成的实践基础

深圳先进文化不是凭空想象来的,它有着广阔的时代背景和伟大的实践基础,是四十年来深圳在经济、政治、文化、社会、生态文明建设等多方面的实践中形成与发展的。经济改革发展的伟大实践,是深圳先进文化形成的物质基础,具有决定性和根本性;政治改革发展实践是深圳先进文化形成的制度和政治基础,具有全局性和方向性;文化发展实践是深圳先进文化发展的文化基础,具有继承发展性和创造创新性;社会建设实践是深圳先进文化形成的环境基础,具有实验性和推动性;生态建设实践是深圳先进文化形成的美好生活基础,具有前瞻性和现实性。

第一节 经济改革发展实践与深圳先进文化的形成

深圳市作为改革开放的前沿,经济发展迅速,举世瞩目。"深圳的快速发展在很大程度上得益于文化的精神动力,深圳的经济与文化犹如车之两轮,鸟之双翼,一直是并驾齐飞的。深圳不仅创造了罕见的经济奇迹,而且创造了不可忽视的文化成就,显示出令人瞩目的文化创新功能。"[①] 深圳经济快速发展促进了深圳先进文化的形成,开放、自由、灵活的市场经济为先进文化的产生提供了土壤和养分;先进文化不断发展也促进了经济结构、质量的改进和优化,进而充实先进文化的内容。

---

① 吴俊忠:《深圳地区创新文化的生成与发展》,《深圳大学学报(人文社科版)》2006年第4期,第18页。

一、经济改革发展与先进文化的关系

历史唯物主义认为，社会存在和社会意识是一个统一体，密不可分。社会存在不同于自然存在的一个重要特质就是社会存在本身包含有社会意识的因素，而社会意识的内容总要通过语言、文字、图形、符号等客观物质形式表现出来。马克思指出："观念的东西不外是移入人的头脑并在人的头脑中改造过的物质的东西而已。"① 社会存在和社会意识之间的辩证关系具体表现为它们之间的相互作用。一方面，社会存在决定社会意识，社会意识是社会存在的反映；另一方面，社会意识具有相对独立性，并对社会存在产生能动的反作用。

在《德意志意识形态》一文中，马克思恩格斯指出："思想、观念、意识的生产最初是直接与人们的物质活动，与人们的物质交往，与现实生活的语言交织在一起的。人们的想象、思维、精神交往在这里还是人们物质行动的直接产物。表现在某一民族的政治、法律、道德、宗教、形而上学等的语言中的精神生产也是这样。""不是意识决定生活，而是生活决定意识。"② 在《〈政治经济学批判〉序言》中，马克思强调："物质生活的生产方式制约着整个社会生活、政治生活和精神生活过程。不是人们的意识决定人们的存在，相反，是人们的社会存在决定人们的意识。"③ 社会存在决定社会意识，具体说来有以下内涵：其一，社会存在是本原，是社会意识的根源，社会意识是社会存在的派生物，即社会存在的反映，社会意识依赖于社会存在；其二，社会存在的发展决定社会意识的发展，是社会意识发展的基础；其三，社会存在为社会意识提供反映的工具和实现手段，一方面社会意识需要借助社会存在提供的工具来能动地反映社会存在，另一方面社会意识还需要社会存在提供的物质性工具来改造世界；其四，社会存在为社会意识提供检验标准，要看社会意识是否正确地、准确地反映社会

---

① 《马克思恩格斯选集》第 2 卷，人民出版社 1995 年版，第 112 页。
② 《马克思恩格斯选集》第 1 卷，人民出版社 1995 年版，第 72—73 页。
③ 《马克思恩格斯选集》第 2 卷，人民出版社 1995 年版，第 32 页。

存在，标准还是社会存在本身。①

社会意识具有相对独立性，并对社会存在产生能动的反作用。社会意识的相对独立性体现在它是一个相对独立的系统，表现在社会意识与社会存在的发展变化并不总是同步，与社会经济发展水平也是不平衡的。社会意识对社会存在的反作用，指的是社会意识认识世界并改造世界的能动作用，正如马克思所说"哲学家们只是用不同方式解释世界，问题在于改变世界"。先进的、革命的、科学的社会意识，由于它正确反映了社会发展规律，反映了先进社会存在的利益和要求，因而能对社会存在的发展起到巨大的促进作用；反之，落后的、反动的、腐朽的社会意识，由于它违背社会发展规律，反映的是腐朽社会存在的利益和要求，因而对社会存在的发展起阻碍作用。

生产活动是最基本的社会存在形式，是其他社会存在的基础，也是整个社会历史的基础。在经济和文化（作为观念形态）的关系中，经济是最基础的社会存在，作为观念形态的文化是社会实践的产物，是社会存在的反映，既受到经济发展的制约，又对经济发展产生能动作用。因此，经济改革发展与先进文化相互联系，密不可分。经济改革发展是先进文化形成与发展的基础和必要条件，决定着文化的内容、形式和层次；先进文化是上层建筑，是社会意识，反映了经济社会发展规律，反映了人民群众的利益和要求，指引着经济改革的方向和目标，对经济改革发展起到巨大的促进作用。深圳是我国办得最早、办得最好、影响最大的一个经济特区，创造了世界工业化、城市化、现代化史上的罕见奇迹。②一部中国改革开放的历史，深圳书写了最美丽的篇章；一幅中国经济发展的图卷，深圳留下了浓墨重彩的一笔。深圳经济改革发展的伟大实践，既为深圳先进文化的形成奠定了良好的物质基础和实践基础，也对深圳先进文化的发展提出了迫切要求；深圳先进文化的繁荣发展也为深圳经济改革发展提供了强大的精

---

① 孟庆仁：《论社会存在与社会意识的矛盾运动》，《东岳论丛》2002年第6期，第61—65页。

② 温家宝：《顺应新形势 办出新特色 继续发挥经济特区作用》，《中华人民共和国国务院公报》2005年第31期，第4—10页。

神动力和智力支持。

二、深圳经济改革发展过程及其特点

经过四十年的改革开放，深圳成为仅次于上海、北京的第三大经济中心城市，在探索经济体制改革和对外开放方面为中国四十年的改革开放伟大实践提供了丰富的经验。回顾深圳四十年的改革开放历程，笔者认为，深圳经济改革发展经历了"摆脱贫穷落后走向繁荣的准备阶段""由落后向先进过渡的起飞阶段"和"将现代化技术有效应用到大部分产业的走向成熟阶段"。

1. 经济改革发展准备阶段（1978—1985年）：敢于突破，以开放促改革

1978年，党的十一届三中全会召开，纠正了"左"倾错误，提出把工作重心转移到经济建设上来。1979年1月13日，中共广东省委决定改宝安县为深圳市，3月5日得到国务院批复同意；1月31日，中央批准香港招商局在深圳创办蛇口工业区；7月15日，中央决定在深圳、珠海、汕头和厦门试办出口特区。1980年8月26日，全国人大常委会通过《广东省经济特区条例》，深圳经济特区正式建立。[①] 1979年，深圳利用毗邻香港区域优势，率先建设蛇口工业区，并引进"三来一补"加工企业，以此为突破口开启了特区的经济建设进程。一是从1980年开始进行大规模城市基础设施建设和开发区建设，以创造良好的投资环境，提出"时间就是金钱，效率就是生命"，创造了"深圳速度"。二是以市场为取向，以基本建设管理体制和价格体制为突破口，全面率先在工资制度、基建体制、劳动用工制度、价格体制、企业体制、土地使用和住房制度、劳动保险制度等方面进行改革探索。三是打开对外开放窗口，创办蛇口工业区，开放沙头角，陆续开放文锦渡、蛇口码头、梅沙、沙头角、赤湾等口岸，开放金融业，引进法国兴业银行、香港东亚银行、加拿大皇家银行、日本富士银行等一批境外银行。在这样的环境下，一些本土企业陆续诞生，如康佳公司、中集公司、万科公司（前身为深圳现代科教仪器展销中心）、天虹商场、赛

[①]《广东省经济特区条例》，《中华人民共和国国务院公报》1980年第13期，第405—409页。

格、中兴公司、华侨城等。①

在这一阶段,深圳经济改革发展的主要特点是敢于突破、以开放促改革,打破旧的计划经济体制,外向型经济开始起步,城市建设初现规模,为特区建设和改革开放奠定基础。一方面,深圳以"杀出一条血路"的勇气,不断尝试单项突破,通过一个又一个的突破来冲破旧的计划经济体制的束缚,开启新的市场经济体制的探索。例如,深圳利用外资或银行贷款进行城市基础设施建设,实际是对计划经济体制下银行管理体系的冲击和改革探索,也是对传统外资外贸管理体制的大胆突破。再如深圳推动价格改革,放开价格管制,利用市场机制,发展商品市场,率先取消各种票证,用市场机制解决了深圳建设和发展所需的各种物资。另一方面,深圳初期的经济发展得益于对外开放,外国资本、先进技术、先进管理经验的进入不仅带动了经济的快速发展和本土企业的诞生,又对经济体制的变革提出了更高要求,反过来推动了经济体制改革的不断突破。

2. 经济改革发展起飞阶段(1986—2002年):转型发展,体制改革

1985年底至1986年初,国务院在深圳召开特区工作会议,要求深圳把工作重点由过去铺摊子、打基础转移到抓生产、上水平、求效益上来,调整特区产业结构,提高经济效益,加强智力开发和文化建设,培养和引进人才,深入进行经济体制改革,深入探索微观放开搞活与宏观加强管理密切结合的经验,努力将特区建成以先进工业为主、工贸结合的高水平外向型经济特区。②1986年开始,深圳进入转型发展期,工作重点由局部改革、单项突破转到全面、系统、深入地进行市场经济配套改革上来,主要举措有:(1)推进对外开放,初步形成以工业为主、工贸结合的外向型经济体系。例如建立福田保税区,扩大招商引资力度,积极发展"三来一补"企业和"三资"企业;创建科技工业园,开始发展高新技术产业;进一步做好内联工作,建立一大批内联企业,弥补资金、技术、人才之不足。

---

① 钟坚:《历史性跨越(上)——深圳经济特区改革开放和现代化建设回顾与思考》,《特区实践与理论》2018年第2期,第21—30页。

② 国务院:《国务院关于批转经济特区工作会议纪要的通知(国发〔1986〕21号)》,1986年2月7日,中国政府网,http://www.gov.cn/zhengce/content/2013-10/22/content_5336.htm。

（2）全面推进市场取向的经济体制改革。例如率先进行国有企业股份制改革，创新国有资产管理体制，推行产权转让和破产制度；改革金融体制，引进一批外资银行，创办招商银行和深圳发展银行等区域性股份制银行，成立全国第一家外汇调节中心；公开发行股票，成立深圳证券交易所，成立深圳经济特区证券公司，建立有色金属期货市场，成立平安保险公司；首次进行国有土地公开拍卖，推行国有土地有偿使用管理体制改革；推进政府行政机构改革和公务员制度试点改革；推进财政体制改革；深化劳动工资制度改革，实行劳动合同制，建立社会保障制度；鼓励支持本土科技企业发展，先科、长城科技、华为等诞生。1986至1992年间，深圳GDP从41.65亿元增长到317.32亿元，以年均40.28%的速度增长。[1] 1992年，邓小平发表南方谈话，充分肯定了特区建设所取得的巨大成就。

从党的十四大开始，我国改革开放和现代化建设进入新阶段，深圳经济改革发展也进入新阶段。1995年4月，中共深圳市第二次党代会提出："以增创新优势，提高整体素质为根本措施，以率先建设社会主义市场经济体制和运行机制，优化经济结构，完善城市功能为重点，以建立区域性金融中心、信息中心、商贸中心为突破口，以加强党的建设和精神文明建设为保证，把深圳初步建设成为社会主义现代化的国际性城市。"[2] 通过战略调整，深圳在全国率先建立了以"十大体系"[3]为内容的社会主义市场经济体制基本框架；进一步提高对外开放的层次和质量，优先引进高技术和知识密集型企业；建设龙岗大工业区和深圳出口加工区；建立外商投资服务中心和外商投诉中心；深化口岸体制改革，拓展国际市场，推进深港投资

---

[1] 钟坚：《历史性跨越（上）——深圳经济特区改革开放和现代化建设回顾与思考》，《特区实践与理论》2018年第2期，第21—30页。

[2] 《论增创深圳特区十大新优势——厉有为在深圳市第二次党代会上的工作报告摘录》，《特区理论与实践》1995年第5期，第7—8页。

[3] "十大体系"内容是：以公有制为主体，多种经济成分平等竞争、共同发展的所有制体系；以资本为纽带的国有资产监督管理和营运体系；以市场为基础的价格体系；以商品市场为基础、要素市场为支柱的市场体系；与国际惯例接轨的国民经济核算和企业财务会计体系；以中介组织为主体的社会监督服务体系；社会共济与自我保障相结合的社会保障体系；以按劳分配为主，效率优先、兼顾公平的分配体系；以间接手段为主、面向全社会的经济管理调控体系；适应社会主义市场经济体制需要的法规体系。参见张思平主编：《十大体系——深圳社会主义市场经济体制的基本框架》，海天出版社1997年版。

和贸易合作、口岸合作、金融服务业合作和旅游合作等；推动产业升级，提出以高新技术产业为先导、先进工业为基础、第三产业为支柱的发展方针；实施"三个一批"发展战略，即形成一批支柱产业、发展一批大型企业集团、争创一批名牌产品，一批高新技术企业相继诞生，如金蝶、研祥、联创科技、比亚迪、大族激光、腾讯、华大基因等。深圳 GDP 从 1993 年的 453.15 亿元增长到 2002 年的 2969.52 亿元，年均增长 23.23%。

在这一阶段，深圳经济改革发展的主要特点是转型发展、体制改革，发挥了体制改革的"试验田"作用、对外开放的"窗口"作用、现代化建设的"示范区"作用，实现了经济持续高速增长，社会主义市场经济体制基本建立，形成全方位开放格局，科技创新能力明显增强，人民生活水平大幅提升。一方面，深圳开始加快转型发展，调整特区产业结构，发展以先进工业为主、工贸结合的高水平外向型经济；另一方面，深圳在过去单项突破和局部突破的基础上，全面推进体制改革，实现了经济体制从传统的计划经济体制向社会主义市场经济体制的转变，实现了经济增长方式从粗放式向集约式的转变，实现了特区发展从主要依靠特殊政策向提高整体素质、增创新优势的转变。这一阶段，通过转型发展和体制改革，深圳的高新技术产业、现代物流业和现代金融业异军突起，成为深圳经济三大支柱产业，深圳经济起飞并实现了跨越式发展。

3. 经济改革发展走向成熟阶段（2003 年—今）：深化改革，创新驱动

经过 20 多年的发展，深圳创造了经济奇迹，但经济效能不高，产业结构不完善。2003 年，以党的十六大为节点，深圳进入了以科学发展观构建"和谐深圳"和"效益深圳"、从"深圳速度"向"深圳质量"跨越的新时期。2004 年，提出发展高新技术产业要从主要依靠优惠政策向着力营造创新环境转变，加快建立区域创新体系。2005 年，提出加快社会文化事业和高端服务业发展，建设国家创新型城市；提出建设"效益深圳""和谐深圳"，重点发展传媒、动漫游戏等八大优势文化产业。2006 年，把创新发展提升为城市发展的主导战略，全面推进循环经济发展。2008 年，规划建设国家创新型城市，优化、升级产业结构，增强自主创新能力，促进高新技术产业发展；提出加快发展总部经济，加快产业结构优化升级。2009 年，实施《深圳市综合配套改革总体方案》①，开启"四个先行先试"。2010年，提出"以质取胜"和"深圳质量"。一批知名本土企业和研发机构诞生，比如迅雷、兆驰股份、超多维、大疆创新科技等等。通过深化改革，深圳GDP以年均15.34%的速度增长，2011年突破10000亿元，约平均每年增加1000亿元。

十八大以来，我国经济发展的内外环境发生深刻变化，世界经济处于危机后深度调整期，国内经济下行压力持续加大。党的十八大明确提出实施创新驱动发展战略，强调科技创新是提高社会生产力和综合国力的战略支撑，必须摆在国家发展全局的核心位置。2012年12月，习总书记在深圳调研时强调，希望深圳继续当好改革开放"排头兵"，在创新驱动和供给侧结构性改革中为全国积累经验，提供"深圳样本"。2014年6月，国务院批准深圳建设国家自主创新示范区，2016年3月，中央又提出"加快深圳科技，产业创新中心建设"。2016年8月，《深圳市人民政府关于印发深圳市供给侧结构性改革总体方案（2016—2018年）及五个行动计划的通知》印发，坚持以创新驱动、质量引领、转型升级、制度创新推进供给侧结构性改革，积极培育优质产能、深化住房制度改革、有效管控金融杠杆、积极推进正税清费、全力补强基础设施和民生领域短板等。②2017年实施科技创新"十大行动计划"③，先后出台实施生物、互联网、新能源、新材料、文化创意、新一代信息技术、节能环保等七大战略性新兴产业规划及配套政策和生命健康、机器人、可穿戴设备和智能装备等五大未来产业规划和政策，打造新的经济增长点。这一时期，创新驱动成为经济发展主引擎，深圳GDP保持年均11.53%的增长速度，平均每年增加超过1700亿元，2016年跨越20000亿元，超越广州成为全国大中城市第三，人均GDP在2017年达到27100美元，居全国大中城市第一。

---

① 《深圳市综合配套改革总体方案》，2009年5月26日，深圳政府在线，http://www.sz.gov.cn/cn/xxgk/xwfyr/wqhg/fbh_46/fbg/200905/t20090526_1111017.htm。

② 《深圳市人民政府关于印发深圳市供给侧结构性改革总体方案（2016—2018年）及五个行动计划的通知》，2016年8月9日，深圳政府在线，http://www.sz.gov.cn/zfgb/2016/gb967/201608/t20160809_4275500.htm。

③ 《深圳今年起实施"十大行动计划"》，《深圳晚报》2017年1月14日，第A03版。

这一阶段，深圳经济改革发展的主要特点是深化改革、创新驱动，勇于在全面深化改革中挑重担、破难题、作示范，在"稳增长、促转型、提质量、增效益"上取得了实实在在的成果，充分彰显了中国特色社会主义示范市的生机与魅力。一方面，为了实现从"深圳速度"向"深圳质量"跨越的目标，深圳不断深化经济、行政、社会、文化、生态文明体制改革，努力在行政管理体制改革、经济体制改革、社会领域改革、完善自主创新体制机制、创新对外开放与区域合作、建立资源节约环境友好的体制机制等六大方面取得新的突破和进展。另一方面，面对世界经济复苏乏力、我国经济发展进入新常态的复杂形势，深圳坚持创新驱动、质量引领、转型升级、制度创新，推进供给侧结构性改革，其中创新驱动成为经济发展主引擎。深圳已从过去"时间就是金钱，效率就是生命"升级为"创新驱动发展，质量成就未来"，把自主创新作为城市发展的主导战略，不断增强自主创新能力，一跃成为中国高新技术产业的聚集地，成为拥有上百万科技创新人员的创业创新基地，甚至在多个领域引领全球创新，在全球刷出"存在感"。[①] 深圳通过深化改革和创新驱动，为经济发展和民生改善提供新动力，经济改革发展走向成熟。

三、经济改革发展实践与深圳先进文化的形成

深圳四十年的经济快速发展，为深圳先进文化的形成奠定了良好的经济基础，推动了深圳先进文化的形成和发展。同时，深圳经济改革发展快速，对深圳先进文化的发展提出了迫切的要求。此外，深圳经济改革发展实践也为深圳精神的凝聚提供了实践基础，为深圳文艺创作提供了丰富的素材，也促进了深圳文化产业的发展。相应地，先进文化也为深圳经济改革发展提供了强大的精神动力和智力支持。

1. 经济快速发展为深圳先进文化的形成奠定了良好的经济基础

深圳先进文化与深圳市场经济相伴而生。深圳经济特区建立以来，始终坚持物质文明和精神文明"两手抓两手硬"。经济的快速发展，催生了

---

① 《深圳创新：在全球刷出"存在感"》，《南方日报》2018年6月21日，第SC02版。

新的思想观念，推动文化事业不断进步，为先进文化的形成奠定了良好的经济基础。

改革开放初期，深圳以"杀出一条血路"的开拓创新精神实现了诸多经济领域的突破，而这些经济领域的突破又催生了具有鲜明市场经济特征的思想观念，如务实意识、竞争意识、开放意识、权利意识、公共服务意识等。进入21世纪，深圳经济起飞且不断走向成熟，体制改革全面深化，深圳进入"文化自觉"时代。深圳率先提出"实现市民文化权利"的理念，率先提出"维护国家文化主权"的理念，率先提出"打造创新型智慧型力量型主流城市文化"的理念，并努力将深圳建成"志愿者之城""爱心之城""文明之城"，践行"富强、民主、文明、和谐、自由、平等、公正、法治、爱国、敬业、诚信、友善"等社会主义核心价值观。

除了催生先进的思想观念外，经济的快速发展还加快了文化建设的步伐。特区成立初期，随着经济基础不断夯实，深圳开始着手兴建大批基础性文化设施，教育、科学、文化、体育、卫生等事业快速发展。自1982年起，深圳市政府曾一连三年将地方财政收入的1/3用于文化建设。1982年至1988年，深圳先后投资近3亿元，建设具有现代规模的图书馆、博物馆、大剧院、科技馆、深圳大学、新闻文化中心、电视台、体育馆八大文化设施，陆续创建了特区交响乐团、艺术中心、画院，扩建粤剧团、美术馆、新华书店等，使深圳特区文化设施形成完整的体系，初步打下文化事业发展的基础。[①] 进入21世纪，深圳政府财政文化投入逐年增加，加快建设文化强市，大力建设全覆盖普惠型公共文化服务体系，满足市民精神文化需求。2003年市级财政文体广播事业总预算6.45亿，2018年深圳市文体旅游局部门预算为157.172亿元[②]（不包括2018年市文化创意产业专项资金），增加了24倍。深圳市政府通过持续不断的财政投入，不断完善文化设施，不断加强文化建设，加上文化体制上大胆改革创新，深圳顺利完成了从"文化沙漠"到"文化绿洲"的嬗变。

---

① 程青：《深圳特区十年文化发展纪略》，《瞭望》1990年第46期，第31—32页。
② 《2018年深圳市文体旅游局部门预算》，2018年2月12日，深圳政府在线，http://www.sz.gov.cn/wtlyjnew/xxgk/zjxx/czjys/201802/P020180212514761654745.pdf。

2. 经济改革发展对深圳先进文化发展提出了迫切的要求

文化是深圳的一个梦想。改革开放初期,深圳经济特区是敢于拼搏的人们下海淘金的最佳场所,但文化休闲场所和设施缺乏,文教力量薄弱,所以曾一度被戏称为"文化沙漠"。随着一部分人"先富起来",人们物质生活水平改善,居民可支配收入不断增长,文化教育水平不断提高,休闲时间增多,日常精神文化需求大幅增长,深圳城市文化生产力不够发达与市民不断增长的精神文化需求的矛盾进一步凸显。党的十八大提出全面建成小康社会对文化发展提出了新要求。文化建设在全面建成小康社会进程中肩负两方面任务:一是满足广大群众日益增长的精神文化需求,更好实现市民文化权利,显著改善文化民生;二是建设中华民族共有精神家园,提高人民群众的幸福指数,促进社会和谐。

2015年5月,深圳重新定位,提出要"建成现代化国际化创新型城市"[①]的发展目标,这对先进文化的发展也提出了迫切要求。目前,与建成现代化国际化创新型城市的要求、市民日益增长的精神文化需求以及国内外先进城市相比,深圳的文化发展还有比较大的差距,主要表现在:精神文明建设存在薄弱环节,市民文明素质需进一步提高;公共文化基础设施分布不均衡,原特区外文化设施建设相对滞后;品牌文化节庆和高端体育赛事不多,城市文化形象和国际影响力有待提升;文艺人才和院团整体实力不强,文艺精品创作缺乏厚实基础;专业体育队伍和竞技水平较弱,与城市地位不相匹配;国有文化集团面临严峻挑战,体制机制改革亟需突破;哲学社会科学研究力量不足,学术领军人物和重大理论创新成果缺乏;文化产业核心层比重偏低,产业转型升级有待加强等问题。为解决这些矛盾,深圳开启了构建五大体系——"以社会主义核心价值观为引领的城市精神体系、以国际先进城市为标杆的文化品牌体系、以媒体融合发展为标志的现代文化传播体系、以市民精神文化需求为导向的公共文化服务体系、以质量内涵式发展为特征的现代文化产业体系"为核心的新时代深圳先进文化

---

① 马兴瑞:《解放思想 真抓实干 勇当"四个全面"排头兵 努力建成现代化国际化创新型城市——在中国共产党深圳市第六次代表大会上的报告(2015年5月21日)》,《深圳特区报》2015年6月16日,第A01版。

建设新篇章，以满足深圳经济发展和深圳市民文化需求不断提高的需要。①

3. 经济改革发展实践为深圳精神的凝聚提供了实践基础

改革开放初期，随着市场经济的发展，深圳精神幼芽开始萌发、破土。这一时期，深圳发生了涉及经济制度、社会管理方式和社会思想观念的重大变革，决定了深圳先进文化的"现代"起点、"创新"底色，而一些关键性领域的改革取得的重大突破，更是为具有鲜明现代特质的深圳文化的产生，提供了制度的土壤和精神的种子。②1981年蛇口工业区在发展中提出的"时间就是金钱，效率就是生命"口号，折射出"发展就是硬道理"和"效率优先"这两个核心理念，直接催生了深圳速度，是最有代表性、最能反映特区成立早期深圳精神的观念，也是中国特色社会主义市场经济破壳的标志，是深圳精神的逻辑起点。

为了办好特区，袁庚等老一辈革命家和基建工程兵、年轻的大学生、打工仔打工妹等早期建设者们在参与建设深圳的过程中，凝聚起了一种勇于改革、大胆创新、不畏艰难、勤勉努力的"拓荒牛"精神，使深圳充满活力与干劲。这种"拓荒牛"精神在1987年被正式总结为"开拓、创新、奉献"的"特区精神"，成为深圳早期建设者们的精神写照。随着深圳经济的快速发展，"深圳速度"举世瞩目，来深圳实现梦想的人越来越多。为了凝心聚力，1990年深圳市委及时将特区精神修改为"开拓、创新、团结、奉献"。21世纪初，一大批爱护深圳、关心深圳发展的市民，为深圳发展建言献策，对深圳未来发展进行深度反思。2003年1月，深圳市委表决通过了"开拓创新、诚信守法、务实高效、团结奉献"的新深圳精神，满足了人民群众对先进文化的渴望。2010年8月，在深圳经济特区建立三十周年之际，深圳市民和专家共同推选出"深圳十大观念"，实际上是2003年深圳精神的进一步表达，是社会主义核心价值观的深圳表达，体现了在深圳生活工作的人们对这座年轻城市的形象和气质的直观印象，是人们在深圳经济改革发展实践中不断凝聚的共识。

---

① 《〈深圳文化创新发展2020（实施方案）〉解读》，《中国文化报》2016年1月22日，第4版。
② 毛少莹：《30年深圳文化发展历程研究》，《特区实践与理论》2010年第3期，第19—23页。

4. 经济改革发展实践为深圳文艺创作提供了丰富的素材

经济改革发展实践为深圳文学创作提供了丰富的素材。1980年，深圳特区成立，深圳成了改革开放的试验场。改革开放为城市带来的新变化，城市中人的理想、焦虑、困惑和奋斗，在深圳的文学作品中都有及时的反映。经过三十多年的探索，深圳出现了"移民文学""打工文学""青春文学"等新都市文学形态。作家刘学强目睹了蛇口的高效率、高速度，满心欢喜地写出报告文学《龙飞蛇舞》，记述了深圳实行官商分家等一系列的体制改革试验和几位特区创业者的形象；刘西鸿的短篇小说《你不可改变的我》表现了新移民的审美追求和价值观；彭名燕的长篇小说《世纪贵族》将特区改革与人物的心路历程完美融合在一起；陈秉安、梁兆松、胡戈创作的长篇报告文学《深圳的斯芬克斯之谜》记录了深圳最早实行市场经济的大背景、大变革；陈国凯创作出以袁庚为原型和蛇口开发区为背景的长篇小说《大风起兮》；朱崇山创作了以梁湘为原型的长篇小说《鹏回首》；杨黎光依据重大社会热点事件创作了《没有家园的灵魂》《伤心百合》《生死一线》《惊天铁案》《瘟疫，人类的影子》等多篇报告文学。①

三十多年来，各地青年怀揣梦想涌入深圳，在改革开放的大潮中逐浪前行。在经济改革发展的实践中，年轻人的梦想与现实交织在一起，催生了一个特有的文学现象——打工文学。1984年，《特区文学》刊发了来深打工者林坚的短篇小说《深夜，海边有一个人》，成为全国打工文学的"头炮"；林坚的《别人的城市》和张伟明的《下一站》两部小说都表现了理想与现实的落差：打工者尽管行走于"别人的城市"间有些迷茫，却在内心深处渴望"下一站"；安子的《青春驿站——特区打工妹写真》描写了16个打工妹在深圳特区的故事，洋溢着勇于开拓的奋斗精神；刘澍泉的《深圳临时工》多角度解释深圳几十万临时工的奋发与悲欢；陈秉安的《来自女儿国的报告》书写20万女临时工的爱欲渴求，生动呈现她们的生存图景；郭建勋的《打工》以深圳改革开放30年为背景，描写了一群小人物在一个虚构地方"天堂凹"所经历的酸甜苦辣、悲欢离合；王十月的小

---

① 周思明：《改革开放与深圳都市文学》，《特区实践与理论》2010年第4期，第30—33页。

说《出租屋里的磨刀声》表现异乡打工者的生存焦虑和"如履薄冰"状态，《无碑》歌颂了正义、善良、爱、坚守、青春与梦想以及苦难与苦难中人性的伟大，《刺个纹身才安全》和《示众》涉及打工群体基本权益保障问题，等等。深圳的"青春文学"也有自己的特色，郁秀的长篇小说《花季·雨季》曾风靡全国，张悉妮的《假如我是海伦》获得全国优秀图书金奖，还有李梦的《我要把阳光画下来》、陈静的《公园前》等等，这些"青春文学"展现了第二代深圳人积极向上、自信阳光的性格。

经济改革发展实践也为深圳的歌曲影视创作提供了丰富的素材。以深圳经济改革发展实践为题材的歌曲有很多，如蒋开儒和叶旭全的《春天的故事》、李维福的《走向复兴》和《我们的信念》、唐跃生的《又见飘扬的旗》和《祖国，深圳对你说》、蒋开儒的《走进新时代》、唐秋萍的《深圳就是我的家》、南山的《放飞梦想》、紫龙的《我爱你深圳》、福田区委的《我生在1978》、秋言的《深圳之夜》、戴有斌和王国华的《读书的城市》、梅劲和黄晓婷的《最美深圳》、蔡育川的《春风不忘》、原创交响乐《人文颂》。还有一些电视剧，如《花季·雨季》、《相爱十年》、《面向大海》、《照相师》等。这些歌曲和电视剧以深圳经济改革发展为背景，赞美了深圳在改革开放春风里奋勇开拓的精神，表达了中国人民实现民族复兴理想的心愿，激励着我们为中国梦努力奋斗。

5. 经济改革发展实践促进了深圳文化产业的发展

具有外向型经济特点的深圳，在卷入全球化浪潮的同时，较早发展起具有后工业时代特征的文化产业。改革开放初期，随着外向型经济的建立，市场放开，大量人口迅速积聚，催生了文化市场和大众文化，深圳特区开始大力培养文化系统的自我发展能力，特别是宣传文教系统大力发展诸如图书业、录像制品业、印刷业、广告业、娱乐业等一系列与文化事业有关的企业，积聚文化发展资金。深圳市政府对这类文化企业，采取了利润五年不上缴的优惠政策。文化企业自1985年至1989年还免缴能源交通基金税五年。深圳文化企业迅速发展起来，文化企业上缴利润不断增加。① 随着经济的转型发展和改革的不断深入，2003年深圳成为全国首批文化体制改革综合性试点地区之一，确立"文化立市"战略，提出把文化产业培育成第四大支柱产业，实现文化产业快速发展。2008年，深圳出台国内第一个文化产业促进条例——《深圳市文化产业促进条例》，随后又发布十余个文化产业政策或规划，涉及金融扶持、税收优惠、产业空间、产业内细分行业专项政策等，以加快文化产业发展步伐，增强文化软实力。

2011年，深圳又明确提出将文化创意产业作为战略性新兴产业，出台了文化创意产业振兴规划、振兴发展政策等系列政策。根据《深圳文化创意产业振兴发展政策》②，深圳市财政每年安排5亿元扶持经费，各区财政的资金每年也达5亿元左右。同时，深圳还通过多个渠道加强文化创意产业招商引资力度和重大项目建设，支持龙头品牌企业发展，逐步培育起创意设计、动漫游戏、文化旅游、高端印刷、黄金珠宝、文化会展等多个具有较强竞争优势的行业。如动漫游戏业方面涌现出腾讯、华强动漫、环球数码、创梦天地、冰川网络等多家具有较强竞争力的动漫游戏企业。经过多年的探索和发展，深圳文化创意产业保持良好的发展态势，产业综合实力不断增强，总体发展水平处于国内领先地位，正迈向国际文化创意先锋城市。目前，深圳文化创意企业近5万家，其中规模以上企业3155家，上市企业40余家，从业人员超过90万；有国家级文化产业平台4个，市级以上文化创意产业园区（基地）53家，其中国家级文化产业园区1家、国家级产业基地12家。2017年，深圳文化创意产业实现增加值2243.95亿元，增长14.5%，占全市GDP比重超过10%。③

6. 先进文化为深圳经济改革发展提供了强大的精神动力和智力支持

一个城市，如果没有先进文化的引领，就没有激发全体市民的聪明才智、凝聚全体市民同心同德的精神动力，也就没有文化创新的持久推动，就会在竞争中被淘汰。深圳特区高度重视先进文化的培育和发展，一个非

---

① 程青：《深圳特区十年文化发展纪略》，《瞭望》1990年第46期，第31—32页。
② 《深圳文化创意产业振兴发展政策》，《深圳特区报》2011年10月15日，第A06版。
③ 《深圳迈向文化创意产业先锋城市》，《中国改革报》2018年5月17日。

常重要的原因是先进文化能够为深圳经济改革发展提供强大的精神动力和智力支持。要建设和谐深圳、效益深圳和现代化国际化创新型城市，不仅需要强大的经济实力和完善的城市基础设施，更要有先进的价值观、较高的城市品位和良好的市民素质。由先进的文化底蕴、文化素质、文化创意所构成的文化软实力，比任何高级的硬件设施或华丽的外在形象更有吸引力，更能散发出持久的城市魅力。

2010年8月，在深圳经济特区建立三十周年之际，深圳市民和专家共同推选的"深圳十大观念"就是在深圳特区改革开放和建设实践中不断形成的，它们凝聚着社会主义核心价值观，影响和温暖了无数在深圳逐梦的人们，是深圳所创造的弥足珍贵的精神财富，是特区未来发展内在的精神动力，是深圳继续保持活力、永葆青春的内在力量和精神品质。深圳经济特区建立近四十年来，对全国的贡献和对我们命运的改变，最根本的并非物质，而是精神价值。深圳生长的不仅是高楼大厦和物质财富，更重要的是给了我们新的观念、人生态度和人生价值。这些观念、人生态度和人生价值，决定了深圳的命运，也决定了我们每个人的命运以及精神状态。"深圳十大观念"就是深圳的价值坐标、价值体系，需要不断传承、发扬光大，为再造一个激情燃烧的年代提供源源不断的精神动力。[1]

在经济改革发展实践中形成的深圳先进文化，不仅为深圳经济改革发展提供了强大的精神动力和智力支持，也对深化中国特色社会主义的理论和实践起到了重要作用。2005年温家宝同志曾指出：深圳经济特区在发展中培育出敢想敢干、敢闯敢试、敢为人先的创新精神，催生出"时间就是金钱、效率就是生命""追求卓越、崇尚成功"等一系列新理念，创造出许多改革开放新鲜经验，极大地鼓舞和激励了全国人民，有力地推动了全国改革开放和现代化事业，为从理论上和实践上深化中国特色社会主义的认识起到了重要作用。这种思想上、精神上的巨大作用是不可估量的。[2]

---

[1] 王京生：《不断传承发展深圳的精神财富》，《深圳特区报》2010年11月10日。
[2] 温家宝：《顺应新形势 办出新特色 继续发挥经济特区作用》，《中华人民共和国国务院公报》2005年第31期，第4—10页。

第二节　政治改革发展实践与深圳先进文化的形成

深圳是中国改革试验田，中国特色社会主义政治体制改革成果丰硕。深圳稳定有序地开展政治改革发展实践，拓宽民主参与渠道，建设法治城市，推进服务型政府建设。政治改革发展实践为深圳文化注入了民主参与意识、现代契约精神和公平正义的规则意识。政治改革发展与实践奠定了先进文化产生的群众基础，激发了人民强烈的先进文化需求，创造了先进文化发展的良好政治环境，保证了先进文化的社会主义方向，激励了文艺创作工作者的创作热情。

一、政治改革发展与文化发展的关系

文化和政治同属社会上层建筑范畴，两者互相联系，互相促进，不可分割。政治引导文化发展方向，深圳的政治发展实践引领深圳先进文化发展方向。与此同时，思想文化的感召力是巨大的，特别是一个文化的核心价值观，"关系社会和谐稳定，关系国家长治久安"。[1]一定的社会文化为一定的政治服务，深圳先进文化反过来为深圳政治发展服务。深圳政治发展实践为深圳先进文化创造了良好的条件和基础，为深圳先进文化孕育和发展搭建了平台。

政治改革发展决定文化发展。马克思认为文化和政治、经济是有机的整体。社会存在决定人们的意识，经济基础是社会结构、政治制度和时代精神存在和发展的基础。在上层建筑中，政治无疑是经济最集中的体现。列宁明确指出政治是经济的最集中的表现。政治作为集中了的经济，决定了文化发展的性质和方向。毛泽东强调政治和经济对文化的决定作用。邓小平非常重视政治对文化的指导和领导作用。他多次强调，文化建设必须坚持正确的政治方向，"应该高举马克思主义的、社会主义的旗帜，坚持社

---

[1]《习近平谈治国理政》第一卷，外文出版社2018年版，第163页。

会主义和党的领导"。① 深圳改革开放四十年经济快速发展，集中体现了政治改革发展的巨大成就。习近平总书记高度重视政治对各项工作的保障作用，强调遵守政治纪律和政治规矩才能确保各项工作正确的政治方向。政治改革发展决定了深圳文化的产生和发展，推动了深圳政治文化、法制文化和公民文化的发展，推动了深圳先进文化的形成。

文化发展促进政治改革发展。美国哈佛大学教授塞缪尔·亨廷顿在《文明的冲突》中指出，21世纪的竞争不是经济、军事和意识形态的竞争，而是文化领域的竞争。1990年，美国学者约瑟夫·奈在《注定领导：美国权力性质的变迁》中首次提出软实力，引起广泛的关注和研究。文化作为软权力，是国家权力的重要组成部分，在政治经济生活和国际外交舞台中发挥着越来越重要的作用。文化发展反作用于政治改革发展。毛泽东曾经指出，文化是精神的东西，它有助于政治民主。邓小平非常重视文化建设对政治改革发展的积极作用，文化建设为政治改革稳步进行提供坚定的思想保障，是社会主义制度优越性的重要体现。习近平总书记高度强调文化对政治发展的导向作用，融通党的优良传统、中华优秀传统文化、革命文化、社会主义先进文化，有利于建设良好的政治文化，形成风清气正的政治生态。文化自信是更深层次的自信，是中国特色社会主义政治理论自信、道路自信和制度自信的集中体现。

二、深圳政治改革与发展实践的主要内容

1. 积极推进政治民主改革

实现政治民主是政治改革的重要方向，也是深圳政治改革的重要内容。改革开放四十年来，深圳在政治民主改革方面进行了积极的探索，也积累了不少宝贵的经验。首先，深圳积极探索党内民主的实现方式。20世纪80年代初，蛇口工业区率先开展基层民主选举实验，在候选人推选、投票和监督考察等方面深入探索，工业区选民均享有选举权和被选举权，管委会成员选举产生能进能退。以"民意测验"为起点，深圳开始了党内民主实

---

① 《邓小平文选》第三卷，人民出版社1993年版，第40页。

现方式的探索。废除干部职务终身制、职工信任投票、干部直选、公推直选等等，是党内民主一次又一次的尝试。其次，深圳是最早探索基层民主选举实验的城市。1993年宝安区沙井镇蚝二村尝试"一张白纸选村干"，全程"不定调子、不制框子、不搞暗示"，进一步探索基层民主的实现方式。2010年光明新区公推直选市党代会代表，探索创新党内民主的实现方式。再次，深圳不断推进协商民主的发展。党的十九大推动了深圳协商民主的发展进程，在实践中充分展现制度的优越性和生命力，为新时代社会主义民主政治发展提供深圳经验和借鉴。2017年，深圳市政协提交提案691件，立案561件全部办理完毕，回复率高达100%。深圳政协组织各界别委员开展立法协商，召开40余场座谈会，征求意见2000余人次，收集400余条建议，形成4份立法协商建议，建议绝大部分被采纳。深圳是移民城市，民主政治发展扩大了公民政治参与的深度和广度，加速深圳文化形成和发展，大大增强公民对深圳文化的认同感和归属感。

2. 全面推进依法治国成效显著

习近平总书记在党的十八届四中全会上，提出建设社会主义法治国家的总目标，展现了中国共产党全面依法治国的决心。要在改革中坚持依法治国，"坚定不移推进法治领域改革，坚决破除束缚全面推进依法治国的体制机制障碍"[①]。深圳是因法而生的城市，1980年8月26日，深圳伴随着全国人大常委会通过《广东省经济特区条例》而诞生。深圳是法治政府建设的典范城市。2014年，中国政法大学法治政府研究院开始发布《中国法治政府评估报告》，全面评估国内100个城市的法治政府建设情况。深圳人民政府法治政府建设始终名列前茅，其中2015年总分排名第一，比全国平均分高165分。改革开放四十年，深圳在"科学立法、严格执法、公正司法、全民守法"方面取得了举世瞩目的成就。法治作为一种规范性的力量，是市场经济不可或缺的文化创设，也是实现经济社会更高质量、更有效率、更加公平、更可持续发展的保障机制。法治环境的质量，决定了生产要素的流向和集聚。在确立和发展社会主义市场经济的阶段，国家关于市场经

---

① 《习近平谈治国理政》第二卷，外文出版社2017年版，第123页。

济的立法几为空白。在深圳经济特区的努力争取之下，1992年7月1日，第七届全国人大常委会第26次会议通过了《全国人民代表大会常务委员会关于授权深圳市人民代表大会及其常务委员会和深圳市人民政府分别制定法规和规章在深圳经济特区实施的决定》。获得特区立法权之后，深圳不负众望，创新立法机制，持续不断地开展有益探索。深圳法治实践有着诸多亮点，并不限于立法一端。法治型政府建设、法治型社会建设与经济建设相契合，做出了许多可贵的探索。深圳人在是社会实践中不断体悟并运用法律所赋予的责任和权利，积极成为法律的参与者、捍卫者与推进者。简而言之，对法律的信仰与追求，成为深圳发展进步的重要推手，有力增强了深圳文化的契约精神和现代性。

3. 行政体制改革走在全国前列

首先，深圳推进服务型政府建设。深圳在政企分开、政资分开、政事分开、政社分开进行了积极的探索，建设廉洁高效人民满意的服务型政府。其次，深圳深化行政审批制度改革。通过精简机构、下放审批权，推动政府职能转变。2015年，深圳率先将政府服务质量纳入"深圳质量"范畴，列出权责清单，减少直接管理，强化间接管理，提升深圳政府的管理效率和管理质量，推进政府职能转变。再次，深圳加强权力运行监督制度。深圳试点大部门制改革，探索"行政权三分"的实现途径，使决策权、执行权、监督权相互制约协调，让权力在制约中有序运行。深圳不断完善公开制度和监督制度，推动党务公开、政务公开、司法公开和办事公开，加强民主监督、党内监督、法律监督和舆论监督，推进权力运行的公开化和规范化。深圳行政体制改革积累了丰富的经验，为权力在阳光下运行提供了制度保障。深圳政府职能部门树立了公平、公正、高效的服务型政府形象，满足了深圳人对公平正义的期待，增强了深圳人对政府公信力的认可，增强了深圳文化的公正意识和凝聚力。

三、政治改革发展促进深圳先进文化的发展

政治和文化同属社会上层建筑范畴，政治在整个上层建筑中处于主导地位。深圳政治改革与发展实践的成果，如广泛的民主参与、公平正义的

法治建设和廉洁高效的服务型政府，深深地激发了深圳人对先进文化的内在需求和创作激情，创造了发展先进文化的良好政治环境，保障了深圳先进文化的社会主义属性。

1. 政治改革发展实践激发了强烈的先进文化需要

文化需要是人们为满足精神生活需要而对文化产品和服务提出的要求。文化是一个人、一个城市、一个民族、一个国家深层次的需要。正如习近平总书记指出："没有先进文化的积极引领，没有人民精神世界的极大丰富，没有民族精神力量的不断增强，一个国家、一个民族不可能屹立于世界民族之林"。[1]一个城市文化需求的数量和质量是衡量城市文化现代化水平的重要指标。政治改革发展实践为激发深圳先进文化需求提供了外在的物质保障和内在的精神动力。

在物质保障层面，深圳市政府不断增加文化硬件设施和软件设施投入，努力构建公共文化服务体系。深圳是有文化情怀的城市，政府非常重视为深圳市民提供更加优质的公共文化服务，满足市民文化需要，实现市民文化权利。20世纪80年代，深圳就"勒紧裤带"建设了博物馆、大剧院、深圳大学等八大文化设施。90年代，深圳提出文化是城市的灵魂，彰显了深圳对文化的高度重视。进入21世纪，深圳提出"文化立市"发展战略，政府出台各种政策举措建设文化强市，推动文化发展和繁荣。改革开放四十年，深圳一跃成为全国文化强市，五次蝉联全国文明城市，成为全国乃至世界闻名的"图书馆之城""钢琴之城"和"设计之都"。政府提供了大量优质公共文化服务，为激发先进文化需求奠定了物质基础。在精神动力层面，深圳政治改革与发展实践加速现代市民社会形成，在文化上表现为深圳人民主意识、法治意识、竞争意识和参政意识的不断增强。这些意识进一步强化市民对城市的认同感、归属感和自豪感，推动深圳人从文化活动的旁观者转变成文化活动的参与者和创造者。在现实生活中，深圳人自觉地将现代价值观念固定下来，升华为深圳先进文化的有机组成部分。

---

[1]《十八大以来重要文献选编》(中)，中央文献出版社2016年版，第121页。

2. 政治改革发展为深圳先进文化奠定了坚实的群众基础

群众基础，简而言之就是受到群众拥护的程度。人是城市文化形成发展最活跃的因素，城市的人口构成和文化素质是城市文化的重要组成部分。政治改革与发展营造了公平法治有序的社会环境，深圳文化中的现代契约精神、法治精神和平等精神使城市展现出开放、包容的姿态，吸引了世界各地的人们到深圳追逐梦想。丰富多样的人口结构和高素质人才为深圳先进文化形成奠定了坚实的群众基础。

深圳是移民城市，公平法治的政治环境和自由平等的市场经济模式吸引了大量年轻人向深圳迁移。人口在空间上的迁移的背后是人们所承载的文化在空间上的流动。来自不同国家、不同地区、不同民族、不同宗教的文化在深圳汇集、碰撞和交融，取长补短互相借鉴，形成了具有强大生命力的深圳先进文化。1979年深圳常住人口31.41万，2016年增长到1190.84万，增长了37.9倍[①]。四十年来，深圳人口数量一直在增长，从未下降。2015年统计数据显示，深圳外国人来自127个国家和地区，临住外国人是115.2万人次，常住2.6万人；少数民族人口将近100万，囊括了全国56个民族；宗教人士约60万人。深圳也许不是你的故乡，却是你梦想的主场。深圳政治改革发展给城市营造了良好的政治氛围，使陌生人聚集在一起，共同探索建立和谐共处的规则，实现各自的目标。在深圳，每个人都是深圳文化的参与者和创造者。"爱公益""爱读书""爱创新""爱包容"等"深圳十大文明行为"，在深圳有着广泛的群众基础，成为新时代的城市风尚。

政治改革发展实践为深圳先进文化发展提供了良好的法治环境。法治政府的建设提高了城市吸引力和竞争力，推动了深圳先进文化诞生。稳定的政治环境、公平的法治环境和经济高度市场化，有利的条件吸引企业到深圳投资发展，也吸引了众多人才在深圳追逐梦想。深圳外资企业和私营企业数量众多，2016年外资企业数量42621家，私营企业1452949家，企业以第三产业企业居多。大企业数量众多，注册资本1亿元以上的企业就有19555家。深圳产业结构合理，企业以工业企业居多，占比35%以上。[②]

---

① 《深圳统计年鉴》，中国统计出版社2017年版，第4页。
② 同上书，第14页。

华为总裁任正非高度评价深圳法治建设："深圳有着良好的法治化、市场化环境，为华为的成长提供了良好的支撑。在很多深圳企业家眼里，法治化和市场化已内化为深圳最显著的城市特色，是他们选择深圳、扎根深圳、获得成功的最重要因素。"① 企业和人才的迅速聚集使深圳充满活力，为深圳先进文化注入了勇于改革、敢于创新的时代气息。深圳十大观念中，与创新相关的有三条：一是敢为天下先；二是改革创新是深圳的根、深圳的魂；三是鼓励创新，宽容失败。深圳政治改革发展实践，不仅铸就了深圳经济的伟大创举和辉煌成就，更推动了深圳先进文化的发展和繁荣。

3. 政治改革发展实践为深圳先进文化的发展创造了良好政治环境

文化发展需要良好的政治环境。政治环境是特定政治主体从事政治生活所面对的各种现象和条件的总和，包括政治资源、政治模式、政治局势、自然环境和社会环境。深圳政治改革与发展实践中，始终坚持党的领导、坚持改革开放和依法治国，形成了稳定、开放和法治的政治氛围，为先进文化发展创造了良好的政治环境。

政治改革与发展实践为深圳先进文化发展提供了稳定的政治环境。深圳是改革开放的试验田，摸着石头过河，质疑和争议在所难免。中央赋予深圳改革创新的特殊权限，允许深圳"新事新办、特事特办"。在国内外风云变幻的政治局势中，深圳始终坚持改革创新，为经济社会文化发展创造了持续稳定的政治环境。1981年改革开放之初，蛇口工业区尝试绩效工资改革，党中央力排众议支持深圳创新，创造了蛇口速度、深圳速度。深圳总结蛇口工业区的经验，提炼为"时间就是金钱，效率就是生命"，成为深圳十大观念中认可度最高的观念，成为深圳先进文化的重要内涵。20世纪80年代末，东欧剧变苏联解体，人们对社会主义何去何从心怀疑惑，深圳的改革和经济发展在低谷中徘徊。1992年，邓小平南方讲话，提出"空谈误国，实干兴邦"的口号，明确了改革开放决心，进一步解放思想，摆脱姓资姓社的争论。"空谈误国，实干兴邦"已经成为深圳十大观念和深圳先进文化的组成部分。习近平担任总书记首站视察深圳，强调中央坚持

---

① 《深圳交出亮丽的"法治成绩单"》，《深圳特区报》2018年1月5日第A3版。

改革的决心:"实践发展永无止境,解放思想永无止境,改革开放也永无止境"。① 持续稳定的政治环境保证了改革持续进行,持续的改革源源不断地为深圳注入活力,大大推动了先进文化的创新发展。

政治改革发展实践为深圳先进文化发展提供了开放的政治环境。深圳是对外开放的前沿阵地,地理位置得天独厚,是学习借鉴国际先进的社会政治治理经验的首选试验地。香港与深圳海陆相连,是国际著名的自由贸易港,其政治和社会治理经验成为深圳学习的对象和改革的参照。深圳不少行政体制改革充分借鉴了香港经验,如行政审批制度、公务员制度、行政问责改革和"行政权三分"改革。深圳政治改革发展中大胆借鉴国际经验,以包容并蓄的胸襟营造了开放的政治环境。中西方文化、传统与现代文化在这里碰撞和交融,形成了百家争鸣、百花齐放的文化氛围,造就了深圳文化中西合璧的国际性和现代性特质。深圳先进文化不仅善于"引进来",更积极主动地"走出去"。深圳重视打造国际性文化交流品牌,深化与国际的文化交流合作,扩大深圳先进文化影响力。2017 年,深圳频频在国际的舞台展现文化发展的辉煌成就,向世界讲述深圳故事。第一届"深圳国际文化周"在加拿大多伦多和美国纽约成功举办,受到西方社会的广泛关注,加拿大总理专门致信祝贺。第一届"一带一路"国际音乐季在深圳奏响,联合国教科文组织专门发信祝贺。深圳在世界的眼中,不再是小渔村,不再是香港旁边的小城市,而是国际化大都市,是中国改革开放的奇迹。2018 年 5 月,德国总理默克尔访问深圳,给予了深圳高度评价。默克尔认为,"从边陲小镇到大都会,深圳的发展成就非常罕见,这是一座富有创新活力、蓬勃发展的城市。"② 开放包容的政治环境使深圳先进文化展现出来的国际性、现代性和开放性,使深圳文化在世界备受瞩目。

4. 政治改革发展实践保障深圳先进文化社会主义属性

坚持马克思主义指导地位,坚持党的领导,坚持改革的社会主义方向,是深圳政治改革的重要特点,也是主要经验。因此,深圳政治改革不仅提升了为人民服务的能力,而且保障了深圳先进文化的社会主义属性和发展

---

① 《习近平关于全面深化改革论述摘编》,中央文献出版社 2014 年版,第 30 页。
② 《默克尔的"深圳时间"》,《深圳特区报》2018 年 5 月 26 日第 A01 版。

方向。

政治改革发展实践保证了马克思主义对深圳先进文化的指导地位。马克思设想未来社会是自由人的联合体，是公平正义的社会。深圳政治改革发展实践中，法治社会、服务型政府、权力监督制约、公推直选、人民政治参与等等举措，都是致力于构建更加公平公正社会，为实现人自由全面的发展创造社会条件。文化与经济、政治是一个有机的整体，政治的认同感和归属感促使人民创造出维护自身经济利益和政治权利的意识形态文化。马克思主义意识形态在经济和政治领域的影响，延伸到文化领域，决定深圳先进文化的前进方向和发展道路。坚持马克思主义的指导地位，决定了深圳文化既不是保守落后封闭的文化，也不是自私狭隘功利的资本主义文化，而是立足于深圳现实，面向现代化、面向世界、面向未来的先进的社会主义文化。

深圳政治改革另一个最突出的特点是始终坚持党的领导，始终在思想上政治上行动上同党中央保持高度一致，不折不扣地贯彻落实中央决策部署。深圳从四个方面巩固和加强党的领导。一是始终坚持党对深圳的思想领导；二是开展固本强基工程，加强深圳基层党组织建设；三是注重为民谋利得民心，从严治党得民心，夯实党组织的群众基础；四是改革干部选拔制度，建设高素质的干部队伍。中国共产党是社会主义政党，是中国人民和中华民族的先锋队，代表了中国先进文化的发展要求和前进方向。政治改革发展实践巩固和加强了深圳先进文化的领导力量，强有力地保障了文化发展的社会主义方向。

政治改革发展实践保障了深圳先进文化为人民服务的能力和发展方向。为人民服务是中国共产党的根本宗旨，人民满意不满意是衡量改革成败的重要标准。习近平总书记要求将文化的社会效益放在首位，"建立健全现代公共文化服务体系、现代文化市场体系来做好工作，以此推动社会主义文化大发展大繁荣"。[①] 深圳市服务型政府建设，不断优化政务环境，健全公共服务多元提供制度，推进公共服务均等化水平，使广大人民

---

① 《习近平关于全面深化改革论述摘编》，中央文献出版社 2014 年版，第 90 页。

群众共享改革开放成果。深圳市民对政府公共服务满意度逐渐上升，2017年，深圳市政府公共服务总体满意度76.15分，在广东省名列前茅。公共文化服务是深圳政府公共服务的重要组成部分，《深圳市公共文化服务工作考核标准》的发布从制度上完善了文化服务评价体系，更好地保障了市民文化权利。深圳政治改革发展实践从制度上保障了人民文化权利，提高了深圳先进文化为人民服务的能力，保证了文化为人民服务的发展方向。

5. 政治改革发展实践极大激励文艺创作工作者的创作热情

政治改革发展实践服务型政府的建设，现代公共文化服务体系不断完善，市民文化福利水平持续提升。深圳制定各项政策举措，从制度上保障市民享受文化成果、参与文化活动、开展文化创造的权利；搭建文化发展的软件和硬件平台，推动文化创新。深圳打造"两城一都"，即图书馆之城、钢琴之城、设计之都，建设硕果累累。文化品牌活动众多，如深圳读书月、创意十二月、深圳钢琴音乐节、深圳创意设计新锐奖、深港城市建筑双城双年展等。改革开放在经济政治领域的辉煌成就，多种文化在深圳交汇产生的火花，法治社会对文化权利的保护，在深圳发生的奇迹，都成为文艺创作工作者灵感的来源，激发了他们的创作热情。

深圳文艺创作硕果累累。深圳已经形成了诸多具有国内外影响力的文化品牌，创作了有深圳特色的文化作品。音乐创作领域，深圳大型音乐作品层出不穷，如深圳原创歌曲《走向复兴》等作品获中宣部"五个一"工程奖，儒家交响乐作品《人文颂》享誉世界，大型音乐剧《凤舞东方》成功地向世界展现了中国文化的魅力。文化创作领域，深圳市政府搭建多项活动平台繁荣深圳文学生态，激发了文艺工作者创作热情。打工文学、老板文学和大都市文学等深圳本土原创文学迅速崛起，受到广泛关注。以深圳真实的人物和企业为对象的"深圳报告"，及时生动地记录了深圳改革开放的重大成就。美术创作领域，深圳美术作品在"第十三届广东省艺术节"评选中获两个金奖、三个银奖，金、银奖数量居全省第一位。[①] 深圳连

---

① 《深圳文化发展报告》，社会科学文献出版社2018年版，第19页。

续多年举办深圳画家画深圳的活动,深圳社会日新月异的变迁激发了深圳画家的创作热情,以画笔记录城市自然之美和人文之美。

第三节　文化发展实践与深圳先进文化的形成

文化是城市的根脉和灵魂,决定着城市的命运和未来。所谓文化,化于风气,入于民心,奉以行止,彰为个性,虽不似政治、经济、军事外化有形,但却更深刻、更内在、更持久。城市作为一种文化的存在,市民在经贸往来、分工协作等社会活动中,形成了代表成员特征的价值共识和思维方式,沉淀于精神、制度、物质、行为等多个层面,并集中体现于价值观和精神追求。深圳作为中国改革开放的先锋城市,有着独特的历史机遇,也有着鲜明的文化个性。深圳折射了中国在现代化转型中所面临的挑战与机遇,也折射了中华民族革故鼎新的胆识和智慧。因此,需要以历史和发展的眼光,将其置于更广阔的视野中,来梳理和审视深圳的文化实践、文化个性和文化使命。

一、从历史图景看深圳的文化使命

纵观历史,宽松的政治环境、开放的经贸政策,往往为人群流动和文化交融带来契机。在我国东南沿海,不乏世界海上交通史和贸易史上的港口要津,比如历史上的世界级大港广州和泉州。两座千年商港可作镜鉴,帮助我们参悟今日深圳的历史机遇与文化使命。

作为海上丝绸之路的起锚之地,广州和泉州不仅在历史长河中书写了中外通商的贸易盛况,也留下了东西交融的文化景观。当年,各国"蕃商"扬帆而来,在从事海上贸易的同时,与本地族群濡染共处,形成了缤纷多元的文化格局。广州和泉州分别在唐朝和宋元时期达到鼎盛。当年,两地蕃船进出,华洋杂处,商业繁荣,市井富庶。侨居的外商形成了蕃坊和蕃人巷。海上贸易不仅带来了物质财富,而且推动了文明对话、文化交融。比如,长期侨居广州的大食人李彦昇能够进士登科,这从侧面说明,外商不仅在此营商逐利,而且被高度发达的盛唐文化所深深吸引。当然,文化的交融与互鉴是双向的，既有东学西渐，也有西学东传。比如，粤闽沿海的地域文化，既承袭了中华传统文化，又在外来文化的影响下形成了独特个性——不同于中原的耕读传家，价值取向明显带有重商善贾、理性务实的倾向。其精明果敢的经商意识、爱拼敢闯的族群个性、不避险远的谋生风格等等，受到了当时大食和波斯（今阿拉伯）商人重商文化的影响。

回溯广州和泉州的历史轨迹，特别是经贸活动与文化发展的互动关系，对于今日深圳颇有借鉴意义。如何在历史沉思与现实砥砺中建立开阔的文化格局、明确高远的文化使命，是深圳的重要课题。镜鉴历史，不难发现，深圳之兴，有其必然性，和平的环境、开放的政策、丰富的商机、优越的区位，加之复兴中华的国家意志，以及经济特区、前海自贸区、粤港澳大湾区等有利政策，诸多因素相叠加，决定了深圳可以比肩和超越历史上的广州与泉州，成为世界级经贸中心甚至文化中心。那么，年轻的深圳与古老的广州、泉州在文化理路上有何异同，又有哪些经验可以汲取？

1. 经济驱动与创富激情是促进城市文化繁荣的重要动力

古代的广州、泉州和今日的深圳，城市之兴首先是因为经济环境契合了人性中求富创富的天然诉求，这为城市文化奠定了商业文明的底色，使城市性格呈现出重商、理性、务实、开放、共享、交融、创新等特征。文化发展最初附着于经济活动，不可避免地受到经济活动的决定和影响。深圳特区的诞生，集中体现了中国在历经曲折之后对富强的渴望。初创时期的一些口号和现象，生动展现了摆脱贫困、创富发展的激情，比如，"时间就是金钱，效率就是生命"，三天一层楼的"深圳速度"等等。如果把深圳"杀出一条血路"的改革实践视为对既有文化的一种解构，那么撬动计划体制的原动力就是创富。对财富的追求是人的根本欲望之一，西方的现代崛起、中国的改革开放之所以成功，都在于经历了长期压制之后，顺应了人类渴求财富的天性，确立了市场经济制度，使人的创造力得以充分释放。深圳人对财富的追求不仅激发了经济创造力，也激发了文化创造力，从而带来深圳文化的创新与发展。

2. 对外开放是激发城市文化活力的重要途径

凡是世界级中心城市特别是湾区商港，必定是开放和多元的。相反，封闭则使文化行为和经济行为趋于凝滞。开放不仅能够集聚生产要素,也会带动思想观念的碰撞与创新。开放吸引了来自世界各地的移民,其背后的文化因子交融激荡,往往会形成兼容并包、和谐共生的多元性,你中有我、我中有你的融合性,彼此激发、交互成长的创新性。历史上的广州、泉州和今日深圳,都以其开放气象吸引了大批移民落籍安居。各类人才近悦远来,是城市保持活力、创新力和竞争力的根本。深圳作为中国对外开放的探路者,能够从小渔村迅速成长为国际大都市,一个关键性因素就在于对外开放。开放集聚了人才、资本、信息、技术等生产要素,解构了板结僵化的体制和观念,营造了经济发展的机遇与空间,开阔了文化胸襟和文化格局,也增添了城市的活力与魅力。

3. 既要尊重文化发展规律,又要保持高度的文化自觉

广州、泉州和深圳,在城市初创时期,外商或移民往往是基于现实因素逐利而来,其初衷未必是文化目标。文化发展从属、附着于经济行为,文化的生发、培育、凝练、内化都依赖于社会实践。但文化又有其相对独立性和自身发展规律,它对社会实践具有反作用,能够通过价值理念、思维方式、法律制度、社会风气、审美情趣等方式,凝聚共识、表达倾向,从而对实践产生引领、调节、评判等作用。历史上的广州和泉州,其文化的积淀和传衍是一个自然而缓慢的过程。但是深圳已处于信息时代,文化传播语境完全不同,对城市文化的认知和追求也不同。深圳从一诞生就肩负着为改革开放破冰、探路的使命,因此,其文化自觉十分突出,在文化领域有诸多可圈可点的理念创新和积极作为。比如,2003年深圳提出"文化立市"战略,2010年评选"深圳十大观念"等等,都是深圳在文化建设上提升自我、发展自我的积极作为。深圳缺少历史文化积淀,但也正因为有此先天不足,才会激发深圳文化自强的强烈渴求。深圳是一个有文化理想的城市,她所追求的,不仅是经济与文化的共轭效应,甚至可以说,在文化领域也是以价值构建与示范意义为己任。

4. 坚持传承与创新相结合是城市文化发展的重要原则

开放型城市往往既带有母体文化的特征,又因文化交融而呈现多元并举的格局气象。中华文化与外来文化融合互鉴,涵化消长,和谐共生,成

就了与内地不同的文化风格。深圳文化同样既有传承性,又有创新性、独特性。深圳文化既有传统文化的思想源头,又体现了革命文化基因,更突显了中国现代化转型的时代感、创新性。深圳既有《周易》提出的"与时偕行""革故鼎新""自强不息",也有《论语》主张的"礼之用,和为贵""四海之内皆兄弟也";既有"杀出一条血路"的拓荒牛精神,也有"敢为天下先""深圳与世界没有距离"的现代性和先锋性。多元化、多层次的精神滋养,成就了深圳开放型、创新型、智慧型、力量型的城市个性,[1]也有力地丰富了中国特色社会主义先进文化的内涵。

二、深圳文化实践与先进文化的形成

深圳是中国第一批对外开放的经济特区之一,也是最成功、影响最大的一个。改革开放是深圳文化的基础和根源。

媒体对深圳的报道中,有这样一些高频词:"拓荒牛""改革创新""改革开放的窗口和试验田""深圳梦""深圳速度""世界城市发展的奇迹""敢为天下先"等等。这些热情的描摹,传递着深圳特有的精神气质。那么,深圳经济特区的建立以及一系列经济变革、社会变革和观念变革,到底体现了怎样的文化内涵?

1. 确立市场经济体制与深圳文化发展的起步

1978年是中国的转折之年。这一年,中国明晰了"实践是检验真理的唯一标准",并在十一届三中全会上确立了改革开放战略。思想与政策的冰河开解,为改革活力的涌流提供了可能。深圳的改革实践,是这次转折的有力注解。深圳经济特区的建立,最突出的动因就是要改变贫穷落后面貌。1978年,中国经济总量仅占全球1%,进出口贸易占比1.1%,年人均消费水平184元。改革开放前夕,深圳罗芳村人均年收入134元;香港新界也有个罗芳村,香港罗芳村的人均年收入却达13000元。悬殊的差距反映了发展道路的问题,也成就了改革开放的张力。因此,才有邓小平指出的"办一个特区,可以划出一块地方来,叫特区,过去陕甘宁就是特区嘛,

---

[1] 王京生:《我们需要什么样的文化繁荣》,《人民日报》海外版,2015年3月11日07版。

中央没有钱，你们自己去搞，杀出一条血路来"。①

1980年8月26日，第五届全国人大常委会第十五次会议审议批准建立深圳等经济特区，批准实施《广东省经济特区条例》，完成了创办经济特区的法律程序。深圳从此成为改革开放的探路先锋。特区成立后，面临着缺钱与缺人的两大难题。当时的广东也很贫困，没有富余资金支持深圳；特区是个新生事物，发展形势不明朗，银行不敢贷款；外商观望迟疑，担心政策有变。面对困境，深圳不惜"触犯天条"，义无反顾投身改革，在土地拍卖、外商投资、用工制度、税制优惠、薪酬绩效、外币流通等诸多领域冲破禁锢，逐步建立了市场经济体制。

20世纪80年代是深圳特区的起步阶段，其主要特点是：吸引外商投资，建立加工产业体系；学习香港经验，确立市场经济体制。说到市场经济体制，绕不开一个核心观念：金钱观，或者说财富观。中国传统文化一向"重义轻利"。在极"左"年代，"金钱至上"属于典型的资本主义意识形态，更有"越穷越光荣""割资本主义尾巴"等荒谬理念。但在1980年代初，深圳蛇口工业区却打出一个石破天惊的口号：时间就是金钱，效率就是生命。这条口号所折射的，不仅是深圳特有的观念和风貌，甚至可以说，它开创了一个时代，那就是尊重创富渴求、尊重市场规律的时代。这一口号是"左"倾思想和僵硬体制的解毒剂，也是深圳经济实践和文化实践的里程碑。人们誉之为"冲破思想禁锢的一声春雷""中国社会主义市场经济破壳的标志之一""深圳精神的逻辑起点"等等。② 它浓缩了中国从破坏到建设的转折，从历史癫痫到健康常态的恢复，从凌空蹈虚向理性务实的回归。同时，它也预示着深圳在解构僵化制度的同时，将迎来浪澜壮阔的新一轮文化建构。

在确立市经济秩序的初创时期，深圳的许多勇闯禁区的改革探索都伴随着激烈的思想交锋。有人认为深圳是在奉行拜金主义，在"姓社姓资"的问题上滑得太远。"时间就是金钱，效率就是生命"的标语牌，也

---

① 《邓小平思想年谱（1975—1977）》，中央文献出版社1998年版，第117页。
② 谢春红：《时代财富恒久生命——深圳观念"时间就是金钱效率就是生命"解读》，《深圳信息职业技术学院学报》2012年第2期，第5页。

是几经拆除,几经竖起。1984年,这一口号得到了中央最高领导层的认可,并收入了《邓小平文选》第三卷。深圳破冰的艰辛与风险,由此可见一斑。尽管阻力重重,但是不断深入的改革创新,还是勾勒出了深圳道路的时代意义。以市场为导向的改革主要包括:价格体制改革,奠定市场经济的基础;基建体制改革,解决特区建设的当务之急;绩效薪酬制度改革,打破"大锅饭";外汇体制改革,服务外向型经济;土地体制改革,让"财富之母"发挥作用;建立资本市场,掌握市场经济制高点。这些改革产生了一系列首创:新中国土地拍卖第一槌,发行新中国第一张股票,建立全国第一家外汇调剂中心,最先采用工程招标的办法,最早开始职工住宅商品化改革,最早由企业创办银行……深圳的先行先试,展现出巨大的改革勇气。比如,1987年深圳敲响土地拍卖第一槌,1988年,宪法修正案才明确"土地使用权可以依照法律的规定转让"。改革者们确如"杀出一条血路"所描绘的,以敢闯敢拼的姿态冲在改革开放的前沿。深圳的精神文化从一出生带有改革创新、昂扬奋进、理性务实、开放包容等鲜明特质。

深圳初创期的文化带有很强的实践性,深深植根于蓬勃而起的市场经济体制,或者说,深圳文化是由市场经济衍生的文化。尊重人性与尊重市场规律是其核心所在。因此,它的突出表现是:冲破"左"倾思想禁锢、释放人的本质力量。亚当·斯密在《国富论》中所说的那只"看不见的手",拨转了深圳的命运,激发了创富的激情。在这一阶段,深圳还谈不上自觉的文化理想和文化战略,而是以逢山开路、遇水架桥的方式进行文化拓荒。文化与经济之间并没有清晰的楚河汉界,而是始终交织错杂。[①]深圳在早期发展阶段,第一诉求是发展经济,因此,它的文化生长是包含在经济行为之中的,它的文化内涵也是服务于经济实践的。

2. 产业升级创新战略与深圳文化品格的形成

20世纪90年代,深圳的改革实践和文化发展步入了新阶段。如果说深圳早期是依靠特区政策和地缘环境,凭借敢闯敢试的改革精神获得经济先发

---

① 王京生:《文化是流动的》,人民出版社2013年版,第90页。

优势，那么进入90年代后，深圳的经济发展则实现了从模仿到创新的转变。深圳适时把握了国际产业转移的契机，通过产业结构调整和升级，建立了以高新技术为主体的产业体系，并逐步建立起以市场为导向、以企业为主体、以大专院校和科研院所为依托的技术开发体系。在文化领域，则鲜明地提出"创新是深圳的根和魂"。在这一发展阶段，深圳的文化自觉意识开始觉醒，开始有意识地为科学发展、长远发展进行文化创设。深圳的文化觉醒同样源自经济实践。所谓"三来一补"，是指来料加工、来样加工、来件装配及补偿贸易的统称。其产业特点是深圳出地、香港出钱，生产环节属非法人企业，技术和市场两头在外。升级为高新技术产业之后，深圳建立了自己的产业园区和总部，企业拥有独立法人资格，技术和生产两头在内。显然，这是核心竞争力的建设，是经济话语权的建设，显示了深圳更新发展理念、坚持创新驱动的前瞻眼光。创新，成为深圳突出的文化性格。

深圳的创新，首先体现在与改革的紧密契合，广泛渗透于经济实践和社会实践。其次，深圳着力培育创新文化，鼓励创新，宽容失败。2004年，深圳发布了《关于完善区域创新体系 推动高新技术产业持续快速发展的决定》，2006年，出台了《关于实施自主创新战略 建设国家创新型城市的决定》。这一年，深圳还把创新上升到法律层面，制定了全国首部改革创新法规《深圳经济特区改革创新促进条例》。2008年，深圳推出《深圳国家创新型城市总体规划（2008—2015）》。2014年，深圳获批成为首个以城市为基本单元的国家自主创新示范区。

创新战略为深圳的发展赢得了主动权。深圳不仅形成了高新技术产业、金融业、现代物流业、文化产业四大支柱产业，还形成了以生物、互联网、新能源、新材料、文化创意、新一代信息技术、节能环保等七大战略性新兴产业，并逐步形成海洋、航空航天、生命健康、军工及机器人、可穿戴设备和智能装备等五大未来产业构成的新兴产业体系。2016年，全市新兴产业增加值达7847.72亿元，同比增长10.5%，占GDP的比重达40.3%，经济主引擎地位进一步巩固。[①] 深圳的科技创新型企业达到3万多家，其中

---

① 深圳市统计局、国家统计局深圳调查队：2016年深圳市国民经济和社会发展统计公报，深圳政府在线 .http://www.sz.gov.cn/zfgb/2017/gb1004/201705/t20170508_6655290.htm。

国家级高新技术企业8000多家，占广东省一半以上。深圳的专利申请量、授权量在全国副省级城市中名列第一，华为国际专利申请量、授权量全球企业第一。[1] 深圳PCT（Patent Cooperation Treaty专利合作协定的简写）国际专利申请量占全国一半以上。[2] 2016年，深圳全社会研发投入800多亿元，占GDP的4.1%。[3] 从深圳的创新产品构成看，程控交换机、移动电话、彩色电视、集成电路、微型计算机、超材料、基因测序、新能源汽车、航空航天、生命健康、海洋经济、无人机、机器人、可穿戴设备等产业，都处在全国或世界的前沿。

当创新成为城市的文化品格和战略共识，它所释放的能量是巨大的。目前，深圳已经形成了多层次的产业创新，14个高新技术产业园区分布全市各区。完整的创新产业链已经形成，创业、创新、创投、创客四创联动"四位一体"。资本与创新紧密结合，创新链、产业链和资本链相得益彰。深圳风投企业多达1.5万家，占全国的1/3，注册资本1.1万亿元。此外，深圳建立了全球创客中心，举办的国际高新技术成果交易会、国际创客周、全国双创周（创业创新）都产生了广泛的影响力。深圳还有一个突出特色，那就是其创新主体为企业，六个90%被各大媒体广泛报道：90%以上的创新企业是本土企业，90%以上的研发人员在企业，90%以上的研发资金来源于企业，90%以上的职务发明专利出自企业，90%以上的重大科技项目发明专利来自龙头企业。截至2017年，深圳营业收入超千亿元企业11家，商事主体265万户，名列全国城市第一，[4] 世界500强企业已达7家。

梳理深圳的创新战略和创新文化，有如下突出优势：一是先发优势。深圳的创新战略起步早、起点高，从经济领域延展到社会体系、政府服务、教育文化等各个领域。二是群落优势。深圳传统产业成功转型升级，新兴

---

[1] 杨阳腾：《深圳迈向全球科技创新高地》，《经济日报》2018年1月30日第1版。
[2] 陈先清：《PCT国际专利申请深圳约占全国一半》，深圳新闻网.http://www.sznews.com/news/content/2017-04/25/content_16084309.htm。
[3] 甘霖：《深圳全社会研发投入占GDP比重提高至4.1%》，读特网.http://www.dutenews.com/p/35637.html。
[4] 2017年深圳市政府工作报告，深圳新闻网.http://www.sznews.com/news/content/2017-01/25/content_15173990.htm。

产业蓬勃发展,创新创业机制日渐成熟,涌现了华为、腾讯、平安、万科等一大批蜚声中外的知名企业,形成了群落效应,起到了示范引领作用。三是内生优势,深圳的企业多为民营企业,是在市场中顽强打拼起来的。高新技术产业的发展,极大地推动了人才培育、产品研发、技术创新、科学管理、市场拓展,有力增强了企业做大做强的内生动力,形成了一大批本土的自主品牌。

创新战略对深圳文化的影响是广泛而深刻的。如果说改革初期的敢闯敢拼是深圳的精神之"勇",创新则突显了深圳发展的战略之"智"。建立市场经济秩序解决的是走什么道路的问题,创新战略则进一步回答了如何科学发展的问题。它使深圳完成了由跟跑到领跑的转身,赢得了发展的主动权和话语权。持续不断的创新,为深圳经济社会发展注入了源源不断的活力,同时也逐渐发展为深圳突出的文化品格。

3. 文化立市战略的实施与深圳文化的创新发展

2000年之后,深圳的发展思路再次跃升,从拼速度逐步向拼质量、拼文化转型。一方面,在经济领域坚持质量引领、创新驱动,逐步形成质量、标准、品牌、信誉"四位一体"的发展链条;另一方面,在文化领域全面发力,努力建设与现代化国际化创新型城市相匹配的文化强市。这是深圳在取得改革开放先发优势之后,在思想和文化领域的自我追问、自我认知、自我丰富和自我发展。

年轻的深圳虽然在诸多经济指标上成绩骄人,但却有一顶"文化沙漠"的帽子。作为一种文化存在,深圳应该拥有什么样的文化生态?塑造什么样的文化品格?凝练什么样的文化内涵?又要凭借什么样的文化理念赢得未来的可持续可发展?进入21世纪之后,深圳进一步走向理性和成熟,认识到了文化在城市历史进程中的深刻作用,开启了一系列为城市"筑魂"的工作。

2003年,深圳正式确立了"文化立市"的发展战略。不是"强市""兴市"而是"立市",这说明深圳把文化视为决定城市命运的最根本力量。之后,深圳密集出台了《深圳市委、市政府关于加快深圳文化产业发展的若干意见》《深圳市人民政府关于促进创意设计业发展的若干意见》

《中共深圳市委、深圳市人民政府关于支持和促进深圳文化产权交易所发展的若干意见》等等。这意味着深圳把文化作为城市发展的战略引擎,把文化实力作为城市建设的核心竞争力。深圳十分用心地将文化要素渗透到经济社会发展的全过程和各领域,使城市的精神气质为之一新。

无论是个人、组织、城市还是国家,自我认知往往是文化建设的出发点。有了科学的自我认知,才能回答好自己"是什么""要什么""怎么办"等根本问题,才能从"是其所是"跃升为"是其所应是"。在深圳的文化建设中,一个关键的步骤就是城市核心价值观的凝练。2010年8月,在纪念深圳建市30周年之际,深圳市委宣传部委托深圳报业集团举办了影响深远的十大观念评选活动。经过专家、媒体和网民代表的筛选评估,最终产生了"深圳十大观念",分别是:时间就是金钱、效率就是生命;空谈误国,实干兴邦;敢为天下先;改革创新是深圳的根、深圳的魂;鼓励创新、宽容失败;让城市因热爱读书而受人尊重;实现市民文化权利;送人玫瑰,手有余香;深圳,与世界没有距离;来了,就是深圳人。[①] 这是深圳在灵魂层面的自我确认,是对奋斗历程的凝练概括,是对城市共识的集中梳理,它既来自于实然层面的社会实践,也体现了应然层面的理性运思。

十大观念体现了深圳的文化积淀、文化理想、文化格局和文化气质。它说明深圳不满足于既有的经济成就,而是要实现有文化的存在、有尊严的存在、有灵性的存在。十大观念体现了深圳的文化自觉、文化自信和文化自强,也集中体现了中国在进行现代化转型过程中的智慧与思考。因此,"深圳观念"不仅是深圳共识,也是中国改革开放四十年的智慧结晶,从而具备了社会主义先进文化的样本意义。深圳对改革开放的贡献,不仅仅在于市场经济体制的确立,更在于精神理念和文化内涵。深圳对于文化的思考,展现了从富强之梦到文明之梦的发展理路。深圳以文化观念总结历史、形塑品格、指导实践、发展智慧、实现尊严,这一思路为其他城市甚至整个中国的发展提供了重要经验。

深圳的文化发展思路和文化创新模式屡有亮点。首先,在文化筑魂方

[①] 王京生主编:《深圳十大观念》,深圳报业集团出版社2011年版,第2页。

面,除了"十大观念",深圳多点着力,把文化建设融入经济社会发展的方方面面:创新之城、学习型城市、志愿者之城、设计之都、"深圳质量"、"大运精神"、深圳学派建设、读书月活动等等,深圳不拘一格地丰富着城市的文化维度,不断提升着城市的文化品位。其次,深圳从打造"图书馆之城""国际一流书城群"和"数字阅读先进城市"等工程入手,建设完善了国内一流、世界先进水平的文化基础设施,博物馆、电视中心、图书馆、音乐厅和青少年宫等,为真正实现市民的文化权利提供了有力保障。这些工作也调动了市民的参与热情,激发了市民的创造激情,使文化不再曲高和寡。随着文化权利的不断实现,市民逐渐从文化活动的旁观者变成文化活动的主动参与者,进而成为文化活动的创造者,成为文化的主人。

表1 2000年以来深圳文化发展重要节点暨品牌文化活动撷粹

时间	内容
2000年	首届"深圳读书月"
	市委提出"文化立市"战略
	深圳发起关爱行动(帮扶困难群体、推动公益慈善和志愿服务事业)
2004年	首届中国(深圳)国际文化产业博览交易会
	提出建设"两城一都一基地"(图书馆之城、钢琴之城、设计之都、动漫基地)
2005年	获评"全国文明城市"
	首届"创意十二月"活动
2006年	获评"中国品牌之都"
2008年	获批"全国首个国家创新型城市试点"
2010年	评选深圳十大观念
2011年	成功举办"第26届世界大学生运动会"
	提出建设"志愿者之城"
2015年	深圳市第六次党代会确定深圳城市新定位:现代化国际化创新型城市、移民超大型城市、国际创客中心、创投之都、创业之都
	首届深圳国际创客周

续表

时　间	内　　容
2016 年	出台《深圳文化创新发展 2020（实施方案）》
2017 年	首届深圳时装周
	首届全国双创周（深圳为固定会场）

随着深圳文化内涵的丰富，文化产业逐步发展成为城市支柱产业之一。文化创意产业被确定为深圳的战略性新兴产业，与互联网、生物制药、新能源、新材料和新一代信息技术并列。深圳的创意设计业十分发达，在全国处于领先水平，并被联合国教科文组织认定为"设计之都"。深圳是文化与科技融合发展的典范，文化业态革新的速度非常快，特别是数字、网络等新媒体的融入，催生出一系列新的文化业态。华强文化科技集团的特种数码电影、数字动漫，腾讯的数字游戏，环球数码公司的 3D 数字影视动画，天威视讯公司的有线数字电视，A8 音乐的数字原创音乐，华视传媒集团的户外数字移动电视等等，都是较有影响的新型文化业态品牌。文化创意和其他业态携手发展的"文化+"模式，使深圳经济更具生命力和再生性。目前，深圳的文化创意产业已经形成集群效应，深圳文化创意园、深圳华侨城 OCT 创意园、F518 时尚创意园、中国深圳田面创意园等等，在国内拥有广泛的影响力和示范效应。深圳还是中国国际高新技术成果交易会、中国（深圳）国际文化产业博览交易会两大盛会的永久举办地。经过多年的培育发展，展会影响力、辐射力和带动力不断增强，成为聚焦和展示中华文化核心竞争力的窗口。两大国家顶级盛会在深圳交相辉映，增强了文化与经济的共轭效应。文化成为深圳产业发展的加速器，不断提供新的表达形式和不竭的发展动力。

深圳的文化实践覆盖相当广泛，上文所述仅是撷取颇具样本意义的几项内容。其他如发展教育事业，建设教育强市，职业教育在全国领先；实施人才战略，建设人才高地；实施品牌战略，打造具有深圳特色的自主品牌体系等等。2016 年，深圳又推出，《深圳文化创新发展 2020（实施方案）》，进一步明确了实现城市文化愿景、增强市民文化福利、满足市民文化期待的路线图。比如，打造品牌活动和文艺精品，引进、举办一批国际性、国家级品牌文化节庆；对华侨城创意文化园、大芬油画村、观澜版画基地、欢乐海岸文化休闲区、蛇口海上世界、笋岗工艺美术集聚区、水贝黄金珠宝集聚区、甘坑客家文化小镇、大鹏所城、中英街等进行提升完善，形成十大特色文化街区。完善现代公共文化服务体系，完善文化馆联盟机制，促进公共文化服务多元供给，推动公共服务数字化建设，公共文化服务数字化达到国内城市领先水平，等等。

三、深圳文化的先进性分析与未来展望

综上，深圳作为中国改革开放的先锋城市，肩负时代责任，高扬文化理想，破解发展难题，创新模式路径，做出诸多可贵探索。深圳文化实践的先进性，表现为以下几个方面：

尊重人性。世间一切事务，人是决定因素。深圳的改革开放，最成功之处是对人的解放。深圳探索的是一条合乎人性的发展路径，它肯定了人对财富的合理欲求，改变了极"左"时期扭曲的财富观，探索建立了善待财富及其创造者的崭新制度。正因为如此，深圳才能够汇集众人之私，成就社会之公。深圳的拓荒性实践，为改变中国农业社会所负载的经济、文化包袱，转向理性的发展轨道做出了突出贡献。深圳相应的文化观念和制度安排，成为促进经济蓬勃发展的催化剂，有力推动了"让一切创造社会财富的源泉充分涌流"。

尊重市场经济规律。建立市场经济制度是农业文明向工业文明、科技文明、商业文明转变的必由之路。中国板结凝滞的计划体制，是在深圳的改革探索之下逐步瓦解的。是深圳首先传递了春天的讯息，才有了中国大地万紫千红的改革图景。"看不见的手"由此配置社会资源，拨动了中国人的创富激情，开启了古老中国向现代化的转型之路。这种最具效率和活力的经济形式，展现出极强的要素吸纳和兼容能力，也为深圳文化乃至中国文化走向丰富多元奠定了基础。

尊重法治。经济发展与法治文明是一体两面，市场经济离不开规则意识和契约精神，甚至可以说，市场经济在本质上是法治经济。从思想史的

角度，深圳的法治实践，不仅仅是维护确立了公民个人和市场主体的权利，规范了社会行为和市场行为，同时，它也是个人人权和自治意识的觉醒。人们不再把福祉命运寄托于明君贤相，而是转向制度设计和法治的昌明。从这一点上来说，法治化进程是现代化进程的深层内容，它的重要意义丝毫不逊于市场经济制度的确立。

先锋性。深圳成功的一项重要经验是敢闯，有一种敢为天下先的使命感，有一种拓荒探路、牺牲小我、不计利害、挺身入局的可贵勇气。这使深圳的文化气质如日方升、锐不可当。深圳缺少深厚的历史资源和文化积淀，但也正因如此，它也没有历史包袱和文化污垢。深圳的文化是青春型、力量型、创新型的文化，充满了朝气和活力。这种精神气质浸润于深圳的方方面面，因此，深圳在许多领域都在全国扮演了领跑的角色。

文化自觉。深圳没有文化家底，甚至一度被称为"文化沙漠"，但却因为文化自觉而明晰了理想、开阔了格局、收获了尊严，也找到了德性、智慧和创造力的源泉。深圳的文化自觉体现了自强不息的精神追求，体现了不役于物的主体意识，体现了自我体认、自我发展的深刻觉悟，体现了对自满、保守和停滞的警惕，从而使自身获得了强大的生命力和无限发展的潜力。深圳一系列"筑魂"的文化实践，凝聚了城市共识，形塑了城市品格，丰富了城市内涵，实现了价值构建。深圳的一些观念，成为时代的文化地标；深圳的一些探索，为整个中国的文化建设提供了示范样本。

开放性和包容性。开放意味着多元与互动，意味着与异质文化的对话交流。在移民城市深圳，各种文化因子交融激荡，各种思想创意共治一炉，成就了博大包容、和谐共赢的文化生态。"来了，就是深圳人""深圳，与世界没有距离"，是深圳开放包容气象的生动写照。面对缤纷的世界，深圳勇敢自信、积极作为、开放包容。从某种意义上看，深圳的奇迹正是其主动拥抱全球化潮流，主动和世界先进理念接轨的逻辑必然。

时代赋予深圳改革创新的使命，深圳的文化实践形成了社会主义先进文化的重要样本。它所依托的是国运转折、大国崛起的大势，它所表达的是崭新的社会主义市场经济道路，它所释放的是人性的本质力量，它所追求的是自强不息的无限进步。深圳的文化建设实现了与经济发展的共轭效应。放眼未来,更重要的是如何实现深圳的可持续发展。历史总是不断提出新问题,深圳需要用历史和发展的思维来深入思考文化发展理路,并从总体性上领悟社会主义先进文化,同时认清自身的特殊使命,不断提升城市的文化品位,不断丰富城市的文化内涵。

第四节　社会建设实践与深圳先进文化的形成

文化建设与社会建设有机统一,社会建设是文化建设的基础,支撑文化建设,文化建设又反过来为社会建设提供思想指导,促进社会建设的健康发展,两者统一于以文化人、提高公民素质、促进文明和谐的建设实践中。社会建设的质量取决于其文化含量,文化建设的高低依赖于其社会环境。从一定意义上说,现代化进程就是经济发展基础上的社会文化和文化社会化的进程。发展为了人民、发展依靠人民、发展成果为人民共享的理念需要通过社会建设的实践来体现。深圳改革开放四十年来,伴随着深圳经济社会的飞速发展,深圳社会建设也走在全国前列,取得了令人瞩目的成绩,不仅提高了市民幸福指数,也为深圳文化建设提供了必要的基础条件,创造了良好的社会环境。

一、社会建设与先进文化的关系

1. 社会建设的内涵

马克思的社会有机体理论认为,社会是一个由多种要素组成的具有一定结构的复杂巨大的有机系统,社会构成的系统性是由社会基本矛盾的整体性决定的,社会有机体的发展必须在经济结构、政治结构和文化结构的全面推进中实现。"人们在自己生活的社会生产中发生一定的、必然的、以他们的意志为转移的关系,即同他们的物质生产力的一定发展阶段相适合的生产关系。这些生产关系的总和构成社会的经济结构,即有法律的和政治的上层建筑树立其上并有一定的社会意识形式与之相适应的现实基础。物质生活的生产方式制约着整个社会生活、政治生活和精神生活的过程。"① 马克思的社会有机体理论有助于系统和全面分析当前我国社会主义社会建设的各个方面，寻找整体最佳态势，为社会建设提供最佳方案。

自 2004 年 10 月中国共产党十六届四中全会明确提出建设社会主义和谐社会的目标以来，"社会建设"就成为从地方到中央各种文件、党政领导讲话、理论研究文章及各种文艺作品中的一个热门词汇，成为各级政府的一项重要工作内容。党的十七大报告就广义的社会建设提出了五个方面的要求：一是增强发展协调性，努力实现经济又好又快发展；二是扩大社会主义民主，更好地保障人民权益和社会公平正义；三是加强文化建设，明显提高全民族文明素质；四是加快发展社会事业，全面改善人民生活；五是建设生态文明，基本形成节约能源资源和保护生态环境的产业结构、增长方式、消费模式。另外，党的十七大报告还围绕"加快推进以改善民生为重点的社会建设"论述了狭义的社会建设的"六大任务"，包括优先发展教育，建设人力资源强国；实施扩大就业的发展战略，促进以创业带动就业；深化收入分配制度改革，增加城乡居民收入；加快建立覆盖城乡居民的社会保障体系，保障人民基本生活；建立基本医疗卫生制度，提高全民健康水平；完善社会管理，维护社会安定团结等内容。党的十九大报告指出："要按照党的十六大、十七大、十八大提出的全面建成小康社会各项要求，紧扣我国社会主要矛盾变化，统筹推进经济建设、政治建设、文化建设、社会建设、生态文明建设。"所以，在我国，广义的社会建设就是包括前述"五大建设"在内的中国特色社会主义建设。狭义的社会建设，按照党的十七大到十九大报告的解释，则主要包括改善民生和创新社会管理两大内容。其中，改善民生是重点，主要包括教育、就业、居民收入、社会保障、人民健康等方面；创新社会管理是难点，主要包括社会管理体制、公共服务体系、社会组织体制、社会管理机制等方面。

总体来看，社会建设是中国特色社会主义建设中一项关系全局的问题，是我们党力图协调利益、保障公平和转变国家治理理念的一项长期战略。从中国共产党的十七大报告到十八大报告，社会建设始终受到高度重视。

---

① 《马克思恩格斯选集》第 1 卷，人民出版社 1995 版，第 24 页。

党的十九大报告更提出了我国社会主要矛盾已经转化为人民日益增长的美好生活需要和不平衡不充分的发展之间的矛盾。广大人民群众美好生活的实现特别是有关公平、正义、安全等方面的需要，是与社会建设紧密相关的。社会建设本身就是发展的目的。正如习近平总书记指出："我们的人民热爱生活，期盼有更好的教育、更稳定的工作、更满意的收入、更可靠的社会保障、更高水平的医疗卫生服务、更舒适的居住条件、更优美的环境，期盼孩子们能成长得更好、工作得更好、生活得更好。人民对美好生活的向往，就是我们的奋斗目标。"①

2. 社会建设在"五位一体"总体布局中的重要性

社会建设是国民经济和社会发展的重要组成部分，进入新世纪以来，历次党的全国代表大会对我国社会建设发展都提出了重要的论断，尤其是党的十八大以来，我国社会主义事业的总体布局由"四位一体"上升到"五位一体"，标志着党对我国社会建设的认识和理解已经发展到了新的阶段。

社会建设作为社会主义建设总体布局中一个方面，既与其他建设有区别，有自己的特殊性和独立性，同时它也与其他建设相互依赖，不可分割。一方面，社会建设的发展依赖于其他建设的发展。无论是就业、教育、医疗、社会保障，还是社会管理的发展，都以一定经济、政治、文化条件为基础，也以经济、政治、文化为动力。因而，社会建设依赖于经济、政治、文化建设，其发展水平和速度不能超越经济、政治、文化的发展水平和速度。一方面，其他建设的发展也依赖于社会建设的发展。社会建设既依赖于其他建设，同时也能促进其他建设的发展。教育、医疗、社会保障的发展既缩小贫富差距、调节社会关系、维护社会稳定，又拉动了内需、刺激了消费、促进了经济发展，也推动了服务性政府的建设和公民社会权利的保证，为社会成员的文化发展和社会观念整合奠定了基础。

可以说，社会建设发展是解决经济、政治、文化矛盾的一个有效工具，是经济、政治、文化发展的基础。因此，在社会主义建设的整体布局中，

---

① 习近平：《习近平谈治国理政》，外文出版社2014年版，第4页。

社会建设发展的水平和速度既不能快于，也不能慢于其他建设的速度水平。这五种建设都是整个中国特色社会主义事业的有机组成部分，都属于中国发展的具体内容或具体任务。只有上述五种建设全面推进、协同联动，才能实现整个中国社会的发展进步。因此，十九大报告指出："坚持以经济建设为中心，在经济不断发展的基础上，协调推进政治建设、文化建设、社会建设、生态文明建设以及其他各方面建设。"

当前，推进文化建设与社会建设融合发展，为全面深化改革、创新转型升级注入新动能、营造好态势，成为全面建成小康社会的关键环节。在我国经济发展进入新常态的形势下，经济转型、动力转换、质量升级，需要文化和社会一体化的综合支撑。文化建设与社会建设的融合发展，是新时期形势发展的新要求，反映了中国特色社会主义"五位一体"统筹联动关系的深化。

二、深圳改革开放四十年社会建设的伟大成就

深圳特区成立四十年来，不断改革社会建设体制，创新社会管理模式，加大社会建设投入，初步探索出一条具有中国特色、切合深圳实际、符合社会发展规律的社会建设之路，把昔日贫穷落后的边陲小镇初步建设成为人口过千万的文明之城、幸福之城、和谐之城，为推动科学发展和深圳文化建设营造了良好的社会环境。

1. 社会建设法制化率先垂范

自从1992年获得立法权以来，深圳市充分用活、用好、用足"特区立法权"和"较大市立法权"这两个法律武器，强调运用法治思维和法治方式来推进社会建设各项工作，从立法、政府规章和政策文件制定三个层面着手，率先为社会建设立规，为社会行为立法，有力促进了社会建设的持续、快速、健康发展。这是深圳市社会建设工作能在较短的时间内取得突破性进展的根本保障。

在人大立法层面，先后制定了《社会建设促进条例》《行业协会条例》《居住证条例》，以及在救助人权益保护、心理卫生、文明行为促进、工资集体协商方面的法规，初步形成了社会领域法规体系。2012年1月，深圳市人大常委会审议通过了《深圳经济特区社会建设创新促进条例》，率先以立法的形式明确了社会建设工作的指导思想、基本原则和重点工作。该条例涵盖社会事业、社会保障、社会组织、社区建设、社会管理等不同范畴，在公众参与机制、非户籍居民平等参与社区自治等诸多方面都做出探索性改革，成为全国首例社会建设领域的纲领性法律文件，也是加强社会建设领域法制改革创新的国家样本。《条例》响亮地提出"社会建设是人的建设"的理念，确定了"惠民生、保民安、稳民心、聚民智、借民力、修民德"的社会建设十八字要求。2013年，深圳正式颁布实施了《深圳经济特区救助人权益保护规定》，这部法规全文仅10条，不足700字，是深圳市最短法规之一，但却被网友称赞为"微规定，开先河，保义举"。这部被称为"好人法"的《规定》是全国首部保护救助人权益的法规，首次通过立法遏制被救助人忘恩负义、诬告陷害救助人的行为。外界评价这将为"活雷锋"撑起一把保护伞，有助于切实解决好见义勇为者的后顾之忧。2014年10月，深圳市人大常委会审议通过了《深圳经济特区居住证条例》，将居住证从现有的"身份证明"转变为"服务凭证"，同时提高了居住证的申办门槛与含金量，持证人可以享受10项基本公共服务和7项附条件公共服务。深圳居住证条例草案经《人民日报》等全国50多家媒体报道后，北京、上海等市公安局也都组织考察组到深圳了解借鉴居住证的立法情况。2015年12月，深圳市六届人大常委会通过《深圳经济特区全民阅读促进条例》，令这座引领全民阅读风向的典范城市"如虎添翼"。《条例》明确和规范政府在全民阅读活动中的行为，更好地保障市民的阅读权利。其中，促进未成年人阅读是本次立法的一个重点。此外，《条例》还明确市、区政府应当将全民阅读基本公共服务所需经费纳入本级年度财政预算，保障开展全民阅读促进活动的资金。随着保障市民读者阅读权利、鼓励阅读活动开展的具体措施的出台，深圳全民阅读将在更高的起点上再次追求卓越。

在规章制度层面，先后出台了《深圳市低收入居民社会救助暂行办法》《深圳市社会医疗保险办法》《深圳市食品安全信用信息管理办法》等，有力地保障了社会治理创新，促进了社会和谐。其中，2015年8月颁布的《政府购买社会工作服务实施办法（征求意见稿）》提出要"加快推进社工作专业人才队伍建设,加强以保障和改善民生为重点的社会建设",并确定了政府购买社会工作服务的主要领域包括社会服务类、基本公共服务类以及灾害应急救援类,并应向妇女儿童、老年人、残疾人、青少年、特殊群体等重点人群倾斜,政府购买社会工作服务应向卫生、教育、司法行政、禁毒、信访、综治、养老助残、救灾救济等重点领域倾斜。该政策不仅依靠政府大力推动以加快社工行业发展,也促使社工服务向多人群、宽领域渗透。另外,深圳同时出台的《深圳市社会工作者专业化职业化实施办法(征求意见稿)》,从社会工作者的职业评价与聘用、登记执业、教育培训、职业操守、纪律惩戒以及社工行业组织的权利义务、登记管理、组织保障等方面明确了社会工作者职业化的具体操作办法。

在政策文件方面,深圳市连续三年出台社会建设工作要点。研究制定了《社会领域立法框架规划》《社会事业发展"十二五"规划》《社区建设"十二五"规划》《关于进一步推进社会组织改革发展的意见》等一批政策文件,有力地推进了社会建设各项重点工作。2010年底,深圳市召开建市以来第一次全市社会建设工作会议,明确提出把社会建设摆在与经济建设同等重要的位置,出台了《关于加强社会建设的决定》,提出了"两步走"的深圳社会建设目标,即到2015年初步建成民生幸福城市,到2020年社会建设走在全国前列。为抓好工作落实,深圳市还较早地建立了社会建设领导协调机制,成立了社会工作委员会。这些理念和措施在全省、全国都是比较早的,有力地推动了深圳市社会建设工作不断取得新成就。

2. 社区自治创新全国模式

改革开放四十年来,随着单位制的社会结构向多元化发展,社区逐渐成为城市社会的基本单元,大量的单位人向社区人转变。在社会转型的过程中,我国社区治理矛盾凸显。与此同时,各区也不同程度遭遇了居民自治的一些难题——居民参与度总体较低,部分居民热情不高,人员的广泛性和参与的积极性亟待加强等。社区既是人民群众安居乐业的家园,同时也是创新社会建设的基础平台。习近平总书记多次就社区工作做出重要指示:"社区虽小,但连着千家万户,做好社区工作十分重要""社会治理的重心必须落到城乡社区,社区服务和管理能力强了,社会治理的基础就实了。"党的十八大报告首次把"城乡社区治理"写入党的纲领性文件，党的十九大报告中提出"加强社区治理体系建设，推动社会治理重心向基层下移，发挥社会组织作用，实现政府治理和社会调节、居民自治良性互动"。

20世纪90年代初，深圳开始在全国探索业主自治即业主大会及业主委员会制度。根据移民城市的特点，深圳市及时将居民委员会更名为社区居民委员会，将辖区流动人口纳入社区管理服务范围。为了完善社区治理结构，深圳市率先实行社区居委会成员全部直选，并且赋予辖区非户籍人口选举权和被选举权；为了推进企社分开，深圳市积极推进社区集体股份公司与社区居民委员会脱钩，让社区集体股份公司专心发展经济，社区居委会专心从事社区自治和社区服务；为了妥善处理社区"议"与"行"的关系，将社区议事权、监事权交给居委会，将执行权交由社区工作站，社区工作站事业化、社区居委会兼职化；为了妥善处理社区工作人员选聘的关系，类似于政务官的居委会成员全部直选产生，类似于事务官的社区工作站人员全部通过考试，持证上岗，合同聘用，从而形成社区工作站、居委会、业主委员会、物业管理公司、辖区企业与社会组织共商、共建、共享社区的治理模式，促进了社区自治和公民社会的发展。

深圳宝安区桃源居社区在各级政府的引导下，走在了中国社区建设和创新的最前列。桃源居社区以公建设施为基础，以商业为龙头，以文化为内涵，以教育为特色，以环境为依托，构建了社区组织与管理体系、社区福利体系、社区文化体系、社区教育体系、社区公共服务体系，形成了"党的领导、政府管理、企业投资、居民共建"的桃源居社区治理模式，走在了中国社区建设和创新的最前列，为中国城市社区建设和管理进行了大胆探索和有益尝试。这不仅对全国各地的社区建设具有示范意义，对我国的社会转型和现代社会建设也具有启示意义。在"桃源居社区治理模式"的带动下，深圳各区的社区自治也取得了骄人成绩。2014年，深圳罗湖区和坪山新区一同登上民政部的领奖台，摘获"全国社区治理和服务创新实验区"奖项。罗湖区"社区多元融合机制"项目和"活化赋权，社区治理法治化建设"项目还分别获评2013年度、2014年度"中国社区治理十大创新成果"，龙岗区的"民生大盆菜"创新社区治理新模式项目和坪山区"枢纽型社区服务平台建设"项目获评2015年度"中国社区治理十大创新成果"。一连串的"国字号"奖项，彰显了深圳在社区自治方面的创新成果。深圳各区基层居委会直接选举率从2005年的47%飞跃至2011年的99.87%，使居民自治得到真正实现。

3. 社会组织不断发展壮大

社会组织具有社会网络和社会资本的天然优势，是实现政府职能主动转移，聚集社会力量、创新社会治理中不可或缺的力量。2017年6月公布的《中共中央国务院关于加强和完善城乡社区治理的意见》强调，统筹发挥社会力量协同作用，大力发展社区社会组织和其他社会组织。党的十九大报告指出，加强社区治理体系建设，推动社会治理重心向基层下移，发挥社会组织作用。

作为全国改革开放的"窗口""试验田"，深圳是最早启动向社会组织购买服务的城市之一。从2004年起，深圳采取"半步快走"策略，通过行业协会民间化改革，行业协会直接登记，工商经济类、社会福利类、公益慈善类社会组织直接登记这三个"半步走"，探索社会组织直接向民政部门登记的制度。2012年3月，《深圳经济特区社会建设促进条例》正式实施，其中近四分之一的篇幅提到社会组织管理体制创新。目前，深圳市直接登记、一业多会、分类指导等实践都在国务院改革方案中得到体现，为全国的改革起到了"探路者"的作用。其中，深圳探索建立社会组织"无主管"单一登记制度，获得"中国地方政府创新奖"。

深圳社会组织登记管理体制改革，为社会组织发展提供了宽松的环境，极大地促进了深圳市社会组织蓬勃发展。截至2018年3月底，数量达到12612家，每万人拥有社会组织的数量9.6个，与北京、上海、广州等大城市相比，深圳市社会组织数量与北京（12151家）持平，高于广州市（7517家），低于上海市（15472家）。从整体结构看，深圳的12000多家社会组织中，社会团体5974家，民办非企业单位6331家，基金会307家，行业协会625家，异地商会309家，社区社会组织4033家。全市社会组织以教育、文化、卫生、体育等社会事业类最多，达7216家，占比超过57%，其次是慈善类（社会服务）2612家，占比超过20%。从综合实力看，深圳市社会组织总资产接近 300 亿元，从业人员超过 16 万人，其中专职工作人员超过 12 万人，成为深圳市经济社会发展一支不可忽视的力量。①

社会组织蓬勃壮大，其承接政府职能的能力也越来越强，围绕服务政府、服务会员、服务经济、服务社会，以行业协会、公益慈善组织、民办科研机构为代表的一批社会组织在促进产业升级、提供公共服务、规范市场秩序、创新社会治理、参与精神文明建设、倡导生态环保、开展对外交流合作等方面发挥作用。"政府搭台，社会组织唱戏"的模式越来越成熟，初步构建了一套符合实际需要、具有深圳特点的制度框架、工作机制、组织体系，形成了政府社会"协同治理"的新格局。2014 年，深圳市龙岗区成功入选首批 70 个全国社会组织建设创新示范区。深圳社会组织改革发展成果使深圳的社会组织工作走在全国前列，成为许多省市争相学习的对象。

4. 民生保障体系日益完善

解决好民生社会问题，实现共建共享，满足人民日益增长的对美好生活需要是社会主义制度本质要求，也是判断深圳改革开放成败的最终标准。十九大报告中指出，"必须始终把人民利益摆在至高无上的地位，让改革发展成果更多更公平惠及全体人民，朝着实现全体人民共同富裕不断迈进"。改革开放 40 年来，尤其是十八大以来，深圳市委、市政府高度重视民生工作，"像抓经济建设一样抓民生保障"，以"建成更高质量的民生幸福城市"为目标，强力推进各项民生建设，造福市民，打造民生幸福"升级版"。

1986 年，深圳作为全国社会保障体系改革的试点，借鉴新加坡等的经验，在蛇口探索企业建立社会保险制度改革的基础上，建立了以社会统筹与个人账户制相结合、职工自我保障和社会共济相结合的涵盖养老、医疗、工伤的普惠型社会保障制度，先后出台《深圳市社会保险暂行规定》《职工养老保险及住房公积金实施细则》《职工医疗保险实施细则》等，为全国建立比较完善的社会保障制度做出了重要贡献。改革开放 40 年来，深圳社会保障制度从无到有，取得了长足的进步。迄今为止，深圳建立了以养老保险、医疗保险、大学生少儿医保、生育保险、失业保险、工伤保险为主的

---

① 《我市社会组织数量逾 12600 家》，《深圳特区报》2018 年 6 月 27 日。

社会保险体系，以及以低保救助为主的社会福利制度。尽管深圳的社会保障制度建设起步晚，在发展过程中还存在许多需要改进和完善的地方，有的问题在国内带有普遍性，但是深圳仍然具有其区域优势，社会保障基本水平在全国位居前列。

经过三十多年时间，深圳从一个边陲小镇发展成为一个上千万人口的现代化、国际化的特大城市。截至 2017 年，深圳 GDP 总量位居全国第三，达到 2.2 万亿人民币，人均国民收入排名第一，达到 18.31 万元人民币。[①] 经济的高速发展，使得深圳政府能够承担起与其经济实力相应的社会责任，财政对民生的投入也年年增加。据统计，2011—2015 年，全市财政九类重点民生领域累计投入近 5000 亿元，年均增长 22.6%，远远超过 GDP 增速；2017 年，九大类民生支出 3198 亿元，增长 32.5%，其中教育、医疗支出分别增长 22.8%、21.3%。发展为民，发展惠民，政府不断加大民生领域财政投入，从一件件实事入手改善民生。最近几年，深圳有一个惯例，市政府每年年初都会公布一批当年需要重点实施的"民生实事"清单。年度民生实事清单涵盖教育、医疗卫生、劳动社保、文化体育、住房保障、城市管理等方方面面。这份清单 2013 年列了 111 项，2014 年为 116 项，2015 年为 118 项，2016 年为 116 项，2017 年为 119 项。一个个项目明确而具体，老百姓看得见摸得着。为了保证落实，市政府还建立了相应的督办机制。

未来深圳将持续通过民生社会领域的改革，下大气力补几十年来改革开放的短板，围绕市民在民生社会、公平共享等方面最关心、最期待、反映最强烈的问题，在教育、民生、分配户籍、住房、社会保障和社会福利、公共财政等供给侧大胆改革，力争突破，为解决好民生社会问题，实现公平共享提供重要的体制保障，率先构建全面共建共享共同富裕的民生发展格局。

三、深圳社会建设实践促进深圳先进文化的发展

1. 社会建设为先进文化建设提供必要的基础条件

文化是软实力，需要强大的物质作基础。文化活动作为一项特殊的精

---

① 张思平：《深圳与中国改革开放四十年（上）》，《特区经济》2018 年第 6 期，第 10 页。

神产品生产，要依托配套的文化硬件设施才能持续推进。改革开放40年来，为了推动深圳先进文化的发展，加快文化基础设施和公共文化服务建设已成为城市决策者和广大市民的关注点和社会共识。1980年以来，深圳先后投资规划建设的30多个市级文化设施，全市公共文化设施总面积达255.1万平方米，位于中心区的关山月美术馆、深圳音乐厅、图书馆新馆、博物馆新馆、中心书城、广电中心和少年宫、当代艺术与城市规划展览馆先后竣工，形成了代表城市形象和水平的文化设施群落。2018年，深圳的文化基础设施建设将迎来新一波建设高潮，除了"一区一书城、一街道一书吧"稳步推进，文化馆新馆、美术馆新馆和第二图书馆等项目取得新进展，深圳歌剧院、深圳湾文化设施带等新的文化地标项目也将逐步落实，同时全市超过80%的街道和社区将建成基层综合性文化服务中心，基层文化设施网络进一步完善。博物馆建设成为见证深圳文化未来发展的方向标。根据2017年深圳市文体旅游局牵头制定的《深圳市博物馆事业发展五年（2018—2023）规划暨2030远景目标》，一批新的博物馆项目将得到加快推动，如借助改革开放40周年之机，深圳将加快"中国改革开放博物馆"的建设进程，并实现"深圳改革开放展览馆"建成开馆。此外，博物馆老馆维修改造工作加快，深圳自然博物馆、二线关博物馆也已完成选址，深圳海洋博物馆、中国设计艺术馆等前期工作也将继续推进。可以说，作为"城市客厅"，博物馆在城市发展中的地位独特，成为展示城市文化形象的载体与平台，而作为"为公众提供知识、教育和欣赏的文化教育机构"，它在促进"市民发展"、提升市民文化能力方面的作用不可替代。可以说，以文化基础设施建设和公共文化服务建设为中心的社会建设是深圳提升城市文化服务能力、服务文化建设的一个重要标志。

近年来，深圳探索以税收优惠、捐建冠名、守信激励等方式，鼓励和引导社会力量参与文化体育事业建设，实行公共文化服务主体多元化和社会化。市文体旅游局从2005年开始出台《重大公益性文化活动社会化运作试行办法》，每年把部分公益性文化活动公开招标、交由民间文艺团体承办，对中标的民间文艺团体给予一定资助。从"输血"到"造血"，政府这种特殊的文艺"资助"为广大民间艺术团的创作与发展注入了无限活力。

目前深圳民间文化社团遍地开花，其中注册的民间文化社团就达200余家，涉及歌舞、杂技、民乐等不同文化艺术领域。它们不仅在公共文化服务中发挥着突出作用，而且在全国屡获殊荣，为深圳赢得荣誉。2012年8月，市文体旅游局联合市委宣传部、财政委、规划国土委、人力资源和社会保障局、民政局出台《深圳市民办博物馆扶持办法》，对民办博物馆进行经费、建馆用地、人才引进和税收优惠等多方面扶持。政府的重视与扶持给民办博物馆带来极大的发展动力。目前深圳非国有博物馆达26家，民办博物馆占据了深圳博物馆事业的大半"江山"，每年接待观众近200万人次。2016年1月，《深圳市鼓励社会资本捐助公益文化体育事业实施办法》施行，办法提出多举措激发社会力量参与公益文体事业，促进公共文化服务实现多元化供给。作为公益文体事业的有益补充，社会力量可通过提供资金、实物等方式捐赠、赞助合法财产，参与深圳公共文化服务体系建设。根据办法，可以接受捐助财产的应当是深圳市公益性、非营利性文化体育事业单位和文化体育社会团体，事项包括图书馆、博物馆、美术馆、画院、文化馆（站）、文体中心、体育场（馆）等公益性文化、体育设施的建设、维修改造和运营，以及藏品、展品收藏，展览展示、演出、论坛、讲座、培训、竞技体育、全民健身等公益性文化体育项目。从"输血"到"造血"，社会力量参与公益文化建设的积极性高涨。深圳初步建立起"政府主导、社会参与、机制灵活、政策激励"的公共文化服务供给模式，极大丰富了公共文化服务的内容。

"仓廪实而知礼节，衣食足而知荣辱。"社会建设越充分，文化需求越迫切。以保障和改善民生为重点的社会建设解决了广大市民的物质生活后顾之忧，人们从基础的物质生活需要向精神文化需要提升；从满足于解决温饱问题到产生为社会服务的精神需要。人们对更高生活质量的需求，越来越表现为向往丰富多彩的精神文化生活。这是美好生活的必备条件。十九大报告指出："满足人民过上美好生活的新期待，必须提供丰富的精神食粮。"随着经济社会快速发展，人民生活水平不断提升，深圳市民对文化消费能力大大增强，欣赏水平不断提高。比如，在旅游方面，人们越来越注重精神文化层面的"体验式"消费；在娱乐方面，对娱乐内容及方式的需求越来越多样化；在教育方面，对高质量教育的需求越来越强烈。如何准确把握新时代人民对美好生活的新期待，不断满足人民日益增长的精神文化生活需要，不断解放思想，推动改革创新，使文化建设始终保持旺盛生机活力，是建设社会主义文化强国的必然要求。

2. 社会建设为先进文化建设创造和谐的社会环境

按照马克思主义的观点，文化建设本质上属于上层建筑建设的一部分。文化建设是精神生产，投入的是智力劳动，产出的是精神产品。因此，和谐的社会环境是文化建设必不可少的外部条件。构建和谐劳动关系，创造良好的社会环境是社会建设的一个重要内容。党的十六届六中全会通过的《关于构建社会主义和谐社会若干重大问题的决定》中首次提出要"发展和谐劳动关系"，并对社会组织在国家治理中的重要性做了强调。党的十九大报告明确提出"保护人民人身权、财产权、人格权"；重视人民心理健康，完善人民对美好生活的需求，并提出了"加强社会心理服务体系建设，培育自尊自信、理性平和、积极向上的社会心态"的新要求。党中央、国务院，广东省委、省政府和深圳市委、市政府在构建和谐劳动关系的意见、实施意见等重大文件中，均强调新时期构建中国特色和谐劳动关系的主要目标任务是"加快健全党委领导、政府负责、社会协同、企业和职工参与、法治保障的工作机制"。中央、广东省、深圳市的这些重大决策部署，为引入社会力量参与构建和谐劳动关系指明了方向。

深圳劳动纠纷触点多、燃点低，和谐劳动关系构建任务繁重，仅靠党委和政府"事必躬亲""大包大揽"，容易陷入疲于应付、"头痛医头、脚痛医脚"的境地。而政府直接介入，缺乏中间缓冲地带，容易造成政府与劳方或资方的对立，势必增加社会管理的风险。在人社部和广东省人社厅的指导帮助与大力支持下，深圳进一步坚定了在劳动关系治理中引进社会组织的信心和决心，以率先构建中国特色和谐劳动关系为目标，以创建和谐劳动关系综合试验区为契机，制定出台社会组织培育扶持、规范指引、监督管理等系列政策文件，通过培育枢纽型社会组织开展社会化专业调解服务、开展小微企业劳动关系托管服务等创新举措，有序推动社会组织参与和谐劳动关系建设，取得了积极成效，社会组织在深圳构建和谐劳动关系中发挥的作用也日益显现。例如，坪山区成立劳动关系示范型社会组织"坪山区和谐劳动关系促进会"，将劳动争议调解、劳动关系咨询、培训组织等服务纳入国际通用的质量管理体系；盐田区推动辖区43家龙头企业成立"盐田区和谐劳动关系促进协会"，将其打造成为传播和谐劳动关系文化的主阵地。和谐的社会环境为深圳文化事业和文化建设的健康发展创造了良好的条件。

3. 社会建设为基层社区文化的兴起搭建广阔平台

古往今来，无数优秀的文化作品都有一个共同点，就是均来自基层，来自民间，是体验生活之后真情实感迸发的结果。描写新时代，必须下基层。改革开放40年来，深圳在社会建设方面尤其重视对社区文化的培育与发展。目前全市每个街道建立1个街道综合性文化服务中心，每个社区建立1个社区综合性文化服务中心，市民在"家门口"就可以享受到便利良好的文化服务。所有建成的街道和社区综合性文化服务中心配置标准、功能完善、服务全面，总体水平处于全国领先地位。

根据文化部、中央文明办《关于广泛开展基层文化志愿服务活动的意见》（文公共发〔2012〕31号），深圳还大力推进文化志愿服务，进一步规范文化志愿者队伍的建设与管理，带动和引领全市群众文化蓬勃开展。据统计，目前深圳市拥有在册文化志愿者1.8万人，文化志愿服务队超过230支。他们像春雨般播撒在深圳的各个角落，成为基层文化的"生命因子"，变身为基层文化建设的生力军。"文化春雨行动""文化钟点工""文化辅导员""文义惠鹏城——文化志愿者基层行""文化志愿服务展示月"……深圳打造出一大批文化志愿活动品牌，深圳文化志愿者提供的公益性文化服务已成为推进深圳现代公共文化服务体系建设的创新之举，成为实现文化大发展大繁荣的新思路和新方式。

基层社区文化的蓬勃兴起为优秀文化产品创作积累了丰厚的文化积淀。近年来，深圳各街道注重从群众自娱自乐的文化活动中发现亮点、打造精品，逐步探索出富有"福永特色"的文艺精品产出模式，即"小团队、小投入、小制作、夺大奖"。社区街道以政府采购民营演艺团体的产品和服务的形式，市、区给以指导、协调与帮助，四级相互联动，采取政策倾斜和经费奖励等方式，激励精品生产，打造了一批享誉全国的文化品牌。如福永万福民工街舞队的《快乐建筑工》获得 2011 年央视春晚"我最喜爱的节目"特别类节目一等奖、CCTV 第五届全国电视舞蹈比赛金奖和全国群星金奖；福永杂技艺术团荣获国家级奖 30 多项、国际金奖 3 项，创吉尼斯世界纪录 2 项，成为深圳市一张靓丽的艺术名片；福永醒狮队多次获得全国和广东省醒狮武术大赛金奖，2009 年随中央领导人出访比利时，参加欧罗巴利亚"中国艺术节"，带领福永曲艺走出深圳，迈向全国，提高了福永文化品牌在深圳乃至全国的知名度和美誉度。

第五节　生态建设实践与深圳先进文化的形成

党的十八大将生态文明建设纳入中国特色社会主义事业"五位一体"总体布局，指出"建设生态文明，是关系人民福祉、关乎民族未来的长远大计"。"必须树立尊重自然、顺应自然、保护自然的生态文明理念，把生态文明建设放在突出地位，融入经济建设、政治建设、文化建设、社会建设各方面和全过程。"2015 年 4 月，中共中央国务院出台《关于加快推进生态文明建设的意见》，对加强生态文明建设做出了全面部署，阐述了加快推进生态文明建设的指导思想、基本原则、主要目标和重要任务。习近平总书记指出，"生态文明建设是'五位一体'总体布局和'四个全面'战略布局的重要内容"，"各地区各部门要切实贯彻新发展理念，树立'绿水青山就是金山银山'的强烈意识，努力走向社会主义生态文明新时代。"[①] 可见，中央高度重视生态文明建设，"美丽中国"成为中华民族追求的新目标。

一、生态建设的重要性

人来源于自然，依靠自然生存和发展，这是马克思主义的基本观点之一。恩格斯在《劳动在从猿到人的转变中的作用》一文中，科学地阐述了从猿到人的转变过程。他指出："首先是劳动，然后是语言和劳动一起，成

---

① 《习近平谈治国理政》第二卷，外文出版社 2017 年版，第 393 页。

了两个最主要的推动力,在它们的影响下,猿脑就逐渐地过渡到人脑;后者和前者虽然十分相似,但是要大得多和完善得多。"[1]猿脑过渡到人脑,标志着人从动物界提升出来,成为万物之灵。但人猿揖别,并不意味着人可以脱离自然界而生活。马克思指出:"自然界,就它自身不是人的身体而言,是人的无机的身体。人靠自然界生活。这就是说,自然界是人为了不致死亡而必须与之处于持续不断的交互作用过程的、人的身体。所谓人的肉体生活和精神生活同自然界相联系,不外是说自然界同自身相联系,因为人是自然界的一部分。"[2]人类的生存、发展和繁衍均发生在自然之中,离开自然,人类便不能延续下去。

人类依靠自然生活,动物也依靠自然生活,但二者有着本质的不同。动物仅仅依据本能适应自然,利用自然;人具有主观能动性,主动改造自然,使自然满足自己的需求。"动物仅仅利用外部自然界,简单的通过自身的存在在自然界中引起变化;而人则通过他所做出的改变来使自然界为自己的目的服务,来支配自然界。"[3]由于认知水平的限制和对利益的盲目追求,人类改造自然的活动,有时候并不符合自然规律,从而造成环境污染和生态系统的破坏。恩格斯指出:"我们不要过分陶醉于我们人类对自然界的胜利。对于每一次这样的胜利,自然界都对我们进行了报复。每一次胜利,起初确实取得了我们预期的结果,但是往后和再往后却发生完全不同的、出乎预料的影响,常常把最初的结果又消除了。"[4]特别是近代以来,随着科学技术的发展,人类改造自然的能力得到空前增强,从自然界获取的资源越来越多,向环境排放的污染物远远超过自然的净化能力,从而造成资源枯竭、环境污染、生态破坏等环境问题。在20世纪30年代至60年代,发生了震惊世界的"八大公害事件"[5],为人类的永续发展敲响了警钟。

---

[1] 《马克思恩格斯全集》第26卷,人民出版社2014年版,第763页。
[2] 《马克思恩格斯文集》第1卷,人民出版社2009年版,第161页。
[3] 《马克思恩格斯全集》第26卷,人民出版社2014年版,第768页。
[4] 同上书,第769页。
[5] 八大公害事件:比利时马斯河谷烟雾事件、美国多诺拉镇烟雾事件、伦敦烟雾事件、美国洛杉矶光化学烟雾事件、日本水俣病事件、日本富山骨痛病事件、日本四日市气喘病事件、日本米糠油事件。

中国是世界上最大的发展中国家，面临着尽快发展、改善人民生活的压力，同时，长期以来，地方政府盲目追求GDP增长，为经济发展付出了巨大的环境代价。"大跃进"时期，大炼钢铁，不仅浪费了大量宝贵的资源、能源，而且造成了生态环境破坏。改革开放以后，我国经济实现了持续三十多年的高速增长，创造了世界经济发展史上的奇迹。但与此同时，我们对生态环境的破坏也是空前的，各种环境污染事件频发。资源能源的过度消耗，大气、水体、土壤污染，生态系统的破坏，已经成为我们必须面对的挑战。沙尘暴、雾霾、酸雨，直接影响了人们的生活质量。实践证明，原来高投入、高增长、低效益的粗放式发展方式再也不能持续下去，必须把生态环境纳入发展成本核算体系，走高质量、高效益的发展之路。否则，不仅我们这代人要遭受苦果，更会危害我们的子孙后代可持续发展的能力。十八大以来，党和政府高度重视生态文明建设，将其作为关系党的使命宗旨的重大政治问题、关系民生的重大社会问题、关系中华民族未来的长远大计来抓，采取有力措施，取得了比较显著的效果，我国生态环境质量持续好转，出现了稳中向好趋势。但是，由于历史积弊太多，当前生态环境形势依然严峻，生态文明建设任务依然任重道远。

深圳市作为我国改革开放和社会主义现代化建设的重要起源地，承担着率先建设社会主义现代化先行区，为把我国建设成为富强民主文明和谐美丽的社会主义现代化强国探索新路的光荣使命，始终高度重视生态文明建设，秉承"绿水青山就是金山银山""保护生态环境就是保护生产力、改善生态环境就是发展生产力"的理念，把环境保护摆到与经济发展同等重要的位置，全面加强污染治理、环保监管和生态建设，努力实现有质量的稳定增长和可持续的全面发展，在国内率先走出一条具有深圳特色的绿色发展之路。

二、深圳生态建设的举措

1. 建立健全生态环境保护法规制度

建设生态文明是一场涉及生产方式、生活方式、思维方式和价值观念的革命性变革。实现这样的根本变革，必须依靠制度和法治。对此，习近平指出："只有实行最严格的制度、最严密的法治，才能为生态文明建设提供可靠保障。"①"要深化生态文明体制改革，尽快把生态文明制度的'四梁八柱'建立起来，把生态文明建设纳入制度化、法治化轨道。"②深圳市始终致力于建立系统完整的制度体系，用制度保障生态环境、推进生态文明建设。早在2008年，深圳市政府就发布《深圳生态文明建设行动纲领（2008—2010）》和九个配套文件，全面规划了深圳市生态文明建设的"路线图"。2013年，深圳市政府发布《深圳市生态文明建设考核制度》，建立生态文明建设考核机制和指标体系，从落实生态文明建设责任制、完成生态建设和环境保护考核指标、资金投入和资源保障、环境治理、优化国土空间开发格局、推动资源节约和循环利用等方面，采取定量和定性相结合的方式，考核各区、市直部门以及重点企业的领导班子和党政正职的生态文明建设的绩效，并将考核结果作为评价领导干部政绩、年度考核和选拔任用的重要依据之一。考核结果为不合格的，由考核办予以通报批评，单位主要负责人两年内不予提拔或者重用，并在市内主要媒体上做出公开道歉；连续两年不合格的，对单位主要负责人和分管负责人调整工作岗位或者转任非领导职务。该制度把资源消耗、环境损害、生态效益等体现生态文明建设状况的指标纳入经济社会发展评价体系，成为推进深圳市生态文明建设的重要导向和约束。此外，深圳市近年来还发布《深圳经济特区生态文明建设条例》《深圳经济特区环境保护条例》《深圳经济特区机动车排气污染防治条例》《深圳经济特区建设项目环境保护条例》《深圳经济特区在用机动车排气污染检测与强制维护实施办法》《深圳经济特区大气污染防治条例》《深圳市污染物排放许可证管理办法》《深圳市人居环境委员会关于机动车环保检验机构监督管理的暂行规定》《深圳经济特区排污许可证管理办法》等法律法规，为全市生态文明建设提供了坚实的法治和制度保障。

法规制度的生命力在于执行。2013年5月24日，习近平总书记在主

---

① 《习近平谈治国理政》，外文出版社2014年版，第210页。
② 中共中央文献研究室编：《习近平关于社会主义生态文明建设论述摘编》，中央文献出版社2017年版，第109页。

持十八届中央政治局第六次集体学习时强调:"在生态环境保护问题上,就是要不能越雷池一步,否则就应该受到惩罚。"① 深圳市环境保护部门联合公安部门,不断加大环境监督执法力度,严肃查处环境违法违规企业,使其付出相应的代价,从而自觉主动地远离环境违法违规"高压线"。2013年,深圳市人居环境委员会建立环境污染犯罪查处和移送机制,向公安部门移交21宗涉嫌环境犯罪案件,做出行政处罚1678宗,吊销排污许可证4宗,淘汰重污染企业63家。2014年,深入开展整治违法排污环保专项行动和"雷霆行动"环保专项执法检查行动,限期整改(治理)企业1255家,对1444家企业进行立案处罚,罚款金额8981万元,吊销排污许可证8宗,责令停产停业475宗,向公安部门移送涉嫌污染环境罪案件56宗,公安机关立案32宗,刑事拘留62人,逮捕55人。2015年,开展"环境执法年"专项执法行动,对1248宗环境违法行为实施行政处罚,罚款9151.8万元,对5家企业实施按日连续处罚,对17家违法排放含重金属污染物或通过暗管排放污染物的违法企业实施查封、扣押,对39家企业实施限产、停产,移送行政拘留案件22宗,向公安部门移送涉嫌环境污染犯罪案件56宗。2016年,对1688宗环境违法行为实施行政处罚,罚款1.5222亿元,罚款总金额与上年相比增加约66%。对6家企业实施按日连续处罚,对30家企业实施查封、扣押,对61家企业实施限产、停产,移送行政拘留案件49宗,向公安部门移送涉嫌环境污染犯罪案件37宗。② 从近几年的环境监督执法实践可以看出,深圳市对各类环境违法违规行为实行"零容忍",环境监督执法力度越来越大,覆盖的范围愈加广泛,处罚更加严厉,有力地震慑了环境违规违法企业,促使企业树立环保理念,严守资源环境生态保护底线。

2. 加强环境污染治理

加大环境污染治理力度,改善生态环境质量,是建设生态文明的根本

---

① 中央政府门户网站:中共中央政治局就推进生态文明建设进行集体学习(http://www.gov.cn/ldhd/2013-05/24/content_2410799.htm)。

② 数据来源:深圳人居环境委员会2013、2014、2015、2016年年鉴。本节涉及的环境保护和生态文明建设数据和实例均来自上述年鉴,不再另行标注。

要求。习近平总书记指出:"人民群众对环境问题高度关注。保护和治理要以解决损害群众健康突出环境问题为重点,坚持预防为主、综合治理,强化水、大气、土壤等污染防治,着力推进重点流域和区域水污染防治,着力推进重点行业和重点区域大气污染治理。"①近年来,深圳市紧紧抓住市民高度关注的环境问题,以大气污染整治和水污染防治为重点,综合治理,不断打出环境污染治理"组合拳"。在大气污染整治方面,出台《深圳市大气质量提升行动计划》,并安排 320 亿元推进重大民生工程——"蓝天工程"。一是制定和完善相关标准和办法,如 2015 年,印发《深圳市 2015 年大气环境质量提升补贴办法》,实施《汽车维修行业喷漆涂料及排放废气中挥发性有机化合物含量限值》《建筑装饰装修涂料和胶粘剂有害物质限量》《生物质成型燃料及燃烧设备技术规范》《在用非道路移动机械用柴油机排气烟度排放限值及测量方法》等一系列技术规范制度和政策,2016 年出台《家具成品及原辅材料中有害物质限量》。二是推进对深圳大气环境质量影响最大的妈湾电厂发电机组技术改造,2016 年改造完成后,污染物排放达到国家最严格的超低排放标准。三是加快推进港口船舶污染治理。2015 年,18 家航运企业 128 条远洋集装箱船参与转油减排行动,619 艘次船舶转用低硫燃油。2016 年,推广使用岸电和低硫油,从当年 10 月 1 日起强制船舶靠泊期间转用低硫燃油,蛇口港、盐田港、大铲湾港和妈湾港码头已建成 12 个泊位的岸电设施。靠港船舶使用岸电技术,大大减少了大气污染物排放。四是坚持以优质清洁能源为主的能源发展战略,分别在电厂治理升级改造、淘汰黄标车、VOC 治理等方面进行创新治理。如今,深圳是全国唯一全辖区禁燃高污染燃料的城市,累计淘汰、改造高污染锅炉 1100 多台;黄标车被全面限行;公交领域新能源车数量居全球首位,全市公交车全部替换为新能源汽车。

在水污染防治方面,一是组织开展"雨季行动"等水源保护专项执法行动。2015 年累计清理非法养殖 11 处,取缔农家乐 1 处、无证照地下作坊 4 家和废品收购站 44 处。二是推进重点流域的水污染防治。2015 年启

---

① 《习近平谈治国理政》,外文出版社 2014 年版,第 209—210 页。

动淡水河、石马河、茅洲河的污染整治，2016年全市共安排治水提质项目461个，全面推进污水管网、干支流河道综合整治、污水厂提标扩容等治污工程，全年完成1033公里建设任务，动工建设52条河道综合整治工程。三是加强重点海湾污染治理。2015年基本完成深圳湾排污口整治。四是加强水污染检测，增加河流、水库、近岸海域监测点位和频次。2016年将常规监测的河流扩展到217条，断面增加到253个，深圳湾及西部海域增加5个监测点位，并建立水质异常的通报处置机制。

此外，深圳市政府还非常重视土壤环境保护。2016年正式印发《深圳市土壤环境保护和质量提升工作方案》，全面开展土壤环境保护工作，成为广东省内第一个出台落实国家《土壤污染防治行动计划》工作方案的地级市。通过大力实施污染治理，多措并举，深圳的生态环境质量在全国副省级以上城市中始终处于较好的水平。

3. 发展环保科技

发展环保科技，支持环保企业成长、壮大，为环境污染治理和生态建设提供先进的技术手段，是生态文明建设的有效支撑。2014年，深圳市人居环境委员会加大环保科研投入，立项环境科研课题24项，安排科研经费1569.86万元，环境保护专项资金资助11个项目，资助总金额2923万元。2015年，立项环境科研课题40项，安排科研经费2812万元。2016年，立项环境科研课题30项，安排科研经费2416万元。深圳市政府全力支持、服务环保企业发展，为其成长、壮大创造优良的环境和条件。2014年，出台《深圳节能环保产业振兴发展规划（2014—2020年）》和《深圳节能环保产业振兴发展政策》，设立深圳市节能环保产业发展专项资金，扶持节能环保产业发展。2015年，扶持环保产业项目25项，扶持资金0.52亿元，涉及项目总投资2.58亿元。全市环保产业健康快速发展，出现了以国内唯一深港两地上市环保企业东江环保为代表的一批技术力量雄厚、规模较大的环保科技企业，到2016年，全市环保产业产值突破480亿元，位居全国各大城市前列。环保科技和环保企业的发展，有力支持了深圳市环境污染治理和生态文明建设。2016年，"深圳市大气PM2.5来源解析研究"获广东省环保科技一等奖、"深圳市环境影响评价管理技术支撑体系研究"等两项课题获广东省环保科技二等奖、"深圳湾区环境研究"等4项课题获广东省环保科技三等奖。

4. 落实新发展理念

推进产业结构调整和转型升级,坚定不移走绿色循环可持续发展道路,是生态文明建设的根本要求。《中共中央国务院关于加快推进生态文明建设的意见》指出:"从根本上缓解经济发展与资源环境之间的矛盾,必须构建科技含量高、资源消耗低、环境污染少的产业结构,加快推动生产方式绿色化,大幅提高经济绿色化程度,有效降低发展的资源环境代价。"深圳市始终致力于推进产业结构持续优化调整,不断降低单位GDP能耗,提高产业发展质量。可以说,深圳市是国内推动产业转型升级启动最早、最成功的城市之一。早在2005年深圳市委三届十一次全体(扩大)会议就首次提出,把文化产业作为第四大支柱产业来发展。从此,文化产业与高新技术、物流、金融三大产业一起,共同构成建设和谐深圳、效益深圳、质量深圳的四大支柱产业。2005年和2008年,特别是在金融危机期间,深圳化危为机,着力推动产业进一步转型升级。从2007年开始,深圳开始研究和制定相关政策,支持战略性新兴产业发展,促进形成生物、互联网、文化创意、新能源新材料、新一代信息技术、节能环保等几大产业。2011年,又提出培育未来产业,包括生命健康、海洋经济、航空航天、机器人、穿可戴设备、智能装备等,相关产业发展十分迅猛,体现出核心竞争力强的可喜态势。深圳始终根据自身发展积累的优势,加强顶层设计,引导、支持产业结构调整和转型升级。2016年,发布《深圳市战略性新兴产业发展"十三五"规划》《深圳市产业结构调整优化和产业导向目录(2016年修订)》。目前,先进制造业和现代服务业,对全市GDP的贡献度超过70%,家具、钟表、眼镜、珠宝等传统优势产业也在非常良好地转型升级,朝设计品牌高端化发展。深圳经济发展质量在内地大城市中遥遥领先,万元GDP能耗、水耗、单位GDP建设用地面积持续下降。党的十八大以来,深圳GDP由1.3万亿元增至2016年的1.95万亿元,年均增长10.3%,地方一般公共预算收入由1482亿元增加至3136亿元。与此同时,万元GDP能耗、水耗比2012年累计下降30%和50%,化学需氧量等主要污染物排放量持续明显下降，PM2.5年平均浓度从2012年的42微克/立方米下降至2016年的27微克/立方米，继续处于国内城市领先水平。[①]持续不断的经济结构调整和产业升级，既是深圳市主动以生态文明先进理念引导发展的结果，也为进一步的生态文明建设打下了坚实基础。

5. 发动人民群众广泛参与

生态文明建设是人民群众高度关注的事业，成果惠及全体人民，必须广泛宣传动员群众参与，打一场"人民战争"，这是生态文明建设取得成效的根本保证。党的十八大报告提出："加强生态文明宣传教育，增强全民节约意识、环保意识、生态意识，形成合理消费的社会风尚，营造爱护生态环境的良好风气。"《中共中央国务院关于加快推进生态文明建设的意见》也指出："要充分发挥人民群众的积极性、主动性、创造性，凝聚民心、集中民智、汇集民力，实现生活方式绿色化。"深圳高度重视环境教育和环保宣传，引导广大市民树立生态文明理念，积极参与环境保护事业。一是依托主流媒体，结合生态文明建设、大气污染防治、环境执法等重点工作，在主要传统媒体、网络新媒体等报道环保工作的亮点和成效，宣传环保知识，宣扬生态文明理念。2015年累计发表报道420篇，2016年发布1300篇。二是加强舆情监控和网站建设，推出"在线访谈"，发布政务微博，组织召开新闻发布会和媒体通气会，参加《民生面对面》《民心桥》《直通车》《政企通》以及《广东"民声热线"》等节目，及时回应群众关切，多渠道满足群众知情权。三是开展绿色单位、环境教育基地和自然学校创建。截至2016年，累计命名绿色单位1077家。大亚湾核电基地、光大环保（中国）有限公司、青青世界、野生动物园有限公司、郁南环境园、山水田园、聚龙山湿地公园等单位被命名为深圳市环境教育基地。华侨城湿地、仙湖植物园和红树林自然保护区、深圳湾公园、深圳国际园林花卉博览园、深圳市洪湖公园、深圳生态监测中心站等单位被命名为自然学校。四是深化"六·五"世界环境日、"四·二二"地球日系列宣传活动，组织"青少年环保节""我为地球体检""绿韵悠扬""地球一小时"等品牌宣传活动，营

---

① 深圳新闻网：深圳生态文明建设走在全国前列，http://www.sznews.com/news/content/2017-09/22/content_17368724.htm

造良好的社会氛围。环境宣传和教育，对于唤醒人们的生态意识，发动群众参与生态文明建设至关重要。

除了上述举措，深圳市生态文明建设还有很多特色鲜明的做法，有些还属于全国首创。比如，推行市场化机制，充分发挥市场在配置资源中的决定性作用，以推动生态文明建设。2010年9月30日，以深圳市成为国家首批低碳试点城市为契机，经深圳市人民政府批准，深圳排放权交易所成立，2012年4月完成增资扩股，注册资本金额从1500万元增加至3亿元，成为国内同类交易所中注册资本金额最大的交易所。排放权交易所的成立，为温室气体、节能量及其相关指标、主要污染物、能源权益化产品等能源及环境权益现货及其衍生品合约交易提供了便利，有效发挥了市场在生态文明建设中的作用。2014年，深圳市人居环境委员会出台《关于充分发挥市场决定性作用 进一步推动环境污染责任保险发展的意见》，推动环境污染责任保险模式创新和产品创新，全市310余家重点企业参加环境污染责任保险，保额超过4亿元。2015年，全市参加环境污染责任保险企业313家，保额4.8亿元。再比如，深圳市还非常重视与周边城市开展环境保护和生态文明建设区域合作，与香港特别行政区建立深港环保合作机制，每年召开两次会议，确定合作事项和跟踪事项进展。拓展深莞惠（3+2）环保合作，综合整治跨界河流，联合推动黄标车淘汰，初步实现深、莞、惠信息共享。

深圳的环境保护和生态建设，取得了显著成绩。由环境保护部发布的2017年重点区域和74个城市空气质量状况显示，深圳空气质量全国排名第七。至此，深圳已连续四年在全国GDP排名前20位的城市中空气质量排名第一，"深圳蓝""深圳绿"成为城市最亮色，成为深圳的又一张靓丽名片。

三、生态建设实践促进先进文化的形成和发展

文化是人主动适应和改造自然的产物，是人区别于动物的生存方式。一般认为，文化包含器物、制度和价值观三个层面的内容，其中价值观是文化的内核。当然，文化的这三个层面的内容不是泾渭分明、截然分开的，恰恰相反，它们是有机融合在一起，器物和制度是文化的有形的载体，往往直接地体现着价值观的要求。文明是人类社会高级阶段的产物，是文化发展过程中，人类取得的"总成绩"。① 生态文明是人在认识生态系统规律的基础上，自觉遵循生态规律，按照生态规律的要求安排生产、生活过程中取得成果，它是先进文化的重要组成部分。党的十八大报告要求把生态文明建设放在党和政府工作中更突出的地位，融入文化建设各方面和全过程。《中共中央关于深化文化体制改革推动社会主义文化大发展大繁荣若干重大问题的决定》明确要求进一步推动文化建设与生态文明建设协调发展。由此可见，生态文明建设有利于推动先进文化的形成和发展。深圳的生态建设实践，也有力印证了这种关系。

深圳在生态建设实践中，不断加深对生态规律的认识，自觉按照生态规律制定经济社会发展规划，坚决落实新发展理念，建立健全生态文明建设制度，形成了生态文明观念，极大地丰富了先进文化的内涵。深圳市委市政府牢固树立"绿水青山就是金山银山"意识，坚持质量引领、创新驱动、转型升级、绿色低碳的发展路径，积极探索超大型城市可持续发展模式，实现了经济效益、社会效益和生态效益的齐头并进。深圳的天更蓝、山更青、水更绿。鉴于深圳在坚持新发展理念、统筹"五位一体"总体布局、协调推进"四个全面"战略布局方面取得的成就和优势，2018年2月，国务院批复同意深圳市建设国家可持续发展议程创新示范区。这些来之不易的成绩，彰显了生态文明的价值和先进文化的巨大引领力量。

生态文明理念还深植深圳市民心中，人们普遍形成了良好的生态道德，提高了生态文明素养，树立了尊重自然、顺应自然、保护自然的观念，生态文明成为人们自觉追求和坚持的核心价值观。今天，无论是深圳的企业，还是个人，比以往任何时候都更加爱护自然，更加珍爱良好的生产、生活环境，从自身做起，节约能源资源，保护生态环境。深圳市民大多养成了健康、节俭的生活方式和消费方式，更加喜欢户外活动，热衷在公园、湿地等休闲、科普基地徜徉，从与自然和谐相处中直接获得审美体验

---

① 余谋昌：《把生态文明融入文化建设各方面和全过程》，《桂海论丛》2014年第2期。

和满足感。

  此外,深圳的生态建设实践还为文学创作提供了新鲜丰富的背景和素材,繁荣了文学艺术。以南翔、邓一光、王晓华为代表的一些作家、学者较早地萌发了生态文化意识,自觉反思人与自然的关系。他们或主动将生态作为文学创作的对象,或长期致力于生态文化的研究,产生了《消失的养蜂人》《哭泣的白鹮》等优秀文学作品。2016年3月,《当代生态文学读本》在深圳创刊,成为国内推介优秀生态文学作品、宣扬绿色生活理念的重要阵地。生态文化研究、生态文学创作和生态文学刊物的创办,繁荣了生态文化,丰富了深圳先进文化的样式和内容,一定程度上满足了人们对生态文化的需求。

第三章 深圳先进文化形成发展的历史进程

改革开放四十年，深圳在先进文化建设上开拓进取，不断创新，经历了观念破冰和制度建设的奠基时期、加强文化设施和培育深圳精神的转型时期、培育文化产业和提出深圳学派的增创阶段、"文化立市"和发展公共文化事业的深化改革时期以及"文化强市"和文化创新发展新时期等五个阶段。

第一节 初创奠基和改革开放局部推进阶段的深圳先进文化建设（1978年—1985年）

1978年召开的十一届三中全会揭开了改革开放的序幕，以这次会议为标志，打破了"两个凡是"的精神枷锁，重新确立了实事求是的思想路线；纠正了"以阶级斗争为纲"的错误政治路线，实现了将全党的工作重心转移到社会主义现代化建设和改革开放的伟大转折上来。

为了探索建设有中国特色的社会主义道路，实践改革开放政策，发展对外经济合作和技术交流，加速社会主义现代化建设，经由小平同志倡议成立了经济特区。按照党中央和国务院的部署，先集中力量建设第一个经济特区——深圳经济特区。深圳也自觉地承担了"技术的窗口，管理的窗口，知识的窗口，对外政策的窗口"和改革试验场的光荣使命。因此深圳不只是四个特区中面积最大、起步最早、发展最快的特区，也是成效最卓、示范意义最大的特区。可以说，深圳的改革开放是在中央顶层设计的前提下进行的，同时深圳的实践也为中央加强顶层设计，形成正确的改革构思和战略提供了实践基础。许多改革举措都是最先由这里开始试点，取得经验后，再逐渐推行全国的。在文化建设方面，这个阶段的成绩主要表现在思想观念的破冰、文化建设的起步、制度文明的涵养等三个方面，为深圳文化建设打下了一个良好的基础。

一、思想观念的破冰，为深圳先进文化建设奠定坚实的思想基础

当邓小平在回顾1978年真理标准大讨论时讲道："不要小看实践是检验真理的唯一标准的争论。这场争论的意义太大了……"① 可以说无论是对内经济的搞活，对外开放大门的打开，还是改革的深入，都是由思想解放推动的！解放思想涉及观念的变革，但是我们必须意识到"改变是由旧的社会关系产生出来的一切旧观念、旧意识，绝不是在短时间内开展几种社会活动就可以奏效的"，② 当然也不是一次真理标准大讨论就可以完全解决的。深圳的社会主义先进文化建设的重要贡献之一就在于，适时地培育和提出了一批适应改革开放、体现时代精神、引领社会思想的先进观念，极大地推进了建设中国特色社会主义的伟大事业。

1."时间就是金钱，效率就是生命"

"时间就是金钱，效率就是生命"，这句口号并非出自国家领袖之口，也非摘自中央文件之中，而是由深圳经济特区在发展中自然孕育而出的。2005年时任国家总理的温家宝同志在深圳特区建立25周年之际考察深圳时，是如此评价这句口号的作用的："深圳经济特区在发展中……催生出'时间就是金钱，效率就是生命'……等一系列新理念，创造出许多改革开放新鲜经验，极大地鼓舞和激励了全国人民，有力地推动了全国改革开放和现代化事业，为从理论上和实践上深化中国特色社会主义的认识起到了

---

① 《三中全会以来重要文献选编》（上），中央文献出版社2011年，第142页。
② 《三中全会以来重要文献选编》（下），中央文献出版社2011年，第564页。

重要作用。这种思想上、精神上的巨大作用是不可估量的。"①

创造这句口号的人是招商局的第 29 代掌门人，被誉为"中国改革开放实际运作第一人"的袁庚。口号提出，正是源于袁庚执掌香港招商局和创办蛇口工业开发区的经验积累。

袁庚说："蛇口的发展是从人的观念转变和社会改革开始的。"1981 年，国家正在加强精神文明建设，提倡"五讲四美"，袁庚觉得蛇口工业区也需要创造一点精神上的东西来推动蛇口人的观念转变，振奋大家的精神和斗志。据说当年 3 月下旬，袁庚坐船从香港回深圳，于波翻浪涌中，在一张 32 开的白纸上，写下了这句著名口号的初稿："时间就是金钱，效率就是生命。顾客就是皇帝，安全就是法律。"

"时间就是金钱"，是袁庚所经历的"香港第一课"。1978 年，已经 61 岁的袁庚接受时任交通部部长叶飞同志的邀请，出任招商局副董事长，负责到香港招商局去打开局面。6 月，袁庚赶到香港招商局，经过一番调查研究后，为了招商局扩大发展，同时也是为了赶在内地正式确立改革开放的国策前夕投资，他决定买一个写字楼。当和卖方谈妥后，袁庚非常高兴，希望对方赏光，一起吃个午饭庆祝。但是对方坚决不肯，见推辞不掉，才勉强同意吃个快餐，并和袁庚约定，下午 2 点"一定""无论如何"要赶到某律师楼把手续办妥。当袁庚一行人赶到律师楼时，发现对方老板和相关人员已经在门口等他们了。老板的小车没有熄火，司机正坐在驾驶位上随时待命，当双方办妥手续，对方拿到支票后立即起身、快步下楼，迅速上车，疾驰而去。事后袁庚才明白，对方老板的车是赶着去银行，因为当时香港是双休日，如果不能赶在当天（周五）下午存入银行，那么就会损失掉 2000 万订金 3 天的利息，共计 28000 元！"袁庚被这个场面感动了。真的哦，香港人把时间当作金钱！"②

"效率就是生命"是受给华益铝厂安装厂房的日本工人启发。华益铝厂由招商局和香港益大金属厂有限公司合资开办。益大金属厂提议请日本团

---

① 温家宝：《顺应新形势办出新特色继续发挥经济特区作用》，《人民日报》2005 年 9 月 20 日第 2 版。
② 涂俏：《袁庚传·改革现场》，海天出版社 2016 年，第 28、31 页，引文见第 30 页。

队安装厂房,在施工的过程中,蛇口遭受了一次强台风袭击,暴风雨连续肆虐了三天三夜,附近的工地都停止施工了,可是27个日本人组成的施工团队却全都在露天岗位上工作。其中一个日本人不小心从柱顶上摔落下来,只是简单包扎一下,又马上投入工作。为的就是按照合同,在23天内将厂房安装完毕。

2. "深圳速度"

改革开放前,深圳原本是一个边陲小镇,不是工业城市,工业基础、技术水平、管理水平都很薄弱。深圳建市初期城市建设和文化设施都十分落后。正是在一张白纸上,深圳的建设者们创造了举世瞩目的"深圳速度"。

为了解决全国不少省、市、自治区及中央一些部委在深圳设立对外联络机构的需要,深圳市政府在1981年5月专门为此召开了一次会议,讨论集资兴建一座全国最高楼——国际贸易中心大厦。深圳市委领导有意将此大厦建设成改革开放的标志、经济特区的象征。大厦原定高度是30层,后来增加到50层,同时在主楼楼顶增加旋转餐厅,旋转餐厅顶部设直升机起落坪。当时国内尚无50层高楼的建设历史,香港有些人甚至放风说:"国贸中心这样的工程,内地还没有能承担的队伍。"本着"创名牌、树信誉、影响东南亚"的目标,原属中国建筑第三工程局的深圳一公司承接了此项目。一公司的工程技术人员不畏困苦,创造性地提出"内外筒同步整体升滑"的方法。虽然前三次试验都失败了,但是一公司和深圳市委的相关领导仍然顶着压力,坚持继续试验"内外筒同步整体升滑"的方法。据说,市委领导的意图是:"深圳就是要在中国大门口点燃一串炮竹,要快、要响!响出一个扬名世界的深圳速度来。"[1]

1983年10月6日,第四次滑升试验终于成功,技术难题攻克后,建设速度提升为7天滑一个结构层,30层以后,持续稳定的以3天一层的速度滑升到顶。这一速度已经进入世界先进水平,超过了香港华润大厦的建设纪录。[2]1984年3月15日,"新华社报道,深圳国际贸易中心大厦,

---

[1] 中共深圳市委宣传部写作组:《深圳的斯芬克斯之谜》,海天出版社1991年版,第61页。
[2] 深圳博物馆编:《深圳经济特区创业史》,人民出版社1995年版,第75—83页。

3天建成一层楼，建设速度达到世界先进水平。"[1]"深圳速度"自此唱响大江南北。

创办深圳大学的缘起是，1981年春，以范若愚为首的北京专家组在考察深圳的精神文明建设情况时指出，深圳的精神文明建设未能与经济建设同步。专家们给总书记写信，希望加强特区的精神文明建设。总书记要求广东省和深圳市积极去办。广东省委和深圳市委非常重视，决定兴建八大文化设施，深圳大学便是其中之一。[2]

1983年1月，深圳市委决定筹办深圳大学。市委书记梁湘亲自担任筹委会主任，提出"卖裤子也要把深圳大学建起来！而且要建得像个样子，50年不落后，留给后人的是艺术精品！"[3] 市委拿出市财政收入的一半——5000万元作为建校经费。深圳大学聘请到原清华大学副校长、中国科学院学部委员张维先生出任深圳大学首任校长。学校于9月27日正式成立，并举行开学典礼，创造了"当年建成、当年招生"的"深圳速度"。[4]

二、文化建设的起步，为深圳文化发展繁荣打下良好的物质基础

深圳特区自开创之初就听取专家建议，有意识地坚持物质文明与精神文明两手抓，两手都硬。在创造"时间就是金钱，效率就是生命""深圳速度"等新观念、孕育经济奇迹的同时，深圳也着力于文化建设，自1982年至1988年，市政府曾一连三年把地方财政收入的1/3用于文化建设，先后投资近3亿元，建设起具有现代化规模的图书馆、博物馆、大剧院、科技馆、深圳大学、新闻文化中心、电视台、体育馆八大文化设施，陆续创建了特区交响乐团、艺术中心、画院，扩建了粤剧团、美术馆、新华书店等，使深圳特区的文化设施形成完整的体系。[5]

---

[1] 广东省地方史志编纂委员会编：《广东省志·经济特区志》，广东人民出版社1996年版，第6页。

[2] 深圳博物馆编：《深圳经济特区创业史》，人民出版社1995年版，第323页。

[3] 黄树森、龙迎春、张承良：《春天纪——改革开放30年的真实记录和鲜活映像》，广东人民出版社2009年版，第102页。

[4] 深圳市史志办公室编：《中国经济特区的建立与发展·深圳卷》，中共党史出版社1997年版，第149—150页。

[5] 程青：《深圳特区十年文化发展纪略》，《瞭望》1990年第46期。

1986年7月，深圳图书馆完工，图书馆占地面积2.19万平方米，建筑面积1.3494万平方米，主楼高6层，总投资1000多万元，可藏书100万册。同年12月20日开馆，全面采用自行研制的"实时计算机光笔流通管理系统"，实现了文献流通的高效化。开馆之初，深圳图书馆经常出现读者连夜排队办证的现象，每天接待3000—5000人次的读者量，总是使得图书馆门庭若市。为此，深圳图书馆率先实行"免证进馆、全开架服务"的管理模式，有效地解决了市民进馆阅读的困难。整个图书馆采用中央空调系统，书库等部分为恒温恒湿控制，消防设备、监控防盗系统先进。图书收藏和借阅活动，均采用电脑管理。馆内大厅北墙上，装饰了一幅名为"上下五千年"的巨型木雕，从文字演变史的角度，反映我国源远流长的文明历史，烘托了深圳图书馆的文化氛围。图书馆同全国20多个省、市的图书馆挂钩，经常进行业务交流。同时又同香港的一些图书出版公司取得联系，向他们购书，并且接受他们赠送的图书10多万册，起到了在图书交流方面内外沟通的良好作用。

深圳博物馆于1984年2月开始兴建，1988年10月建成，同年11月1日正式开馆。博物馆坐落在深南中路市政府大院左侧，占地3.6万多平方米，建筑面积1.4万平方米，总投资700万元。主楼高4层，6400平方米，用于展览各种历史文物。另有一座2000多平方米的文物库，一座400平方米的工作楼。博物馆是特区创建后才成立的文化事业单位，博物馆内的工作人员克服重重困难，在国家有关部门和广东省博物馆的支持、帮助下，发掘和整理了深圳地区一批战国古墓、汉代墓群等珍贵文物，对研究深圳的历史起了重要作用。1985年开始在新馆址展出《古代深圳》《近代深圳》和《今日深圳》，使人们更好地了解深圳的过去、现在和未来。博物馆还同内地省、市的文物部门挂钩，经常在深圳举办反映中国历史文化发展情况的展览；邀请海内外专家、学者前来开展文物考古研究，促进文化学术交流。

深圳科学馆于1983年兴建，1988年建成投入使用。科学馆坐落在深南中路与上步中路交叉处，建筑面积1.2万平方米，主楼9层，呈八角形，造型别致。主楼顶层为国际会议厅，置有电子讲听系统和同声翻译系统，厅旁有休息咖啡厅；一至三层有展览大厅各1个，其余各层设有会议室、展教室和办公室。科学馆左右两翼各高3层,设有教室及阶梯教室、演讲厅、多媒体电脑培训中心和动手动脑科普展教厅等。馆内配有中央空调系统、音响系统、烟感喷淋消防系统、保安系统以及电讯电传、终端设备等,是开展科技交流、学术讲座活动、科普展教和科技人才培训的良好场所,也是科技产品展览、演示、宣传、推广的适宜之地。其中常设的动手动脑科普展教厅内,有根据科学基本原理设计的涉及力、热、声、电、光、电磁、机械、人体等科学的40多件展品,融科学性、知识性、趣味性为一体,供中小学生和青少年观赏、学习,探索科学奥秘。

深圳体育馆于1984年动工兴建,次年12月25日落成。体育馆坐落在笋岗西路,建筑面积2.12万平方米,总投资5000万元。馆内拥有6000个座位、中央空调、闭路电视系统,50条国际线路的新闻中心,并附设有保龄球室、桌球室、壁球室、健身室和咖啡酒吧等,是当时全国设备最先进、功能最齐全的现代化体育馆,适合承办国际国内重要体育赛事。当年中国女排姑娘见了深圳体育馆,不禁大为赞叹:"简直像皇宫。"

深圳大剧院于1984年2月动工,1989年4月大剧场及部分服务设施竣工,1991年8月音乐厅交付使用,1993年全面开业。大剧院位于深南中路与红岭路交叉路口,占地4.3767万平方米,总建筑面积3.7179万平方米,总投资8900万元。除主设施大剧场和音乐厅外,还附设商场、酒楼、歌舞厅、西餐厅、文艺沙龙、画廊、书廊、影视厅、展览厅、保龄球馆和地下停车场。大剧院外墙为金色玻璃帷幕,全封闭式结构,采用中央空调,防火、防盗设备先进。大剧场观众席面积1140平方米,两层共1300个座位。舞台分为主舞台、后舞台、侧舞台(东西侧各1个),总面积1360平方米,具有推、拉、升、降、旋转功能,舞台机械设备均从英国进口,升降乐池110平方米,灯光控制和音响系统采用美国、英国和日本的先进设备。大剧场和音乐厅内部通讯联络,通过有线、无线和闭路电视系统。两个场地以舞台演出为主,兼放映电影。

1987年深圳大学基本建成。大学位于特区西部后海湾,与香港一水之隔,占地1平方公里。至1991年底,有各类建筑面积23万平方米,是文、法、商、理、工各科兼备的新型高等学府,设有国际金融贸易、国际传播、外语、经济、管理、市政工程、精密机械仪器等 14 个系 20 多个专业和成人教育学院。大学有比较完备和先进的教学、科研设施，2.3 万平方米的图书馆，港台书籍藏量丰富；电脑中心配置微型电脑 200 多台，学校行政管理实现电脑运行；电教中心采用现代化设备，装配了 9 间语言实验室。学校还建有微型核反应堆和现代化化学仪器检测中心以及普通物理、化学、电工、电子技术、力学、商品学等 10 多个实验室和实验工厂。办学条件在当时也是全国一流的。

三、制度文明的涵养，为深圳先进文化建设提供制度保障

社会主义制度优越于资本主义制度，"我们建设社会主义的方向是完全正确的"[①]，只是"社会主义制度并不等于建设社会主义的具体做法"。[②] 社会主义社会是一个经常变化，需要不断进行改革的社会。正如恩格斯所说："所谓'社会主义社会'不是一种一成不变的东西，而应当和任何其他社会制度一样，把它看成是经常变化和改革的社会。"[③]

在改革开放的过程中，深圳作为"试验场"承担了探索中国特色社会主义道路的光荣使命！植根于深圳实践的社会主义先进文化，对于我们如何认识社会主义制度与市场经济体制之间的关系提供了正确的构思，并且为有中国特色的社会主义市场经济体制的确立提供了文化支撑。

1. "特区主要是实行市场调节"

早在 1979 年 11 月 26 日，邓小平就高瞻远瞩地提出："社会主义的市场经济"，"社会主义也可以搞市场经济"。[④] 但是究竟如何认识社会主义制度与市场经济体制之间的关系，当时党内还没有统一思想。在《中共中央关于〈广东、福建两省会议纪要〉的批示》（中发〔1980〕41 号文件）中，中共中央正式将特区的地位定位为"经济特区"，明确提出"经济特区的管理，在坚持四项基本原则和不损害主权的条件下，可以采取与内地不同

[①] 《十二大以来重要文献选编》（下），中央文献出版社 2011 年版，第 313 页。
[②] 《三中全会以来重要文献选编》（上），中央文献出版社 2011 年版，第 276、277 页。
[③] 《马克思恩格斯文集》第十卷，人民出版社 2009 年版，第 588 页。
[④] 《邓小平文选》第二卷，人民出版社 1994 年版，第 236 页。

的体制和政策。特区主要是实行市场调节",① 实际上就是赋予特区一项很重要的使命——探索社会主义制度与市场经济之间的关系。

但是在"社会主义国家里举办经济特区,马列主义经典里找不到,是史无前例开创性的社会经济实验。"② 对于是否举办特区,进行市场调节,不只党内外有不少领导和群众不理解甚至反对,就是在中央也存在着不同意见。深圳特区的创建者凭着"敢于试验、敢于创新的革命精神",解放思想,实事求是,勇担使命,开拓创新,用经济社会文化发展的实绩,极大地打破了主观偏见、习惯势力和计划经济体制的束缚,在涵养社会主义制度文明方面做出了重要贡献。

2. 初步建立市场经济体制

深圳经济特区成立之初,就根据中央的战略定位,按照"特事特办,新事新办,立场不变,方法全新""要跳出现行体制之外""主要是实行市场调节"等原则对原有的经济体制进行了一系列的改革,逐步探索出一条建立社会主义市场经济体制的道路。

蛇口工业区被誉为"改革开放的第一支试管",发明了广为人知的"蛇口模式"。1979年10月,在蛇口工业区600米长的顺岸式码头工程中率先实行"定额超产奖励办法"。起初,每人每天定额55车,完成定额的部分每车按2分钱发放奖金,超额的部分,每车按4分钱发放奖金。工人们的工作热情被点燃,主动加班加点,为了节省上厕所的时间,水都很少喝,效率最高者每天运泥可以达到131车。

深圳的工资改革始于友谊餐厅和竹园宾馆,它们在1982年首先取消过去定下来的职务及工资级别,建立岗位职务工资加浮动工资的制度。其后,深圳市逐渐形成三种工资形式:一是计件工资,凡能计件生产的企业大多采用此种方式;二是岗位职务工资加浮动工资,国有企业和部分合资企业采用;三是全额浮动工资,大部分外商独资企业和小型集体承包企业采用。新的工资制度使职工的工资收入和企业单位的经济效益挂钩,在制度上保

---

① 广东省政协文史资料研究委员会编:《经济特区的由来》,广东人民出版社2002年版,第42、43页。

② 谷牧:《谷牧回忆录》,中央文献出版社2009年版,第351页。

障了个人利益与企业利益的统一。特别是第二种工资制度，按照岗位或职务的劳动差别分配工资，打破了平均主义的大锅饭分配原则，较好地体现了"各尽所能、按劳分配"的原则。[1]

过去的劳动用工制度主要是单一的固定工制度，国家"统包统配"，人才既不能根据自己的爱好和专长选择企业，企业也不能根据自己的需要选择人才。人人都抱"铁饭碗"，企业不能随意辞退职工。深圳的竹园宾馆、友谊餐厅首先采用劳动合同制。这种制度可以实现企业和劳动力的双向选择，促进人才良性竞争和企业自我完善，不断提高经济效益。深圳市政府认真总结经验，在 1982 年将改革范围扩大到国营企事业单位新招收的职工，1983 年推广到"调入特区的工人、技校毕业生、复员、退伍军人以及 1982 年后参加工作的固定工和特区内的临时工"。[2]

蛇口工业区在谷牧副总理的支持下首先改革人才调配制度，开全国公开招聘之先河。[3]1983 年蛇口工业区开始试行公司经理聘任制，废除企业干部终身制，创造了一个能上能下、人才脱颖而出的环境。

与工资制度、劳动用工制度、人才调配制度改革相配套，深圳市还在 1983 年和 1985 年先后颁布文件，在全市职工中实行社会劳动保险，对全民所有制单位职工试行退休养老金社会统筹，为人才市场的形成，以及人才的自由流动创造了条件。[4]

为了改变物资严重匮乏的被动局面，特区尊重价值规律的作用，进行了物价改革，努力让价格反应价值和供求关系，减少价格扭曲的现象。根据特区的实际情况，深圳市政府在特区创建初期先后提出"调放结合，以调为主，分步理顺价格"、"放管结合，管而有度，管而有法"的物价管理方针，不只放开了物价而且管住了物价，为全国进行物价改革，形成商品市场提供了宝贵的新鲜经验。[5]

在改革前，外汇一直由国家管控，实行统收统支的管理方式，这种体

---

[1] 深圳博物馆编：《深圳经济特区创业史》，人民出版社 1995 年版，第 116—118 页。
[2] 同上书，第 119—123 页。
[3] 陈禹山、陈少京：《袁庚之谜》，花城出版社 2005 年版，第 153—154 页。
[4] 江潭瑜主编：《深圳改革开放史》，人民出版社 2010 年版，第 90—93 页。
[5] 深圳博物馆编：《深圳经济特区创业史》，人民出版社 1995 年版，第 132—137 页。

制极大地束缚了特区的发展。因为没有合法的市场用公平的汇率进行货币兑换,在饭馆里吃饭,吃本土食品需支付人民币,喝啤酒可乐等进口产品则需要支付外币。一些外向型企业是创汇大户,却没有人民币给职工发工资;一些合资企业赚了人民币却不能兑换成外币汇出境。一些企业出口创汇本来是盈利的,因为汇率问题,结汇成人民币后,反而成为亏损企业。如此种种,使深圳迫切需要建立一个合法、公正的外汇市场。1985年,全国第一家外汇交易所——深圳特区外汇调剂中心获准成立。深圳特区外汇调剂中心按照"从小到大,逐步放开,稳步发展"的方针逐步完善,有力地推动了深圳特区外汇市场的发展。"1987年,外汇调剂成交额达到4.72亿美元,1988年、1989年外汇调剂成交额超过了22亿美元。"1988年以后,全国许多大中城市也纷纷借鉴深圳经验,陆续在本地成立了外汇调剂中心。①

此外,深圳经济特区在税收、金融、农业、交通、邮电、口岸、文教等方面也进行了相应的改革,实施"主要是实行市场调节"的发展模式,逐步推进经济体制改革,发明了多项全国第一,为社会主义现代化建设做了非常多的有开创性的探索和示范。

3. "建立经济特区的政策是正确的"

邓小平在总结我国社会主义建设和改革开放时期的经验时讲到,建设社会主义的过程"中间我们又确实有不少失误。我们建设社会主义的方向是完全正确的,但什么叫社会主义,怎样建设社会主义,我们是在摸索之中"。②为了看看他倡议办的特区究竟成效如何,1984年1月24日到26日,邓小平来到了深圳进行考察。期间他视察了深圳市和招商局蛇口工业区,参观了中国航空技术进出口公司深圳工贸中心、渔民村、中外合资企业华益铝材厂、蛇口微波通讯站、明华轮游乐中心,听取了时任广东省副省长、中共深圳市委书记、深圳市市长梁湘和招商局蛇口工业区董事长、总指挥袁庚的汇报。2月1日,他在广州为深圳特区题词:"深圳的发展和经验证明,我们建立经济特区的政策是正确的。"并特意将落款日期写为离开深圳

---

① 深圳博物馆编:《深圳经济特区创业史》,人民出版社1995年版,第129—132页。
② 《十二大以来重要文献选编》(下),中央文献出版社2011年版,第313页。

的1月26日。①小平同志在视察广东、福建、上海等地后于2月17日回京，24日就找中央领导谈话。谈话的主题是"办好经济特区，增加对外开放城市"。小平充分肯定了深圳特区的发展成就。他说："这次我到深圳一看，给我的印象是一片兴旺发达。深圳的建设速度相当快……深圳的蛇口工业区更快……"经过这次视察，特别是深圳之行，促使小平对特区以及市场经济的功能和作用有了进一步的论述。他说"特区是个窗口，是技术的窗口，管理的窗口，知识的窗口，也是对外政策的窗口。从特区可以引进技术，获得知识，学到管理，管理也是知识。特区成为开放的基地，不仅在经济方面、培养人才方面使我们得到好处，而且会扩大我国的对外影响"。他明确指出，"我们建立经济特区，实行开放政策，有个指导思想要明确，就是不是收，而是放。""除现在的特区之外，可以考虑再开放几个港口城市……这些地方不叫特区，但可以实行特区的某种政策。"②同年的5月4日，中共中央和国务院批准《沿海部分城市座谈会纪要》关于进一步开放沿海十四个港口城市的建议。也是在这一年的10月12日，在党的十二届三中全会上通过了《中共中央关于经济体制改革的决定》，明确指出：社会主义的"优越性还没有得到应有的发挥，……就经济方面来说，一个重要的原因，就是在经济体制上形成了一种同社会生产力发展要求不相适应的僵化模式"。这种模式，实际上就是计划体制。"改革计划体制，首先要突破把计划经济同商品经济对立起来的传统观念，明确认识社会主义计划经济必须自觉依据和运用价值规律，是在公有制基础上的有计划的商品经济。商品经济的充分发展，是社会经济发展不可逾越的阶段，是实现我国经济现代化的必要条件。只有充分发展商品经济，才能把经济真正搞活。"③ 若是说1982年十二大上确认的"计划经济为主，市场经济为辅"的方针还带有某种程度上的将计划同市场对立的传统观念，那么此次的新论断，明确指出社会主义计划经济实际上是在"公有制基础上的有计划的商品经济"，

---

① 《邓小平年谱（一九七五——一九九七）》（下），中央文献出版社2004年版，第954—957页。
② 《邓小平文选》第三卷，人民出版社2009年版，第51—52页。
③ 《十二大以来重要文献选编》（中），中央文献出版社2011年版，第50、56页。

则是对社会主义社会中计划与市场的关系的更加精辟与深刻的理解，是重大的理论创新。邓小平盛赞《中共中央关于经济体制改革的决定》"写出了一个政治经济学的初稿，是马克思主义基本原理和中国社会主义实践相结合的政治经济学"。他还对此份文件的意义及形成与通过的原因做了论述："这次经济体制改革的文件好，就是解释了什么是社会主义……过去我们不可能写出这样的文件，没有前几年的实践不可能写出这样的文件。写出来，也很不容易通过，会被看作'异端'。"① 可以推知，在前几年的实践中，深圳经验占了相当大的比重！

回顾初创奠基和改革开放局部推进阶段的深圳先进文化建设的历程，在这一时期，深圳以思想观念的变革为突破口，推动经济体制进行了一系列的改革，初步建立了中国特色社会主义市场经济体制，为社会主义制度的完善和发展做出了巨大贡献。1984年邓小平视察深圳，认可深圳的发展和经验。深圳可以自豪地讲，正是深圳的发展和经验促使邓小平对创建特区的目的与意义，特区的地位与作用，以及社会主义与市场经济的关系有了进一步的认识，让他下更大的决心推动全国对外开放向前发展，用更大的力度推动经济体制改革。在经济体制改革的过程中，深圳发挥了"试验场"的作用，深圳的发展和经验，对于正确认识社会主义与市场经济之间的关系方面居功至伟。诚如江泽民同志在1994年与2000年视察深圳时说："许多经济体制改革的举措，都是首先在经济特区进行试验和开始实施，取得经验后，再推行到其他地区，起到了改革的'试验场'的作用。""经济特区，在由过去的计划经济向社会主义市场经济转变的历史进程中发挥了重要的试验场作用"。② 而正是这种观念的变革和经济体制改革的成功试验和探索，不仅为深圳文化先进建设扫除了思想障碍，而且也为加强深圳先进文化建设提供了现实的迫切需要，成为推动深圳先进文化建设的重要动力。

---

① 《邓小平文选》第二卷，人民出版社2009年版，第83、91页。
② 江潭瑜主编：《深圳改革开放史》，人民出版社2010年版，第8、11页。

第二节 经济转型发展和改革开放全面推进阶段的深圳先进文化建设（1986年—1992年）

这个阶段的国际国内形势复杂。国外包括苏联在内的东欧社会主义国家纷纷发生政治剧变，国内部分大城市出现了"学潮"，直至1989年出现了"六四风波"。怎样面对西方文化的强烈冲击，重建中国的文化价值认同，提高民族文化自信心，这是中国文化界面临的重大时代课题。1988年的"蛇口风波"关于义与利、个人主义与集体主义的争论，直接推动了追求正当个人利益成为时代的思想潮流，对于此后深圳的思想解放和文化发展产生了重要影响；相继完工并投入使用的八大文化设施开始为特区文化发展提供重要载体，并推动大众娱乐文化和高雅文化艺术的结合；在拓荒牛精神基础上提炼和发展的新深圳精神，成为这一时期深圳文化发展的重要内容。作为改革开放窗口的深圳积极探索经济建设和精神文明建设以及文化建设的正确发展方向和具体路径，体现出解放思想、敢闯敢试的全新精神风貌，有效地回应当时社会上流传的各种对特区性质误解的言论和猜测。

一、提出建立深圳特色的特区文化

1986年9月，中共中央十二届六中全会通过了《中共中央关于社会主义精神文明建设指导方针的决议》，提出"对外开放作为一项不可动摇的基本国策，不仅适用于物质文明建设，而且适用于精神文明建设"，从而校正了"精神文明建设不能对外开放"的模糊思想；并把培养"四有新人"（即有理想、有道德、有文化、有纪律），提高整个民族的思想道德素质和科学文化素质，作为文化建设和思想建设的根本任务。1986年12月，邓小平再次发表了题为《旗帜鲜明地反对资产阶级自由化》的讲话，指出要继续旗帜鲜明地反对资产阶级自由化、反对精神污染，反对照搬西方民主，坚持党的领导，坚持社会主义道路。全国上下开展了一场"反对资产阶级自由化"的运动。从文化政策研究的角度来说,这场运动既是文化与意识形态复杂关系在新的历史条件下的重新呈现,也涉及如何面对随着开放大量涌入的西方文化、港台文化的影响,以及怎样重建市场经济条件下的文化价值观等等复杂问题。

从深圳的发展来看,外商的进入、外向型经济的建立、市场的放开、大量人口的迅速积聚,直接带来了歌舞娱乐、音乐茶座、文化旅游等新兴文化需求的产生,催生了文化市场和大众文化。与此同时,港台文化、西方文化的冲击带来审美取向的多元化。深圳亟须充分利用地理位置的优势,实施特殊政策,集东、西方文化之长,在"输出"与"输入"文化的同时,建设有深圳特色的开放型文化,推动外向型经济的发展。"特区文化必须和经济一样特起来,才能防止特区建设出现'倾斜发展'。特区建设需要铸造特区人的'特区意识',让传统的文化心理结构在改革和开放中得到发扬、升华与更新。""深圳文化开放、交流和引进,应比内地更积极、更主动、更大胆一些。"[1]

为此,深圳市委提出,党中央、国务院赋予特区的使命就是改革一切不适应生产力发展的生产关系和上层建筑,探索出一条有中国特色的社会主义的现代化道路。特区建设者就必须始终坚持解放思想、实事求是的思想路线,在改革开放的伟大实践中不断更新观念,敢于突破陈规陋习,敢于走前人没有走过的路。改革的深入,不仅会大大推动物质文明建设,也必将引起精神文明领域的深刻变化。特区精神文明建设在起步阶段已取得了显著成绩,但与经济建设的速度和成效相比,还存在着一定的差距。因此,精神文明建设要着眼于特区发展和改革的大局,对涉及的各个方面进行通盘考虑,制订出高屋建瓴、科学合理的总体规划,做出总的安排,致力于提高全体市民的思想道德水平和科学文化水平,为特区新阶段的建设事业提供强有力的精神动力、智力支持和思想保证。

---

[1] 高占祥:《论特区文化》,《企业文化》2000年1月,第4—5页。

二、实施文化网络枢纽规划

由于深圳经济发展迅速，城市人口扩容加快；为了满足特区人民群众的文化需要，进一步拓展文化市场，从1985年开始，市文化工作的重点转移到了群众文化活动方面，注重抓好中、小型文化设施的建设，发挥文化机构的中心辐射作用。1985年，市委、市政府推行"文化网络枢纽规划"，以图书馆、新华书店、电影公司、艺术中心为主干，建立读书指导网络、电影发行放映网络、图书发行销售网络、群众文化辅导网络。到1990年，全市形成了条块结合、纵横交错、国家集体企业合办文化的格局。全市40个街道办事处和镇委中，已有36个建立了文化站和文化中心；395个居委会、乡委会中，有120个建立了文化室。此外，企业办的俱乐部有800多个。全市建成区、街、村三级图书馆（室）80多个、藏书30余万册；企业图书馆（室）210个，藏书25.5万册；中小学图书馆（室）108个，以及一批部队图书馆（室）、流通站和读者借阅点。市新华书店门市部增加到12个，图书销售总额达3100多万元。电影放映单位发展到137个，全市共放映电影3.95万多场，全年人均看电影9.86场。市青少年活动中心创办的"大家乐舞台"，到1990年已举办近2000场演出，很受群众欢迎。[1]

实施"文化网络规划"，解决了群众买书难、看电影难、参加文化娱乐活动难的问题，使特区群众性的文化活动由自我封闭型转向开放型，由文化部门主办转向社会参与共办，由强制灌输转向群众自娱自教，从而使整个特区的文化工作从"小文化"向大文化转变，从单纯群众文化向多样化的高雅文化方向发展。

三、注重企业文化建设

深圳在改革开放实践中，最早在我国开展企业文化研究。特区内一批国有企业、内联企业和外资企业便先后开展多层次、多渠道的企业文化建设，呈现出生机勃勃、空前活跃的"企业文化热"。如深圳康佳电子（集

---

[1] 深圳市史志办公室编：《中国经济特区的精神文明建设（深圳卷）》，中共党史出版社2003版，第167页。

团）股份有限公司倡导企业文化，形成"你为我，我为他——大家为康佳、康佳为国家"的企业精神，打破了计划经济时期由政府单一办文化的封闭状态，形成了全社会办文化的蓬勃发展新局面，企业文化建设搞得有声有色，该公司从1991年起连续5年蝉联"全国十大最佳合资企业"金榜，获西班牙"国际领先企业奖"，公司党委被中组部授予"全国先进基层党组织"称号，1992年公司被授予"全国五一劳动奖状"，在国内外产生广泛影响，被称为"中国企业文化在广东的萌芽"。万科股份有限公司开发文化产业，摄制的影片《过年》开创企业获国际大奖之先河。深圳越来越多的企业家都明确地把文化作为一种资源来开发，把资助开展文化活动作为塑造企业形象和提高企业素质的重要手段，从而促使了文化与企业联姻，取得了经济效益和社会效益的双丰收，创出了一条经济和文化协同发展的路子。

四、积极培育"深圳精神"

深圳特区的建设者来自五湖四海，思想、作风、习惯各不相同，文化素质、价值观念、思想觉悟参差不齐。这就需要有一种特区人普遍认可和接受的精神境界，来充分调动各方面的积极性，增强特区的凝聚力。"深圳精神"不是谁凭空想出来的几个词汇的组合，而是在特区改革开放和建设实践中，不断总结和提炼出来的。80年代初期的"拓荒牛"提法虽然形象生动，但还不是对特区精神的准确概括。

1987年6月，深圳市思想政治工作会议指出，特区处于改革开放的最前沿，面临复杂的形势和肩负着特殊的使命，迫切需要用共同理想来凝聚人心，鼓舞斗志，需要通过培养"特区精神"，不断提高人们的思想道德水平和科学文化素质，使人们的精神风貌同特区的事业发展相适应、与时代潮流相合拍。经过认真讨论，会议决定提炼出"开拓、创新、献身"这六个字来概括深圳特区精神。作为反映一定历史发展时期特区人精神风貌的特区精神，其内容必然要随着形势的发展而不断丰富、充实。

恰在这时，在改革开放的首发片区蛇口，发生了一件影响广泛的事件，这就是著名的"蛇口风波"。"蛇口风波"对于此后深圳精神的塑造产生了重要影响，甚至影响到深圳特区文化的气派和风格。

1988年1月13日，深圳蛇口举行了一场"青年教育家与蛇口青年座谈会"，出席座谈会的有中国青年思想教育研究中心的几位研究专家和蛇口近70名青年。座谈会上，引起争论的问题，有多种说法。从当年《蛇口通讯报》报道来看，与会的专家和蛇口青年存在的观念上的激烈交锋有四个方面：一是怎样看待特区（蛇口）青年，他们是"淘金者"还是特区建设者？与会的青年强烈反对专家们的"淘金"论。二是专家大力提倡个体户把收入的很大一部分献给国家，办公益事业。与会的青年对此不予苟同，认为个体户要理直气壮地将劳动所得存入腰包。三是有的专家认为"在我们国土上跑着那么多外国车，我看到难受"，因为"我们落后"。与会的青年则认为，这个认识太肤浅，落后是体制所造成的。在目前开放的主题下，没有一点外国的东西倒是落后的表现。四是专家倡导用"点燃人们心灵之火"的方式来表达对祖国的感情。与会的青年则认为也应该允许通过辛勤劳动的方式表达对祖国的热爱，不能随便给蛇口青年加上一顶"不热爱祖国"的帽子。专家们同与会青年发生不同观点的激烈争论，座谈会不欢而散。

1988年8月6日，《人民日报》发表《"蛇口风波"答问录》，并表示愿意为更多的人参与"共同探索新时期青年思想政治工作问题"提供版面。从此关注"蛇口风波"的人更多，一场蔓延全国、波及海外的价值观大争论，一场现代观念和陈旧说教的激烈碰撞在全国范围展开了。据不完全统计，先后有来自中央和地方以及几十个省、市的100多位作者，在各地报刊上发表评论，参与讨论。远在美国、澳大利亚、挪威等国的中国留学生也纷纷来信阐述看法，评述"蛇口风波"的是与非。"蛇口风波"代表着深圳特区创建者敢于开拓创新，不惧旧体制权威的勇气；代表着他们大胆冲击传统义利观点，毅然追求个人劳动价值，重新诠释了改革开放时代条件下的奉献与爱国精神，为深圳精神的形成和发展奠定了广泛的群众基础。

1990年，市委常委会通过讨论决定对特区精神加以补充、完善，做出新的概括，增加"团结"二字，并将"献身"改为"奉献"，提出"开拓、创新、团结、奉献"的新精神。同时把"特区精神"改称为"深圳精神"，以增强深圳人的自励自豪感和使命感、责任感。市委向当时前来视察的江泽民总书记汇报了新概括的深圳精神，得到江总书记的肯定和赞扬。市委做出的新概括，是对深圳精神的进一步完善和发展。这个新的概括适应了特区建设的需要，把先进性和群众性更好地结合起来，使深圳精神的提法更加科学、完整，具有更广泛、更强大的凝聚力和影响力。

总之，在这一时期，深圳的文化建设取得长足进步，文化艺术创作日益繁荣。深圳文化工作者在文艺创作、新闻出版、广播电视、理论研究等方面取得不少成果，先后在全国的戏剧"梅花奖"、电影"金鸡奖"、民间文学"银河奖"、全国优秀短篇小说和报告文学奖、中南地区电视剧"金帆奖"和广东省"鲁迅文艺奖"、"新人新作奖"等有影响的奖项评比中获奖。据不完全统计，在深圳的文学、戏剧、电影、电视、美术、音乐、舞蹈、摄影、书法、雕塑等文艺作品中，有500多篇（件、幅）获省、市级以上奖励，有些还在国际上为特区、为祖国争得了荣誉。深圳文化市场也随着经济的发展日趋繁荣，包括图书报刊发行、歌舞厅演出、电影放映、工艺美术、音像制品、文化娱乐、文化旅游、集邮等项目在内的文化经济活动极为活跃。这是深圳以市场化、社会化为取向的文化事业发展思路所取得的丰硕成果。随着这一市场的快速发展，深圳已形成一个"大文化"市场，出现多渠道、多层次、多体制的社会办文化格局。

第三节 增创新优势与跨越式发展阶段的深圳先进文化建设（1993年—2002年）

1992年，改革开放的总设计师邓小平发表了著名的"南方谈话"，肯定特区姓"社"不姓"资"，总结并肯定"深圳的重要经验就是敢闯"，明确指示"要坚持两手抓""两只手都要硬"，提出了三个"有利于"的标准，一定程度解决了思想理论界的困惑。江泽民同志先后两次来深圳，阐明中央关于经济特区的"三个不变"，明确指出："在新的历史条件下，经济特区要认真总结成功经验，抓紧解决存在的问题，努力形成和发展经济特区的中国特色、中国风格、中国气派。"要求深圳特区"增创新优势,更上一层楼",并指出:"增创特区优势,既包括增创经济优势、物质文明优势,也包括增创精神文明优势、思想政治优势、社会全面进步优势。""要像抓物质文明那样抓精神文明。看一个领导干部的政绩,不仅要看他抓物质文明建设的能力和成果,还要看他抓精神文明建设的能力和成果。在任何时候任何情况下,发展物质文明都不能以削弱甚至牺牲精神文明建设作为代价,而应积极促进精神文明的发展,既满足人民的精神生活需要,又反过来为发展物质文明不断提供动力和智力支持。"[1]中央领导同志的重要讲话及指示精神,为深圳特区新阶段的精神文明建设与文化建设指明了方向。深圳市委、市政府提出了"第二次创业"的响亮口号,召开了全市文化工作会议,制定了《深圳精神文明建设"八五"规划》《深圳精神文明建设"九五"规划》《深圳市文化事业发展(1998—2000)三年规划及2010年远景目标》《中共深圳市委深圳市人民政府关于加快实施科教兴市战略推进教育现代化的决定》等一系列重要文件,深圳文化发展进入提高新阶段。

一、提出建设"现代文化名城"口号

1995年3月,全市文化工作会议召开。会议总结了15年来文化工作的基本成就与经验,提出了未来文化发展的目标与措施,并讨论了《深圳市1995—2000年文化发展规划》。市委常委、副市长李容根在《增创深圳文化优势,建设现代文化名城》的报告中,首次提出将深圳建成"现代文化名城"的战略目标,即:围绕建设多功能、现代化的国际性城市的目标,逐步使深圳发展成为我国"中外文化交流的窗口、文艺精品和文化人才荟萃的中心、现代文化艺术产品生产的基地、文化艺术商品交易的市场"。1997年初,根据市领导的指示,市文化局专门成立了"深圳市文化发展战略规划领导小组",下设总课题组、文化艺术、新闻出版、广播电视、社会科学等五个课题组,组织了文化市场、文化体制、文化设施与群众文化、舆论环境四个重点专题调查组。在前期广泛调研的基础上,各课题组撰写

---

[1] 《江泽民文选》第1卷,人民出版社2006年版,第381页。

出《深圳市文化市场调查综合报告》《深圳市报刊现状调查报告》《深圳市广播电视宣传及事业发展分析报告》《深圳市文化设施调研分析报告》《对我市群众文化的调查数据分析报告》《文化系统事业单位体制改革问卷调查分析报告》等有关调查报告和对策方案。市文化局在原有各课题组的基础上，起草完成《深圳市文化事业发展（1998—2000）三年规划及 2010 年远景目标》（以下简称《规划》），由市委常委会议讨论同意，经过深圳市委二届八次会议通过，并于 1998 年 3 月 2 日正式颁布。

《规划》提出深圳文化事业发展的总体目标是：与建设现代化国际性城市的要求相适应，努力把深圳建设成为社会主义现代文化名城。建设现代文化名城，就是建设面向现代化、面向世界、面向未来，民族的、科学的、大众的现代城市文化。现代文化名城目标的实施，有利于树立现代化国际性城市的文化形象，有利于优化投资环境，增强深圳作为"文化窗口"的吸引力。《规划》提出实施文化发展的战略步骤是：三年打基础（1998—2000 年），十年上水平（2001—2010 年），要把深圳建设成为"现代文化名城"。

虽然"现代文化名城"的发展目标，一度曾引起国内文化界的争论，但它充分显示出特区城市深圳的文化自信，显示出深圳市委市政府和深圳人民加强深圳文化建设、塑造特区文化形象的决心和气魄，使深圳人开始自觉地增强文化创新意识和文化发展意识，激发文化想象力，构思深圳的"文化地图"，逐步形成关注、参与和促进深圳文化建设的"文化情怀"，为深圳文化的加速发展奠定了社会思想基础和群众基础。

二、加快文化设施建设，构筑现代文化景观

深圳市在前十年发展中兴建了八大重点文化设施，初步打下了文化事业发展的基础。但是，随着经济的高速增长和人口的急剧膨胀，文化基础设施不足与人民群众文化需求日益增长的矛盾又凸显出来。主要问题是：在已建成的市级文化设施中，功能不齐全，设备不配套，场地小；缺乏高档次的文化设施，难以举办全国性、国际性的大型文化活动；区一级文化设施缺口很大，远未达到国家提出的"四个一"（即各县/区必须有图书馆、

文化馆、影剧院、新华书店各一个）指标；基层文化站建设落后，社会公益型、服务性的文化设施严重不足。

针对这种状况，1994年2月，市文化局向市政府呈交了《关于我市在第二个十年发展中急需兴建的重点文化设施的请示》，建议集中新建深圳文化中心（或称深圳文化城）、深圳文化广场和深圳国际文化交流中心三个大的文化设施群。此举得到市人大常委会的重视，部分人大代表对现有市、区、镇（街道）三级重点文化设施进行了实地视察。1995年4月，市一届人大四次会议又通过了《关于加强我市设施建设的议案》（1号议案），要求市政府将投资兴建一批与国际性城市相匹配的文化设施系统纳入近期经济社会发展计划。市政府对此极为重视，立即成立了承办1号议案领导小组，着手对全市四级文化设施现状展开深入调查，先后召开七次有关单位领导、专家参加的座谈论证会，还派员专程考察了香港、珠海、广州等地文化设施。经过数月的普查和多次论证、修改，市政府拿出了关于1号议案办理情况的报告，提请市人大常委会审议。厉有为市长在报告上批示："如人大常委会讨论通过，政府发文件作为硬指标组织落实。"

1995年9月15日，市政府发出《印发关于加强我市文化设施建设的议案办理情况报告的通知》，由此宣告了深圳新一轮文化设施建设热潮的兴起。市委、市政府将公共文化设施建设纳入城市发展总体规划，重新修订并严格执行《深圳市城市规划标准与准则》，要求市规划国土、建设部门在审批旧村改造和规划新住宅小区时，将公共文化娱乐设施作为硬性指标落实给建设单位，并增加了新华书店门市部项目和项目建设面积，至于高层次的文化设施群的建设，则纳入文化发展战略规划之中，按照国内一流、国际先进的标准实施。比如，拟在"九五"期间乃至21世纪的头十年，分期兴建一批面向未来、具有较高文化科技含量的标志性文化设施，以提高城市的文化品位。为了落实市级文化设施建设规划，市政府成立文化设施建设领导小组，负责组织文化设施建设项目的论证和方案设计等。采取政府投资，多渠道集资、融资方式解决资金问题。区、办事处（镇）、居委会（村）的文化设施建设，也相应成立各级文化设施建设领导小组，将文化设施建设纳入各级领导班子的任期目标责任制。市规划国土部门对基层文化设施建设用地统筹考虑,并在征收土地使用费方面给予政策倾斜。市计划部门继续对各区"四个一"指标实施"启动资金"补贴,直到完成为止。

为了实现"现代文化名城"的目标,全市上下认识统一、高度重视,文化设施建设的力度明显加大,速度明显加快。除了兴建"新八大文化设施"(关山月美术馆、深圳画院、深圳书城、特区报业大厦、有线电视台、华夏艺术中心、何香凝美术馆、商报大厦)之外,还筹建中心图书馆、国际文化交流中心、艺术博物馆、科学馆、文化艺术品交易中心等"五大文化设施群"以及特区文化研究基地、粤剧技艺馆、电影大厦、南山电影城等专业文化设施。

基层文化设施方面,罗湖、南山两区图书馆相继建成,宝安区文化馆封顶。原来基础较差的南湖、盐田、华富、梅林、西丽、大鹏和西乡等乡、镇、街道文化站,年内已相继获准立项或动工兴建。据有关资料统计,到1997年底,全市文化设施总占地面积1900万平方米,总建筑面积139万平方米,总投资37亿元人民币,其中政府投资约占47%;深圳已拥有图书馆(室)139个,影剧院、音乐厅、会堂57个,博物馆、美术馆、展览馆19个,大家乐、活动中心、文化广场47个,文化公园、旅游景点18个,文化馆(站)45个。[①] 这些文化设施布局合理、功能齐全,其中不少具有较高的文化品位,它们共同构筑出深圳清新而富于活力的现代文化景观。

三、繁荣文化市场,培育文化产业

深圳在迈向社会主义市场经济的过程中,随着文化商品种类的增加和交换场所的扩大,逐步构建起一个分布趋于合理、门类较为齐全的文化市场体系。经过多年发展,形成了包括歌舞娱乐市场、演出市场、书刊市场、音像市场、艺术培训市场、艺术品销售市场、旅游文化市场、广告文化及节庆文化广场等的文化市场。这个文化市场网络几乎覆盖了深圳不同职业、不同年龄、不同层次、不同情趣的社会公众精神文化的消费需求,并交融互动、迅速发展。以演出市场为例,70年代末深圳仅有1家老电影院,

---

① 深圳市史志办公室编:《中国经济特区的精神文明建设(深圳卷)》,中共党史出版社2003版,第258页。

1间戏院;到1992年,深圳的影剧院(场)就增加到80多家。[①]从富丽堂皇的深圳大剧院到华侨城新颖别致的华夏艺术中心,从企业自建的柏叶艺术广场到露天观看的"大家乐"舞台,以及各种综合性、专业性、多功能及兼营性的演出场所如体育馆、俱乐部等,星罗棋布,为电影、戏剧、音乐、歌舞等不同种类的艺术演出经营提供了广阔的舞台和市场。以1996年为例,全市国内外各类艺术团体演出达4850场。而且,日益扩大的文化市场体系还在向纵深发展,像文稿竞价拍卖就是把文化市场从最终产品推向半成品市场的一种拓展,尽管还有欠成熟,但仍不失为一种大胆探索。在深圳,以满足人们精神文化需求为宗旨,讲究适销对路,注重文化消费质量的文化市场机制初步形成。

与文化市场的其他部分相比,深圳的娱乐市场发展最快,其中歌舞厅(包括歌厅、舞厅、音乐茶座、音乐酒吧、民歌酒廊、卡拉OK厅等)以开业数量和从业人数最多、行业投入产出率最高而独占鳌头。深圳第一家歌舞厅于1981年开业,至1990年底共有各类歌舞厅200多家,而到1992年底已激增至近400家,两年内增长一倍。1992年抽样调查结果表明,在歌舞厅的演出中,民族歌曲最多的占整场演出98%,最少的占到整场的34%。[②]这一年,深圳歌舞厅行业组团赴京汇报演出,把健康优美的歌舞带到首都,进入中南海,赢得了中央领导和首都人民的好评。深圳上演的剧(曲)目,受政府宏观调控,讲究适销对路,重视消费需求变化,注重文化消费质量。深圳市沙都歌舞厅在开业前花了2万多元到同行业做市场调查,从各歌舞厅的港澳台"劲歌劲舞"的观众构成中,发现了民族歌舞的潜在消费需求和诱人的市场潜力,于是果敢决策,独辟蹊径,成立民族歌舞艺术团,一炮打响,获得了成功。

文化市场的繁荣发展,促使传统的国营文化事业单位由事业型、公益型、福利型向产业型文化实体转变。市委、市政府认为,计划经济给文化事业造成的危局必须扭转,而要扭转危局,关键在于改革。文化事业单位

[①] 深圳市史志办公室编:《中国经济特区的精神文明建设(深圳卷)》,中共党史出版社2003年版,第259页。

[②] 同上书,第260页。

在经营体制、管理体制、组织体制和分配体制的系统改革中，开始从计划型转向产业型，从靠国家"供血"为主转向自身"造血"为主，走向市场，以文养文，开展有偿服务。根据5个系列50个单位数额统计，1996年以文补文项目总收入为8682.58万元。其中36个文化馆、站3072.18万元，4个市属单位（深圳大剧院、凤凰剧院、深圳图书馆、深圳博物馆）1686万元。在36个文化馆、站中，以文补文收入最高的是龙岗区，9个文化站1625.6万元；宝安区次之，10个文化馆、站791.08万元。[1]宝安、龙岗两区的群众文化活动比较活跃，显然与他们重视以文养文经营增强自身"造血"能力大有关系。

面向市场后，很多文化单位打破"铁饭碗"，实行承包责任制、转用制，引进竞争机制，实行企业化管理。如深圳图书馆自1991年起在职工中试行聘任制。1992年开始在中层干部中实行聘任制。深圳交响乐团于1999年实行全员聘任制。为探索文化企业实行自主经营、自主发展的管理机制，深圳筹建了文化股份公司——南国影联股份公司，采取内部集资、争取公开发行股票等办法，将文化企业推向市场，取得了两个效益双丰收的成绩。经过改革，文化企业在组织结构、人员素质、艺术水平、生产能力诸方面都有了长足的进步。深圳文化产业化大军的重要一翼是中外合资和外商独资经营以及行业、企业、个体出资兴办的文化产业。如深圳万科企业股份有限公司1986年便涉足文化传播业，1992年成立万科文化传播有限公司。它与北影合作拍摄的电影《过年》和《找乐》分获东京国际电影节和西班牙圣塞巴斯蒂安电影节的大奖，另有一批影视片在国内获奖。文化传播已成为该公司的四大产业支柱之一。深圳（中国）西部艺术团以陕西、甘肃等地的文艺团体为依托，不向国家要投资、编制和场地（固定），根据市场需要轮流赴深演出，借助深圳舞台，把中国西部优秀的民族歌舞艺术引进深圳，并通过这个"窗口"推向世界。总之，深圳在发展文化产业的道路上已走出一大步，并正向集约化、规模化的方向迈进。

---

[1] 深圳市史志办公室编：《中国经济特区的精神文明建设（深圳卷）》，中共党史出版社2003版，第261页。

四、提出"深圳学派"和"实现市民文化权利"

作为新兴城市,深圳地理位置偏远,历史文化积淀薄弱,加之高等院校稀少、文化机构数量有限、对文化艺术高级人才缺乏足够的吸引力,深圳未能建立起自己独立的人文知识分子群体,这对深圳文化发展产生了诸多潜在的影响,高端文化人才的缺乏、高端学术成果的缺乏,成为深圳文化的"短板"。1996年6月,余秋雨先生应邀到深圳讲学,时任深圳市文化局副局长的王京生等文化官员与之就深圳城市文化的发展作了一番长谈,话题不约而同地聚集到学派问题上。余秋雨在受聘出任深圳市特区文化研究中心名誉主任仪式上,作了题为《深圳应有的文化态度》的演讲。他认为,深圳具备最容易产生学派的条件;深圳文化能创出新兴学派充满活力的成长机制;深圳文化发展的区位优势,使它有可能成为贯通我国内陆与海外的中华文化的"桥头堡",深圳最有资格掌握20世纪中国文化的结算权。因此,余秋雨认为深圳有条件建成深圳学派。[①]

"深圳学派"一词以及余秋雨对于深圳文化的看法一经公开发表后,立即引起国内文化界的关注与论战。作为一座刚入而立之年的年轻城市,深圳缺少历史文化积淀,学术资源匮乏,这也是"深圳学派"引发争论的一个重要原因。1997年8月7日,王京生发表了《从百家争鸣到深圳学派》一文,首次公开提出建设"深圳学派"的基本设想,阐明了深圳对城市学术文化的见解与主张、态度与立场。他认为:"学派的呼求,体现出深圳文化发展到一定阶段要求自我认识、自我激励的学术自觉。深圳学派可否形成,它的文化态度、研究方法是怎样的特征,现在谈论还为时尚早,它的目标将存于一个更高远的未来。然而,当我们回到深圳当下的情境中来,从文化运作的态势和潜能中,就会发现一系列被称为'萌芽'的东西,而就是它们,是未来学派形成的弥足珍贵的资源。"[②]

城市的文化竞争,是文化存量的竞争,但更是文化增量的竞争。在"文化存量"严重不足的情况下,深圳另辟蹊径,在"文化增量"上下功

[①] 《深圳商报》,1995年11月19日。

[②] 《深圳商报》,1997年8月7日。

夫。"深圳学派"倡导的就是一种文化的"增量"。这种"增量"的价值定位预示着"深圳学派"必定区别于传统的城市学派，具备新的内涵和价值取向。这浓缩了深圳学术文化建设的时空定位，反映了深圳学界对自己的经纬坐标的全面审视和深入理解，体现了深圳学术文化建设的总体要求和基本特色。特别是2003年确立"文化立市"战略以来，深圳对城市文化中的"学术短板"了然于胸，在学术文化建设上不遗余力，"深圳学派"得到深圳市委市政府的精心呵护，一以贯之地践行着自己的"学术宣言"，推动"深圳学派"从概念走进现实。

这一阶段的文化发展还有一件大事，是深圳率先提出了"实现市民文化权利"的命题。2000年，深圳市委宣传部领导提出，不同阶层参与文化创造、享受文化成果的文化权利落实与否，直接影响着一个城市、一个国家的文化发展。在2002年深圳政府主办的第三届"深圳读书月"上，"实现市民文化权利"被作为活动主题得到强调和宣讲。"文化权利"概念的提出体现了市场经济条件下公民权利意识觉醒，在全国产生了一定的影响，为深圳的文化发展抹上了真正具有先锋意义的一笔。

从2000年开始，深圳创造性地在每年11月开展"深圳读书月"活动。"深圳读书月"以倡导全民阅读、提升城市文化品位和市民文化素质为宗旨，以实现市民文化权利、构建和谐社会为己任，主题明确、突出，活动贴近实际、贴近生活、贴近群众，形成了成熟的运作模式，即"政府倡导、专家指导、社会参与、媒体支持、企业承办"。"深圳读书月"的参与面越来越广，影响越来越大，全国多个城市纷纷来深学习、借鉴读书月的成功经验。全国读书文化研讨会、图书漂流、全国报纸阅读文化圆桌会议等活动均为"深圳读书月"首创，经典诗文朗诵会已成为"深圳读书月"一年一度的大型文化活动，社会反响热烈。"深圳读书月"活动曾经分别成功举办了"世界的回声""深圳，让我们如此感动""热爱生活""这就是深圳"等多届经典诗文朗诵会。多年的读书月打造了深圳读书论坛、藏书与阅读推荐书目、十大好书评选、赠书献爱心等许多知名品牌活动。通过这些学术文化活动，大量专家学者在读书月期间齐聚深圳，其中有国学大师，有两院院士，有知名学者，有名校教授。金庸先生说："一个新的城市有如此欣欣向荣的读书尚学风气，是我没有意料到的"。北大教授谢冕称，读书月是"深圳的文化狂欢节"，著名作家莫言非常赞赏读书月活动，认为读书月为深圳营造了一种读书的社会心理，是一件好事。"深圳读书月"的成功实践，让深圳获得联合国教科文组织颁发的"全球全民阅读典范城市"称号，并推动着阅读法规的逐渐成形。目前，深圳的全民阅读立法工作正在紧锣密鼓进行中。《深圳经济特区全民阅读条例》的讨论稿将围绕阅读管理、阅读资源、阅读服务、未成年人阅读、阅读推广、阅读宣传、阅读评估、阅读参与、阅读保障等方面制定法规。而"深圳读书月"及"4·23世界读书日"也被纳入其中，包括开展活动的时间和主办单位，都将用法规的形式固定下来。

五、发展群众文化，塑造精品文化

经过十多年的建设，深圳特区的群众文化事业有了较快的发展。1989年，深圳建起艺术广场网络。至90年代中期，全市15个文化网络已经形成，并初具规模。其一，以市艺术中心为主干，由各区文化馆、街道（镇）文化站组成的群众文化活动辅导网络基本形成。其二，以深圳图书馆为主干的读书指导网络，纵横发展。纵向由市、区、街道（镇）图书馆（室）组成，横向由机关、学校、企业、社会各部门图书馆（室）组成的这种指导网络为群众看书学习和使用图书馆资料提供了方便。特别是基层图书馆的建立，为百万群众学习文化科学知识提供了好去处。其三，以市电影公司为主干的电影发行放映网络全面铺开，解决了群众看电影难的问题。在全国上座率普遍滑坡的情况下，深圳的电影发行放映三大指标（观众人次、放映场次、发行收入）都完成得比较好，出现了连续十年递增的喜人局面。其四，以新华书店为主干的图书发行销售网络遍布全市：市政府很重视投资书店建设，至1995年，特区内新华书店已发展到38间，有综合书店、科技书店、外文书店、建筑书店、古籍书店、儿童书店、音像商场、书亭等，营业面积达7000平方米。此外，19个镇文化站也都办有书店、书亭，在图书发行中扮演了重要角色。其五，艺术广场密网交织，全市有近30个艺术广场，每逢重大节日庆典和一些大的宣传活动都利用艺术广场，开展文艺活动,被称为"深圳一绝"。深圳的群众文化呈现出一派欣欣向荣的景象,让先进文化走进千家万户,最终实现深圳市民的文化权利。

随着一大批文化基础设施的建成投入运行,深圳的旅游文化也开始走向繁荣。深圳特区华侨城建设指挥部所辖华侨城是由香港中旅(集团)公司于1985年开发经营的一个企业。该企业以自身成立的艺术团为依托,走文化与经济结合的路子,从90年代初开始,先后建起了深圳"锦绣中华"(后又建美国佛罗里达州"锦绣中华")"中国民俗文化村""世界之窗""欢乐谷"四个旅游景点和相应的艺术团,以及一个以承载高雅艺术为主的"华夏艺术中心",创造了中国旅游文化奇迹,收到良好的两个效益。"锦绣中华"有限公司开业的当年就收回了近1亿元的全部投资,第二年开始盈利;1992年,民俗村建成,它的"成熟期"来得更快。景区迎来第100万名游客只用了82天,收回全部1.1亿元投资则用了一年零八个月,成为深圳市的纳税大户;"世界之窗"于1994年6月开业,当年国庆节一天的游客竟达6万人,当天的门票收入可达420万元。这三个旅游景点都是以艺术团为媒介,通过开展各种各样的艺术表演和文化交流活动而赢得了广大消费者。仅"锦绣中华"就有五个艺术团,从1991年先后成立开始,每个团每天至少演出一场,每年至少演出300—400场;"世界之窗"五洲艺术团从1994年4月16日开业的第一天起,已演出200多场,平均每场观众人数达4000人。[①] 他们还先后出访了美国、德国、新加坡、马来西亚等国家和地区,将中国民族艺术推向世界。1993年7月30日美国《侨报》报道"锦绣中华"民族艺术团在费城演出盛况时写道:"上千人的大剧院挤得满满,这些观众几乎都是一传十、十传百闻声而至,在座观众包括各行各业的侨胞,也有不少留学生,亦有当地的教授、学者,更有正在放暑假的学生,不少人找不到座位站了两个小时来观看,为艺术团的精彩表演,发出阵阵掌声,惊叹演艺之精湛。"

文化精品是衡量地方文化发展水平的重要标志。市委、市政府一直重视抓创作出精品,大力实施以"五个一工程"为龙头的繁荣文艺创作的文

---

① 杨宏海、王地久:《发掘民俗文化资源的成功尝试——深圳华侨城旅游文化调查报告之一》,《东方文化》1995年第2期。

化精品工程，创作了一大批具有较强吸引力、感染力、渗透力的精品力作，深圳文化精品佳作连获殊荣，获奖总数年年刷新纪录。深圳粤剧团创作排演的现代粤剧《驼哥的旗》，2002年夺得第七届中国戏剧节"曹禺戏剧奖"13项大奖，2003年荣获国家舞台艺术精品提名剧目奖和中宣部"五个一工程"奖，成为目前深圳原创戏剧的巅峰之作，铸造了本土文化品牌。粤剧《情系中英街》荣获"五个一工程"奖和文化部第七届"文华奖"。在音乐舞蹈及其他艺术方面，深圳的原创歌曲，在音乐界独领风骚。歌曲《春天的故事》《我属于中国》《共筑一个梦》《我站在摩天楼上》《走向新时代》《中华情》……这些歌曲唱出了百姓心声，唱响了时代强音，一首首唱红神州大地。交响乐《春到深圳湾》等一批作品在全国获大奖；摄影艺术在深圳得到迅速发展普及，先后有146件作品在国际国内获奖；舞蹈《穆斯林礼赞》《一样的月光》获"二十世纪华人经典作品提名奖"和"五个一工程"提名奖；一批反映深圳生活的美术作品也在全国引起关注。

在文学戏剧方面，长篇小说、报告文学、青春校园文学、影视剧等文学创作也百花齐放，精品迭出，很多体裁都是反映深圳特区的改革开放现实。从《没有家园的灵魂》《生死一线》，再到《瘟疫，人类的影子》，深圳作家杨黎光佳作频出，连续三届获得鲁迅文学奖。郁秀的长篇青春校园小说《花季·雨季》出版后，在全国轰动一时，荣获"五个一工程"奖和国家图书奖提名奖、第四届全国优秀儿童文学奖。李兰妮的《傍海人家》、吴启泰的《千年等一回》、安子的《青春驿站》、燕子的"新都市风情"系列等等，出版后好评如潮。《世纪贵族》以及《老街》《无土流浪》《水之华》《别人的城市》《斯芬克斯之谜》《深圳传奇》《老家的雪》等一批优秀作品入围参评"茅盾文学奖"。

在影视艺术方面，重点推出了反映时代精神、具有鲜明艺术特色的主旋律作品，一批优秀影视作品相继在国际国内获奖。电影《你好，太平洋》《联手警探》《一家两制》《过年》《找乐》《兰陵王》《花季雨季》等获得包括国家政府奖在内的国内国际多项大奖；电视剧《深圳人》《泥腿子大字》《特区少年》《北洋水师》《侯门之女》《母亲》等电影和电视剧也在当时火爆荧屏。电视剧《钢铁是怎样炼成的》成为收视率很高的"红色经典"，

《花季·雨季》等多部作品获得包括"飞天奖""金鹰奖"在内的国内和国际上的多个奖项；政论片《世纪行》《亚细亚之光》《走向新世纪》等一批有影响的电视专题片在全国获得广泛好评。

总之，深圳经过十四年的文化建设，已经初步形成了特区文化所具有的开放性、兼容性、先导性、产业性的特点。亦形成较有特色的文化形态：以"锦绣中华"、"中国民俗文化村"、"世界之窗"为代表的旅游文化，创造了旅游与文化在市场经济条件下结合的成功范例，在海内外产生了巨大影响和规模效应；以深圳大剧院、特区交响乐团、华夏艺术中心为代表的高雅文化，吸引了中外高品位、高层次艺术团体，培养了大批高品位的观众；以"大家乐"、"艺术广场"为代表的广场文化，具有参与性与娱乐性的特色，较好地满足了百万打工者的文化需求；以"沙都歌舞厅"为代表的歌舞厅文化，既有浓郁的民族艺术特色，又借鉴外来娱乐文化的形式，丰富了群众业余文化生活；以深圳电视台、电视艺术创作中心、万科文化传播公司、影业公司等为代表的影视文化，单位体制较活，既借用现代科技设备，又引进专业人才，创作生产能力较强；以中华自行车集团、康佳电子集团为代表的企业文化，形成颇具深圳特色的企业文化模式，有效地提高了企业的凝聚力和生产力；以"打工文学""新都市文学"为代表的特区文学，着力反映改革开放与市场经济条件下的特区生活，形成颇具特色的文学景观。

第四节　深化改革开放和全面发展阶段的深圳先进文化建设（2003年—2012年）

2003至2012年的十年，是和平与发展主题充分诠释的十年。作为改革开放的试验地和象征城，深圳利用没有包袱的先天优势，充分释放改革动能，与内地相比，展现出更有活力更有冲劲的精神面貌，创造了一个又一个新的奇迹。十年来，深圳GDP从3586亿增长到12950亿，人均GDP接近2万美元，作为一线城市的绝对地位更加稳固。深圳经济成就的取得，除了得益于国家政策扶持，接近香港的地缘优势，主要还在于深圳在特区建成的初始阶段，就是以先进文化作指导，激发了亿万鹏城人的聪明才智和拼搏精神。实践证明，深圳既是先进文化的先行先试者，也是最先受益者。深圳样本形成后，推广全国，带动其他地方共同受益，深圳示范之功功不可没。深圳先进文化建设处处体现出融入的特征，即深圳先进文化的出台和推广，与深圳的社会发展实践紧密相连，没有脱节的现象——既没有遥遥走在前头的不切实际，也没有远远落在后头的人云亦云，深圳先进文化始终在总结社会实践的经验，反过来更好地指导深圳的后续发展。换言之，深圳先进文化建设是务实的，在务实的基础上又是勇于开拓的。当我们回过头来总结的时候会发现，2003至2012年的十年，深圳在先进文化建设方面取得了巨大的成就。

一、政府加强顶层设计，城市定位根本改变

1. 由"文化立市"到"文化强市"

2003年对深圳文化事业是不平凡的一年。这一年，在党中央的关怀下，深圳成为全国首批文化体制改革综合性试点地区之一；这一年，深圳市召开实施"文化立市"战略工作会议，"文化立市"战略政策的提出，是深圳经济社会发展的必然要求，同时也是深圳整体性的文化自觉。此后，深圳连续三次被表彰为"全国文化体制改革工作先进地区"。2011年，胡锦涛总书记出席深圳第26届世界大学生夏季运动会开幕式期间，专门考察了深圳的文化建设，要求深圳做好文化改革发展这篇大文章，争做文化产业发展的领头羊。有鉴于此，2012年初，深圳发布了《深圳市文化发展十二五规划》；2月，召开了深入实施文化立市战略建设文化强市的工作会议，会后发布《关于深入实施文化立市战略建设文化强市的决定》，对"文化强市"战略提出了具体实施要求。从"文化立市"提出到"文化强市"推出，用了十年时间，十年间，我们的文化事业不仅立起来了，而且强起来了，一字之别的背后，是深圳千万人十年默默付出的结果，是在先进文化指引下做出的正确努力的结果，是我们对国家出题的完美解答，是我们今后将持之以恒的方向。

概言之，深圳文化建设的目标将是市民素质优良、社会文明进步、科技教育发达、文化发展主要指标全国领先、文化事业整体水平和文化产业综合实力走在全国前列的文化强市。围绕"文化立市"发展战略，深圳文化建设主要在加强精神文明建设、促进文化事业进步、加快文化产业发展、深化文化体制改革和建设高素质文化队伍等方面下功夫。一是以创建全国文明城市为契机，把深圳精神文明建设提高到一个新水平。二是以实施精品工程为突破口，带动深圳文化事业的兴旺繁荣。三是以资本和市场为纽带，将文化产业培育成为深圳新的经济增长点。四是以初步建立与社会主义市场经济相适应的文化体制为目标，继续深化深圳文化体制改革。五是以促进深圳文化的可持续发展为目的，建设高素质的文化队伍。六是着力培育有鲜明深圳特色的新型区域文化，不断提高深圳文化的内涵、品位和竞争力。①自深圳实施"文化立市"政策后，内地城市纷纷效仿，掀起一股以文化为本位的城市定位风潮。这说明城市建设与转型，从粗放增长到内涵发展，是城市自身发展的必然，也是历史发展的必然，只不过深圳又一次走在全国前头，引领和促进了这一历史变革。

2. 立足本土，吸收外来

在2012年2月深圳召开的深入实施文化立市战略建设文化强市的工作会议中强调，坚持"国际化特征"与"本土化特色"相兼容。所谓"国际化特征"就是吸收西方先进文明成果在改革开放前，上海是吸收外来文明成绩最为显著的城市，但鉴于上海曾经存在帝国主义租界的历史，他们对外来文明的吸收，往往处于被动接收的状态。深圳则显然不同，一是她起步晚反而有起步高的优点，对外来文明只吸收最前沿的，那种被上海、香港实践已经证明了的不适合中国和深圳实际情况的，深圳统统不要，少走了弯路；二是深圳建市之初就是顶层设计的产物，因此她是最高标准的典范，这就要求她在吸收外来方面要具有国际眼光，要充满自信，不唯洋是从，而唯用是求。

在努力辨别吸收外来先进文明的同时，深圳坚持不忘本来，其中最为

---

① 《十一五期间"文化立省""文化立市"产业结构研究》，《领导决策信息》2004年第41期。

典型的是坚守深圳固有的"观念文化"。最能代表深圳观念文化的，是人们通常总结出来的"敢为天下先""敢想敢试敢干""敢闯"等。深圳是移民城市，传统观念淡薄，使得这座城市具备独特的多元、开放、包容的特征。40年来，深圳以大无畏的气概，想常人所不敢想，行常人所不敢行，引爆了一个个观念炸弹，冲破一个个传统限制，形成了深圳的固有观念，比如"时间就是生命，效率就是金钱"等。这些先进的观念成为当时中国思想界最受关注的前沿突破，吸引了成千上万的新移民来到深圳这块陌生的土地上开发创业，开辟了特区改革发展的新路径，开拓了新思想、新观念的发展空间，使人的思想观念和精神状态进入一个新境界，推动了深圳经济的超速发展和社会的全面进步。①因此，像深圳这样敢打敢拼的干事创业精神，我们要加以提炼，加以坚持和发展。在坚持吸收外来的同时发展本来，在发展本来的同时，更好地吸收外来，让本土和外来更好地服务深圳的改革开放事业，服务于国家战略规划，造福全人类。

3. 格调转型，文化先行

深圳是座年轻的移民城市，一如她的年轻，深圳在文化设施的软硬件上都缺乏基础，相对北上广，深圳是最为薄弱和没有底蕴的，而在2003年深圳提出"文化立市"前后，深圳致力于改变这一现状，通过城市格调的定位，实现彻底的扭转。首先，深圳把创新的能力和思维用在了城市文化发展上，这是她的强项；其次是构建完善的公共文化服务体系，她有这个财力，因此深圳把自己的比较优势充分发挥了出来。在这一理念的指引下，深圳城市文化格调总定位为"高品位文化城市"，具体抓手就是打造好"图书馆之城""钢琴之城"及"设计之都"，即"两城一都"。以2007年为例，在"钢琴之城"建设方面，深圳成功举办了第七届帕德诺夫斯基国际钢琴比赛中国赛区选拔赛和舒曼杯国际青少年钢琴大赛亚太区决赛，深圳艺术学校数名学生在亚洲以及国际级钢琴赛中屡获大奖。在"图书馆之城"建设方面，出台了《深圳市建设"图书馆之城"（2006—2010）五年实施方案》，开展《深圳经济特区公共图书馆条例》的调研修订工作，制定各类

---

① 王京生：《文化+：文化产业发展的战略选择》，海天出版社2017版，第145页。

规章制度，并同时举办多种读书活动。在"设计之都"建设方面，第三届"创意十二月"系列活动以"我的创意，我的梦想"为主题，共策划34场主要活动，并开展具有国际影响的多种展览。

与此同时，深圳把文化产业定位为第四大支柱型产业和战略性新兴产业，讲求以文化论输赢。在这样的理念和政策指引下，深圳对文化事业进行了大刀阔斧的调整和改革。2003年以后，深圳加强文化宏观管理体制改革，推动政府职能的"三个改变"；深化国有文化事业单位改革，推动34家经营性文化事业单位全部转企改制；10家公益性文化事业单位完成了内部"三项制度"改革，成立三大国有文化集团，探索了以三大集团为对象的国有文化资产监管模式。深圳在文化体制改革上所取得的进展和成效，不仅促进了深圳10多年来文化的发展繁荣，也得到了中央的高度肯定。[①]如"在2012年9月举行的全国文化体制改革工作表彰大会上，深圳十年文化体制改革成果获得充分肯定，再次荣获全国文化体制改革工作先进地区称号。同时深圳有7家单位荣获全国文化体制改革工作先进单位称号，数量占据广东省获奖单位的半壁江山"。[②]

二、公共文化事业大力推进，文化产业迅猛发展

1. 文化事业蒸蒸日上，软件硬件升级显著

为了保障"图书馆之城"建设，2007年深圳出台了《深圳市建设"图书馆之城"（2006—2010）五年实施方案》，五年期满后的2011年，又出台了《深圳市建设"图书馆之城"（2011—2015）规划》，同时制定了《深圳市文化体育设施建设"十二五"专项规划》，仅2011年度即推动市、区两级43个文体设施建设项目纳入《深圳市近期建设及土地利用规划》。2011年，深圳图书馆及其在各区分馆已有44家，一年后，经过整合和扩建，这一数字暴增至172家，同时拥有160台自助图书馆服务机实现统一服务，通借通还。2007年深圳全市馆藏图书1168.7万册，比2006年增长

---

① 王京生：《文化+：文化产业发展的战略选择》，海天出版社2017版，第151—152页。
② 彭立勋主编：《文化创造活力与城市文化实力》，中国社会科学出版社2013年版，第10—11页。

8%，人均图书也由 2006 年的 1.29 册增加到 1.41 册。为了达到更高的人均册数，2011 年深圳制定了《深圳市人均公共图书馆藏量指标考核实施方案》，到 2012 年，深圳馆藏图书已达到 2591 万册，相比 2007 年，增长率接近年均 20%，人均拥有图书达到 2.5 册，远远高于人均 2 册的设想。这一年，全年进馆 2263 万人次，借阅 910 万册次。在硬件升级的同时，软件也得到进一步升级。借助于技术创新和服务理念提升，图书馆"网络"延伸到全市的各个角落，通过实体图书馆、自助图书柜员机、手机图书馆等不同载体，以及全市统一服务平台的建立，为市民提供优质、就近、便捷、无差别和均等化的公共图书馆服务。①

除却图书馆整体事项的突飞猛进，其他方面的文化公共设施也得到同步发展。如艺术学校新址和深圳画院维修改造、交响乐团翻新工程稳步开展，深圳美术新馆、图书馆调剂书库、非遗展示中心、博物馆老馆扩建等项目也得到切实推进。光明新区"两馆一中心"、龙华文化艺术中心等一批区级文化单位年内建成并投入使用，南山文体中心主体工程完成，坪山、宝安等地相关文化公共设施也大力推进，全市在整体落实馆城建设花足了力气。凭借馆城建设的强劲势头，深圳文化品牌不断被认可。比如 2012 年，在文博系统内，博物馆（新馆）入选第二批国家一级博物馆；中英街凭借"一街两制"的历史背景和独特的人文景观，获评"中国历史文化名街"；"贾氏点穴疗法"等三个项目入选广东省第四批非遗名录；深圳平乐骨伤科医院等入选首批省级非遗传承基地。深圳文博系统全年共举办各类展览 90 个，接待观众 220 万人次，同比增长 10%。其他如广播电视事业也得到进一步发展，广播电视基本实现数字全覆盖，全年放映公益电影 1.5 万场，观影人次超过 600 万，对公益电影放映事业进一步规范化、制度化。②

2. 文化活动全城开花，群众生活多姿多彩

2000 年，市委市政府举办大型群众读书文化活动，即"深圳读书月"活动，截至 2012 年，连续举办了 13 届。从起初参与和影响 170 多万人，到 2011 年，这个数字已突破 1000 万。随着读书月活动的推进，年年总结年

---

① 彭立勋主编：《文化创造活力与城市文化实力》，中国社会科学出版社2013年版，第6页。
② 同上书，第6页。

年提高。2005年,"深圳读书月"组委会发表《深圳读书月宣言》,进一步系统阐述了读书月的内涵与意义。2011年全市读书月期间举办活动530项,为了促进全民阅读项常规化、常态化发展,该届读书月还开展了首批深圳市全民阅读示范单位、示范项目、优秀推广人评选工作,活动作为全国首创,得到了中宣部、国家新闻出版总署的高度肯定和大力支持。在2012年第十三届读书月活动期间,共组织活动594项,重点突出了全民性、群众性和专业化,同年11月正式成立了国内第一家民间阅读联合会——深圳市阅读联合会,是深圳全民阅读向民间化、专业化迈进的重要一步。值得一提的是深圳少儿图书馆推出了八大系列阅读推广活动,全年开展阅读活动突破1200场次。不仅如此,深圳市还组织策划了"4·23世界读书日"活动,如在2011年,组织活动75项,参与阅读者达30万人次,覆盖了全市各主要社区、学校和工厂。2000年读书月开启之年,深圳书城的销售量就增长30%,其后每年均保持20%的增量,除去深圳人均收入较高之外,与读书月倡导的价值理念是密切关联的。鉴于"深圳读书月"的成功经验,重庆、沈阳、南京、郑州、成都等城市纷起效仿,截至2009年,全国已有30多个城市,以"读书月""读书周""读书节"等为名,开展各种读书活动。读书月活动不仅是深圳在国内文化输出的一张名片,同时也获得了国际赞赏,2013年10月,联合国教科文组织特别授予深圳"全球全民阅读典范城市"光荣称号,以表彰深圳坚持不懈推动国际化建设和全球文化交流合作。

"来了就是深圳人,来了就做志愿者"的口号温暖了无数初到深圳逐梦的外地人。2011年,深圳市提出为建设成为"志愿者之城"而努力,同年的世界大学生运动会对这一宏伟目标的实现起了极大的促进作用。"红马甲""向日葵""小青葱"在世界大运会"不一样的精彩"成为志愿服务的最佳展示,体现着"参与、互助、奉献、进步"的深圳志愿精神。据了解,深圳某些高校的大学生,必须参与志愿服务,如深圳职业技术学院即要求每位学生必须同时是注册的志愿者,全校在册志愿者人数超过2万人。每到周六、日,很多深圳市民会选择前往市民大讲堂,去享受文化盛宴。自2005年夏天开始,深圳市举办旨在丰富市民文化生活的周末大讲堂,内容涵盖诗词歌赋琴棋书画日用饮食等方面,主讲人大多具有教授、博导头衔,其中不乏一些名家，如白先勇、葛剑雄、莫言、易中天等人。一年一度的文化产业博览会，不仅是交易的盛会，同时也是文化艺术的高级展示，不仅吸引和牵动着深圳市民，同时也吸引全国各地和来自五大洲的外国朋友。此外，"中国（深圳）国际钢琴协奏曲比赛""名家名歌（名家名曲）广东演唱会深圳专场""深圳少儿艺术花会""'大家乐'舞台系列活动""外来青工文化节""创意十二月系列活动""'鹏城歌飞扬'深圳原创音乐推广活动""深圳市社会科学普及周""'鹏城金秋'社区文化艺术节""深圳大剧院艺术节""'全球通'中外艺术精品演出季""深圳市新年音乐会""深圳国际旅游文化节""'青春之星'电视大赛""华侨城旅游文化系列活动""深圳舞蹈大赛""深港少儿书画大赛""深圳沙滩音乐节"等等，都是深圳一张张文化名片，不仅是深圳市民的文化大餐，同时也蜚声国内外，吸引五湖四海的朋友共享深圳文化成果。

3. 产业体系初步形成，文化产值领先全国

2013年6月首届中非文化产业圆桌会议在深圳召开，据时任深圳市文体旅游局副局长陈新亮介绍，自2003年在全国率先确立"文化立市"战略以来，深圳文化创意产业以年均超过20%的速度快速发展，在较短时间内建立了较为完备的文化产业体系，形成了"文化+科技""文化+创意""文化+金融""文化+旅游""文化+休闲"等新型产业发展模式和鲜明的产业特色，成为国内文化产业发展浪潮中的先锋城市。2012年，深圳市文化创意产业增加值达到1150亿元，同比增长25%，占GDP 9%，动漫游戏、文化软件、新媒体及文化信息服务业等以数字内容为核心的产业，平均增速近30%。陈新亮以为，在推动深圳市文化创意产业发展中，深圳重点在以下几个方面进行了努力：不断完善体制机制和政策配套，努力营造良好的文化创意产业发展环境；积极发挥"文博会"国家级、国际化平台的带动作用；大力推进文化产业园区基地建设，发挥产业集聚带动效应；组建"深圳文化产权交易所"和"中国文化产业投资基金"，逐步建立金融支持文化产业发展体系。[①]深圳大学文化产业研究院、深圳大学国家文化

[①]《深圳商报》，2013年6月25日第A04版。

创新研究中心（筹）发布了"2014中国城市创意指数（CCCI）排行榜"，榜单显示：深圳文化产业投入产出比位居全国之首。傲人的数字背后，离不开龙头企业引领战略。从2011年开始，深圳每年都评选文化企业百强、文化企业出口10强、优秀新兴业态企业等。全市年营业收入超亿元的文化创意企业超过100家，年营业收入超10亿元的企业超过20家。被认定为2012至2013年文化创意企业百强的百家企业，2012年增加值共340亿元。100家企业创造的增加值占全市4万多家文化企业增加值约30%，充分展现了龙头企业对产业的引领和带动作用。

深圳文化产业成就是在先进文化思想指引下取得的，深圳市颁布了《深圳市文化产业发展促进条例》，出台了《加快文化产业发展若干规定》《扶持动漫游戏产业发展若干意见》等一系列法规和政策文件，同时发布《深圳文化创意产业振兴发展规划》并制定相关配套政策，将文化创意产业定位为重点和优先发展的战略性新兴产业。这对创新产业发展环境提供了政策保障。在此政策指引下，深圳市成功探索出"文化+科技"的产业新业态，培育了腾讯、华强文化科技、A8音乐等一批文化科技领军企业，"文化+科技"成为深圳市争当文化产业发展"领头羊"的基本路径。不仅如此，深圳市又探索出了规模化、集约化发展的路子，已建立起50多个文化创意产业园区和基地，其中华侨城、大芬村等11家企业和园区被评为国家级文化产业示范基地，这些产业园区基地以良好的公共服务平台和技术平台条件吸引了数百家中小创新型文化企业入驻，有力地带动了深圳文化创意产业的发展。同时，深圳市还搭建交易平台，如首创文化产业博览交易会，中国（深圳）国际文化产业博览交易会举办了七届，累计成交额超过5000亿元，成为在全国具有重要影响力的国家级、国际化、综合性文化产业博览交易会和中华文化走向世界的重要平台；在国内较早建立了文化产权交易所，参与发起设立首只国家级大型文化产业投资基金，文化投融资体系建设日趋完善。此外，深圳市还将重点抓好五方面工作，推动文化创意产业发展。具体包括为：一是着力构建现代文化产业体系；二是着力强化文化创意和科技创新；三是着力打造国际知名文化品牌；四是着力建设国家级文化产业平台；五是着力营造文化产业发展的最佳环境。① 正是在这些先进理念指引下，深圳的文化产业才取得如此巨大成就的。

三、高教后发优势凸显，深圳学人队伍不断壮大

1. 高教架构搭建完成，后续发展势头强劲

近日，深职院谭翀副教授对深圳人才政策作了梳理和展望，其中统计说："38年来，深圳成了典型的移民城市，人口超过千万，外来人口占了95%以上，这座年轻城市所特有的宽松氛围、敬才爱才的真挚诚意，使得各类人才的创造活力竞相迸发、聪明才智充分涌动。可以说，深圳成为创业之城、圆梦之都的历史也是深圳人才群体的成长演进史。""数据统计显示，单在2017年一年里，深圳市就引进了各类人才26.3万人，同比增长42.5%，其中本科以上学历17.4万人。"② 深圳作为改革窗口和创新之城，吸引人才具有独特的优势，深圳发展史从某种意义上说，也是人口和人才的会聚史。虽然深圳在吸引人才方面优势明显，但深圳市在人才需求方面还是充满了忧患意识。在特区刚创办5年之际，就在北大、清华、人大的帮助下筹建起深圳大学，经过34年的发展，截止到2017年7月，深圳大学共设有27个教学学院和90个本科专业。学校全日制在校生32959人，其中全日制本科生27491人，硕士研究生5272人，博士研究生196人。在职硕士研究生1300人，成人教育学生18720人，留学生811人。深圳大学逐步迈进重点大学群落，这是非常了不起的成绩。同样取得非凡成就的还有深圳职业技术学院。为了适应深圳快速发展对专业技术人才的大量需求，深圳职业技术学院于1993年应运而生。到2018年，深职院走过了25个春秋，25年来，深职院从无到有，从有到大，从大到强，深职院的每一步，都是标准和示范，引领全国高职教育的前进和发展。可以毫不谦虚地说，深职院的方向，就是中国高职教育改革发展的方向；深职院的未来，就是中国高职教育发展的未来。2016年底，伴随新一届校领导班子的产生，

---

① 申风仪：《文化创意自主创新深圳文化产业扬帆起航》，《中国高新技术产业导报》2011年12月12日第7版。

② 谭翀：《坚持人才优先发展建设更具吸引力人才特区》，《深圳特区报》2018年3月20日。

学校又提出了新的更高要求，即：率先建成中国特色、世界一流职业院校，为世界职业教育发展贡献"深圳模式"。截至目前：全校现有教职员工 2294 人，其中专任教师 1182 人，正高 209 人，副高 656 人，博士 349 人，全校普通全日制在校生 23443 人，其中专科生 22317 人（包括五专生 327 人），应用型本科生 929 人，港澳台及外国留学生 197 人。成人学历教育在校生 4792 人，自办专科教育在校生 695 人。整体实力是很多本科院校难望项背的。

深圳大学校长李清泉曾说，以前提到深圳的高校，大家只会想到深大和深职院两所，但现在情况显著不同，深圳有了如南方科技大学等更多的高校。南科大筹建目标是迅速建成国际化高水平研究型大学，建成中国重大科学技术研究与拔尖创新人才培养的重要基地。这样的定位和要求，只有深圳才具备这样的开拓精神和办事效率，只能在深圳完成，透露出深圳的自信和野心。截至 2012 年，深圳已有深大（综合型）、大学城和南科大（理工型）、深职院和深信息（职业技能型）等高校，结构合理，符合深圳城市经济社会的发展需求。南科大的成功筹办，鼓励了深圳，同时也鼓励了深圳对高等教育的进一步奢求。2014 年，香港中文大学（深圳）、清华－伯克利深圳学院建成。在不久的将来，还有至少 11 所正在筹建或者洽谈的高校，包括中山大学深圳校区、深圳北理莫斯科大学、深圳吉大昆士兰大学（暂名）、深圳墨尔本生命健康工程学院（暂名）、哈尔滨工业大学（深圳）国际设计学院、湖南大学罗切斯特设计学院、华南理工大学深圳特色学院等。届时，深圳年均培养 20 万各类人才，中端人才基本得到满足，高精尖人才，还需要缓冲时间。

2. 确立文化发展宏大目标，深圳学派初现端倪

过去人们在谈论香港的时候，大多认为香港是文化沙漠，虽然香港有众多世界知名大学也难逃这样的评价。香港如此，遑论深圳。深圳在改革开放前，不过是宝安县属下的一个镇，宝安县尚且无文名，又何况深圳镇。鉴于改革开放后深圳经济的突飞猛进，囿于传统思维的人自然会对深圳进行不屑的指责，"经济怪物""文化沙漠""暴发户"等诋毁和嘲讽接踵而来。20 世纪末期，一时使洛阳纸贵的余秋雨先生曾多次前来深圳指导文化发展，在1995年到1997年间，分别抛出这样几条论点："深圳是中国文化的桥头堡""深圳有条件建立深圳学派""深圳最有资格总结20世纪文化的事——掌握20世纪中国文化的结算权"。此论一出，非难纷至。吊诡的是，发起非难的，主要是深圳本市工作的几个学者，而非所谓的京派和海派。非难大抵有两种观点，一种认为这是对深圳献谀，深圳根本没有资格承受如此高度的赞誉，当时一个主要指标就在于深圳连一所像样的大学都没有；另一种认为余秋雨为了获得深圳的经济回报，不惜大言不惭，斯文丧尽，攻击起余秋雨的个人品质来。当时，深圳市政府没有采取任何行动来回击这样的数落，深圳大部分人也保持了不争论的高贵品质，暗自鞭策，决心在文化领域要大干一场。2003年深圳提出文化立市战略，2010年3月出台的《关于全面提升深圳文化软实力的实施意见》，专门提出推动"深圳学派"建设；2012年2月召开文化强市工作会议，明确提出要以"全球视野、时代精神、民族立场、深圳表达"为宗旨，推动"深圳学派"建设，构建"深圳学派"已正式纳入深圳文化大发展大繁荣的总体发展战略。2012年3月，《深圳市哲学社会科学"十二五"发展规划纲要》发布，《规划》明确了打造在全国有一定影响的"深圳学派"的发展目标。所有这些，即是深圳对文化品位的矢志追求，也是对这场争论最好的回应。深圳市社科院院长乐正曾说："深圳是中国改革开放的前沿，深圳的发展浓缩了改革开放的成功经验，深圳市哲学社会科学界坚持为人民服务、为社会主义服务的方向和百花齐放、百家争鸣的方针，30年来取得了丰硕的成果，这些成果见证了深圳哲学社会科学从无到有、从弱到强的发展过程，为构建'深圳学派'夯实了基础。"[1]

最近几年，深圳学界出版成果不断。2011年5月，一部汇聚深圳改革开放30年观念创新成果的《深圳十大观念》正式出版发行。该书从学术文化的角度，对社会主义价值体系在一座城市的体现进行了理论总结。2013年4月23日，"深圳学派"建设迎来具有历史意义的一幕——"深圳学派文献专区"在深圳图书馆揭牌。这个专区将搜集整理全市专家学者出版的

---

[1] 转引自温诗步主编：《深圳文化变革大事》，海天出版社2008年版，第219页。

各种专著类文献，并为深圳学人搭建思想交流平台。2014 年 3 月 31 日，《深圳学派建设丛书》《深圳改革创新丛书》首批 12 部著作正式面世。此外一些平台建设也获得了学界的认可，如深圳大学中国经济特区研究中心、深圳市特区文化研究所、深圳大学中国政治研究所、深圳大学传媒与文化发展研究中心、深圳大学国学研究所等；具有一批在当今中国产生了较好学术反响的研究成果，如中国经济特区史论、关于印度文化的学术传统研究等；并相继开展一批有水平、高质量的学术活动，积极推动深圳学术文化的发展。作为推动深圳学术交流的高端平台，由市委宣传部、市社科院和深圳报业集团联合主办的深圳学术年会迄今已经连续举办了数届，旨在推进学术创新，展示研究成果，构筑学术交流公共平台。每届年会都汇聚众多著名学者举办高端学术研讨会，成为深圳社科界一年一度的"学术嘉年华"。40 年来，我们已经见证了深圳作为改革开放的窗口和文化传入窗口的发展过程和取得的伟大成就，现在我们又在目睹和参与另一个伟大成就，即深圳学人阵营从无到有和从弱到强的发展过程，相信不久的将来，深圳学人一定会成为南中国举足轻重的学术队伍，将与京派、海派并足而立。

第五节　新时代的深圳先进文化建设（2013 年—　　）

在新的时代条件下，大力推动社会主义先进文化建设，弘扬社会主义先进文化，是坚定文化自信、建设社会主义文化强国的题中应有之义，是进行伟大斗争、建设伟大工程、推进伟大事业、实现伟大梦想的精神支撑。城市是人类精神文化的创新地，是社会主义先进文化建设的重要阵地。2013 年以来，深圳响应党的十八大号召，提出深入实施文化立市战略，建设文化强市的新要求，发布《深圳文化创新发展 2020（实施方案）》，开启以构建五大体系——以社会主义核心价值观为引领的城市精神体系、以国际先进城市为标杆的文化品牌体系、以媒体融合发展为标志的现代文化传播体系、以市民精神文化需求为导向的公共文化服务体系、以质量内涵式发展为特征的现代文化产业体系为核心的新时代深圳先进文化建设新篇章。

一、以社会主义核心价值观为引领，建设城市精神体系

一个民族需要民族精神，一个城市同样需要城市精神。城市精神是城市的灵魂，是凝心聚力的精神支柱，是推动一座城市持续快速、健康发展的内在动力。社会主义核心价值观是当代中国的精神指南，是社会主义先进文化建设的根本，也是城市精神和城市文化建设的方向路标。2012年5月30日，深圳市政府发布的《关于深入实施文化立市战略建设文化强市的决定》（深发〔2012〕4号）指出，"社会主义核心价值体系是文化强市之魂，要进一步增强用社会主义核心价值体系统领文化建设的自觉性和坚定性，构筑城市精神高地，凝聚团结奋斗的强大力量。"[1]自2013年以来，深圳牢牢掌握意识形态工作领导权，建设深圳学派和现代智库，积极践行社会主义核心价值观，大力推动以社会主义核心价值观为引领的城市精神体系建设。

1. 牢牢掌握意识形态工作领导权

"意识形态决定文化前进方向和发展道路。"[2]新时代必须推进马克思主义中国化时代化大众化，不断增强主流意识形态的主导权和话语权，使我们的思想文化更具强大的凝聚力、引领力和感召力。党的十八大以来，以习近平同志为核心的党中央高度重视意识形态工作，反复强调意识形态工作的重要性。作为改革开放的排头兵，深圳在意识形态安全上使命特殊、责任重大。在先进文化建设过程中，深圳牢牢掌握意识形态工作领导权、管理权和话语权，始终坚持以马克思主义为指导。

2016年5月，深圳市组织了一个由138名党员组成的市级"两学一做"学习教育"学做"讲习团，全面研读和学习贯彻习近平总书记系列讲话精神，进社区、进学校、进企业，把党课送进基层一线党支部，讲课范围覆盖全市59个街道、642个社区。与此同时，由475名市党代表和1784名区党代表组成的642个团队，以"两学一做"学习教育为主题进社区开展

---

[1] 《中共深圳市委 深圳市人民政府关于深入实施文化立市战略建设文化强市的决定（深发〔2012〕4号）》，2012年5月30日，深圳政府在线，http://www.sz.gov.cn/zfgb/2012_1/gb789/201205/t20120530_1918028.htm。

[2] 习近平：《决胜全面建成小康社会 夺取新时代中国特色社会主义伟大胜利——在中国共产党第十九次全国代表大会上的报告》，人民出版社2017年版，第41页。

"党代表接待周"活动,活动覆盖全市所有社区,共有近1.5万名党员群众参与。[①]在十九大胜利闭幕之际,深圳全市按照中央关于认真学习宣传党的十九大报告精神的决定,迅速兴起学习贯彻党的十九大精神的热潮,推动党的十九大精神在深圳落地生根、开花结果、形成生动实践。

根据《学习宣传贯彻党的十九大精神总体方案》,深圳切实加强组织领导,充分利用各种宣传形式和手段,采取人民群众喜闻乐见的形式,推动党的十九大精神进企业、进机关、进校园、进社区、进网站等。例如,2017年11月1日,学习宣传贯彻党的十九大精神主题书展暨第十八届"深圳读书月"在深圳中心书城启动,围绕习近平总书记的讲话著作、党性修养、党史党建、从严治党等主题,组织展出了相关出版物共计217种。全市报纸、电台、电视台、新闻网站、客户端在重要版面、重要时段、首页首屏开辟了学习贯彻党的十九大精神的专栏,紧扣学习贯彻十九大精神这一主线,精心组织重大主题宣传报道。包括深圳报业集团、广电集团在内的深圳新闻媒体机构在舆论主阵地上精心筹划部署,充分调动各种宣传资源,创新方式方法,组织开展多角度、全方位、立体化、多频次的深度宣传,迅速形成宣传热潮,为全市学习宣传贯彻党的十九大精神营造浓厚的舆论氛围。[②]

此外,深圳积极围绕党的十九大组织开展精品文艺创作和文艺宣传。2017年10月31日,市作协举办了"学习十九大,讴歌新时代"主题的深圳文学季;[③]市音协、市剧协、市影视协会等陆续推出讴歌十九大、庆祝改革开放40周年系列歌曲、舞剧、影视作品等文艺精品,如深圳歌曲《向往》在喜迎党的十九大胜利召开特别节目《壮丽航程》中倾情上演;[④]而市摄协、市书协、市美协、市杂协、市曲协等组织也将"深入生活、扎根人民",采取多种形式,扎根基层,广泛宣传党的十九大精神。

文化要昌盛,离不开学术思想的绽放。深圳一批学者结合城市自身发展特点开展有针对性的研究,用中国理论解读深圳实践、用深圳实践丰富

[①] 《深圳"两学一做"打牢"学"的基础》,《深圳特区报》2016年6月29日,第A1版。
[②] 《奋力走在新时代新征程最前列——深圳迅速兴起学习宣传贯彻党的十九大精神热潮》,《深圳特区报》2017年11月6日,第A01版。
[③] 《学习十九大,讴歌新时代》,《深圳商报》2017年10月31日,第B8版。
[④] 《深圳歌曲〈向往〉倾情上演》,《深圳特区报》2017年10月16日,第A02版。

中国理论，构建具有深圳特色的哲学社会科学，建设深圳学派。2012年3月，《深圳市哲学社会科学"十二五"发展规划纲要》发布，《规划》明确了打造在全国有一定影响的深圳学派的发展目标，提出了"学科建设""队伍建设""成果转化"三大工程。经过几年的努力，深圳学派的建设从理想走向现实，持续推出了一批具有深圳特色和实践价值的理论精品和学术力作，逐步创立具有深圳特点、深圳风格和深圳气派的学术话语体系。深圳学派建设的重要成果就是《深圳学派建设丛书》和《深圳改革创新丛书》，其中《深圳学派建设丛书》侧重于深圳学人撰写的人文社会科学类学术专著或外地学人研究深圳的学术专著，《深圳改革创新丛书》侧重于深圳各区、各部门、各领域、各行业及有突出贡献的个人改革创新实践成果的综合性、理论性著述，至今已出版48部著作。[1]

---

[1]《深圳学派建设丛书》《深圳改革创新丛书》（第一辑，2014年3月）包括：《城市文化论》《艺术原创与价值转换》《深圳市人口变迁研究》《审美学现代建构论》《当代资本运动与全球金融危机》《碳金融产品与机制创新》《新型城市化视角下的龙岗探索与实践》《新型城市化的思考与实践——以坪山新区为例》《深圳公职人员人事制度改革三十年》《国际化城市与深圳方略》《深圳市合法外土地的管理政策变迁研究——基于历史制度主义视角》和《深圳市基本公共服务均等化研究》。《深圳学派建设丛书》《深圳改革创新丛书》（第二辑，2014年4月8日）包括：《跨境合作论——世界性潮流与深圳对外合作研究》《土地利用模式创新——深圳城市土地利用理论设计研究》《审美·传媒·身份认同——中国都市审美活动的群落化研究》《学术论——学术的文化哲学考察》《利益衡量论——以个体主义方法论为视角的现代立法研究》《咒语·图像·法术——密教与中晚唐文学研究》《共赢与发展——深圳外事与港澳工作新境界》《科技创新——南山经济社会蝶变的第一驱动力》《传承创新——党代表大会常任制在盐田的实践探索》《以质取胜——全方位提升"深圳质量"研究》《规划探索——深圳市中心区城市规划实施历程（1980—2010年）》和《一核多元——南山社区治理模式创新》。《深圳学派建设丛书》《深圳改革创新丛书》（第三辑，2016年9月）包括：《包世臣经世思想研究》《城市化进程中的社区型股份合作公司》《汉画像的叙述——汉画像的图像叙事学研究》《集体谈判权研究》《汽车工业技术创新规律研究》《生态正义研究》《从渔村到滨海新城——宝安改革开放三十年》《基层社区治理的创新实践》《绿色光明创新新城——深圳市光明新区改革创新发展之路》《文化深圳从阅读开始》《新型城市化的深圳实践》和《治理之变：龙城"文明型街道"建设研究》。《深圳改革创新丛书》《深圳学派建设丛书》（第四辑，2017年8月）包括：《什么是驱动创新——国家创新战略的文化支撑研究》《中国避讳学史》《唐宋词与士林文化研究》《中等收入国家的发展经济学——以"市场—社会—政治"的三维视角》《论利益均衡的法律调控》《妇女权益保障的法治逻辑》《求索中奋进——深圳住房制度改革与实践》《现代社会治理体系的有效探索——人民调解"福田模式"研究》《构建地方统计指标体系》《深圳模式——深圳"图书馆之城"探索与创新》《风起南山——文化科技融合创新的深圳之路》和《绿色发展理念与深圳盐田的实践》。

另外，深圳特区现代智库建设也渐成体系。根据2016年7月深圳市委印发的《关于加强深圳新型智库建设的实施意见》，深圳市委党校成立了"深圳创新思想库"；市政府发展研究中心与国务院研究室等7个国家级智库建立联系；市社会科学院加快推动"深圳学派"建设，启动"深圳市哲学社会科学学术名家计划"，首个社科理论研究平台"深思网"上线；深圳大学制订《深圳大学新型智库建设推进计划》，打造国家级平台3个；综合开发研究院（中国·深圳）于2015年12月被列为首批25家高端智库建设试点单位。现代智库的建设，推动了深圳学术文化发展，为深圳先进文化建设提供了有力的智力支撑。

2. 推广"深圳十大观念"，提出"深圳文化十大愿景"

"社会主义核心价值观是当代中国精神的集中体现，凝结着全体人民共同的价值追求。"[①] 2010年底，"深圳十大观念"揭晓，即：时间就是金钱，效率就是生命；空谈误国，实干兴邦；敢为天下先；改革创新是深圳的根、深圳的魂；鼓励创新、宽容失败；让城市因热爱读书而受人尊重；实现市民文化权利；送人玫瑰，手有余香；深圳，与世界没有距离；来了，就是深圳人。[②] "深圳十大观念"与社会主义核心价值观高度一致，是社会主义核心价值观的深圳表达。"深圳十大观念"诞生于深圳的改革开放实践，并被广大群众接受和自觉遵循。2014年初，"深圳十大观念"浮雕文化墙在大梅沙海滨公园落成，生动诠释着深圳精神。

2014年5月，在第十届文博会召开之际，深圳又提出城市文化建设的"深圳文化发展十大愿景"，即：让"深圳观念"成为时代精神的领航者；让城市包容温暖每一个人；让媒体成为社会正能量的守护者和代言人；让每个市民感受到文化就在身边；强大的文化产业保证先进文化的前进方向；用法治阳光照耀文明成长；以张扬国家文化主权拓展国家利益和城市利益；为文人造个海；城市文化要给学术以神圣地位；让创新型、智慧型、力量

[①] 习近平：《决胜全面建成小康社会 夺取新时代中国特色社会主义伟大胜利——在中国共产党第十九次全国代表大会上的报告》，人民出版社2017年版，第42页。

[②] 王京生主编：《深圳十大观念》，深圳报业集团出版社2011年版。

型文化助力中华文化复兴。[①]用文化愿景来形成感召力和凝聚力,这是深圳在文化发展的前沿阵地提出的新内容,展示了深圳的文化追求,也指出了深圳先进文化建设的努力方向。

二、以国际先进城市为标杆,建设文化品牌体系

城市是人类经济、政治和文化生活的重心,建设社会主义先进文化,城市是重要载体。当今中国,推进社会主义文化强国建设,需要在城市层面表现出来,离开城市先进文化的探索与实践,离开城市先进文化的发展和繁荣,社会主义文化强国战略将难以实施、无所依托。2015年5月21日,在中共深圳第六次代表大会开幕式上,深圳时任市委书记马兴瑞围绕落实"四个全面"提出全新的发展思路和定位,重新定义深圳的城市定位,首次提出"建成现代化国际化创新型城市"的新概念。[②]

现代化国际化创新型城市建设,是新时代深圳城市发展的战略定位,其内涵丰富。就现代化来说,要落实"创新、协调、绿色、开放、共享"的发展理念,实现各方面的现代化和人的现代化,在文化方面就是要形成富有地方特色的城市文化,使其具有积极的扩张力和强大的吸引力,影响市民的文化素质和道德水平不断提高;就国际化来说,主要指城市的辐射力、吸引力、影响和波及的范围更宽更广以至达到国际水平;就创新型来说,其核心内涵是城市自主创新能力强,具体表现为创新制度设计完善,创新投入大,城市创新能力强,创新支撑和引领城市经济社会发展能力强,其中文化创新是创新型城市建设的重要组成部分,更是推动创新型城市建设的内生动力。为充分发挥文化在建设现代化国际化创新型城市和实现人的全面发展中的独特作用,提升城市文化软实力,深圳市政府印发《深圳文化创新发展2020(实施方案)》(2016年1月21日)和《深圳市文化发

[①]《深圳文化发展十大愿景》,《中华文化报》2014年3月1日,第005版。
[②] 马兴瑞:《解放思想 真抓实干 勇当"四个全面"排头兵 努力建成现代化国际化创新型城市——在中国共产党深圳市第六次代表大会上的报告(2015年5月21日)》,《深圳特区报》2015年6月16日,第A01版。

展"十三五"规划》(2016年11月15日),①提出"构建以国际先进城市为标杆的文化品牌体系"的目标和任务。

城市文化品牌体现着城市文化的特色、风貌和品味,凝聚着城市独特的价值理念、审美情趣,是提升城市文化影响力、建设城市先进文化的关键。

第一,建设以国际先进城市为标杆的文化品牌体系,有助于深圳转变文化产业发展方式。深圳自2003年以来实施"文化立市"战略,陆续创办了文博会、文交所和大芬油画村等文化产品品牌,涌现出以腾讯、华强、雅图等为龙头的文化品牌企业,极大地拉动了深圳文化产业的快速增长,但与国际先进城市相比还存在一定差距和不足,深圳应在已有基础上充分发挥人才优势,进一步发展文化创意产业,助推文化创意与文化产品的深度融合,努力培育具有深圳特色、深圳气派、深圳风格的文化产业品牌。

第二,建设以国际先进城市为标杆的文化品牌体系,有助于提升城市公共文化服务功能。深圳参照法国巴黎加强对城市文化项目的整合和投入,参照美国纽约通过发挥政府导向作用、建立服务志愿者机制、鼓励私人投资等措施,相继开发组建了市中心书城、市音乐厅、市图书馆,以及"深圳读书月"、市民大讲堂、鹏城金秋社区文化艺术节、社科普及周、中外艺术精品演出季、粤剧节和剧汇星期天等城市文化品牌设施和活动,以实现市民文化利益为核心,以满足市民文化需求为导向,不断完善以文化品牌设施为依托的公共文化服务体系。

第三,建设以国际先进城市为标杆的文化品牌体系,有助于提升深圳的城市形象,推动中华文化走出去。精心打造城市文化品牌,加快发展城市先进文化,是增强深圳乃至我国文化国际话语权的必然要求,也是推动中华文化走向世界、保障国家文化安全的重要手段。通过编排文化交响乐《人文颂》、创作电视专题片《阅读深圳》、开设电视栏目《魅力深圳》、成立深圳学派和文创研究院、举办"鹏城春荟法兰西·中法文化之春艺

---

① 《深圳市人民政府办公厅关于印发深圳市文化发展"十三五"规划的通知(深府办〔2016〕31号)》,2016年11月15日,深圳政府在线,http://www.sz.gov.cn/zfgb/2016/gb979/201611/t20161115_5307006.htm。

节"、制作动画电影《熊出没之夺宝熊兵》、参与"欢乐春节"大型活动等形式，讲述中国故事，传播中国声音，积极推动中华文化走出去。

为了建设与现代化国际化创新型城市相匹配的文化强市，近五年来，深圳着力建设以国际先进城市为标杆的文化品牌体系。例如，国际科技影视周、国际博物馆高级别论坛、"一带一路"国际音乐季等一系列高品质国际重大文化项目落户深圳，深圳马可波罗篮球队、八一深圳女排分别征战CBA和女排联赛，"读特""读创""壹深圳""掌上书城""全民阅读"等新媒体上线，还有一批重大文化项目正在稳步推进。2017年5月中旬，就在第十三届文博会圆满落幕之际，深圳发布了"月月有主题，全年都精彩"的城市文化菜单，将深圳重大文化品牌活动进行整合和提升，不断提升公共文化服务质量和效益，提升市民文化福利，提升国际化城市形象。这份城市文化菜单共28个活动项目，既包括"文博会""高交会""读书月""创意十二月""深圳国际水墨画双年展"等老品牌，也有深圳"一带一路"国际音乐节、深圳国际科技影视周、深圳国际魔术节、深圳国际摄影大展、深圳设计周、深圳时装周、中国图片大赛、深圳国际创客周等新品牌。[①]这是国内城市第一份对标国际一流城市推出的文化品牌项目，是一份丰富市民精神文化生活的"大礼包"，是提升深圳国际化形象的重要途径，是新时代深圳先进文化建设的一项创新举措。

三、以媒体融合发展为标志，建设现代文化传播体系

当今世界，一个国家文化的影响力不仅取决于其思想内容，而且取决于其传播能力。《中共中央关于深化文化体制改革 推动社会主义文化大发展大繁荣若干重大问题的决定》指出，提高社会主义先进文化辐射力和影响力，必须加快构建技术先进、传输快捷、覆盖广泛的现代传播体系。[②]习近平同志指出：推动传统媒体和新兴媒体融合发展，要遵循新闻传播规律和新兴媒体发展规律，强化互联网思维，坚持优势互补、一体发展，坚持

---

① 《深圳人，请收好这份"文化菜单"》，《深圳特区报》2017年5月17日，第A6版。
② 《中共中央关于深化文化体制改革推动社会主义文化大发展大繁荣若干重大问题的决定》，《求是》2011年第21期，第3—14页。

先进技术支撑、内容建设为根本,推动传统媒体和新兴媒体在内容、渠道、平台、经营、管理等方面的深度融合,着力打造一批形态多样、手段先进、具有竞争力的新型主流媒体,建成几家拥有强大实力和传播力、公信力、影响力的新兴媒体集团,形成立体多样、融合发展的现代传播体系。[1]这是党中央根据世情国情党情深刻变化,对宣传文化工作做出的重要战略部署。根据这一部署,深圳市加快建设以媒体融合发展为标志的现代文化传播体系,提高深圳先进文化的辐射力和影响力。

随着深圳市属国企改革"1+2"政策措施的实施和混合所有权改革的深化,深圳报业集团、深圳广电集团、深圳出版发行集团等大型国有文化企业相关改革不断推进,不断落实三大集团深化改革总体方案,加快融合发展、转型发展和创新发展。[2]2014年初,深圳市委宣传部出台《关于三大集团干部人事制度改革的意见》,以"社会效益最大化、经济效益最优化"运营理念,探索建立市属文化集团两个效益相统一的考核评价体系,以推进国有文化集团实现社会效益和经济效益双丰收。[3]

2015年,深圳市政府安排政策性专项资金支持三个集团深化改革:深圳报业集团重点提升《深圳特区报》的国内国际影响力,做大做强深圳新闻网,建设国家对外文化贸易基地、创新创业平台,构建深圳报业集团"一主报融媒体多平台"的发展新格局;深圳广电集团努力打造以深圳卫视、CUTV为龙头的现代传播体系,推动实施"两微一端"布局和"百万超清"计划,形成"双核心矩阵式多元化"发展模式;深圳出版发行集团实施以出版和发行主业为核心、以书城文化综合体为平台、以数字化转型为重点的"两核心一平台一重点"发展战略,输出以深圳中心书城为代表的"文化万象城"文化休闲模式。[4]

---

[1] 习近平:《推动媒体融合发展要遵循新闻传播规律》,2014年8月18日,来源人民网传媒频道, http://media.people.com.cn/n/2014/0818/c120837-25489622.html

[2] 张骁儒主编:《深圳文化发展报告:2017》,社会科学文献出版社2017年版,第151—164页。

[3] 彭立勋主编:《深圳文化蓝皮书2015:文化治理现代化与文化发展新常态》,中国社会科学出版社2015年版,第4—5页。

[4] 张骁儒主编:《深圳文化发展报告:2016》,社会科学文献出版社2016年版,第18—19页。

2016年，深圳三大文化集团加大改革力度，深化改革总体方案。经市委常委会、市政府常务会议审议通过，报业集团"瘦身计划"卓有成效，广电集团加快推进下属企业"八并四停"，出版发行集团加快推进"一区一书城"和国家级数字出版基地建设。市委市政府加大了对媒体发展的扶持力度，从2015年至2020年，每年给予报业、广电集团各1亿元补助资金，扶持国有文化集团转型升级。3月28日，深圳特区报新闻类App"读特"正式上线。"读特"作为新闻资讯类、综合服务型、开放互动式的App，将积极抢占舆论阵地制高点。9月29日，城市级自媒体内容平台"@深圳"上线，分成资讯、论坛、行政区、自媒体四个大区共上百个频道，网聚深圳自媒体力量。12月18日，国内首个以科技、财经为主要特色的平台级主流新闻客户端"读创"上线，将力争两至三年跻身国内一流科技财经类移动新闻客户端。2016年，深圳ZAKER升级，用户近600万，入选全国报刊媒体融合创新案例前10名；《晶报》代运营了深圳交警、深圳教育局等50余家政务微信、微博、网站，服务总粉丝数超过1105万。[1]

2016年，深圳广电集团全媒体新闻指挥中心投入运行，城市联合网络电视台（CUTV）已形成移动新媒体、广电安全云、城市电视台门户网站、互联网电视及IPTV等核心业务，"壹深圳"客户端的本地下载注册达120万，全国用户超过200万。[2]深圳出版发行集团"掌上书城"App于2016年7月上线，下载量超过6万，"全民阅读"App于2016年11月24日正式上线，下载量突破68万，积极探索数字阅读时代全民阅读的新模式。[3] 2017年7月，深圳新闻网以"深新传媒"之名挂牌，推动深圳报业集团深化改革，在媒体融合上迈上新台阶。深圳新闻网自2015年开始启动股改和新三板挂牌工作，被列入深圳报业集团深化改革重大项目。2017年3月29日，深新传媒获准挂牌新三板；6月12日，深新传媒股票正式在全国股转系统公开转让；6月26日，深新传媒在北京举行敲钟仪式，成为广东省第一家依托传统报业集团，整合数字媒体业务，以原有新闻网站为载体登陆

---

[1] 《2016文化深圳十件大事》，《人民日报海外版》2017年1月26日，第11版。
[2] 《听，文化创新道路上的深圳足音》，《深圳特区报》2017年1月18日，第A7版。
[3] 张骁儒主编：《深圳文化发展报告：2017》，社会科学文献出版社2017年版，第178页。

资本市场的媒体公司。①

此外，2017年9月，《深圳市深化国有文艺院团体制改革实施方案》经市委市政府审议通过；11月10日，深圳市文化体制改革和发展工作领导小组印发《深圳市深化国有文艺院团体制改革实施方案》，召开深化国有文艺院团改革动员会，新一轮国有文艺院团改革正式实施：围绕深圳建设现代化国际化创新型城市的总体目标，按照"党委领导、政府扶持、创新机制、增强活力"的总体要求，坚持分类指导，优化体制机制，实行"一团一策"，整合文艺院团和演出场馆资源，设立深圳交响乐发展理事会和基金会，组建深圳歌舞剧院，推动深圳粤剧团和深圳戏院融合发展，并成立深圳市粤剧艺术传承保护中心，这也是深圳先进文化建设的具体举措。② 2018年3月28日，深圳歌剧舞剧院正式成立；5月29日，深圳市交响乐发展基金会理事会成立。③

四、以市民精神文化需求为导向，建设公共文化服务体系

党的十九大报告指出："满足人民过上美好生活的新期待，必须提供丰富的精神食粮。要深化文化体制改革，完善文化管理体制，加快构建把社会效益放在首位、社会效益和经济效益相统一的体制机制。完善公共文化服务体系，深入实施文化惠民工程，丰富群众性文化活动。"④ 自2013年以来，深圳市加大公共文化服务投入，加快完善公共文体设施网络，提供更好公共文化产品和服务，创新公共文化服务体制机制，着力建设以市民精神文化需求为导向的公共文化服务体系，推进深圳先进文化建设。

1. 加快完善公共文体设施网络，提供更好产品和服务

2013年以来，深圳市着力完善现代公共文化服务体系，全面建设"十分钟文化服务圈"，各区公共文化设施建设如火如荼，基本建成市、区、街道、社区四级公共文化设施网络系统。例如，"深圳书城宝安沙井城"、

---

① 《深化媒体融合 推动文化创新》，《深圳特区报》2017年7月27日，第A01版。
② 《深圳启动新一轮国有文艺院团改革》，《深圳特区报》2017年11月10日，第A05版。
③ 《改革，激发深圳文化精气神》，《深圳特区报》2018年8月31日，第A04版。
④ 习近平：《决胜全面建成小康社会 夺取新时代中国特色社会主义伟大胜利——在中国共产党第十九次全国代表大会上的报告》，人民出版社2017年版，第43—44页。

龙岗区"三馆一城"(科技馆、青少年宫、公共艺术馆及深圳书城龙岗书城)、龙华新区版画艺术博物馆、南山文体中心改造项目、南山博物馆、坪山中心区文化综合体项目等大型文化设施建设落成,福田区实施"公共文体设施空间提升计划",打造"十大文化功能区",宝安区开放打工文学博物馆,龙华观澜版画博物馆开馆,南山区改建桃源社区文化中心和改造西丽体育中心等。另外,深圳还推动多元主体参与中小型文化设施建设。例如,由招商地产投资建设深圳蛇口海上世界设计博物馆、海上世界文化艺术中心;水围实业股份有限公司斥资1200万元和福田区政府扶持资金500多万元兴建雅石艺术博物馆。社会力量进入公共文化设施的例子还有:雅昌(深圳)艺术中心、宝安区一雍紫砂博物馆、艺之卉新锐美术馆、深圳一号美术馆、华夏军装博物馆、宋代陶瓷博物馆等。[1]

为实现市民文化权利,提升市民文化福利,深圳市文化部门继续实施文化惠民工程,不仅加快完善公共文体设施网络,还将更多资源投入到公共文化产品和服务上来。例如,大力开展文化惠民工程,策划组织新春文化艺术关爱系列活动,实施外来工文化服务工程;实施民办专业艺术团体展演计划,组织"流动大舞台"演出,文化进社区、进校园等文化活动;推进全民阅读,完善"图书馆之城"统一服务平台建设,实现统一服务和通借通还,深入推进全民阅读;大力实施市民艺术素养提升工程,开办公益美术、音乐、舞蹈等培训班,深入开展高雅艺术进社区活动,举办周末剧场、美丽星期天、戏聚星期六等活动;加强文化遗产保护和文博服务,引进多个文物精品展览,推进三网融合,加大公益电影放映力度等。与此同时,深圳市通过文化品牌和精品生产扩展城市先进文化影响力。例如,举办文博会艺术节、深圳合唱节、中国(深圳)童话节、深圳儿童戏剧节、深圳读书月、鹏城金秋社区文化艺术节等活动,策划"芳吟杯"古筝比赛、"4·23世界读书日"系列活动、深圳国际水墨双年展等;文艺精品不断涌现,例如大型儒家主题交响乐《人文颂》赴国外演出受到高度评价,大型原创评剧《风起同仁堂》、歌曲《放飞梦想》、电视剧《有你才幸福》、电

---

[1] 彭立勋主编:《深圳文化蓝皮书2015:文化治理现代化与文化发展新常态》,中国社会科学出版社2015年版,第122—124页。

影《熊出没之夺宝奇兵》、广播剧《疍家小渔村》和《信人》、童话《风居住的街道》、舞蹈《传人》、快板《好人的故事》、杂技《青春律动晃圈》等纷纷获奖,先进文化建设成果不断涌现。①

2. 创新公共文化服务体制机制,提升公共文化空间品质与影响力

2013年以来,深圳不断加强对全市公共文化服务体系建设的统筹指导,通过印发《深圳市基层公共文化服务规定》②《深圳市公共文化服务体系建设规划(2013—2015)》③和《深圳公共文化服务指引》,2016年6月制订并发布《关于加快构建现代公共文化服务体系的实施意见(2016—2020)》及其实施标准,制定印发《深圳市基层图书馆达标评估标准》《深圳市公共图书馆统一服务业务规范》《深圳市公共图书馆统一服务技术平台应用及RFID技术应用规范》等文件,④为公共文化服务提供制度保障,进一步规范了基层公共文化服务内容和服务标准,大大提高基层公共文化服务水平,突出服务的便利性、多样性、均衡性,不断满足基层群众多样化的文化需求。

为不断完善公共文化服务购买机制,深圳市制定《向社会力量购买公共文化服务指导性目录》,创新设立"公共文化体育管理服务"类别,以便引入社会力量辅助政府开展政策调研和绩效管理、拓宽文化人才引进渠道。2016年,深圳市财政投入2350万元,向社会购买460场公益文化活动及1.2万场公益电影。引进有实力的社会组织和企业参与运营管理和供给文化服务,如深圳湾体育中心、南山文体中心剧院、福永街道文体中心等场所均引入社会力量参与运营和服务。⑤

为推进各基层文化单位开展文化志愿服务,缓解基层公共文化服务人手不足问题,深圳市文体旅游局与团市委联合发布《深圳市文化志愿服务

---

① 彭立勋主编:《深圳文化蓝皮书2015:文化治理现代化与文化发展新常态》,中国社会科学出版社2015年版,第124—125页。
② 《深圳市文体旅游局关于印发〈深圳市基层公共文化服务规定〉的通知》(深文体旅〔2013〕200号),2013年4月27日,深圳政府在线,http://www.sz.gov.cn/zfgb/2013/gb832/201304/t20130427_2132751.htm。
③ 《深圳市公共文化服务体系建设规划(2013—2015)》,2014年11月28日,深圳政府在线,http://www.sz.gov.cn/wtlyjnew/xxgk/ghjh/zxgh/201412/t20141203_2743530.htm。
④ 张骁儒主编:《深圳文化发展报告:2017》,社会科学文献出版社2017年版,第178页。
⑤ 同上书,第179页。

促进办法》①以及文化志愿者工作方案,组建深圳市文化志愿者服务总队,开通全市文化志愿者管理和服务平台——"深圳市文化志愿服务网"和"深圳文化志愿"微信公众号,组织"文化志愿者服务促进"专题培训,提升文化志愿服务水平。另外,深圳还重视文化志愿服务项目品牌培育,遍布全市的"四点半课堂"、罗湖区"罗雪儿"公共文化超市点单式服务、福田区"托起梦想"公益培训工程、宝安区"文华春雨行动"、龙岗图书馆"书香义工"等一批特色鲜明的文化志愿服务品牌,已逐步成为全市文化服务工作的标杆。②例如宝安区全面实施的"文化春雨行动",是新兴城市公共文化服务社会化发展的创新探索,它既有效解决了长期困扰基层文化建设的机构编制不足、人力资源短缺等问题,又极大地活跃了基层文化,有效推进政府文化治理,形成社会人力资源参与公共文化服务的新路径和新模式。③

深圳还积极开展公共文化服务绩效评估试点,探索建立公共文化需求反馈机制,推进政府购买公共文化服务常态化、规范化;总结推广福田区文化议事会制度,鼓励设立文化议事会、文化咨询会、文化顾问机构,推进区级公共文化机构建立法人治理结构;加快推动公共文化服务数字化建设,实现公共文化场所 WIFI 全覆盖,建设深圳公共文化服务云平台和大数据平台,形成资源丰富、技术先进、服务便捷的公共文化信息资源共享系统和优质网络服务平台,实现深圳公共文化"一站式""订单式""互动式"服务。④

此外,2015 年 12 月 24 日,深圳市第六届人民代表大会常务委员会第四次会议通过了《深圳经济特区全民阅读促进条例》,自 2016 年 4 月 1 日起施行。该条例的通过及其施行标志着深圳进入全民阅读工作依法促进的

---

① 《深圳市文体旅游局 共青团深圳市委员会关于印发〈深圳市文化志愿服务促进办法〉的通知》,2014 年 3 月 14 日,深圳政府在线,http://www.sz.gov.cn/zfgb/2014/gb876/201404/t20140402_2335470.htm。
② 张骁儒主编:《深圳文化发展报告:2017》,社会科学文献出版社 2017 年版,第 38—39 页。
③ 同上书,第 90—99 页。
④ 张骁儒主编:《深圳文化发展报告:2016》,社会科学文献出版,2016 年版,第 20—21 页。

阶段，是深圳彰显"全球全民阅读典范城市"典范作用的具体体现，是深圳先进文化建设的重要保障。《条例》共分为5章28条，包括总则、工作职责、阅读推广、阅读保障和附则五大方面内容，突出了"阅读权利""政府引导"和"社会参与"。《条例》规定"全民阅读促进工作遵循政府引导和社会参与相结合的原则，政府与社会各界协同提供全民阅读服务，积极推动全民阅读活动"；"鼓励企事业单位、其他组织和个人开展全民阅读促进活动"；"鼓励依法设立公益性阅读组织"，设立"深圳市全民阅读指导委员会"，并明确拟定"全市全民阅读发展纲要"；"鼓励具有阅读推广专业知识和阅读推广实践经验的阅读组织和个人作为阅读推广人，为企业、学校、社区、养老院、福利院、军营等单位提供公益性阅读推广服务"；将"深圳读书月"法定化，成为深圳市法定的全市性的促进全民阅读的品牌文化活动；创新设立"深圳未成年人读书日"（每年4月23日）；发起成立"公益性全民阅读基金"，实行"全民阅读经费补贴"制度，建设"数字化阅读"平台。[1]

五、以质量型内涵式发展为特征，建设现代文化产业体系

建设社会主义先进文化，必须推进文化产业发展。十九大报告要求，健全现代文化产业体系和市场体系。2003年以来，深圳市文化产业被列为四大支柱产业之一，一直保持高速发展势头，但也遭遇核心内容质量不高、资源配置效率较低、区域发展不均衡、制造业规模比重过大等问题。《深圳文化创新发展2020（实施方案）》提出，要破解这些难题，必须着眼于构建现代文化产业体系，必须走质量型内涵式发展之路。因此，这五年来，深圳以质量型内涵式发展为目标，以"文化+"为路径模式，以文化创意专项资金为抓手，以文博会等国家级平台为载体，大力推动文化产业跨越式发展，着力建设以质量型内涵式发展为特征的现代文化产业体系。[2]

1. 围绕"文化+"理念和模式，促进文化产业转型升级

围绕"文化+"理念和模式，促进文化产业转型升级，培育新型文化

---

[1] 《深圳经济特区全民阅读促进条例》，《深圳特区报》2016年01月03日，第A04版。
[2] 张骁儒主编：《深圳文化发展报告：2017》，北京社会科学文献出版社2017年版，第183页。

业态，要重点关注文化产业与高新技术、信息技术等战略性新兴产业的紧密结合。数字出版、数字视频、文化电子商务等都需要网络支持，而云计算、大数据等将为文化产品和文化服务的生产经营提供更广泛的市场空间。深圳文化电子商务呈现上升加速的态势，如走秀网成为世界时装品牌电商；芒果网成为在线旅游服务电商品牌企业；雅昌艺术网成为中国艺术品信息交易门户；聚橙网成为演出票务经纪电子服务提供商。[①]深圳更有腾讯、华强文化科技、A8音乐、环球数码、华视传媒等一批以高新技术为依托、数字内容为主体、自主知识产权为核心的高成长型文化科技企业，文化与科技紧密结合、创意与创新水乳交融，成为深圳文化产业发展的突出特征和重要标志。[②]深圳利用高科技产业、金融业、创意设计业比较发达的优势，成功探索出"文化+科技""文化+创意""文化+金融""文化+旅游"等产业新模式、新业态，已经形成以科学技术为主导、以创意为支撑、旅游与文化内容服务、文化园区运营共同发展的文化产业新业态格局，加快构建以"高、新、软、优"为特征的现代文化产业体系。

促进文化产业转型升级，要增强文化创意活力。根据2011年发布的《深圳市人民政府关于印发深圳文化创意产业振兴发展政策的通知》，从2012年起开始，为了鼓励新兴业态的发展，深圳市每年评选10家优秀新兴业态文化创意企业，专项资金给予每家最高不超过50万元创新奖励。[③]据深圳市统计局新兴产业办统计，深圳903家重点文创企业在2015年的资产总额达2582.01亿元，主营业务收入达2698.82亿元，增加值达534.61亿元，纳税总额达96.56亿元。[④]凭借"文化+"模式，深圳文化创意产业的发展成绩令人瞩目。2016年，深圳文化创意产业增加值1949.70亿元，增长11.0%，占全市GDP的10%。自2004年制定"文化立市"战略以来，

[①] 彭立勋主编：《深圳文化蓝皮书2014：全面深化改革与城市文化建设》，中国社会科学出版社2014年版，第18—19页。

[②] 同上书，第256—257页。

[③] 《深圳市人民政府关于印发深圳文化创意产业振兴发展政策的通知》（深府〔2011〕175号），2011年10月14日，深圳政府在线，http://www.gov.cn/zhengce/2016-02/18/5043040/files/9af0ce6616cc45c599ecf350d780b440.pdf。

[④] 《文化立市基础牢——记蓬勃发展的深圳文化创意产业》，《光明日报》2016年5月12日，第A01版。

深圳文化创意产业连续13年保持平均20%的增长速度。

2016年，深圳完善修订《深圳市文化创意产业创新发展政策》，完成贷款贴息、保险费资助、优秀新兴业态企业奖励等10余类专项资金扶持计划，安排扶持金额预计3.80亿元；认定深圳吉虹艺术设计产业园等4家单位为新一批市级文化创意产业园区，园区、基地示范效应和集聚功能进一步显现；推进文化消费试点工作，成功列入文化部国家文化消费试点城市名单。深圳各区充分彰显出各具优势的"文化+"特色。南山区"文化+科技"，培育出腾讯、华强方特、迅雷、A8新媒体、环球数码等一批文化科技融合型企业，有17家企业获评市"文化+科技型示范企业"，占全市半壁江山以上。福田区"文化+设计"，全国十大女装品牌企业6家在福田区，还汇聚了建艺装饰、文科园林、亚泰国际、珂莱蒂尔、华视传媒等一批建筑、景观、服装、广告设计行业的领军上市企业设计基地。龙岗区"文化+影音"，吸引华侨城文化集团、开心麻花华南总部、深圳文交所等一批国内文创产业龙头企业落户，引进和培育了华夏动漫集团、叁鑫影视公司、大地动漫公司、迷迪音乐中心、乐杜鹃音乐节等一批具有一定影响力的影视、演艺、动漫类文化项目和企业。2016年，深圳市新兴产业增加值合计7847.72亿元，比上年增长10.6%，占GDP比重40.3%，其中文化创意产业增加值为1949.70亿元，增长11.0%。[①]

2017年，深圳加快国际创客中心建设，发挥文化创意产业专项资金引导作用，撬动金融资本、社会资本，以产业投资基金、众筹、P2P等多种形式投资文化创意产业，支持个人工作室、独立策划机构、"文化创客"等小微创意企业成长。根据市统计局统计，2017年深圳新兴产业收入合计9183.55亿元，累计同比增加13.6%，其中文化创意产业增加值为2243.95亿元，累计同比增加14.5%。[②]

---

① 《2016年深圳市国民经济和社会发展统计公报》，《深圳商报》2017年4月28日，第A14版。

② 《深圳统计月报—2017年12月》，2018年2月9日，深圳政府在线，http://www.sztj.gov.cn/xxgk/zfxxgkml/tjsj/tjyb/201802/P020180209379298898300.pdf。

2. 建设文化产业平台和园区，构建现代文化市场体系

经过多年的发展，深圳市拥有了文博会、深圳文交所、国家对外文化贸易基地（深圳）和广东国家数字出版基地深圳园区四个国家级文化平台。

中国（深圳）国际文化博览交易会（以下简称文博会）是我国唯一一个国家级、国际化、综合性的文化产业博览交易会，通过14年的坚持办展，在规模、数量、质量和水平上，都达到了国际先进展会水准，成为"中国文化第一展"。近年来，文博会不单一追求扩大展会规模，而是注重质量型、内涵式办展，着力提升市场化、国际化、专业化水平。2017年第十三届文博会实质性成交2240.848亿元，比上届增长10.28%；面向全球六大洲招商，尤其重视"一带一路"沿线国家的参与，海外参展单位117个，来自40个国家和地区，其中"一带一路"沿线国家和地区参展共35个；共有20016名海外采购商参加，比上届增加493人，主要来自美国、英国、法国、德国、加拿大、澳大利亚、匈牙利、以色列、立陶宛等99个国家和地区。[1] 2018年5月中旬落下帷幕的第十四届文博会总观人数达733.258万人次，同比增加10.08%，其中专业观众达127.565万人次，占会观众总数的17.39%，同比增长7.84%。本届文博会共有2308个政府组团、企业和机构参展，比上届增加6个。全国31个省、区、市及港澳台地区连续九次全部参展。海外参展单位130个，比上届增加13个，来自42个国家和地区，其中"一带一路"沿线国家和地区参展共40个。[2]

2010年深圳文博会开始推出"1+N"的办展模式。"1"即文博会，"N"主要包括两方面，一是从文博会平台延伸出"N"个专业类展会，如每年12月的工艺美术精品展、9月的"艺术深圳"博览会，以及文博会在国内外多个城市举办的文化产品精品展；二是在深圳市优选68个文化产业园区，成为文博会分会场，其中80%以上为文化创意产业园区基地，全年展示文博会平台的产品和项目，涵盖文化创意产业各重点领域和"文化+"新领域。深圳通过大力拓展"1+N"经营模式，充分发挥文博会平台资源

---

[1] 《第十三届文博会有关统计数据发布》，2017年5月17日，来源：文博会新闻中心，http://www.cnicif.com/content/2017-05/17/content_16248537.htm。

[2] 《第十四届文博会精彩落幕》，《深圳特区报》2018年5月15日，第A01版。

效益，形成了既有综合性展会，又有常年开展的若干个专业展会的创新发展格局，进一步扩大了文博会在全国的品牌影响力，同时开发了潜力巨大的市场空间，并将文博会公司运营收入结构主要依托文博会单一平台的情况转变为依托各展会、网络等多个经营平台，巩固和优化了盈利模式，公司多元化经营迈上新台阶。①

深圳文化产权交易所（简称文交所）于2010年4月正式注册成立，以"文化对接资本、交易创造价值"为经营理念，与文博会紧密结合并深度互动，是一个立足深圳、面向全国、影响国际的国家级文化产业要素交易市场和文化产业投融资服务平台。近年来，文交所得到国家在政策上的大力支持，扩大了项目池和资金池的规模，并致力于与文博会配套互动及功能互补，促进重大项目、创新型项目、"文化＋科技"等项目的产权交易和文化进出口贸易，使之成为"永不落幕的文博会"；并率先探索一条以各类资本市场和创新金融产品促进中国文化产业快速成长的"文化＋金融"的新路径，为促进文化成果与资本、文化创新与市场、文化产品与科技等的紧密结合，为文化的项目孵化、企业升级、转企改制、并购重组、培育龙头骨干企业、增资扩股、招商合作等提供一揽子的质押贷款、股权融资、债权融资、兼并收购等综合金融服务及基础平台服务；打造"深圳市文化金融服务中心"，面向全国的国有文化企业、混合所有制文化企业、大型领军型文化企业、中小微文化企业服务，为主板、创业板、中小板、新三板储备优质文化企业。②

国家对外文化贸易基地（深圳）是继北京、上海之后，经中华人民共和国文化部批准设立的国际文化交流和对外文化贸易平台，依托国家支持，加强粤港澳文化产业和文化贸易合作，加强与各个国家和地区文化交流和文化贸易合作；借助深圳高新科技、金融、物流、文化四大支柱产业的发展优势，借助毗邻港澳的区位、技术、人才及市场优势，充分融合深圳文博会这一国家平台的资源优势和服务经验，力争形成特色鲜明的"文化＋

---

① 《创新"1+N"展会模式 打造文博会国际品牌》，《中国文化报》2018年2月01日，第09版。
② 《寄望文交所探索"文化＋金融"新路》，《深圳特区报》2016年6月1日第A04版。

科技""文化＋贸易""文化＋创意""文化＋旅游""文化＋金融""文化＋健康"的深圳基地建设与发展的品牌模式；通过参加海内外专业展会、举办推介会、推动海外投资合作等多种形式，逐步提高中国文化产品、服务和投资的海外市场占有率，使之成为我国华南地区具有较强影响力、辐射力的对外文化贸易平台。①

文化创业产业园区建设加快推进。深圳吉虹艺术设计产业园、世外桃源创意园等6家园区被评定为市级文化创意产业园区。"华侨城甘坑新镇"大型文化旅游项目将投资300亿元，以"文化＋旅游＋城镇化"模式建设一座融文化、科技、生态、旅游于一体的大型文化创意产业新镇。② 2016年12月29日，由深圳出版发行集团和深圳市壹玖捌零文化产业服务有限公司主办的广东国家数字出版基地深圳园区龙华项目启动签约仪式在五洲宾馆举行，这标志着深圳市继文博会、文交所等之后的第四大国家级文化产业平台项目正式启动。据悉，广东国家数字出版基地深圳园区采用"一个园区、多个分区"的规划思路，到2026年为止，逐步在龙华、福田、南山和前海打造国际数字出版产业的国家级战略高地。龙华项目将重点发展数字技术研发、数字阅读、网络视频、影视、动漫游戏等数字出版产业，打造集总部独栋办公、生产研发、产业协作、配套商业、公寓等为一体的综合业态。与国内其他数字出版基地相比，广东国家数字出版基地深圳园区龙华项目具有六大特色：园区将成为国际国内高校和研究机构的产学研成果转换加速器；充分利用文博会平台，打造国家级数字出版产业论坛；它将与联合国教科文组织合作，打造全球数字阅读中心；建设园区国际级VR/AR产业实验室；园区还将建设新三板学院，助力园区中小创新企业上市；园区还将积极探索混合所有制，进行体制机制创新，推进园区建设运营市场化运作。③

这五年来，通过"文化＋"的发展路径模式，以文化创意产业专项资

---

① 《国家对外文化贸易基地（深圳）》，2017年5月2日，中国文化产业网，http://cnci.sznews.com/content/2017-05/02/content_16125106.htm。
② 张骁儒主编：《深圳文化发展报告：2017》，社会科学文献出版社2017年版，第21页。
③ 《广东国家数字出版基地深圳园区开建》，《深圳晚报》2016年12月30日，第A10版。

金为抓手，以文博会等国家级平台为载体，大力推动文化产业跨越式发展，同时积极推动文博会、深圳文交所、国家对外文化贸易基地、广东国家数字出版基地（深圳园区）等国家级平台建设和文化产业园区建设，深圳已经基本形成文化要素市场、产品市场和服务市场相互衔接、产业链条较为完整的现代文化市场体系，这对深圳文化强市、提升文化软实力、完善公共文化服务体系和促进文化产业繁荣发展都具有重要的基础性作用，为深圳先进文化建设提供了重要保障。

第四章 深圳社会主义文化建设的基本内容

深圳秉承"敢为天下先"的特区精神，以高度的文化自觉和文化自信推动文化自强，依靠不断创新的文化理念争得宝贵机遇，坚持"两手抓，两手都要硬"，率先提出并实施文化立市战略。从文化立市到文化强市，深圳的社会主义文化建设取得重大成就，文化设施先进配套，文化精品成果丰硕，文化生活丰富多彩，文化产业创新发展，文化市场繁荣有序，文化体制充满活力，建立起适应社会主义市场经济要求的城市文化发展新格局，成为中国社会主义先进文化建设的鲜活样本。作为经济特区和改革开放的试验田，深圳在2003年就被列为全国首批9个文化体制改革综合性试点地区之一。截至2017年底，深圳连续五次荣获"全国文明城市"称号，连续三次荣获"全国文化体制改革工作先进地区"称号，获得"钢琴之城"、"图书馆之城"、"设计之都"、"杰出发展中的世界知识城市"等国际荣誉，成为具有国际影响力的文化城市。

第一节 坚持马克思主义的指导地位

苏联东欧解体以后，我国成为世界上最大的社会主义国家，西方敌对势力试图实现对我国的"西化"、"分化"和"和平演变"，西方资产阶级的价值观和意识形态对我国产生巨大的冲击。地处中国的南大门，毗邻香港和澳门，作为市场化改革的"排头兵"和"试验田"，对外开放的"窗口"，东西方文化交流的十字路口，深圳率先实现多种所有制经济共同发展，人们思想活动的独立性和多样性不断增强，在价值观念和价值追求上日益呈现出多样化的趋势，意识形态领域思想文化多样性的问题尤为突出。社会思想观念越是多样化，就越是需要坚持马克思主义在意识形态领域的指导地位。在深圳社会主义文化建设过程中，马克思主义指导地位的确立对中国社会主义先进文化建设起着引领和保障作用。

一、马克思主义是立党立国的根本指导思想

马克思主义尽管诞生在一个半多世纪之前，但至今依然显示出科学理论的伟力，依然有着强大的生命力。即使在当今西方社会，马克思也曾被思想界评为"千年第一思想家"。①

1. 坚持马克思主义的指导地位，是由马克思主义的真理性和科学性决定的

马克思主义是关于自然、社会和思维发展的普遍规律的科学，是关于资本主义产生、发展和灭亡的普遍规律的科学，是关于无产阶级争取自身解放和整个人类解放的普遍规律的科学，是关于无产阶级进行社会主义和共产主义建设的普遍规律的科学，其最终理想是实现每个人自由全面发展的"自由人联合体"。马克思主义是在批判和吸收人类优秀思想文化成果的基础上产生并随着时代、实践和科学的发展而不断丰富和发展起来的，是人类迄今为止最先进的思想理论体系，是指导无产阶级改造主观世界和客观世界的世界观与方法论。

习近平总书记指出："马克思主义尽管诞生在一个半多世纪之前，但历史和现实都证明它是科学的理论，迄今依然有着强大生命力。马克思主义深刻揭示了自然界、人类社会、人类思维发展的普遍规律，为人类社会发展进步指明了方向；马克思主义坚持实现人民解放、维护人民利益的立场，以实现人的自由而全面的发展和全人类解放为己任，反映了人类对理想社

---

① 1999年9月，英国广播公司（BBC）评选"千年第一思想家"，在全球互联网上公开征询投票一个月。汇集全球投票的结果，马克思位居第一，爱因斯坦第二。2005年7月，英国广播公司以古今最伟大的哲学家为题，调查了3万名听众，结果是马克思以27.93%的得票率荣登榜首，而排在第二位的苏格兰哲学家休谟得票率仅为12.6%。

会的美好憧憬；马克思主义揭示了事物的本质、内在联系及发展规律，是'伟大的认识工具'，是人们观察世界、分析问题的有力思想武器；马克思主义具有鲜明的实践品格，不仅致力于科学'解释世界'，而且致力于积极'改变世界'。"[1]中国社会主义文化建设作为中国特色社会主义建设的重要组成部分，自然也离不开具有真理性和科学性的马克思主义的指导。

2. 坚持马克思主义的指导地位，是保证社会主义文化建设正确方向的需要

指导思想是一个政党的精神旗帜和行动指南，决定着一个政党前进的方向。列宁曾说，没有先进的理论，党"就会失去生存的权利，而且不可避免地迟早注定要在政治上遭到破产。"[2]任何领导无产阶级进行革命和社会主义建设的无产阶级政党，都必须将马克思主义作为自己的行动指南。中国共产党是马克思主义同中国工人运动相结合的产物，自成立以来始终坚持以马克思主义武装自身，把马克思主义的普遍真理与中国的具体实际相结合，团结带领全国各族人民完成了新民主主义革命并建立了中华人民共和国，完成了社会主义革命，推进了社会主义建设，在改革开放的新时期制定了"两个一百年"的奋斗目标，使中华民族伟大复兴展现出前所未有的光辉前景。"现在，我们比历史上任何时期都更接近中华民族伟大复兴的目标，比历史上任何时期都更有信心、有能力实现这个目标。"[3]这一过程是真理与错误、顺境与逆境相互交织的历程，作为中国共产党根本指导思想的马克思主义，指引着中国共产党人找到了正确的前进方向，为中国共产党提供了前行的精神支柱。

坚持马克思主义的指导地位是中国共产党取得辉煌成就的根本原因，是中华民族实现伟大复兴、中国人民走向美好未来的思想保证。中国共产党在革命、建设和改革方面创造的辉煌成就，成功的原因有很多，但其中最根本的一条就在于，始终把马克思主义作为自己的行动指南，并坚持

---

[1] 习近平:《在哲学社会科学工作座谈会上的讲话》，《人民日报》2016年5月19日第2版。
[2] 《列宁全集》第6卷，人民出版社1986年版，第367页。
[3] 习近平:《承前启后继往开来朝着中华民族伟大复兴目标奋勇前进》，《人民日报》2012年11月30日。

在实践中不断结合中国实际,丰富和发展马克思主义,推进马克思主义中国化。

习近平指出:"马克思主义是我们立党立国的根本指导思想。背离或放弃马克思主义,我们党就会失去灵魂、迷失方向。在坚持马克思主义指导地位这一根本问题上,我们必须坚定不移,任何时候任何情况下都不能有丝毫动摇。"[①]因此,毫不动摇地坚持马克思主义的指导地位是社会主义先进文化建设的首要原则。

3. 坚持马克思主义的指导地位,是应对深圳错综复杂的意识形态斗争的需要

地处祖国的"南大门",作为改革开放的"试验田"、"排头兵"和"窗口",处于改革开放和政治交锋的"两个前沿",深圳的意识形态领域斗争极端复杂。

一方面,深圳是我国对外开放的"窗口"。随着经济上的对外开放及其范围的不断扩大,文化上的对外开放也不断发展。深圳拥有全国最大出入境口岸,每天经由罗湖、皇岗、文锦渡等口岸出入境的人员超过60万人次(2017年),大量境外人员的进入冲击着主流意识形态的影响;深圳毗邻香港,在香港设有分支机构的世界主要媒体以及香港本地的媒体,每年都派出大量记者通过各种途径来深圳采访,境外媒体时刻关注着深圳的发展和变化;随着互联网技术和自媒体等新型传播媒体的发展,舆论生态环境日趋复杂,这使得各种思想文化和道德观念的交流碰撞显得格外活跃与激烈,很容易导致一些市民价值观非主流化,加速思想文化的多元化走向。特区建立之初,深圳文化主要受香港文化的影响,并通过香港文化受到西方发达国家文化的影响。随着特区引进外资规模和范围的不断扩大,与世界各国发展贸易关系的不断推进,与各国和地区相互交往的日益频密,国外文化对深圳文化发展的影响也越来越大。尤其在中国正式加入 WTO 之后,按照我国的承诺,包括文化在内的服务领域逐步开放,国外的文化产品和服务以前所未有的规模进入我国,从而使深圳文化发展受国外文化影

---

① 习近平:《在庆祝中国共产党成立95周年大会上的讲话》,《人民日报》2016年7月2日第2版。

响的程度进一步加大。

另一方面，深圳是我国体制改革的"试验场"。深圳在全国率先突破计划经济体制，实行一系列"敢为天下先"的市场化改革，率先形成以"十大体系"为内容的社会主义市场经济体制框架，中国加入 WTO 之后，不断完善社会主义市场经济体制，深圳始终走在我国经济体制改革的前列。经济体制改革引起生产关系的调整，推动了社会转型，也深刻影响着人们思想观念的变化和文化的发展。体制上的巨大变革不仅带来了物质财富的极大增长，迅速改变了人们的生活条件，而且引起了精神领域的深刻变革，激发了人们的进取意识和创新精神，形成诸如追求平等、崇尚竞争、珍惜时间、讲究效率、注重信用、提倡法治等具有现代意义的价值观念，对社会主义文化建设起着积极的促进作用。但是，市场经济的交换原则、价值原则和利益原则，在一定条件下也容易诱发商品拜物教和金钱拜物教，滋长唯利是图、损人利己、投机倒把等腐朽落后的思想和行为，阻碍甚至破坏社会主义文化的建设。因此，形成适应社会主义市场经济发展需要、符合社会主义精神文明建设规律的价值观念体系，成为在新的历史条件下发展社会主义文化的一个关键问题。

改革是社会主义制度的自我完善和发展，四项基本原则是立国之本，改革开放是强国之路，因此，坚持马克思主义为指导是社会主义文化建设的内在要求。坚持马克思主义为指导，牢牢掌握意识形态的领导权在深圳文化建设过程中极其重要。

二、以马克思主义为指导推进深圳社会主义文化建设

自深圳特区成立以来，深圳不仅在经济建设上取得了巨大的成就，短短四十年时间里，深圳由一个小渔村建设成一个充满活力的现代化国际大都市；而且在社会主义先进文化建设上也成绩斐然，由过去的"文化沙漠"变成闪耀全国的"文化绿洲"。其中一条非常重要的经验，就是深圳文化建设始终坚持以马克思主义为指导，坚持社会主义文化方向，为深圳先进文化建设和文化繁荣提供了思想保障。在深圳思想和意识形态领域如此复杂的环境下，深圳文化建设坚持以马克思主义为指导的经验和做法，值得

认真总结和借鉴。

1. 牢牢掌握意识形态工作的领导权

意识形态决定文化前进方向和发展道路。习近平总书记指出,"经济建设是党的中心工作,意识形态工作是党的一项极端重要的工作。面对改革发展稳定复杂局面和社会思想意识多元多样、媒体格局深刻变化,在集中精力进行经济建设的同时,一刻也不能放松和削弱意识形态工作,必须把意识形态工作的领导权、管理权、话语权牢牢掌握在手中,任何时候都不能旁落,否则就要犯无可挽回的历史性错误。要按照高举旗帜、围绕大局、服务人民、改革创新的总要求,做好宣传思想工作,加强社会主义文化建设,壮大主流思想舆论,重点推动统一思想、凝聚力量。"[①] 在这方面,深圳的主要做法是:

首先,加强深圳本土主流媒体建设,掌握舆论宣传的主动权。深圳特区建立后,为了尽快改变无本土主流媒体的状况,市委于1981年初决定创办自己的机关报。1981年6月,《深圳特区报》试刊版面世;1982年5月24日,中共深圳市委机关报《深圳特区报》创刊,第一期周报正式出版。1983年12月1日,由周报改为日报,向国内外公开发行。1992年3月26日,《深圳特区报》以头版头条的位置发表邓小平视察深圳的长篇通讯——《东方风来满眼春——邓小平同志在深圳纪实》,随后新华社全文转载播发,在海内外产生重大影响。1984年11月1日,深圳电视台正式开始播出自己的新闻节目。1982年6月15日,市委组织部主办的《特区党的生活》创刊,市委书记梁湘撰写了发刊词。1982年5月1日,市文联主办的大型文艺季刊《特区文学》创刊,国内外公开发行。

其次,利用媒体监督政府,不断增强主流媒体的辅政亲民功能。舆论监督是重要的社会监督形式,随着电视、电话、广播、电脑的普及,舆论监督起到越来越重要的作用。深圳在完善监督体系的过程中,自觉利用舆论工具加强对政府行为的监督。如广播电台开设大家议节目,使市民的建议、批评直接传播开去,取得了良好的舆论监督效果。最著名的例子是

---

① 习近平:《在中共十八届三中全会第一次全体会议上的讲话》,2013年11月9日。

第四章　深圳社会主义文化建设的基本内容 | 219

1985年2月，蛇口机关报《蛇口通讯》发表了一篇措辞激烈的群众来信，批评蛇口的诸多弊病，并毫不客气地请招商局董事长袁庚"学习一下管理，注重一下管理"。发稿前，报社请袁庚审稿，遭拒；再次上门请示审批，袁庚指示："原文照发。"文章发表后，在蛇口乃至全国引起了很大震动，并荣获1985年度的全国好新闻评比特等奖。《深圳特区报》、《深圳商报》和《深圳法制报》等较内地其他报刊有更大的自主权。随着改革开放和经济建设的迅猛发展，尤其是深圳报社率先进行体制改革后，各报社逐步走向市场，经费来源渠道多，内部管理机制灵活，与政府之间的直接依附关系渐弱，报喜不报忧的情况趋少；加之群众参政议政的热情不断提高，新闻工作者的历史责任感和使命感也日益增强，因此，特区报纸在舆论监督方面走在了全国的前列。比如《深圳特区报》和《深圳商报》都开辟了读者来信和投诉专栏，积极反映群众呼声。新闻单位对一些具有新闻价值的问题，展开新闻调查，追踪报道。对各种社会问题和政府部门以及各行业存在的问题，电台、电视台、报社等媒体也抓住热点，进行追踪报道，督促各有关部门根据群众提供的线索进行调查研究，解决问题。深圳舆论的开放性和多渠道性，在监督政府中发挥着积极的作用。

历任市长都走进直播间，利用媒体直接和市民面对面沟通，开展网络问政。2003年1月，深圳市市长于幼军来到南方都市报，与《深圳，你被谁抛弃》的作者进行了两个半小时的对话，从而使一场自发的关于深圳未来的大讨论达到了高潮。2004年8月，深圳市市长李鸿忠走进深圳广播电台直播室，担任首期《民心桥》节目嘉宾，与市民"面对面"直接沟通对话。2009年，时任市长王荣走进广电集团"先锋898"新闻直播间，参加《民心桥》节目。

再次，强化舆论导向，不断加强党对舆论引导工作的力度。发挥党的领导核心作用，坚持党管意识形态、党管舆论导向、党管新媒体、党管干部不动摇。1989年11月，设立深圳市文化委员会，集中统一管理深圳市文化艺术、广播影视、新闻出版和文物等领域，1992年改设为深圳市文化局，加挂新闻出版局、广播电视局牌子，成为全国最早的四位一体的大文化管理体制。与此同时，1989年还成立了全国最早的文化综合执法机构——市文化稽查大队，解决了统一的文化市场、分割的文化监管问题，提高了文化市场监管的效能，持续开展"扫黄打非"、常年严厉打击"黄赌毒"等社会丑恶现象。开展文化稽查，打击盗版。构建"多层次、多部门、多角度"新闻发布体系，形成新闻发布的"深圳模式"。2005年，市委宣传部为有效引导舆论，成立了新闻协调组、新闻评阅组，做到"事前有策划、过程有协调，事后有评估"。坚持新闻通气制度和新闻阅评制度，确保了深圳报刊坚持正确的舆论导向。构建和加强广播电视监听监看系统建设，保证广播电视正确的舆论导向。同年，深圳市建立和健全新闻发言人制度，在推动政务公开、引导社会舆论方面发挥了积极作用，全市各级新闻发言人积极与市民沟通，加深了市民对政府政策和措施的理解。深圳广电集团编印《深圳视听评议》，确保广播电视节目正确的舆论导向。2007年，市政府整合全市的政府、媒体和学术资源，建立新闻发布与危机公关联动机制，规范突发公共事件新闻处置。在海上世界下沉广场水灾事件、福田劳动局职员打人等多宗重大突发事件中，市新闻发布部门遵循新闻宣传规律，主动发布准确消息，有效实现了社会热点的舆论平衡。2009年，引入新闻发布"问责制"。在完善党委宣传部协调指导功能的基础上，建立健全新闻出版行政管理部门和各新闻单位主管部门分工负责的管理体制，加强舆论宏观管理。

第四，增强网络舆论引导能力。市委宣传部每周召开社会形势舆情分析会，编写《社会舆情形势分析会纪要》、《舆情快报》、《舆情信息专报》等报告，及时向相关部门通报舆情信息。2006年建立突发新闻事件网络首发制度，增强网上舆论引导能力。建立网络媒体协会，签订了主要网络媒体的自律公约。2007年，市宣传部门建立了网站评阅和通气制度，组建了网络文明义务监督队。2010年建立"网络舆论策划中心"、"网络新闻供稿中心"和"网络新闻推广中心"，不断提高市委对网络舆论的引导能力。

2. 坚持文化建设的社会主义方向

早在1981年1月，中共中央办公厅转发的《广东、福建实行特殊政策、灵活措施座谈会纪要》明确提出：广东、福建的特区是经济特区，不是政治特区，必须坚持社会主义方向，坚持四项基本原则。根据马克思主义的基本理论,社会主义社会不仅要创造出高于资本主义制度的生产力,还要创造出人类美好的精神文明。邓小平同志多次指出,改革开放以来,我们物质文明建设这一手比较硬,取得了显著成就,但精神文明建设这一手比较软。这个问题要解决,让精神文明这一手真正硬起来。对此,江泽民同志在十四届五中全会闭幕时强调:"要把物质文明和精神文明建设作为统一的奋斗目标,始终不渝地坚持两手抓,两手都要硬。"坚持文化建设的社会主义方向,就必须物质文明和精神文明建设一起抓,两手都要硬,尤其必须保证深圳文化建设的社会主义方向,这是精神文明建设的核心。始终坚持文化建设的社会主义方向是深圳文化建设一条重要的成功经验

首先,坚持"有所引进,有所抵制"和"排污不排外"的正确方针。既坚持马克思主义指导地位和"四项基本原则",保证了特区改革开放的正确方向,又大胆引进,认真学习、借鉴、消化和吸收国外及中国港澳台的一切先进的科学技术、管理经验和人类文明的优秀成果,体现出解放思想、敢闯敢试的全新精神风貌,为特区的发展奠定了基调,明确了方向。如深圳当时提出的"时间就是金钱,效率就是生命"、"空谈误国、实干兴邦"等新的思想观念,以挑战传统的大无畏气魄,颠覆了浪费时间、忽视效率、热衷空谈等多少年来习以为常、不以为忧的传统观念和不良习惯,在全国产生了具有震撼力的影响和反响。[①] 改革开放初期,伴随改革开放,港台与西方文化一拥而入,深圳俨然成为中国港台以及外来文化的集散中心,社会主义主流文化受到威胁时,深圳市委、市政府清醒地认识到特区是社会主义特区,而不是资本主义特区,物质文明和精神文明两手都要抓。从1981年到1983年深圳市投资7个亿建设图书馆、博物馆等八大文化设施,占地方财政基建投资的33%,强化用社会主义主流文化引导深圳文化的正确发展。

其次,注重弘扬主旋律,传播正能量。深圳特别注重利用各种文化形式弘扬改革开放,以优秀的作品感染人和鼓舞人。深圳博物馆常年展出《深圳改革开放史》,是全国首座以改革开放史为核心内容的博物馆;莲花

---

① 吴俊忠,党凯:《深圳文化发展理念的历史沿革》,《深圳大学学报(人文社会科学版)》2008年第1期,第20页。

山上的邓小平塑像、红岭路口的邓小平巨幅画像以及市委门口的拓荒牛塑像具有改革开放时代无可争议的符号意义，不仅表达了深圳人民对邓小平开创的改革开放事业的由衷感谢，而且时时刻刻向人们昭示着深圳在中国改革开放历程中的重要作用；《春天的故事》、《走进新时代》和《走向复兴》等作品，成为深圳唱响改革开放的嘹亮声音；利用"欢乐闹元宵"、"沙头角'鱼灯节'"、"麒麟文化节"等节庆弘扬传统文化；《人文颂》成为世界了解深圳的优秀作品；建成以东江纵队纪念馆、中英街历史博物馆、锦绣中华景区等为代表的深圳市爱国主义教育基地体系，宣传爱国主义和优秀文化历史传统。

第三，坚持"两个文明一起抓"。随着经济的高速发展，深圳对文化建设的要求也越来越高，深圳历届市委、市政府十分重视和支持文化建设，从特区建设之初的市委书记梁湘同志提出"勒紧裤带也要把文化搞上去"，建设"老八大文化设施"，到1995年"深圳市文化工作会议"提出"努力把深圳建设为社会主义现代文化名城"，建设"新八大文化设施"，再到2003年市委三届六次会议提出"大力实施'文化立市'战略，努力把深圳建设成为高品位文化城市"，2004年8月，深圳成为广东省首个"教育强市"，以及2010年市委五届三次会议提出建设"文化强市"的战略目标，深圳深入开展文化体制改革，率先构建公共文化服务体系，大力发展文化产业。深圳实现了不仅物质文明建设要走在全国前列，而且精神文明建设也要走在全国前列的奋斗目标。

第四，构建群众性精神文明建设体系。自从特区建立以来，深圳持续开展群众性精神文明创建活动，建立了一套完整的精神文明建设体制机制，包括领导责任、社会参与、指数监测、法制保障等机制。精神文明建设特色明显，进入制度化、规范化、社会化和科学化运作轨道。精神文明建设内容丰富，开展创建"文明单位"、"文明示范窗口"、"文明社区"、"文明市民"、"精神文明创建活动先进工作者"等形式多样的活动，形成了一系列主题活动和操作模式。精神文明建设成效显著，从最早的创建深圳特区的"文明区、文明镇"到获得广东省"文明城市"称号再到蝉联五届"全国文明城市"，市民文明素质和城市整体文明水平不断提高。

3. 坚持文化为人民服务

以马克思主义为指导，核心要解决好为什么人服务的问题。马克思主义认为，为最广大的人民群众谋利益是无产阶级政党的天职，这是马克思主义的基本立场。马克思、恩格斯在《共产党宣言》中强调指出："过去的一切运动都是少数人的或者为少数人谋利益的运动。无产阶级的运动是绝大多数的人、为绝大多数人谋利益的独立的运动。""一方面，在无产者不同的民族的斗争中，共产党人强调和坚持整个无产阶级共同的不分民族的利益，另一方面，在无产阶级和资产阶级的斗争所经历的各个发展阶段上，共产党人始终代表整个运动的利益。"毛泽东的《在延安文艺座谈会上的讲话》、《为人民服务》、《论联合政府》等著作都强调指出，为什么人的问题，是一个根本的问题，原则的问题。我们这个队伍完全是为着解放人民的，是彻底地为人民的利益工作的。共产党人的出发点和落脚点是全心全意地为人民服务，一切从人民的利益出发。邓小平在改革开放中特别强调，要把"人民拥护不拥护"、"人民赞成不赞成"、"人民高兴不高兴"、"人民答应不答应"作为党的各项工作的根本标准。江泽民《在庆祝中国共产党成立八十周年大会上的讲话》中指出："全心全意为人民服务，立党为公，执政为民，是我们党同一切剥削阶级政党的根本区别。""在任何时候任何情况下，与人民群众同呼吸共命运的立场不能变，全心全意为人民服务的宗旨不能忘。"习近平总书记在文艺工作者座谈会上的讲话中强调指出："文艺要反映好人民心声，就要坚持为人民服务、为社会主义服务这个根本方向。这是党对文艺战线提出的一项基本要求，也是决定我国文艺事业前途命运的关键。只有牢固树立马克思主义文艺观，真正做到以人民为中心，文艺才能发挥最大正能量。以人民为中心，就是要把满足人民精神文化需求作为文艺和文艺工作的出发点和落脚点，把人民作为文艺表现的主体，把人民作为文艺审美的鉴赏家和评判者，把为人民服务作为文艺工作者的天职。"在我国，社会主义文化建设是为人民服务，为社会主义现代化建设服务的，坚持马克思主义根本立场就要始终站在人民群众一边，代表绝大多数人民群众的根本利益，坚持以人民为中心的文化建设导向。具体来说，就是建设大众创造、大众参与、大众认同和大众享受的社会主先进文化。

首先,坚持文化为人民服务,面向基层群众。深圳是一座年轻的移民城市,特区建立以来,深圳人口有95%以上是从外地陆续迁移而来的。根据统计,2007年末深圳常住人口为861.55万人,其中户籍人口212.38万,非户籍人口649.17万,两者比例为1∶3.06,这种人口结是世界上是独一无二的,人口绝大多数是来自四面八方怀揣梦想的年轻建设者。因此,在某种程度上可以说为外来打工者服务就是为人民服务。从最早的"大家乐"舞台(1986年6月),到"鹏城金秋"社区文化艺术节(1992年),再到"鹏城歌飞扬"深圳原创音乐推广活动(1994年12月),以至于最近的外来青工文化节(2005年)、"美丽星期天"、"戏聚星期六"、"剧汇星期天"等等,这些遍布于城市各个街道和角落的文化活动秉持为外来打工者服务的理念,开展群众喜闻乐见、雅俗共赏的文化活动,让无数打工者获得了独在异乡奋斗打拼的精神慰藉和继续向前的精神动力。这些系列文化活动发掘和传播了《春天的故事》、《走进新时代》、《又见西柏坡》、《彩云之南》等一系列反映深圳改革开放实践的名歌名曲,涌现了周笔畅、唐磊、张磊、凤凰传奇、徐千雅等许多优秀歌手。位于园岭社区,以深圳18位普通人为模特、记录"深圳人的一天"的大型雕塑公园(2000年),记录了来深建设者的真实历史场景,体现了平民化的追求。

度过了艰难的改革创业时期,新世纪创办的"读书月"(2000年11月)、"社会科学普及周"和"市民文化大讲堂"(2005年6月)等文化活动满足了广大勇于开拓创新的市民对知识的渴求,指引着深圳未来的前进方向。中外艺术精品演出季、深圳大剧院艺术节(1992年)和名家名歌(名家名曲)广东演唱会深圳专场(2005年)等文化节庆扶持了高雅艺术,弘扬了民族优秀文化,传承了民族文化精粹,满足了不同层次和水平的市民对文化的不同需求。

其次,坚持公益性文化场馆免费开放。"满足人民基本文化需求是社会主义文化建设的基本任务。"[①] 公益性文化事业与人们的日常生活息息相关,

---

[①] 《十七大以来重要文献选编》(上),中央文献出版社2009年版,第174页。

是人民文化利益的最直接体现。"在文化发展目的上，明确要坚持以人为本，满足人民群众日益增长的精神文化需求，保障人民基本文化权益"，[①]更好地满足市民群众多层次、多方面、多样化的精神文化需求，推动社会主义文化建设。1988年深圳图书馆成为全国最早免费向读者开放的图书馆，到2007年3月，深圳市博物馆、关山月美术馆、深圳美术馆、深圳画院、深圳市群众艺术馆、深圳图书馆、深圳市少儿图书馆等七大市属公益性文化场馆，全部免费向社会开放。实现了从市级到区级的"三馆一站"免费开放，完善了基层文化单位的免费服务。到各免费文化场馆享受文化服务，成为许多深圳市民，尤其是来深建设者的日常生活的一部分。

再次，构建公共文化服务体系。深圳较早在全国提出并实施公共文化服务体系的建设，把公共文化服务体系的建设作为公民文化权利实现的途径。首先是致力于建立公共文化设施，从20世纪80年代"勒紧裤带"兴建"八大文化设施"，90年代兴建"新八大文化设施"，到21世纪初兴建中心区"新六大"标志性文化设施，加之各级政府、企业、社会长期持续的投入，深圳已经初步形成市、区和基层三级公共文化设施体系，为市民文化生活提供了充足的活动空间。每年由市文体旅游局编印《深圳市公共文化服务指引》，方便市民参与获取公共文化服务的相关信息。2013年，深圳市制定《深圳市基层公共文化服务规定》、《深圳市公共文化服务体系建设规划（2013—2015）》、《文化志愿服务促进办法》，实施"文化惠民工程"，出台《基层公共文体设施规划和建设标准指导意见》，推动公共文化服务从基本性、均等性向优质化、便利化发展，构建"十分钟文化圈"和"一公里文化圈"。建设"图书馆之城"，实现市、区、街道、社区资源共享，遍布居民社区的自助图书馆，方便了市民借阅图书。针对外来建设者，与企业联合设立外来劳务工图书馆，目前已经超过100个，这些图书馆成为市、区图书馆的分馆，有效地解决了劳务工的阅读服务问题，保障了外来建设者的文化权益。

---

① 《十七大以来重要文献选编》（上），中央文献出版社2009年版，第181页。

4. 坚持解放思想、实事求是

实事求是，是马克思主义的根本观点，是中国共产党人认识世界、改造世界的根本要求，是我们党的基本思想方法、工作方法、领导方法。不论过去、现在和将来，我们都要坚持一切从实际出发，理论联系实际，在实践中检验真理和发展真理。"[①] 邓小平强调，"深圳的重要经验就是敢闯"。深圳建设者坚持解放思想、实事求是的思想路线，针对各种僵化观念上的障碍，遵循小平同志"不争论，大胆地试，大胆地闯"的指示，提出"空谈误国、实干兴邦"，开展改革开放。深圳与社会主义文化建设密切相关的创举有：

首先，挑战陈腐的道德说教，为深圳文化建设打下宽容开放的基石。在1988年"蛇口风波"的讨论中，时任蛇口招商局董事长的袁庚同志引用法国哲人伏尔泰的名言"我可以不同意你的观点，但我誓死捍卫你发表不同意见的权利"表达了自己的观点，接着表态，"不允许在蛇口发生以言治罪的事情"。袁庚的表态意义深远，随着市场化改革的深入，人们的权利意识在不断增强，民主观念也在不断增强。民主是人民群众的利益在政治上的表现，自由地表达自己的观点是实现社会主义民主的前提条件。"蛇口风波"为构建富强、民主、文明的社会主义社会做了有益的尝试。袁庚同志的表态今天听来依然振聋发聩，奠定了宽容开放的深圳社会主义先进文化建设的基石。

其次，提出"空谈误国，实干兴邦"。深圳特区建立伊始，就遭受了来自四面八方的非议和责难，其中最具代表性的是1982年3月上海《文汇报》发表署名文章《旧中国租界的由来》，影射深圳特区就是新中国的租界。文中认为，特区是在搞资本主义，妄言"特区是搞香港化，搞资本主义"，"特区除了国旗是红的以外，已经没有社会主义的味道了"。自此以后，每当特区在建设过程中遇到挫折和困难时，指责声更是甚嚣尘上。"姓社"、"姓资"的争论贯穿深圳特区建设的整个过程，面对种种责难和偏见，深圳建设者们的做法是不争论，坚持解放思想、实事求是，提出"空谈误国、实干兴邦"。大胆探索，在全国率先进行了市场化改革。在计划、市

[①] 《十八大以来重要文件选编》（上），中央文献出版社2014年版，第695页。

场、金融、工资、劳动、企业等经济体制方面都进行了前所未有的改革，其中许多改革措施，往往被看作是"资本主义的方法"而遇到反对。深圳发展的可贵之处正在于，不是把精力用于抽象地争论"姓社"、"姓资"的问题，而是按照"三个有利于"的标准（即是否有利于发展社会主义社会的生产力、是否有利于增强社会主义国家的综合国力、是否有利于提高人民的生活水平），大胆提出不争论，"空谈误国、实干兴邦"，大胆地试，大胆地闯。如果凡事都等争个水落石出再去干，那就不会有任何改革，也就不会有深圳的今天。直到1992年初，邓小平同志在南方讲话中指出"特区姓'社'不姓'资'"，才为这个争论画上了句号。2012年12月，习近平总书记视察深圳时再次强调"空谈误国、实干兴邦"理念。

1995年7月关于"特区不能再'特'"又起波澜，深圳继续遵循不争论的原则，市委宣传部要求深圳所有媒体停止刊登所有有关"特区不特"的争论。当年年底，江泽民同志视察深圳，并为深圳经济特区建立15周年题词："增创新优势，更上一层楼"。"特区不特"的争论才告一段落。

第二节 培育和践行社会主义核心价值观

深圳是改革开放之城，地处改革开放和意识形态斗争的"两个前沿"，这种独特的政治和地缘环境，形塑了深圳在价值观上的独特性。它既是多元文化的汇集地，又是社会主义核心价值观的现实缩影。"国家立场、深圳表达"一直是深圳践行社会主义核心价值观的主要指导思想，在此思想指引下，深圳社会主义核心价值观的宣传、教育、实践和评估取得了丰硕的成果，小到基层社区活动策划，大到深圳精神的构建，基本形成了一套行之有效的宣传和实践社会主义核心价值观的机制，极大地丰富了深圳的社会主义文化建设。

一、社会主义核心价值观的内涵

1. 价值观与核心价值观

市场经济条件下，人们对"价值"一词并不陌生，某种东西、某类服务之所以能够买卖是因为它有价值,它能满足不特定人群的需要。这里用"不特定人群"的需要,而不是所有人的需要,是因为在日常生活中,我们会发现,同样的东西,可能满足一群人的需要,却不一定能满足另外一群人的需要。也就是说,价值既具有客观性,也有一定的主观性。从哲学意义上讲,价值体现的是现实中人的需要与事物属性之间的一种关系。

价值观与价值有联系,但两者不是一回事,价值观是与价值相关的观念与意识,是主体关于价值的态度和观点,涉及主体对于何为价值、如何评判价值、怎样创造价值等问题的根本观点。其形成虽然受主体生存环境、认知能力、受教育程度、经历阅历等影响,但是属于相对稳定的观念,能对主体的行为产生较强的影响。价值观在内容上一方面表现为价值取向、价值追求,凝结为一定的价值目标;另一方面表现为价值尺度和准则,成为人们判断事物有无价值及价值大小的评价标准。"[1] 正如前面提到的价值既有客观性也有主观性,价值观也是如此,主体的多元性决定了价值观的多元性,但是这种多元化状态并不否定一定社会中存在共同价值观的可能性,[2] 核心价值观就是一个国家、一个社会的共同价值观,它是"在一系列的价值观中,具有一定稳定性的起主导和支配作用的价值观,它决定着主体在面对客体时行动和态度的性质,并且对主体的行为和态度起着指导作用,是主体分辨是非、区别好坏的决定性心理倾向体系,它决定着主体应该做什么、选择什么以及确定并实现奋斗目标。"[3]

2. 社会主义核心价值观的形成过程与主要内涵

一个国家的核心价值观是国家意识形态的一部分,承载着国家的精神追求,体现着社会制度、社会运行的基本原则和社会发展的基本方向。它是一个国家凝神聚气的法宝,国家软实力的重要标志,也是指引国家发展的强大指针。世界各国都非常重视核心价值观建设,新加坡是世界上第一

---

[1] 韩振峰:《社会主义核心价值观的基本内涵与重大意义》,《思想政治工作研究》2012年12期,第11页。

[2] 李德顺对此已有专门论述,详见李德顺:《新价值论》,云南人民出版社2004年版,第275—286页。

[3] 钟明华、黄荟:《社会主义核心价值观内涵解析》,《山东社会科学》2009年第12期,第15页。

个以国家白皮书形式提出核心价值观的国家，历史史实和客观现实均表明，核心价值观在推动新加坡的建设方面功不可没，它让这个面积不大的国家在世界展现了强大的魅力。

新中国成立以后，特别是改革开放以后，面对日益复杂的国际环境，我国十分重视核心价值观的探索与构建，希望它能主导全社会思想道德观念和人们的行为方式。1986年，党的十二届六中全会通过《中共中央关于社会主义精神文明指导方针的决议》，正式展开加强建设社会主义精神文明和道德文明建设，经过二十年的积累，2006年党的十六届六中全会上，提出"社会主义核心价值体系"的重大命题，主要内容包括马克思主义指导思想、中国特色社会主义共同理想、以爱国主义为核心的民族精神和以改革创新为核心的时代精神、社会主义荣辱观。核心价值体系突出了党和国家的指导思想，既继承了传统，又联系了时代和中国社会主义发展的阶段。社会主义核心价值体系提出后，为方便宣传和统一社会认知，凝练社会主义核心价值体系，提出社会主义核心价值观成为必须。经过学术界和理论界多方探究，2012年，党的十八大正式提出：倡导富强、民主、文明、和谐，倡导自由、平等、公正、法治，倡导爱国、敬业、诚信、友善，积极培育和践行社会主义核心价值观。2013年中共中央办公厅下发了《关于培育和践行社会主义核心价值观的意见》（简称《意见》），对十八大的"三个倡导"进行了明确，指出它是社会主义核心价值观的内容，并指出了"三个倡导"的层次关系，分别是国家层次上的富强、民主、文明、和谐，社会层次上的自由、平等、公正、法治，个人层面上的爱国、敬业、诚信、友善。《意见》同时解释了社会主义核心价值观与社会主义核心价值体系之间的关系，指出社会主义核心价值观是社会主义核心价值体系的精神内核，体现了社会主义核心价值体系的根本性质和基本特征，反映了社会主义核心价值体系的丰富内涵和实践要求，是社会主义核心价值体系的高度凝练和集中表达。

党的十八大以来，以习近平同志为核心的党中央高度重视社会主义核心价值观建设，采取一系列重大举措，推动社会主义核心价值观建设。2017年党的十九大进一步强调要培育和践行社会主义核心价值观，"要以培养担当民族复兴大任的时代新人为着眼点,把社会主义核心价值观融入社会发展各方面,转化为人们的情感认同和行为习惯"。2018 年 3 月通过了《宪法修正案》,《宪法》第二十四条第二款中"国家提倡爱祖国、爱人民、爱劳动、爱科学、爱社会主义的公德"修改为"国家倡导社会主义核心价值观,提倡爱祖国、爱人民、爱劳动、爱科学、爱社会主义的公德"。① 社会主义核心价值观正式被写入宪法。

由此可见,社会主义核心价值观,是在中国特色社会主义伟大实践中逐步形成的,虽然继承了中国传统文化中的许多积极因素,同时借鉴了西方国家价值观中的某些有益因素,但从本质上说"是中国特色社会主义的核心价值观,集中体现了中国特色社会主义在国家价值目标、社会价值取向、个体价值准则方面的本质规定和基本规范,深刻反映了中国特色社会主义的价值诉求和价值走向。"② 从国家层面来看,富强、民主、文明、和谐的价值追求也是中国特色社会主义的奋斗目标,它回应了什么是社会主义、怎样建设社会主义的问题,同时也反映了中国人对中国特色社会主义规律的认识。社会层面的价值观——自由、平等、公正、法治,本质上是马克思主义价值观在中国的实践,马克思认为社会主义发展的最终目标是解放人类,是人类的自由而全面的发展。平等去除阶级剥削一直是马克思主义指导劳工运动的目标,一个公正的社会才是真正人类的社会,让一切在法治的框架下,才能保证公正和平等。爱国、敬业、诚信、友善,是中国共产党结合中国的传统、国情和文化提出的适应中国社会发展的个人层面价值要求,个体是建设中国特色社会主义依靠的力量,个体饱有家国情怀、敬业态度、诚信品质和仁爱立场,才能构建和谐的社会氛围,才能形成强大的建设力量,为中国特色社会主义和人类的共产主义事业而奋斗。

---

① 《中华人民共和国宪法》(2018),全国人民代表大会网站[EB/OL]http://www.npc.gov.cn/npc/xinwen/node_505.htm

② 包心鉴:《习近平新时代中国特色社会主义思想的鲜明特质和社会主义核心价值观的本质规定》,《学校党建与思想政治教育》,2018 年第 1 期,第 7 页。

二、培育和践行社会主义核心价值观的重大意义

正如前文所述,价值观既具有客观稳定性、又有一定的主观性,持久的积极的价值观对于个体成长、社会稳定与国家发展具有至关重要的意义,稳定而消极的价值观对个体和国家而言则后患无穷。个体价值观的形成是个历史的过程,在此过程中主体具有较大的选择性,家庭教育、社会环境、个人境遇、认知水平和能力、外界价值倾向等均是其中的影响与可选择因素。因此,价值观虽然是个体"自下而上"形成的,但某种程度上是可以塑造或改造的。主流价值观也可以"自上而下"地影响个体价值观的形成。历史上很多国家都非常重视代表统治阶级意志的价值观的培育,认为这是固邦之基。古有战国时期,齐国相管仲提出"四维说",他认为"礼义廉耻,国之四维,四维不张,国乃灭亡",四维就是核心价值观,关系到国之存亡。近现代的美国,一直将在全球传播美国价值观作为重要的任务和使命,因为事关美国全球霸业。基于此,改革开放后的中国非常重视社会主义核心价值观的培育和塑造。

培育和践行社会主义核心价值观,具有重要的意义。从国内治理来说,国家稳定、人民团结一心是建设社会主义的重大保障。中国是个多民族的大国,各地风土人情、宗教习惯差异较大,如何最大限度地尊重各民族各地区文化,同时能够让全国人民统一到社会主义建设事业中,是个历史问题,也是一个现实问题。对此,习近平总书记给出了答案,那就是在全国培育社会主义核心价值观。他认为:"我国是一个有着13亿多人口,56个民族的大国,确立反映全国各族人民共同认同的价值观'最大公约数',使全国人民同心同德,团结奋斗,关乎国家前途命运,关乎人民幸福安康。"[①] 除了历史问题,当前,我国也面临着不少挑战,中国正处于社会转型期,开放的环境、多途径的媒介传播工具,各类思想文化交相杂陈,各种思潮此起彼伏,各种观念碰撞不休,究其实质,就是因为价值观难以协调统一。培育并践行社会主义核心价值观就变得尤为迫切。社会主义核心价值观在关键时候能够为解决社会矛盾、协调分歧提供准绳,也可为积极

---

① 《习近平谈治国理政》第1卷,外文出版社2018年版,第168页。

价值观的确立提供方向。

从国际竞争来说，当今世界，综合国力竞争非常激烈，中国作为世界上最大的社会主义国家，同时也是新兴的发展中大国，面临着诸多国际力量的挑战。核心价值观作为文化软实力的灵魂，对于中国自强文化、参与国际竞争非常关键。中国作为社会主义国家的代表，还承担着在国际范围展示社会主义优越性的使命，文化优越性、价值优越性是其中的应有之意，培育和践行社会主义核心价值观就是在国际层面展示中国魅力，展示社会主义国家的良好风貌，从而抵御西方资本主义价值观的侵袭渗透，为中国在国际意识形态斗争中掌握话语权、赢得主动权。

无论是从国内还是国际来看，培育社会主义核心价值观，还有利于提升中国的文化自信，从而坚持道路自信。习近平在一次省部级领导培训会上指出："一个民族、一个人能不能把握自己，很大程度上取决于道德价值。如果我们的人民不能坚持在我国大地上形成和发展起来的道德价值，而不加区分、盲目地成为西方道德价值的应声虫，那就真正要提出我们的国家和民族会不会失去自己的精神独立性的问题了。如果没有自己的精神独立性，那政治、思想、文化、制度等方面的独立性就会被釜底抽薪。"[①]一句话，价值自信是最深沉的自信，其背后不仅是对道路的自信，还是对中国伟大的社会主义事业的自信。

三、"国家立场、深圳表达"——社会主义核心价值观的深圳实践

1. 诸多问题"倒逼"深圳最先遭遇价值观挑战

综合对比来看，深圳应该是全国最先感受到价值观冲突的地区。最早的挑战从新中国建立就已开始，一系列社会运动则加剧了挑战的强度。

新中国建立不久就成为社会主义阵营的重要力量，"冷战"铁幕在东亚拉开，毗邻香港的宝安县，直接面对资本主义阵营的港英辖地，原本充当分界线的罗湖桥、深圳河还有周边的海湾，很快有了政治的意涵——

---

① 《习近平关于全面深化改革论述摘编》，中央文献出版社2014年版，第88页。

资本主义和社会主义社会的现实分界。但客观情况是,两地的居民关系不可能一下子隔断,宝安村民与香港联系很多,有些亲戚朋友在那里,有些要过界去耕作,香港的经济水平、生活方式、思想观念,或多或少会传到宝安,资本主义的香港和社会主义的宝安,无形之中成了对比的对象。之后不久,大陆的人民公社化运动则极大地挫伤了宝安地区人民的生产积极性,不顾一切逃港的宝安村民越来越多。大陆的三年"自然灾害"、"文革"等更加剧了逃港,成千上万的人逃往香港谋生,堵都堵不住,用事实拷问政府:贫穷究竟是不是社会主义?追求幸福就是资产阶级堕落行为吗?这些问题既是意识形态领域的,也是价值观领域的问题。面对如此棘手的问题,中央调研以后,以邓小平为首的中央领导感受到不是宝安的老百姓有问题,而是国家政策出了问题。1978年,时任广东省委书记习仲勋在宝安调研后说:"香港九龙那边很繁荣,我们这边就冷冷清清,很荒凉……这些人是外流嘛,是人民内部矛盾,不是敌我矛盾,经济搞好了,逃过去的人又会跑回到我们这边来。"[1] 实际上对价值冲突进行了直接的回应。

深圳成为改革开放前沿后,深圳特区成为与内地的对比对象,深圳采取的很多政策,要么惊动中央,要么让内地的百姓感到困惑。比如蛇口引进外资成片开发就引发了不少人的警惕,有人写材料到中央,说深圳有变租界的危险,参加过游击战的老战士泪流满面,痛心疾首地说:"革命先烈得来的土地,给你们一下子卖掉了"。"时间就是金钱、效率就是生命",如今的中国人已经非常熟悉这句话,但是当年蛇口提出来时,不亚于释放了强劲的思想冲击波。制成的宣传牌挂上去又摘下来,来来回回三次。当时内地一方面"左"的思想非常强烈,社会上视金钱、效率为禁忌,认为由金钱激发的创造性不值得赞誉。[2] 另一方面,也有不少人嗅到了改革的空气,认为深圳代表着机会和自由,纷纷南下"下海",人潮汹涌南下"淘金",引

---

[1] 《习仲勋主政广东》编委会著:《习仲勋主政广东》,中国共产党新闻网《习仲勋主政广东》专题[EB/OL] www.cpc.people.com.cn/GB/64/162/82819/15225/115226/6866077.html

[2] 史健玲:《从深圳经济特区的实践看市场经济与精神文明建设的关系》,《特区理论与实践》1995年第7期,第56页。

发了国家的担忧。1986年深圳"二线关"的建立，某种程度也是为了缓解内地和深圳特区在意识形态和价值观方面的冲突。

在建设发展过程中，深圳特区内部在价值观上的争议更大，原因是深圳当时有多种经济形态、多种生产方式、多种人群、多样文化。改革开放之城加上移民之城，这两大特色就注定了深圳在个体价值观上的多样性。影响中国几千年的传统人伦差序关系在深圳变得无足轻重，在向市场经济转变过程中，随着一些市场主体片面追求经济效益和利润，个人主义、功利主义、实用主义、拜金主义露出苗头，在个别区域大行其道，炫富攀比悄然成为时尚。面对中国港台和西方文化，不少青年对中国已有价值产生怀疑，甚至对人生意义与价值感到迷惘。在思想文化领域，一直存在一些反马克思主义的错误思潮，如宣扬全盘西化，宣扬西方民主、人权和自由等价值观，所有这些均让中央和深圳的领导层感到担忧，认为有必要在尊重多样的基础上，统一思想认识，形成价值共识。

由此可见，深圳意识形态和思想道德建设领域中存在的亟待解决的问题"倒逼"政府注重思想文化建设和价值观建设。

2. 建设社会主义核心价值体系的深圳实践

改革开放初期，价值观的探讨主要放在意识形态和思想文化领域展开。宝安县以及特区建立之初，最为担心的是深圳变色，因此确保深圳的社会主义底色，是深圳当时要做的工作。经济上保证公有制、集体经济占主体，思想上坚持马克思主义的领导，政策上贯彻中央精神：两手抓，两手都要硬。既抓物质文明，也抓精神文明。深圳是特区，特区人应该有什么样的精神风貌，80年代初的特区政府必须回应这些问题。

在意识形态斗争仍比较激烈的情况下，深圳给出的答案是深圳是社会主义特区，不是资本主义特区，深圳社会发展的根本指导思想是马克思主义，深圳的改革，必须是在马克思主义和中国现实相结合的情况下推进的，这从根本上确定了深圳的红色价值底色。特区是移民新城，如何让来自五湖四海的人和谐相处，并拧成一股绳，深圳市委领导想到特区精神，共产党人在陕甘宁边区爱国自强、艰苦奋斗、开疆拓土的精神财富给了他们不少启发。1984年，作为特区精神的象征——"孺子牛"雕像被创作出来。

孺子牛那种甘为老百姓服务、勤勤恳恳、任劳任怨的形象让来深建设者找到了精神的共鸣,他们感到自己是带着建设中国特色社会主义的使命来建设特区的,要有像孺子牛那样的毅力,忍辱负重地直面质疑,坚持不懈。深圳早期关于特区姓社、改革开放是对社会主义进行完善的观点的确立,以及深圳后来取得的成功,让中央进一步坚定了中国特色社会主义的信心。因此,可以说,后来提出的社会主义核心价值体系是植根于改革开放的实践,深圳的实践在其中占有相当大的分量。

1986年,党的十二届六中全会通过《中共中央关于社会主义精神文明指导方针的决议》后,深圳加强了精神文明的建设,着手思想文明建设系统化和规范化。1987年初,深圳召开特区第一次思想政治工作会议,在会上提出"开拓、创新、献身"的"特区精神",这六个字其实是深圳城市的早期价值观。1990年深圳市第一次党代会上将特区精神更改为"开拓、创新、团结、奉献",这些改动,是特区改革实践的产物,也是特区响应国家加强思想政治工作,抵制资产阶级自由化思想侵袭的需要。

20世纪90年代特区的市场经济基本形成,但腐败投机、个人主义等问题已经显现,如何在价值上提供准绳?深圳采取的是用集体主义精神引导大众,并把它作为一项艰巨的任务来抓,团结、奉献归根结底是以整体利益为重。这一时期,深圳和全国一起探究如何建设符合中国国情的社会主义价值观。1994年11月,全国"社会主义市场经济与价值观"研究会在深圳、广州两地召开,国家教委社科研究中心、北京大学、深圳市企业文化研究会等单位70多名专家围绕中心议题进行了讨论,北京大学的黄楠森教授就指出"我国社会主义市场经济中人的价值观是多元的,但主导的价值观是集体主义的,也应该是集体主义的。集体主义同计划经济有一定联系,个人主义同市场经济也有一定联系,但计划经济不是集体主义的唯一社会根源,公有制是它的更深刻的根源;市场经济不是个人主义的唯一的社会根源,私有制才是它的更深刻的根源。"[①]深圳干群围绕这个问题进行了多轮探讨,最终形成辩证理解个人主义和集体主义关系的共

---

① 黄楠森:《集体主义走主导的价值观》,《中州学刊》1994年第1期,第60页。

识,即确认在市场经济条件下,占主导地位的价值观应是集体主义的价值观,而不是个人主义的价值观,同时明确提倡集体主义并不是不要个人主义。①

2001年,中国加入WTO,改革开放的步子迈得更大了。深圳在城市精神与价值观等方面遇到的挑战也更大。这些挑战,有些是深圳发展过程中出现的问题,如市民的艰苦奋斗精神不如以往,部分人出现了小富即安、贪图享受、追求奢靡等精神浮躁现象,腐败堕落、坑蒙拐骗、行政低效等问题也不是个别现象,直接影响到深圳的吸引力。另一方面,加入WTO意味着市场经济要更加完善,法治意识、公平竞争等须深入人心,深圳受到直接的考验。前面提及的问题,其实既是深圳的问题,也是改革开放进展到一定阶段会出现的问题,如何在思想层面破解难题,形成完善的价值共识很重要。2001年至2002年,深圳审时度势进行了"深圳精神如何与时俱进"的大讨论,收集社会各方面意见,凝聚价值共识,提出了"开拓创新、诚信守法、务实高效、团结奉献"的"深圳精神"。深圳将中华民族传统的价值观"诚信"与社会主义市场积极有机地联系起来,倡导市民重视信用。与此同时,与时俱进地汲取市场经济公平交易的精髓——规则意识、法治意识,将它们融入深圳精神的建设和城市人文环境建设,这是深圳在社会主义核心价值体系中的又一大探索。

2006年,中央正式提出"社会主义核心价值体系"后,深圳紧跟中央步伐,围绕"社会主义核心价值体系"建设探索深圳的工作重点,深圳市委决定将重点落在城市人文精神的构建上,推崇以人为本的人文发展观。深圳市委四届五次全会明确指出加强深圳城市人文精神建设,特别要突出体现"五崇尚、五富于"的内涵,即:崇尚以人为本、以人为上、富于关怀互助、尊重尊严;崇尚自强不息、竞争向上,富于宽容和谐、友爱仁义;崇尚开放包容、兼收并蓄,富于活力动感、创新创造;崇尚知礼守法、真诚向善,富于内省自律、诚信无欺;崇尚追求文明、坚持真理,富于科学理性、严谨务实。"五崇尚、五富于""表明探索建立富于时代特色和深圳

---

① 史健玲:《从深圳经济特区的实践看市场经济与精神文明建设的关系》,《特区理论与实践》1995第7期,第56页。

特色的核心价值观达到了新高度、新境界"。①

3. 评选"深圳十大观念"——凝练社会主义核心价值观的深圳尝试

党中央提出建设社会主义核心价值体系之后，社会各界均有人士提出，可否将社会主义核心价值体系的核心内容凝练为社会主义核心价值观，既便于传播，也便于市民理解与认同。中央觉得意见很中肯，发动理论界、学术界、媒体、各地区进行探索。到2010年8月，深圳特区成立已经三十年，深圳也需要总结改革开放三十年的成就与教训，在思想建设、文化建设方面，深圳需要摸清楚这个年轻的城市是否形成了精神合力，政府推动构建的深圳精神有没有深入人心，社会主义核心价值体系建设有没有得到市民的认同，未来能够真正推动深圳建设中国特色社会主义改革开放之城的核心价值观念有哪些。中央下定决心凝练社会主义核心价值观，也让深圳觉得有这个必要去尝试在国家立场下，凝练深圳特色的核心价值观。这一次，深圳的媒体走在前面。

2010年8月1日，网络论坛里，一位普通网友追忆自己来深十八年的感怀，引发众多网友的跟帖，也激起了深圳新闻网互动总监夏为的格外关注，配合深圳纪念特区成立三十周年，配合深圳文化建设，配合中央凝练社会主义核心价值观的要求，一个点子诞生了。而且这个点子很快得到深圳报业集团领导的大力支持，因此规模扩大，由深圳报业集团主办，深圳商报、晶报以及深圳新闻网联合搞一场市民征集活动，寻找"深圳最有影响力十大观念"。②这场为期一个月的，为自己城市立言的评选，反响相当强烈，广大市民热情参与。为了收集市民提交的观念，深圳新闻网还专门设立了"留言墙"，每一条留言都被编上作品代号，显示在网站上。结果，在一个月的时间里，这面电子留言墙上留下了数千条"小贴士"，经过媒体专业人员研究比对遴选，最终缩小为200条观念。究竟哪十条能代表深圳呢？是按照一般规律，最终由领导拍板决定呢？还是怎么办？深圳

---

① 易永胜：《关于深圳建设社会主义核心价值体系的几点思考》，《特区实践与理论》2007年第3期，第76页。
② 有关深圳评选"十大观念"的过程，详见中国日报网"深圳十大观念"专题［EB/OL］"http://www.chinadaily.com.cn/dfpd/2012szsdgl/index.html

在这件事情上恰恰特立独行——让市民自己选!

经过慎重规划,票选程序产生,先由广大市民进行第一轮网络票选,从200条观念里,选出30条。然后由专家评委会和第二轮网络票选(各占50%的权重)共同选出十大观念。评委会没有一位政界代表,15人分别来自社科界、学界和媒体。评选原则是"一定要有代表性,对得起深圳过去三十年!"网友投票总数达66874人次,他们选出自己心中的前10名。评委会专家经过激烈的探讨,最终也无记名投票选出10条观念,经过权重计算,最终得出结果,深圳十大观念就此出炉,它们分别是:时间就是金钱,效率就是生命;空谈误国,实干兴邦;敢为天下先;改革创新是深圳的根,深圳的魂;让城市因热爱读书而受人尊敬;鼓励创新,宽容失败;实现市民文化权利;送人玫瑰,手有余香;深圳,与世界没有距离;来了,就是深圳人。

十大观念产生的过程本身就是深圳改革开放的注脚,就像北京大学法学院教授强世功评价的:"这些观念不是几个学者关起门来就可以想出来、写出来的。这些观念是深圳的历史发展所塑造的,是深圳发展的一部分,是深圳历史的一部分。"[①] 中央党校原副校长李君如认为"深圳在核心价值观的提炼方面创造了很好的经验,一是方法对,二是方向对"。[②] 观念来自于民,用之于民,凝聚共识,凝聚民智,人们自然而然对善恶美丑有价值标准和尺度,顺应了我国建设核心价值观的需要。

深圳十大观念每一条观念都是具有深圳特色的社会主义核心价值观。"时间就是金钱,效率就是生命"折射出发展是硬道理,贫穷不是社会主义。"空谈误国,实干兴邦"是一种朴素的爱国观,也是一种务实的敬业观,呼应了"发展是硬道理"的时代主题,为排除思想上的干扰、推进改革开放的探索与实践发挥了重要作用。"敢为天下先"是深圳勇当改革开放排头兵的真实写照,也是中国勇于探索社会主义发展道路的写照。"改革创

---

① 《深圳十大观念诞生记》,《中国青年报》,转引自中国日报网[EB/OL] http://www.chinadaily.com.cn/dfpd/2012szsdgl/2012-08/27/content_15709955.htm

② 翁惠娟:《"深圳十大观念"凝聚社会主义核心价值观》,《深圳特区报》2011年12月6日第A4版。

新是深圳的根、深圳的魂"既是对深圳过去改革开放的总结，也是未来深圳发展的定海神针。"让城市因热爱读书而受人尊重"体现了深圳人的文化自觉和文化自强，知识涵养是城市文明的底色，也是市民素质的基础，"鼓励创新，宽容失败"解读了城市活力的源泉，用积极有建设性的态度对待积极向上的力量。"实现市民文化权利"体现了以人为本的思想，凸显对人本身的尊重，这是社会和谐的基础，也是建设社会主义国家的目标之一。"送人玫瑰，手有余香"是互帮互助，传递友善的姿态，这是社会主义国家社会风貌的应有体现。"深圳，与世界没有距离"体现深圳改革开放的气度与胸襟，以及追求卓越的精神。"来了，就是深圳人"是最接地气的价值观，既体现了深圳人的包容精神，也体现了深圳的平等精神、友善态度，它是社会主义核心价值观在基层的集中体现。

无论是在构建社会主义核心价值体系，还是在凝练社会主义核心价值观方面，国家立场、深圳表达、一直是主线。所以无论是深圳精神还是十大观念，既具有强大的群众基础、基层地气，也和中央的主导思想时刻保持一致。

4. 十八大以来深圳对社会主义核心价值观的宣传与践行

2012年11月，党的十八大首次提出"三个倡导"、24字社会主义核心价值观，其核心内容和鲜明底色就是中华民族伟大复兴的"中国梦"，是中国人民历经挫折、奋斗、反思、学习而形成的思想财富，是中国人的价值也是中国人的精神。深圳作为全国培育和践行社会主义核心价值观的排头兵，怀着高度的政治责任感和使命感，积极宣传和践行社会主义核心价值观，既注重社会主义核心价值观宣传教育、示范引领、实践养成的统一，也注意政策保障、制度规范、法律约束的衔接；多渠道、多形式地推进社会主义核心价值观融入深圳全国文明城市建设、深圳的法治建设、深圳的市区文化建设等。其目的就是让社会主义核心价值观能够与深圳的发展和建设有机融合，让市民们将社会主义核心价值观入脑入心，并指引日常的生产和生活。

（1）加强社会主义核心价值观的宣传和教育

正如前文所言，价值观的形成和塑造受众多因素的影响，比如环境、知识、外界价值观念的持续刺激等，要落实社会主义核心价值观，让它成为市民自觉认同的核心价值，首先要做的就是宣传和教育，让民众知道、认识、理解。十八大之后，中共中央办公厅印发的《关于培育和践行社会主义核心价值观的意见》明确提出的"新闻媒体要发挥传播社会主流价值的主渠道作用"、"建立社会主义核心价值观的网上传播阵地"和"运用公益广告传播社会主流价值、引领文明风尚"等三点要求，得到深圳市委、市政府高度重视，市委宣传部和媒体将三点要求视为宣传社会主义核心价值观的指导思想与行动指南。

①主管部门重视核心价值观传播

深圳市委宣传部是深圳宣传社会主义核心价值观的主要行政部门，在深圳社会主义核心价值观的宣传普及等方面做了大量的领导工作。一方面，它不折不扣贯彻上级有关精神文明建设和社会主义核心价值观宣传方面的文件，另一方面，研究适合深圳的宣传思路、方法策略和评估措施。为确保工作的效果，市委宣传部还会同教育部门、城市环境管理等其他部门，共商在深圳培育和践行社会主义核心价值观的具体措施。除此之外，市委宣传部策划了不少大型的宣传核心价值观的活动。在它的大力支持下，深圳创作了《核心价值观组歌》，成功地在北京举办交响音乐会。深圳创作的中国传统文化交响乐《人文颂》，2013年在联合国教科文组织巴黎总部公演，2014年在纽约联合国总部、马其顿、保加利亚以及中国台湾、中国香港成功巡演，传递了浓厚的中国文化与积极的价值观。深圳打造的"福永民工街舞团"、"舞出正能量——社会主义核心价值观文艺巡演"等节目走出深圳，走向全国舞台。深圳还举办深圳企业文化微电影大赛等赛事，激发创作了大批创意新、格调高、感染力强的核心价值观作品。

②传统主流媒体坚守宣传主渠道

深圳主流媒体——深圳报业集团和深圳广电集团成为宣传社会主义核心价值观的主要渠道，深圳特区报将重点放在社会主义核心价值观的理论解读上，深圳商报、晶报、深圳晚报负责贴近民生的社会主义核心价值观活动的策划、报道，以及深圳各区践行社会主义核心价值观活动的宣传报道与经验总结。2016年2月，《深圳晚报》及深圳ZAKER于2月29日特别推出大型特刊《鹏风——社会主义核心价值观的深圳注脚》,以20个整版的大篇幅集中展示了深圳开展培育和践行社会主义核心价值观的基本情况,既有理论总结,也有榜样和典型,在全国引发较大反响。深圳广电集团利用卫视平台,播放反映社会主义核心价值观的影视作品。在公益广告方面,举行公益广告大赛,力求接地气,向全社会征集相关作品,并在电视中播放,增加黄金时间段和重点栏目中插播核心价值观公益广告的频次(每月15条左右),力求达到更高的传播率与更好的效果。

③现代新媒体宣传花样繁多

深圳是电子信息技术发达的城市,在核心价值观的宣传上,现代传播技术自然也是重要的手段。深圳依托移动电视、车载电视、楼宇电视、户外LED屏、电子海报、手机公众号推送等现代手段传播社会主义核心价值观,使之与人们的生活如影随形、息息相关。再比如通过网络宣传社会主义核心价值观。腾讯公司利用微信、QQ等社交媒体以及网络游戏宣传核心价值观;深圳报业集团所有新闻资源均上网传播,当然也包含社会主义核心价值观的宣传报道;深圳光明公安坚持利用网络向群众逐一宣传社会主义核心价值观二十四字十二词每个词的内涵。新媒体最大的好处是及时性、互动性强,民众随时了解,随时参与。[1]

④公益广告设计得体、宣传有特色

深圳在公益广告宣传方面狠下功夫,以"社会主义核心价值观"为主题的广告,在市区主干道公交车站、地铁站台、在建工地围墙上随处可见。这些广告都经过精心的设计,或画风素雅、内容通俗,或形式活泼、构思巧妙,它们一方面装点城市,提高城市形象,另一方面向市民传递了爱国、诚信、敬业等积极向上的价值观。在设计这些广告时,深圳让更多的市民和专业人士参与其中,比如举办公益广告设计大赛,通过大赛遴选好的作品,通过大赛吸引社会各界关注核心价值传播。比如举办社会主义核心价值观儿童画,将入选作品用于社区公益宣传,既达到宣传效果,又实现了核心价值观教育从娃娃抓起的目标。再比如将地区特长与社会主义核心价

---

[1] 张文明:《新媒体传播社会主义核心价值观面临的机遇和挑战》,《传播与版权》2016年第10期,第83页。

值观融合起来设计公益宣传。深圳横岗钢笔画较有名，当地特邀著名青年钢笔画家到横岗采风，以红棉盛开、横岗人民公园等横岗风景等为素材，创作了12幅带有横岗特色的"社会主义核心价值观"钢笔画。以此为底板的公益广告遍布横岗主要街道，受到市民喜爱。

⑤系列品牌活动激发正能量

价值观宣传不是一朝一夕之事，它应该是持续的、有规律的安排。为此，深圳多年来打造了不少品牌活动，用于传递积极的城市精神与社会主义核心价值观。连续18年举办深圳读书月，激发城市对阅读的兴趣，并让阅读成为习惯，而阅读最大的好处是潜移默化中提高市民的素质。连续举办13年的市民文化大讲堂，八九百期讲座弘扬了人文精神，发展了公共文化，丰富了市民生活，提升了城市品位。连续15年举办的以"和谐深圳爱心家园"为主题的深圳关爱行动，培育和宣传了丛飞、孙影等一大批爱心人物，打造了"募师支教"、"燃料行动"、"关爱劳务工基金"、"爱心小书桌"、"心理关爱"等一系列品牌公益项目，设置了深圳关爱行动公益基金会。[①] 这些活动无不弘扬着社会主义核心价值观。

⑥开展社会主义核心价值观教育

深圳教育系统认真贯彻落实党的十八大、十八届三中、四中、五中全会、十九大会议精神和习近平总书记重要讲话精神，以立德树人为本，用社会主义核心价值观引领学生健康成长。教育系统主要利用学校开展教育活动，原则是核心价值观教育是重点戏、是连续剧。主要围绕如下几个方面展开：主题教育活动，从小学到大学，根据学生不同特点，开展有时代特点、有针对性的活动；联系重要纪念日、重要节日，展开主题班会活动或主题团日活动，比如联系抗战胜利70周年，举行爱国教育活动，联系重阳节，进行敬老爱老主题活动；开展"少年向上 真善美伴我行"教育活动，在学生中广泛开展阅读、社会实践、征文评选和演讲比赛，增强他们的价值判断力和道德责任感；开展义工和志愿者活动，让学生们从小心怀善念，友爱待人，助人为乐；开展各类教育活动，发挥青少年实践教育基

---

① 详见深圳关爱网［EB/OL］. http://www.szguanai.com/深圳市关爱行动公益基金会网站［EB/OL］. http://www.igongyi.org.cn/

地作用，组织中小学生参加各类体验式教育，培养他们爱劳动的习惯，吃苦耐劳的优秀品质，尊重劳动人民和劳动成果的思想感情。①

⑦重实践养成创全国首家体验馆

2017年4月6日，深圳市创办了全国首个社会主义核心价值观体验馆，创新宣教模式，顺应新时代核心价值观信息传播特点，满足群众需求。这家位于坪地街道的体验馆，充分利用现代全息投影与红外感应技术，通过视频、声音、图文、现场虚拟场景等多种形式，打造了一个"可听、可看、可想、可触摸、可问答"的全数字化交互式社会主义核心价值观宣教系统。体验馆由理论篇、践行篇、成果篇、体验角、测评区、愿景墙六部分组成，有动漫、微视频、图文PPT全面解读等。参观群众参与感强，互动性非常好。对于未成年人有非常好的宣传教育效果。

（2）加强社会主义核心价值观示范点的培育与建设

培育和践行社会主义核心价值观，深圳高度重视榜样的示范意义。社会主义核心价值观示范点的建立和社会主义核心价值观主题公园就是其中最重要的举措。

从2015年开始，深圳市按照中央和广东省的统一部署，开展了培育和践行社会主义核心价值观示范点工作，通过层层推荐、逐级把关、严格评审、网上公示等环节，2016年3月1日，诞生了44个示范点，涉及社区、企业、学校、医院、机关等五种类型，学校类稍多，占比25%。其中龙岗四季花城社区获评全国100个示范点之一。这些示范点是本行业、本领域践行社会主义核心价值观的佼佼者，有较为成熟的做法，践行效果很好，值得推广。以示范点腾讯公司为例，它在引领互联网企业热心公益，传递公平、公正等方面很突出，深圳的其他互联网公司可以到腾讯学习取经。44个示范点汇在一起是强大的"榜样群"，分开就是44道光源，照射各行各业学好用好社会主义核心价值观。创建示范点是以实实在在的行动，以可感可触的方式，培育和践行社会主义核心价值观，让这些体现中国理论、中国制度、中国道路巨大优越性的美好价值，落实到深圳大地上，深入到

---

① 深圳市教育局关工委：《突出重点扎实推进社会主义核心价值观教育活动》[EB/OL]．，教育部关心下一代工作委员会网站 http://www.ggw.edu.cn/2016/0629/6233.shtml

深圳人民群众的心坎里，运行在深圳社会的肌理之中，成为推进深圳现代化国际化创新型建设的巨大思想武器和理论指南。①

按照2015年广东省提出在全省打造100个社会主义核心价值观主题公园的统一要求，深圳已经建成了12个，深圳市委宣传部宣传处与市公园管理中心紧密配合，邀请社会力量参与，征集主题公园设计方案。方案确定后就立即实施，目前已经建成的主题公园，社会主义核心价值观元素与公园景观和设施巧妙融于一体，提升了公园的档次与气质。有些主题公园联系区域特色进行设计，如坪山公园。坪山是孙中山先生庚子首义和华南抗日劲旅东江纵队的发源地，坪山公园将这些历史元素和社会主义核心价值观中的爱国相融合，在公园文化中打爱国牌，为市民提供休闲、游玩服务的同时，自然地开展爱国主义教育、党性教育、革命传统教育、未成年人思想道德教育。②

（3）倡导关爱、宽容、友善、礼让、互助的深圳情怀

作为移民城市，深圳没有内地紧密的亲缘联系和邻里关系，从全国来的来深建设者，大多背井离乡，在工作之余、在身心疲惫之时、在遇到挫折时特别需要关心、宽容、礼让和互助。这些需要正是社会主义核心价值观传递的美好价值。因此在城市传递温暖的关爱情怀非常有必要。它直接关系到具体的每个人在这个移民之城的感受。深圳明白深圳的温度不能靠钢筋水泥的高楼，能依靠的只有人，把人教育好，让人与人传递爱心，这个城市就会生发出无限的魅力，真正成为人们的家园。1990年，深圳成立全国第一个义工团体，当时只有40人，现在深圳有注册义工140万人，他们中有刚上学的小学生，也有高龄的退休老人，有家庭主妇、也有企业高管，他们活跃在各行各业，各个地区，为群众提供各类力所能及的服务。任何人，一下飞机、一下火车，很快就能发现义工"红马甲"，"来了，就是深圳人"，"和谐、友善"在这里不是一句空话，而是踏踏实实的行动。热心公益的风气已在深圳生根发芽，深圳是全国人均捐款第一的城市，深

---

① 张若渔：《让社会主义核心价值观成为深圳精神的底色》，《深圳晚报》，来源党建网［EB/OL］http://www.wenming.cn/djw/specials/peiyu_hxjzg/gjfx/201603/t20160301_3180865.shtml

② 《坪山公园升级为社会主义核心价值观主题公园》，《深圳侨报》2017年8月29日第B8版。

圳还是全国无偿献血最多的城市之一。近些年来,无论国内哪个地方发生灾难,都有深圳人的爱心和身影。深圳也是全国器官捐赠最多的城市之一,那些身患重病无力回天者在生命的最后一刻,还想到把身体捐献出来,救人或用于医学研究。这些小小个体的大爱,感动着这个城市,也感动着中国。

深圳除了通过义工营造城市关爱氛围之外,从2014年开始,还开展"日行一善"主题活动,围绕"知善、扬善、行善"三个环节开展,号召全体市民随手而为,日行小善。为进一步推动核心价值观的践行,2016年,深圳推出"社会主义核心价值观服务日"活动,深圳龙岗区南湾街道推出的服务日中可见一斑。该街道每月第三周周五开展服务日活动,每月采用"6+1"模式开展服务,"6"是指六个常设项目,包括文明美德信用云宣传活动、小小公益筹款家活动、垃圾不落地环保宣传活动、交通劝导活动、反诈骗宣传活动和文明美德学堂;"1"是指每个月开设的特色项目,6月份的特色项目是社会主义核心价值观摄影作品有奖征集。社会主义核心价值观从来就不是空洞的大词,它像空气与水一样,与每个人的生活息息相关。城市的进步最终取决于个人的进步——每个人的文明迈出一小步,城市的文明就迈出一大步。[①]

(4)加强培育与践行社会主义核心价值观的制度建设

社会主义核心价值观构建了中国特色社会主义的核心精神风貌,它是中国人的行动指南,是社会主义制度内在优越性的体现。政府、企事业单位、社会团体和组织在社会主义核心价值观的培育中发挥着重要作用,但是如果没有制度保障,以上这些主体,要达到落实社会主义核心价值观的目的,难度很大。"制度……与价值观的形成存在着双向互动的关系。社会主义核心价值观是社会主义制度的内在精神和生命之魂,而社会主义制度为社会主义核心价值观的培育提供了坚实的制度保障。"[②] 完备的制度能够

[①] 深圳特区报评论员:《推动社会主义核心价值观落地转化》,《深圳特区报》2017年8月23日第A2版。

[②] 田海舰:《论制度建设与社会主义核心价值观的培育》,《保定学院学报》2013年第4期,第29页。

激励人们自觉抑恶从善，不完善的制度则可能为坏人作恶留下空间。深圳和全国其他地区相比，比较重视制度保障，一方面是政府行政制度保障，例如，2012年，深圳市政府通过《关于深入实施文化立市战略建设文化强市的决定》，着力构建推广城市核心价值观，把社会主义核心价值体系建设贯穿经济社会建设各领域，融入国民教育、精神文明建设和党的建设全过程，有效引领社会思潮，为有关部门制定相应的规定提供了方向指导。2017年深圳市出台的《法治中国示范城市建设实施纲要（2017—2020年）》明确提出："加快城市治理立法，制定或完善城市更新、社会综合治理、安全生产、社会诚信、社会组织以及社区股份合作公司治理等方面的法规规章。加快民生幸福城市立法，制定或完善教育、医疗卫生、食品安全、生态环境保护、慈善救助、家庭权益保障等方面的法规规章。"这些都为深圳出台有利于社会主义核心价值观遵循和弘扬的法律法规奠定了基础。

法律制度的保障对社会主义核心价值观的培育十分重要。运用法律手段弘扬社会主义核心价值观，把核心价值观充分体现在法治实践的方方面面，可以对社会主义核心价值观的培育和践行起着不可估量的导向性作用。深圳建市之初曾经在经济与管理领域把中国香港和新加坡作为学习的目标，而这两个地区法治都比较好，深圳在建设和发展过程中，感受到文明之城的建设离不开法律保障，所以深圳十分注重立法权的争取。事实上，深圳是全国最早的具有立法权的特区和城市之一。深圳在城市精神塑造和文明建设过程中，很早就有法治意识，2012年深圳启动了特区文明条例的市民意见征询工作，2013年3月，《深圳经济特区文明行为促进条例》正式实施。它是全国首个用立法的形式对遵守公共秩序、维护公共环境等文明行为进行鼓励和促进的条例，为深圳社会主义核心价值观的培育提供了很好的法律制度保证。可喜的是，党的十九大之后，社会主义核心价值观入宪，2018年5月中共中央印发了《社会主义核心价值观融入法治建设立法修法规划》，要求各地区各部门着力把社会主义核心价值观融入法律法规的"立改废释"全过程，确保各项立法导向更加鲜明、要求更加明确、措施更加有力，力争经过5到10年时间，推动社会主义核心价值观全面融入中国特色社会主义法律体系，这更是从中央层面让深圳吃了定心丸，事实证明，深圳以前致力于用法制保障核心价值观培育与实践的思路是正确的，未来还应该坚定地走下去。

四、小结

作为由改革开放观念推动而建成的现代移民城市，作为中国特色社会主义的试验场，深圳是中国最早感受到价值观重要性的城市，也是最早致力于城市价值凝聚的地区之一，深圳在探索社会主义市场经济发展之道的同时，也在努力构建特区精神、深圳精神，将此作为深圳发展的精神动力，深圳对城市精神的探索为社会主义核心价值体系的建设提供了宝贵的深圳样本。中国社会主义核心价值观的培育和建设又规范和丰富了深圳城市精神的构建。深圳在社会主义核心价值观的培育和建设过程中既遵循了中央的要求，又不墨守成规，深圳严格坚持国家立场、社会主义制度底线、马克思主义立场坚决不动摇，同时也结合深圳实际推进"深圳表达"。深圳的实践表明，"国家立场"和"深圳表达"既可以互相制约，也可以互相促进。其次，深圳将社会主义核心价值观的宣教与个体的实践体验相互结合，时刻关注理论的接受度、理解度和认同度。最后，深圳在培育和践行社会主义核心价值观时，具有很强的人文关怀意识。社会主义核心价值观建设不是做做官样文章，而是实实在在的群众工作。深圳在核心价值观宣传方面，时刻把尊重群众、发动群众、教育群众、回报群众放在根本，这从另外一个侧面也践行了社会主义核心价值观。

第三节　深圳道德水平的提升

中国社会主义先进文化建设，是以经济建设为中心、坚持四项基本原则和坚持改革开放的社会主义文化建设，是既继承发扬优良传统而又充分体现时代精神、既立足本国而又面向世界的社会主义文化建设。思想道德建设是社会主义文化建设的重要内容和中心环节。

适应改革开放不断发展的需要，深圳积极探索先进文化道德建设的特点和规律，通过内容、形式、方法、手段、机制等方面的改进和创新，不断深化和拓展公民道德建设，深圳的道德水平不断提高，逐步形成与社会主义市场经济"排头兵"地位相适应的社会主义道德体系。

一、道德建设与先进文化建设的关系

1. 道德建设是社会主义文化建设的重要内容

道德是社会意识形态之一，是调整人与人之间、人与社会之间相互关系的观念、原则、规范、准则等的总和。道德通过特定的社会舆论、信念、习惯、传统，以善和恶、正义和非正义等道德规范来约束和评价人们的各种行为。道德建设引导人们正确处理国家、集体、个人的关系，促进经济社会的协调发展。

道德与文明、道德进步与先进文化建设，是紧密联系在一起的。从历史发展的角度讲，人类的文化逻辑地包含着道德文化，道德是文化的灵魂，是文明的核心，人类的文明就体现在道德的进步中。作为先进文化的主体，人必须具有高尚的道德情操，只有道德才是个人自我完善和人类社会进步的主观性的、内在的根本动因。道德进步决定着文化建设的性质和方向，它要解决的是整个民族的共同理想和精神支柱问题。任何一个民族，一个国家，如果不重视道德建设，没有全体社会成员认可的道德标准和原则，就不可能形成共同的社会理想和精神支柱。而没有共同理想和精神支柱的民族，是谈不上先进文化建设的，因而也是没有希望的。

道德建设包括道德理论和规范的制定、宣传和教育，道德理想和风尚的提倡，道德信仰和行为的培养。道德品质是社会道德在个体身上的反映，是人们在一定的社会道德生活中所表现出来的经常而稳定的倾向和特征。一个人思想品德的发展提高，一般是由日常文明行为习惯开始，到伦理道德，再到政治思想，最后上升为人生观、世界观、价值观。高尚的道德品质和良好行为习惯的养成，是正确政治方向和科学世界观的基础。提高道德认识，陶冶道德情操，锻炼道德意志，确立道德信念，养成道德习惯，已成为国民教育和日常生活的当务之急。

中国素以文明之邦、礼仪之国著称于世，古代的仁义礼智信即是约束人们行为的一种准则。20 世纪 80 年代提倡的"五讲四美"，90 年代提倡的"四有",新世纪制定的《公民道德建设实施纲要》提倡的基本道德规范都是规范人们行为的准绳。道德理念和规范是中华民族悠久的文明史中最厚重的积淀,是维系中华民族持续发展最重要的精神财富。进入新世纪全面建设小康社会,实现中华民族伟大复兴的宏伟目标,需要建立与之相适应的思想道德体系。党中央明确提出"依法治国"与"以德治国"紧密结合的治国方略,深刻地揭示了道德建设在现代社会发展中的重要地位。道德建设具有提高完善劳动者思想品德素质,促进社会生产力发展的功能。

革命导师列宁曾经强调指出:"应该使培养、教育和训练现代青年的全部事业,成为培养青年的共产主义道德的事业。"[1] 2001年,江泽民《在庆祝中国共产党成立八十周年大会上的讲话》中指出:"人是生产力最具有决定性的力量,社会主义现代化对人的素质提出了更高要求,既需要有高度的思想道德水平,又需要有严格的纪律和科学文化水平。"崇高的理想、高尚的道德、良好的文化素质、严格的纪律可以使人们为社会积极、勤奋、高效地进行创造性的活动。劳动者是生产力中最积极、最活跃的因素,是生产力的主体因素,对生产力的发展有决定性影响。劳动者的思想品质决定了其劳动能力发挥的方向;劳动者的思想品质决定了其劳动能力发挥的程度;劳动者的思想品质还关系到生产过程中劳动者之间良好关系的形成,影响其作为集体一员的群体意识、责任意识等。所以劳动者思想品德素质对生产力发展有直接影响。

文化是指人类在社会发展过程中所创造的物质财富和精神财富的总和。狭义的文化特指社会精神财富,亦称精神文化,即指社会意识形态(主要有哲学、宗教、道德、文化、教育、科学等),以及与之相适应的制度和组织。道德包含于文化之中,道德教育即培养公民良好的道德品质和文明行为习惯,约束人们的行为,形成思想道德、政治道德、行政道德、经济道德、科技道德。中国社会主义文化的前进方向的立足点就是提高公民思想道德素质和科学文化素质,培养一代又一代"四有"公民。

---

[1] 《青年团的任务》,《列宁选集》第4卷,人民出版社,1995年版,第351页。

2. 社会主义先进文化道德建设的原则

我们党历来重视道德建设,在长期的社会主义建设的实践和探索中,作为社会主义精神文明和先进文化核心内容的社会主义道德建设,已经形成了一个既有理论指导又有丰富实践内容的科学体系。这集中体现在《中共中央关于加强社会主义精神文明建设若干重要问题的决议》和《公民道德建设实施纲要》中。建设先进文化,发展先进文化,我们就必须加强公民道德建设,继承中华民族几千年形成的传统美德,发扬党领导人民在长期革命斗争和建设实践中形成的优良道德传统,借鉴世界各国道德建设的成功经验和先进文明成果,通过坚持不懈的公民道德建设,通过公民道德建设的不断深化和拓展,逐步建立并不断完善与社会主义市场经济相适应的社会主义道德体系。

第一,坚持以马克思主义为指导。这是当代中国公民道德建设必须坚持的政治方向和指导思想。偏离了这个政治方向,违背了这个指导思想,我们就不可能构建起具有中国特色的与社会主义市场经济相适应的社会主义道德体系。因此,我们必须旗帜鲜明地反对那种用多样化取向否定以马克思主义为指导的倾向,坚定不移地按照中国特色社会主义的要求来规划道德建设,推进道德建设。

第二,坚持以人为本,一切从最广大人民群众的利益出发。在道德建设中,要坚持社会主义性质,就必须坚持以人为本、坚持为人民服务,"代表最广大人民利益"就是最大、最根本的"德"。道德建设的根本目的,就是为了保证人民群众真正成为国家的主人,国家富强,人民富裕,社会文明进步。

第三,坚持正确的价值导向,理直气壮地坚持集体主义原则。在思想道德领域,我们一方面要承认价值取向多样化的事实,另一方面又必须理直气壮地强调价值导向只能一元主导。众所周知,社会主义市场经济既是法制经济,也是道德经济。既然是道德经济,就必然要承认集体主义道德原则。作为一种道德原则,集体主义强调个人利益服从社会整体利益,同时也强调实现个人利益与社会整体利益的结合,认为只有在集体中个人才能获得全面发展,个人的积极性和创造性才能得到最充分的发挥。这一原则充分体现了社会主义条件下人与人之间最重要、最基本的道德关系，具有最根本、最普遍的指导性和约束力。我们现在要做的工作，就是要认真研究市场经济的负面影响给集体主义原则提出的新问题，使集体主义原则在道德实践中真正落到实处。

第四，坚持从具体事情抓起，推动道德建设不断上台阶、上水平。道德建设是一个宏大的社会系统工程，无疑要抓宏观、抓大事，但必须通过微观和小事来落实。只要我们坚持从具体事情抓起，多做一些点点滴滴、扎扎实实的工作，一如既往，坚定不移地抓下去，就一定能够使道德建设不断上台阶、上水平，就一定能够迎来道德建设的新局面。

3. 道德教育是提高社会道德水平的重要途径

道德教育是一项系统工程，它蕴含在家庭教育、学校教育、环境教育、社会大众传媒教育中。家庭教育和影响是道德教育的重要因素，大众传媒教育和影响是道德教育的社会化因素，环境教育和影响是道德教育的外部因素，学校教育是道德教育的直接因素。站在"以德治国"的战略高度，道德教育就要有长远的眼光，把青少年的道德教育作为一项长期的战略任务来常抓不懈。青少年是祖国的未来、民族的希望，一代又一代有理想、有道德、有文化、有纪律的社会主义新人健康成长，"以德治国"才有坚实的基础。因此，道德教育不仅是提高社会道德水平的重要途径，也是社会主义先进文化建设的重要内容。

第一，家庭道德教育。家庭成员道德水平的高低，直接影响到整个社会的道德状况，因此必须创造有利于孩子健康成长的空间。家庭成员尤其父母亲是第一任教师，父母的教育是最基础的教育，因此父母不仅要有美好的心灵、良好的言行，还要传播先进的思想，为创造学习型社会以身示范。家庭对中、大学生的教育也会产生很大的影响，有着不可或缺的作用。营造奋发向上的家庭环境，父母亲也要在对孩子的教育中提高自身的思想道德素质和科学文化水平。

第二，学校道德教育。学校是一个重要的社会化教育机构，是进行全面系统道德教育的主阵地。学校必须系统地把思想道德规范、道德价值观传授给学生。因此学校需制定学生道德行为规范，把道德教育贯穿到幼儿园、小学、中学、大学直至整个国民教育体系中,渗透到课堂教学、学校管理、课外活动的各个环节。学校还要借鉴国外学生成长时期道德教育的方式、方法,引导学生朝着自觉、有序、健康、有为的方向成长。学校要进行文明健康生活方式教育,确立正确的生活目标和态度,还要进行良好的个性心理品行教育。

第三,职业道德教育。职业教育能最直接、最具体、最集中地反映一个社会公民的道德要求和道德水平。一个人的道德品格和道德境界,直接通过自己的本职工作表现出来。一个社会的道德面貌和道德水平,也由各行各业的道德表现反映出来。因此加强职工的职业道德教育,是进行道德建设的重要环节。各单位要组织职工学习《公民道德建设实施纲要》,制定并学习职业道德规范,学习文明公约,进行职业观念、职业态度、职业技能、职业纪律和职业作风教育,特别是窗口单位要上好文明礼仪这一必修课。

第四,媒体素养教育。大众传媒工具是重要的道德教育手段,当代中国处于新技术革命的伟大时代,新的技术革命把整个世界带入信息社会。广播、电视、互联网、报刊、图书、录音、录像等能迅速提供社会事件和社会变革信息,并且这些信息手段可以用来进行道德教育。尤其是信息化时代,网络、手机微信等自媒体高度发达,带来了信息传播途径和方式的重大变革,加强媒体素养教育更是刻不容缓。

通过良好的家庭、学校、大众传媒和社会环境教育,培养青少年和全体人民良好的思想道德素质,使之成为有理想、有道德、有文化、有纪律的公民,为建设高度的社会主义政治文明、物质文明、精神文明奠定坚实的基础。

二、深圳道德建设的举措

深圳先行先试发展市场经济,较早经受了市场经济的逐利性给传统伦理道德带来的冲击,也较早开始探索新形势下公民道德建设的新路径,力求靠完善的激励机制来引导市民崇德向善,努力在市场经济土壤中培育新的"道德生长点"。深圳市第五届人民代表大会常务委员会第十九次会议于2012年12月25日通过《深圳经济特区文明行为促进条例》，近年来深圳市围绕《深圳市文化发展"十三五"规划》、《深圳文化创新发展2020》、《深圳市民文明素养提升行动纲要（2017—2020年）》等文件制定了一系列措施来提高深圳市民的思想觉悟、道德水准、文明素养，"到2020年，市民整体文明素养得到显著提升，呈现出引领现代文明潮流、彰显国际文明水准的良好风范，为加快建设现代化国际化创新型城市和国际科技、产业创新中心提供强大支撑。"① 深圳道德建设主要从如下几方面展开：

1. 道德建设制度化和常态化

深圳的道德建设始于1982年3月的"五讲四美三热爱"（讲文明、讲礼貌、讲道德、讲卫生、讲秩序、心灵美、语言美、行为美、环境美、热爱祖国、热爱社会主义、热爱中国共产党）和"文明礼貌月"活动。② 随后有关道德建设的相关法律法规不断出台，使深圳的道德建设逐步走上制度化和常态化的轨道。有关道德建设的法规主要有：

1982年7月，市委、市政府向全体市民公布了《深圳特区居民文明公约》，主要内容是：热爱祖国、热爱党、热爱社会主义制度；讲文明礼貌；讲卫生；遵纪守法；不穿奇装异服；爱护公共财物；绿化特区；提倡晚婚和计划生育；抵制不健康的娱乐活动等。③ 1985年11月发布的《深圳经济特区社会主义精神文明建设大纲（草案）》是全国第一个关于社会主义精神文明建设的总体规划性文件，为探索社会主义精神文明建设开辟了一条新的途径，为建设有中国特色社会主义做出了贡献，得到全国上下的广泛关注和好评，为1986年9月中央制定《关于社会主义精神文明建设指导方针的决议》提供了一份重要参考资料。《大纲》的颁布、实施，标志着特区精神文明建设开始走上了系统化、规范化、目标化管理的轨道。从此，特区进入精神文明建设与物质文明建设同步、快速发展的时期。④

---

① 《深圳市民文明素养提升行动纲要（2017—2020年）》。
② 深圳市史志办公室编：《中国经济特区的精神文明建设（深圳卷）》，中共党史出版社2003年版，第71页。
③ 同上书，第72页。
④ 同上书，第123页。

1996年10月29日颁布的《深圳经济特区道路交通管理处罚条例》等条例，用于维护社会秩序，保障公众安全；1997年2月26日，深圳在全国率先制定保护和奖励见义勇为公民的法规《深圳经济特区奖励和保护见义勇为人员条例》，以弘扬正气，支持义举；制定《深圳经济特区限制养犬规定》（1995年9月20日）、《深圳经济特区控制吸烟条例》（1998年8月28日）等，以满足公共场所和居住环境的文明要求；制定《深圳经济特区律师条例》（1995年3月3日）、《深圳经济特区制止牟取暴利规定》（1996年1月9日）、《深圳经济特区会计管理条例》（1996年7月10日）、《深圳经济特区经纪人管理条例》（1996年7月10日）等，以规范职业行为，引导建立正确的市场经济伦理关系。特别是制定和实施《深圳市民行为道德规范》（1995年6月26日），在社会公德、职业道德、家庭美德和个人品德诸方面，提出了全体市民应该遵守也能够做到的共同准则，这是深圳思想道德建设具有重大意义的里程碑。

2012年，深圳市推动《深圳经济特区文明行为促进条例》立法，开展《深圳公共文明公约》续写活动，进一步完善市民公共文明行为促进保障机制。不断深化"百万市民学礼仪"活动，开设礼仪知识媒体宣传栏目，全面普及礼仪知识，提升市民礼仪素养。常年开展文明出行活动，通过"爱我深圳、停用少用、绿色出行"、"礼让斑马线、文明我先行"、"全国交通安全日"和文明出行劝导志愿服务等宣传实践活动，提高市民群众交通法制意识、安全意识和公德意识，营造文明和谐的交通氛围。2012年，进一步完善《精神文明建设长效机制》，定期在媒体发布城市文明指数、窗口行业公众满意度和交通文明指数调查结果，充分发挥城市文明指数监测导向作用，推动城市文明水平持续提升。围绕"惠民生、保民安、稳民心、聚民智、借民力、修民德"目标，研究制定《深圳市基层（街道）文明创建和社会建设基本工作测评体系》，推动全市基层文明创建和社会建设工作的科学化、制度化、规范化。

2014年，深圳探索"以法制促文明"新路径，力求把文明建设纳入法制轨道，通过健全法制，戒除运动式治理和简单说教的短期效应、表面效应，推动文明创建工作常态化、长效化发展。

2. 构建全社会广泛参与的未成年人思想道德建设格局

市委、市政府历来高度重视未成年人的思想道德建设，认真贯彻落实《爱国主义教育实施纲要》和《公民道德建设实施纲要》，大力推行素质教育，积极制订和实施《深圳市大中小学德育一体化方案》，努力营造未成年人健康成长的优良环境。按照以人为本和科学发展观的要求，把人的全面发展和文明素质的提高摆到十分重要的位置上，不断加强和改进未成年人思想道德建设和大学生思想政治工作，构建学校、家庭、社会"三位一体"教育网络，从四个层次构建全社会尊重青少年、爱护青少年、关心青少年、帮助青少年的社会格局，收到了良好成效。深圳市充分利用已命名的13个爱国主义教育基地，结合深圳的历史文物和人文景观，广泛开展了爱国主义教育活动。从2006年开始，深圳市将每年的6月定为深圳市未成年人道德教育活动月。2009年深圳荣获"全国未成年人思想道德建设工作先进城市"。2017年3月，深圳率先启动新入户市民文明素养培训工作，数以万计的新入户市民在"文明第一课"了解到市民的基本义务和文明素养要求。

3. 构建与社会主义市场经济相适应的道德建设体制

作为率先进行市场化改革的"排头兵"，深圳特区的建设者们通过对城市、农村、企业等不同领域的思想道德教育情况的调查研究，寻求与社会主义市场经济相适应的思想道德教育的有效途径和适当载体，逐渐探索出灵活多样、行之有效的方式。

第一，利用股份合作制经济的奖惩制度在城市化过程中开展原农村集体经济的思想道德教育。把思想道德教育的具体内容融于农村股份合作制经济中，用股权资格确认和奖惩机制作为杠杆，通过制度的约束，实现思想道德教育目标。这是一套与市场经济相适应的股份合作制经济的思想道德教育的工作机制，由于广大农民的价值认同和广泛参与，包括原来以"农村贵族"冠称的农民群众逐步转变观念、自觉行动，推动了农民思想道德素质的提高，加快了由村民向市民的转变。到目前为止，深圳市实行股份合作制的村无一例外地将股份的取得及分红同基层的各项社会管理和思想道德教育结合起来，虽然结合面的大小、结合的紧密度、结合的办法及具体的操作形式多样,各不相同,但效果显著。

第二,建立与现代企业制度、培育企业文化相适应的企业思想道德教育。作为一个年轻的改革开放前沿城市,深圳特区的经济成分多样,所有制的构成复杂,公有制的实现形式迥异。在这种情况下,特区按照社会主义市场经济的要求建立现代企业制度,深化国有企业改革,这就势必给企业的思想道德教育带来一定的复杂性和难度。因此,积极探索企业思想道德教育的有效措施和基本思路,使思想道德教育在经济建设中发挥应有的导向功能和保障功能,显得尤其重要和紧迫。如以华侨城、华为等为代表的企业集团,通过企业产权主体多元化和知识产权资本化的改革,建立起现代企业制度,同时把培植企业精神作为企业文化建设的核心,提出"我是一个景点"的管理和服务理念、"为了明天,我们必须修正今天"的自我超越意识等。正是这些富有文化底蕴的企业精神,推动着企业经济的迅速发展和员工素质的普遍提高,企业的整体发展实力和企业文化品位日益提升。

4. 构建公民道德建设的"三大载体"

历届深圳市委、市政府领导都认为:道德建设必须培育新观念、寻找新载体、探索新途径,才能将公民道德观润物无声地渗透到市民的头脑中。在对象上,从实际出发,针对不同行业的人群,有针对性地展开教育。对党员干部,进行党性教育;对外来青年,进行主人翁精神教育,帮助他们自立、自尊、自强、自信;对青年学生,进行国情教育和民主法制教育,让他们了解和学习中国历史与现状,帮助他们正确认识民主与法制的关系,正确认识走向法治国家是一个长期的过程;对服务行业人员,进行职业道德教育,教育员工树立良好的服务态度和行业风尚;对机关干部,则进行廉政和纪律教育,树立廉洁奉公、勤政为民的形象。[①]其中"三大载体"的提出就是深圳在这方面做出的有益尝试。

第一,以道德实践活动为载体,培养有"荣辱观"的市民。胡锦涛总书记关于"八荣八耻"重要讲话发表后,2006年,深圳市广泛开展以"八

---

① 深圳市史志办公室编:《中国经济特区的精神文明建设:深圳卷》,中共党史出版社2003年版,第146页。

荣八耻"为主要内容的社会主义荣辱观宣传教育。深圳把社会主义荣辱观宣传教育活动与"升国旗、唱国歌"、"热爱祖国、建设深圳"、"共铸诚信、共创文明"等道德实践活动结合起来,引导市民群众做好本职工作报效国家,以文明言行为深圳文明城市增添光彩。

第二,以制度建设为载体,大力培养"诚信市民"。2001年9月《公民道德建设实施纲要》颁布后,深圳市把公民道德建设纳入到社会经济发展的总体规划中,制定了贯彻落实《纲要》的实施意见,积极推行《深圳市民行为道德规范》。整个规范由基本准则、社会公德、职业道德、家庭美德、个人品德等5个部分组成,共24条1600余字,条目4字一句,易诵好记;并把《规范》在报刊、广电媒体以及公益广告中广为宣传,通过印发宣传手册,让《规范》走进社区,走进大、中、小学生的课堂,使之很快成为深圳市民行为道德规范的指南。深圳市委、市政府还组织创作了《公民道德歌》,在市民中广为传唱。为更好地开展公民道德宣传工作,深圳市还将每年的3月5日定为"深圳市公民道德建设宣传日"。深圳市相继出台和实施了《深圳市个人信用诚信及信用评级管理办法》、《深圳市企业信用诚信和评估管理办法》、《企业信用等级管理暂行办法》。它们从不同角度,对个人、企业的诚信状况实施动态监管,逐步建立起奖励守信、惩罚失信的激励约束机制。《深圳市文明行为激励工作暂行办法》明确对各级各类道德模范,在入户办理、文化服务、基金救助等方面给予优待和帮扶。深圳在全国率先对志愿服务、无偿献血、见义勇为等善行义举给予招生、就业、医疗等方面的优待。

2003年深圳开展了以诚信建设为重点的"文明行业"创建工作。开展"百城万店无假货"示范店和"价格质量信得过企业"评选;组织"3·15"消费者权益日系列活动;在家庭装修、汽车维修、汽车美容和地产中介共4个行业开展规范服务达标活动,促进了行业整体素质和文明程度的提高。

第三,以抓好典型宣传为载体,大力培育"爱心市民"。深圳陆续涌现出全国道德模范丛飞、孙影、陈如豪吴清琴夫妇以及"时代工匠"陆建新、"最美急救医生"徐粼等大批先进典型。2006年,深圳义工的杰出代表"爱心大使"丛飞因病去世后,深圳以宣传丛飞事迹、学习丛飞精神为契机,在引导广大市民寄托哀思的同时,激发广大市民学丛飞、献爱心,让丛飞精神更加深入人心。2013 年,建立完善"深圳好人库",推动形成好人层出不穷的良好局面,李晓春等 6 人当选"中国好人",张绪芬等 5 人当选"广东好人"。

三、深圳道德建设的成效

深圳经济特区建立以来,随着经济的高速发展,深圳市民的道德水平不断提高,中华民族传统美德和时代精神、特区精神在我市逐步融合,通过深入推进社会公德、职业道德、家庭美德、个人品德建设,广泛开展关爱行动,市民的道德素质和城市文明程度不断提高,以集体主义和全心全意为人民服务为核心的共产主义道德正在成为深圳道德的前进方向。

1. 城市文明水平不断提升

文明建设是城市发展不可逾越、无法回避的现实问题。"创建全国文明城市是坚持中国特色社会主义的一项重要工作。"[1] 全国文明城市,是对一个城市物质文明、政治文明、精神文明、社会文明和生态文明建设程度的全面性概括和综合性评价,是反映一个城市经济硬实力和文化软实力的"金字招牌"。在各项国家级城市品牌创建工作中,全国文明城市创建的规格最高、难度最大、影响力最广。全国文明城市评选从 2005 年启动,每 3 年评选一届。从 2009 年起,中央文明办委托国家统计局,每年都将对全国文明城市和先进城市进行公共文明指数测评并进行排名公布。同时,全国文明城市的评选也从"三年一评定结果"改为"每年测评,三年总评",每年的公共文明测评结果计入评选总分,是下一轮全国文明城市评选的重要组成部分。这标志着文明城市创建工作转变为常态化、制度化,对全国文明城市创建工作具有十分重要的意义和作用。1999 年深圳首批获得"广东省文明城市"称号,连续两次通过广东省的复核。深圳从 2005 年获评首批全国文明城市开始,2008 年、2011 年、2014 年、2017 年,全部入选,已连续五次荣获该项称号。

---

[1] 广东省委常委、深圳市委书记王伟中 2017 年 4 月 12 日在深圳市文明委全体(扩大)会议暨全国文明城市创建动员大会上的讲话。

深圳蝉联"全国文明城市"是特区建立以来，多年精神文明建设和道德建设积累的成果，是城市文明水平提升的重要标志，也是深圳市民道德水平和文明素养不断提高的反映。

2. 明礼诚信的社会公德蔚然成风

社会公德是公民个人道德修养和社会文明程度的重要表现。公共文明指数是描述市民文明素质发展状况、评价市民文明素质发展水平和群众性精神文明创建工作成效的重要工具，包括城市公共环境、公共秩序、人际交往、公益行动等项目内容，也是衡量市民道德水平的量化工具。测评内容主要包括公共环境、公共秩序、人际交往、公益行动等方面。具体内容如下：

第一，公共环境。公共环境主要考查有无暴露垃圾，有无随地吐痰或口香糖，有无乱扔废弃物、损坏绿地和花草树木行为等现象，有无占道经营，道路是否破损、是否坑洼积水，公用电话、邮箱、报栏、座椅、窨井盖、垃圾箱等公共设施是否损坏，公益广告、门面招牌是否符合规范，禁烟场所是否有吸烟现象等。第二，公共秩序。公共秩序主要考查车辆是否闯红灯、抢道、逆向行驶、乱停乱放，是否有向车外乱抛垃圾的行为，行人、非机动车是否各行其道，行人是否乱闯红灯、乱穿马路、乱翻护栏，是否有序排队候车、依次上下车，是否存在乱晾晒、乱张贴、乱搭建、乱堆放、乱泼污水、盯人散发小广告、违规出摊经营等现象。第三，人际交往。人际交往主要对公共场合人们的行为是否热情、友善、诚信、守法、文明等进行评价。如搭乘公共交通工具能否主动为老弱病残孕让座，能否耐心细致地回答外来人员求助询问，公共场所是否着装整洁和仪容得体、注重礼仪等。第四，公益行动。公益行动主要对市民参与慈善捐助活动、社会志愿服务活动以及见义勇为的情况进行综合评价。

"2015年深圳城市公共文明指数年平均得分为83.70分，与2014年相比，增幅为0.79%。"[①] "深圳文明指数监测数据显示，2016年度公共文明指

---

① 《深圳城市公共文明指数水平稳中有升》，《深圳晚报》2016年2月19日第A8版。

数平均分为 86.37 分，比上年提高 2.67 分。"①最近几年的数据显示，全市公共文明水平呈现出稳中有升的良好态势。"预计到 2020 年全市公共文明指数达到 90 分以上，市民思想道德素质全面提高。"②

　　遵纪守法、文明出行蔚然成风，这反映了深圳市民的公共秩序意识不断增强。深圳市按月定期发布深圳交通文明指数，这一指数不断再创新高，有效地反映交通文明建设水平的提高。"2018 年 4 月 18 日，市文明办发布了 2018 年 3 月深圳城市交通文明指数。3 月份，国家统计局深圳调查队编制的深圳市城市交通文明指数显示，深圳市城市交通文明指数为 86.96 分，连续四个月创下监测以来最高分，比上月增加 0.72 分，比上年同期增加 3.65 分；深圳市城市交通文明进步指数为 1.56%。与上月对比，3 月份深圳市城市交通文明指数四项分项指数呈'一升三降'现象。其中，守法率指数为 88.08 分，比上月增加 1.46 分。主要原因是部分监测点交通管理人员有所增加，且积极维护交通秩序，行人、非机动车闯红灯等违法行为有所减少。市民感受度指数、交通设施完善指数和人行道无障碍指数则有所下降，进一步营造文明出行良好氛围。从各区（新区）城市交通文明指数来看，南山区连续五个月得分最高，为 90.06 分，其次是大鹏新区和光明新区，得分分别为 89.61 分和 88.88 分。"③

3. 团结友善的社会风气不断加强，参与公益、关爱活动成为市民的自觉行动

　　深圳是个竞争激烈、节奏很快的城市，但市民热心公益，深圳这座年轻城市人均捐赠额全国第一、综合慈善公益指数全国第一。④如截至 2016 年底，"互联网+公益"蓬勃发展，腾讯公益平台上已有 1 亿人次参与捐款，善款总额超过 17 亿元。今天的深圳，"做公益"早已成为社会建设的创新手段和市民的生活方式，形成了"募师支教""幸福促进中心""明善公益

---

① 《咬定目标不放松 撸起袖子加油干 全力以赴打好文明城市创建攻坚战》，《深圳特区报》2017 年 4 月 13 日第 A1 版。
② 深圳市人民政府办公厅：《深圳市文化发展"十三五"规划》，2016 年 9 月 27 日。
③ 《深圳交通文明指数再创新高 南山区连续 5 个月得分最高》，《深圳特区报》2018 年 4 月 19 日第 A4 版。
④ 《让做公益成深圳人的生活方式》，《深圳特区报》2017 年 11 月 26 日第 A3 版。

网""公益金百万行"和"公益体验季"等公益品牌项目。

1992年12月,深圳成立深圳市社会工作者协会,主要目标是:帮助贫困、老弱残障和其他不幸者过正常的社会生活;预防和解决部分因经济困难或生活困难或生活方式不良而造成的社会问题;积极开展社会服务,实现个人与社会的和谐一致。1996年4月,中国光彩事业促进会深圳分会和深圳市光彩事业促进会成立,这标志着深圳的民营企业家加入到帮助贫困地区发展经济、逐步缩小东西部地区差距的行列。

关爱行动是一项群众参与性高、参与度较深的提高全民社会公德的行动。"从2003年创办,2004年3月深圳市关爱协会成立。截至2018年3月,深圳关爱行动已连续举办16年,组织了2.6万余项关爱活动,累计1000万余人次参与,涌现了丛飞、郭春园、孙影等一大批爱心人物,打造了'募师支教''燃料行动''关爱劳务工基金''爱心小书桌''心理关爱''步步行善'新年公益网络活动、'城市关爱空间'等众多品牌项目,形成了'政府主导、媒体承办、全民参与'的运作模式,培育了热心公益慈善和志愿服务活动的社会风尚,塑造了深圳'关爱之城'的城市形象。2018新春关爱行动自1月1日启动以来,围绕'感恩慰问''来深过年''文化福利''志愿服务''温暖回家''网络公益''特别关注'等7大板块,动员社会各界开展了1000多项关爱行动。"[①] 关爱的行动自觉,源于市民对城市的高度认同和归属,标志着深圳的城市温度和包容度。

深圳"募师支教"行动于2006年2月启动,是全国首创民间助学创新模式,目前已成为全国知名公益慈善品牌以及深圳关爱行动重点品牌项目。经过10余年的探索实践,"募师支教"行动已先后招募了21批共1200多名支教志愿者,足迹遍及全国18个省、市、自治区的500多所山区学校,惠及山区学生逾20万人。[②]

2004年,市关爱办、市红十字会、深圳狮子会、深圳晚报社等多家单位爱心汇聚,共同发起关注地贫儿的"燃料行动"项目,为家庭贫困的地贫孩子提供1年12次免费输血的"燃料卡"。2013年,"燃料行动"推出

---

① 《担当和大爱展现深圳独特魅力》,《深圳特区报》2018年3月29日第A2版。
② 《第22批"募师支教"5名志愿者启程》,《晶报》2017年8月9日第A9版。

地贫儿"脱贫新生"公益计划，为骨髓配型成功的地贫儿家庭提供骨髓移植手术费支持，让他们能够彻底"脱贫"迎接新生命。截止到 2016 年 6 月，持续 14 年的大爱接力，"燃料行动"共筹集善款 1000 多万元，为 601 名地贫儿提供"燃料卡"免费输血；为 20 多名地贫儿提供骨髓移植手术资助。[①]

2012 年 7 月 12 日，深圳市关爱办重点课题《深圳市关爱指数及指标体系建构研究报告》阶段性成果发布显示：从政策层次看，深圳市政策层面关爱指数在 2005 年至 2009 年之间实现了良好快速发展，其年均增长率达到了 8.4%；从项目层次看，深圳市项目层面关爱指数在 2005 年到 2011 年间呈现出迅猛的发展趋势，年均增长率达到 221%；从个人层次看，基于深圳市民个人关爱态度的主观指数分析发现，市民个人关爱态度的总体特点是，各种背景的被调查者得分处于良好水平，表示深圳关爱行动开展以来获得了市民正面评价，整体关爱水平在心理层面上表现较佳。[②] 2012 年市文明办策划推动中国公益慈善首个国家级展会——"中国公益慈善项目交流展示会"在深圳举办并落户深圳，进一步树立深圳"关爱之城"的形象。

4. 敬业爱岗成为深圳人的文化自觉和自信

敬业爱岗是职业道德建设的重要内容。深圳高度重视开展以敬业爱岗为核心的职业道德建设，取得了显著成绩。改革开放以来，深圳经济社会飞速发展，离不开深圳各行各业职工在自己的岗位上无私奉献和努力工作。在深圳，敬业爱岗已经成为企业文化的重要内容，成为各行各业职工的自觉行动，也成为深圳文化自觉和文化自信的重要表现。

首先，以窗口行业为突破口，加强职业道德建设。1991 年，深圳市工商局开展"百日优质服务竞赛"活动，提高职业道德。20 世纪 90 年代香港回归以前，持续开展以"服务承诺制"为突破口，在各行各业特别是"窗口行业"开展职业道德教育和"迎回归、创三优、争一流"活动。1996 年，深圳市各级工会加强精神文明建设，在全市职工中开展了"争做爱岗

---

① 《燃料行动持续 14 年大爱接力》,《深圳特区报》2017 年 1 月 22 日第 A4 版。
② 《深圳关爱指数发布项目关爱指数年均增长 221%》, 中国日报网（北京）2012 年 7 月 12 日，网址：http: //news.163.com/12/0712/16/867Q1VFA00014JB5.html

敬业先进个人、创建职工道德建设先进企业"活动。市财贸工会开展"创最佳服务"活动，市文教卫工会开展"廉洁行医"、"形象设计"活动，市直机关工会开展"承诺制"等活动。深圳市精神文明建设委员会发布《关于公布行业规范服务标准的公告》。持续开展"窗口"行业规范服务达标活动，截至2002年先后在16个与人民群众日常生活密切相关的行业推开，完善了行业服务标准，提高了服务质量和职业道德水平。目前，这一活动已经成为深圳市加强职业道德建设的常规活动和重要抓手。

其次，持续广泛开展劳动技能竞赛，提高职业道德水平。1999年工会广泛开展"五创"（创新、创先、创优、创佳、创文明）劳动竞赛和群众性技术革新、技术攻关、技术比武、职工技术运动会以及合理化建议活动，提高职工的职业道德。广泛开展争当"创新能手"和"创新示范岗"活动，评选各个行业的"深圳市技术能手"、"深圳市经济技术创新能手"，营造敬业爱岗的浓厚氛围。2001年，深圳市有1个单位获得"全国职工职业道德建设十佳单位"称号，6个单位获得"全国职工职业道德先进集体"称号，充分展示了深圳职工职业道德建设的成果。

第三，持续开展"青年文明号"创建活动。1994年，深圳开始"青年文明号"创建工作。1996年，共青团深化"青年文明号"创建活动，推出《深圳青年文明号管理办法》，大力倡导"敬业爱岗"精神。1999年深圳获得全国首批"全国青年文明号模范城"称号。2004年按照全国总工会、广东省总工会的要求，深圳筹备成立了由市总工会、市文明办、市发改局、市贸工局和市纠风办等单位组成的市职工职业道德建设指导协调小组。2012年，职工素质提升工程开展"圆梦计划"和"安康杯竞赛"。"青年文明号"创建活动提高了青年职工的职业道德水平，也提高了服务质量和工作水平。

值得一提的是，2003年抗击"非典"时期，地处香港和广州两大重灾区之间的深圳防治"非典"取得全国瞩目的成果，全市没有造成大面积感染和扩散，医务人员无一人感染，这是深圳市多年来强化职业道德的结果。

5. 无私奉献成为深圳新风尚

深圳建设者不仅敬业爱岗，而且乐于奉献，争做志愿者。深圳志愿服务制度化和常态化，参加志愿服务成为深圳人的自觉行动，活跃在深圳城市各个角落的红马甲成为深圳一道亮丽的风景线。主要表现在：

第一，志愿者人数持续快速增加，志愿服务不断深化，"志愿者之城"建设引领内地时尚。"有困难找义工，有时间做义工"已成为一句响亮的口号。1990年4月23日，由46名义工组成的深圳市义工联是中国内地第一个义工团体。2005年7月1日，中国第一部规范义工工作的地方性法律《深圳市义工服务条例》出台，从法理上进一步明确义工服务概念、规范义工工作，标志着深圳义工事业迈上崭新的台阶。到2008年底，全市共有义工组织1525个，义工18万名，建成以四级义工组织网络为主体，法人义工社团和团体义工为辅助的义工组织体系。其中，市、区两级建义工联，街道建义工服务中心，社区建义工服务站，在全市641个社区中建立了504个义工服务站，在345个单位、企业、学校中建立了团体义工，并成立15个法人义工社团。①

志愿者人数和比例不断增加。2013年深圳全市注册志愿者达84.6万，占全市常住人口的比例达到8.02%。2016年年底，全市共有130万名实名注册志愿者，占常住人口的比例为11.22%。"截至2017年12月，深圳市共有注册志愿者155万人，平均每年开展超过12万场次的志愿服务活动，服务覆盖影响超过1000万人"，②注册志愿者占常住人口的12.4%。③预计到2020年，全市注册志愿者人数将达常住人口的15%以上，市民对志愿服务活动的认同和支持率达90%以上。④这充分说明"和谐"、"友善"的社会主义核心价值观深入人心，做志愿者成为深圳人的文化自觉。

实体和网络成为志愿者工作两大阵地。实体主要依托随处可见的城市U站。U站作为深圳志愿服务工作的阵地，2016年U站志愿者工作不仅仅停留在传统的志愿服务项目上，而且开拓创新，协同城管局、法院、医院等单位与已有的便民利民志愿服务工作结合，志愿服务积极协助社会治理。

---

① 深圳义工：http://www.sva.org.cn/default.aspx?_c=Article&_a=&ArticleID=1
② 《"青年志愿者之花"结出甘美"扶贫果实"》，《深圳特区报》2017年11月28日第A4版。
③ 根据深圳统计局2018年2月发布的数据显示，2017年全市年末常住人口1252.83万人。
④ 《深圳市民文明素养提升行动纲要（2017–2020年）》，《深圳特区报》2017年4月18日。

其中志愿服务 U 站实现"连锁"品牌推广，城市 U 站、社区 U 站、绿道 U 站、医疗健康 U 站、文明旅游 U 站、税务 U 站、法律 U 站、阅读 U 站等达 315 个。网络主要实施三大措施：第一，实施"互联网＋志愿服务"战略，借助腾讯、阿里两大平台，在全国率先同时在"腾讯微信"、"阿里支付宝"两大平台开通线上志愿服务，2016 年日均在线项目 3200 个，2016 年日均网络访问量 8.2 万人次；第二，自主开发建设志愿者大数据库和信息化平台，发布电子义工证，构建综合信息服务体系；第三，以"志愿深圳"、"深圳义工"两个微信公众号为核心，2016 年粉丝达 30 万人，平均阅读量 5000 次 / 篇，在全国志愿服务微信号中排名第一。

第二，无偿献血走在全国前列，成为深圳"新风尚"。[①] 深圳在改革开放后学习中国香港、美国等先进经验，于 1993 年 5 月开始在全国率先推行自愿无偿献血。1995 年深圳出台中国首部关于无偿献血的地方法规——《深圳经济特区公民无偿献血及血液管理条例》。1996 年深圳共有 1 万多人次献血，之后献血人数呈现几何式增长。1998 年 10 月 1 日，《中华人民共和国献血法》正式实施，同年，深圳实现无偿献血 100% 满足临床用血。2015 年，《深圳经济特区无偿献血条例》颁布实施，从法律层面确保无偿献血规范化发展。2016 年，深圳共计 15 万人次献血，献血量近 47.5 吨，满足临床需求。深圳以街头献血为主，占比 80%，团体献血占比 20%，每天需要 500 人献血才能满足临床用血。到 2017 年，深圳献血 100 次以上的爱心人士已有 350 多位，献血 200 次以上的有 10 多位。[②]

深圳无偿献血走在全国乃至世界前列，爱献血已逐渐成为深圳人的一种"新风尚"，也被市民评选为深圳十大文明行为之一。

第三，移风易俗，让生命以另一种方式延续。深圳是全国多器官捐献最多的城市，根据深圳市红十字会的统计，截止到 2017 年 1 月 9 日，市红十字会共成功帮助 845 人捐献眼角膜，300 人捐献遗体，234 人捐献了多个

---

① 来源：中国新闻网 2017 年 9 月 5 日，http://www.vodjk.com/news/170905/1394159.shtml
② 同上。

器官,是全国多器官捐献最多的城市。①

综上所述,随着道德水平的不断提升,深圳逐步形成了与社会主义市场经济"排头兵"相适应的"爱国守法、明礼诚信、团结友善、勤俭自强、敬业奉献"的社会主义道德体系。

第四节 深圳文化事业的繁荣和文化产业的发展

进入21世纪,中国城市的发展经历了拼经济、拼管理、拼文化的阶段,呈现出以文化论输赢、以文明比高低、以精神定成败的新格局。正如习近平总书记在党的十九大报告中强调的,文化自信是一个国家、一个民族发展中更基本、更深沉、更持久的力量。文化事业是城市发展最重要的软实力。深圳作为中国最年轻的标志性城市,经过四十年的高速发展,不仅经济建设取得惊人成绩,创造了世界工业化、城市化发展史上的奇迹,而且在文化建设方面成效显著,实现了文化事业和文化产业的大发展,沉淀出独特的城市文化内涵和精神气质,汇聚了持久发展的深层动力,为中国先进文化建设提供了鼓励创新、追求卓越、开放包容的城市文化样本。

一、深圳文化事业繁荣和文化产业发展的历程回顾

深圳文化事业和文化产业发展从大的发展阶段来看,大体上经历了三个阶段。第一,深圳建市到2000年前后,城市经济快速发展,文化建设紧随其后。第二,2003年确立"文化立市"战略,文化事业和产业发展进入共识和示范引领阶段。第三,2013年进入"文化强市"发展新阶段,文化事业空前繁荣,文化产业成就辉煌。

1. 第一阶段:深圳建市到2000年前后,表现为城市经济快速发展,文化建设紧随其后

自1980年特区成立之初,深圳以"杀出一条血路",敢为天下先的精神,创造了"三天一层楼"的深圳速度,谱写了世界工业化、城市化和现

---

① 《深圳已有234人捐献多个器官》,来源:南方网2017年1月9日,网址http://kb.southcn.com/content/2017-01/09/content_163341813.htm

代化发展史上的奇迹。在特区发展开局阶段，由于深圳经济特区的定位，城市经济超常规发展、大量年轻移民的涌入，改革开放带来的勃勃生机，"小渔村"的文化底子（建市之初仅有一家深圳戏院、一家人民影剧院和一家深圳展览馆，总面积不足 3000 平方米，既没有高等学校，也没有像样的科研院所。）已远远不能满足人们日益增长的文化需求。落后的文化设施和建设成为深圳发展初期相对滞后的一块"洼地"。从 1982 年开始，深圳市委、市政府一连三年都将地方财政收入的 1/3 用于文化建设，勒紧裤腰带建设各项城市文化基础设施，促进文化市场的发育。新建了图书馆、博物馆、大剧院、电视台、体育馆、深圳大学、新闻中心和科学馆等八项代表性的文化设施，为后来深圳文化产业的发展奠定了基础。1983 年兴建第一所综合性大学——深圳大学，1985 年创办中国大陆第一个高新技术产业基地——深圳科技工业园。1989 年开发出新中国第一个旅游主题公园——"锦绣中华"景区，开创了深圳旅游文化业在全国的领先地位。

随着深圳特区发展在一系列重点领域的突破，市场经济的发展和思想观念变革为深圳一系列创新文化的萌芽提供了土壤，诞生了一系列创新观念、文化产品和服务。"时间就是金钱、效率就是生命"、"空谈误国、实干兴邦"等口号率先提出并响彻神州，奠定了深圳文化"开放、创新"的底色。城市发展释放的人口红利和开放包容的城市氛围吸引了大量各地年轻移民的涌入，外向型经济特点和毗邻港澳的区域优势带来了新潮、多元的审美取向和思想观念。酒吧歌厅、音乐咖啡、旅游酒店等新兴文化产业等迅速发展，加速了文化发展的市场化，催生了大众文化的发展。艺术表演、图书报刊、电影和录像制品等市场都有不俗的表现。丰富多彩的文化娱乐生活满足了广大来深建设者和广大市民文化娱乐需求，塑造了城市的公共文化空间，消解了移民城市的文化冲突，建立起市民对主流城市文化和精神的认同感和凝聚力。

进入 20 世纪 90 年代，随着深圳经济实力的进一步增强，物质富裕程度的进一步增强，优美的城市自然环境和国际知名度的不断提升，深圳吸引了大批高素质人口和海归的聚集。深圳市政府率先制定了城市文化发展战略，至 21 世纪初深圳建成了关山月美术馆、深圳画院、深圳书城、深圳特区报业大厦、深圳商报大厦、有线电视台、华夏艺术中心、何香凝美术馆等新的八大文化基础设施，并形成了设计城市文化的浪潮。值得一提的是，深圳于 2000 年前后率先在全国提出了"实现市民文化权利"的命题，提出落实不同阶层参与文化创造、享受文化成果的文化权利理念，这对于现代公民群体、市民文化创新、城市人文价值观的培养具有标志性、开创性的意义。深圳从综合性经济特区发展成为多功能、现代化的国际性城市。

2. 第二阶段：2003 年确立"文化立市"战略，文化事业和产业发展进入示范引领和文化担当阶段

进入 21 世纪，随着中国加入 WTO，国家逐渐取消了特区的经济政策优惠，深圳面临着特区政策优势消解，土地、能源资源、人口、生态环境"四个难以为继"等发展制约。2002 年，一篇《深圳，你被谁抛弃》的文章通过网络在民间快速传播并引起社会各界热议。市委、市政府以此为契机，全面审视和反思特区发展历程，对城市定位和发展战略进行全面部署，提出以特别之为，立特区之位，树立特别能改革、特别能开放、特别能创新的新特区意识，深圳"文化立市"战略浮出水面。

2003 年，深圳在全国率先实施"文化立市"战略，将城市人文精神和文化性格的培养作为深圳发展的基础性因素，并渗透到经济、社会、政治、科教、环境等诸领域。政府全方位加强社会核心价值体系建设，大力开展群众性精神文明创建活动，提倡以改革创新为核心的深圳精神，提出"深圳十大观念"、"创新型、智慧型、力量型"城市文化等一系列新的文化理念，不断推动文化创新工程、品牌带动工程、精品创作工程和政策支持工程的落地实施。城市文化建设成效卓著，文化软实力显著增强。深圳先后被评为"全球全民阅读典范城市"、世界"设计之都"，形成独特的发展优势，创造了城市文化发展的"深圳速度"，构建起具有全国影响力的公共文化服务体系，深圳城市文化内涵、品位和竞争力显著增强，城市文化建设迈上一个新台阶。

在管理体制改革方面，深圳整合文化、体育、旅游、新闻出版、广播电影电视、版权、文物等单位，组建了深圳市文体旅游局，成立了报业集团、广电集团和发行集团。在文化投融资体制改革方面，深圳在演出市场、图书发行、音像连锁、文化设施建设等对外资和国企开放的领域一律对民营企业开放,建立文化享受、文化参与、文化创造的服务体系。深圳还建成了一批具有世界先进水平的标志性建筑和精品工程,打造"图书馆之城"、"设计之都",不断提升城市的文化品位,形成了一个促进市民文化权利实现、满足市民精神文化需求的公共文化服务体系。深圳市政府还推出了"深圳大剧院艺术节"、"鹏城金秋社区文化艺术节"、"深圳水墨画国际双年展"、"深圳读书月"、"市民文化大讲堂"、"鹏城金秋艺术节"等一系列影响至今的品牌文化活动,推动尊崇知识、热爱阅读等价值目标的实现,不断满足市民高品位的文化需求。

3. 第三阶段:2013 年进入"文化强市"发展新阶段,文化事业空前繁荣,文化产业成就辉煌

2012 年,深圳提出"文化强市"战略目标,大力弘扬社会主义核心价值观,深入推进文化改革,文化事业发展迅速,文化建设成果丰硕,城市文化形象显著提升,市民文化权益得到较好的保障,文化产业雄居全国前列,初步形成了文化大发展大繁荣的局面。改革开放四十年,深圳从昔日的"文化沙漠"到今天的"创意之都""阅读之城",以近四十年跨越发展的伟大实践,积淀出独特的城市文化内涵和精神气质。

经济的发展让城市繁荣,文化的发展让城市真正赢得尊重。作为一座在文化上有崇高追求的城市,深圳一直致力于建设与现代化国际化创新型城市相匹配的文化强市。在打造城市文化品牌和创作文艺精品方面既愿景宏大,具有前瞻视野,又匠心独具,精耕细作不断打磨。市政府以国际视野、对标一流的原则,高起点、高标准规划建设了一大批与现代化国际化创新型城市相匹配的城市文体设施群,掀起第三次文体设施建设高潮。深圳歌剧院、当代艺术与规划展览馆、深圳创意设计馆、艺术学校新址等重大文化设施的规划建设提升了城市文化品位和实力。

与此同时,深圳依托国际文化产业博览交易会等一系列高起点、高规格的文化展示、交易、信息平台,汇集了大量文创产业资金、项目、技术和人才。进入 21 世纪,深圳在设计业、动漫游戏业、印刷业、工艺美术业等方面已发展成为全国领头羊,截至 2016 年,深圳文化创意产业产值达到

1949.7亿元，占 GDP 比重 10%。[①]文化产业已成为深圳继高新技术产业、金融业、现代物流业之后第四大支柱产业。依托高新技术和设计人才聚集的优势，深圳在创意设计、动漫及网络游戏等与数字网络技术融合的新兴产业方面发展迅速；腾讯、雅图、华强文化科技集团、A8 音乐集团、环球数码、迅雷公司、华视传媒等在全国乃至全球都有竞争实力的文化企业快速发展；深圳汇集了国内规模最大的移动数字电视、数字音乐、网络游戏研发、生产和服务企业，[②]建成了田面设计之都、怡景动漫基地、华侨城 LOFT 创意园、观澜版画基地等一批优质的文化产业基地和特色文化园区。

二、深圳发展文化事业和文化产业的主要做法和成效

1. 积极构建主流城市文化，率先确立创新型、智慧型、包容型、力量型城市文化导向

深圳是因观念而生的城市，作为典型的移民城市，构建符合城市发展特点的强大主流文化认同，建立符合深圳改革开放实践的城市共同体想象，对于城市的发展具有长远引导和匡正的作用。城市文化是一座城市的灵魂、价值与共同追求，对城市的未来发展具有灵魂支柱作用。为此，深圳具有前瞻性地提出了"创新型、智慧型、包容型、力量型"等城市文化导向，为城市未来发展指明了方向，在城市文化运营方面做出积极探索。

创新是一个民族进步和兴旺的不竭源泉，作为一座因创新而生的城市，改革创新是深圳的根，深圳的魂。30 多年来，深圳作为首个以城市为单元的国家自主创新示范特区，始终走在中国改革开放的前沿。深圳在物质层面探索出以政府为战略导向、企业为主体的创新发展模式，使一大批具有国际影响力的创新型龙头企业崛起，并不断涌现具有高成长性的技术型企业；在精神观念层面，深圳以创新为旗帜，抢抓改革机遇、敢于挑战权威，在改革开放的每一个阶段都提出了具有前沿突破的思想观念，从"时间就是金钱、效率就是生命"开始引发了一个又一个响彻神州大地、振聋发聩

---

① 中商产业研究院发布的《2017—2022 年深圳文化创意产业发展前景及投资机会分析报告》

② 陈汉卿：《深圳文化创意产业的新跨越》，《经济地理》2012 年第 3 期。

的口号。深圳的创新精神推动了中国改革开放的进程，其内核是敢于开拓，锐意进取，这也是深圳最鲜明的精神标识。

科技让城市更美好，高科技产业是深圳重要的支柱性产业。依托互联网、物联网、人工智能等各种智慧产业组合形成庞大的智慧经济，深圳被赋予更强大、更旺盛的生命力。而这种通过研发、技术和智慧创造高附加值产品的产业发展模式将知识管理和智力规划置于核心发展地位，对行政管理体制创新、知识培育和技术创新抱有前所未有的要求。创新离不开整个城市广泛的社会文化基础，需要市民具备良好的文化教育素养和科学理性的思维方式。深圳从建市以来就强调张扬人的理性，赋予市民文化权利。从2000开始的"深圳读书月"到提出争创全球学习型城市的目标，深圳市政府坚持不懈地营造全民终身学习的城市氛围。全市人均读书时间、购书数量多年来远超全国平均水平，联合国教科文组织授予深圳"全球全民阅读典范城市"。崇尚知识和科学，追求人文精神内涵已成为深圳的普遍共识，并进一步推动深圳在经济、社会、文化等领域的可持续发展。

海纳百川，有容乃大。开放包容是深圳最具魅力的城市性格和文化特质，深圳从当初的边陲小镇发展成为如今的国际大都市，离不开来自五湖四海移民的共同努力。1980年深圳人口仅30万，而今深圳市常住人口已达1253.83万。[①] 全国56个民族在此都有常住人口，长居深圳的外籍人士和中国港澳台居民已超过10万人。持续不断的移民为深圳带来了多元、兼容、开放的移民文化，不同语言、不同习俗、不同文化背景的人在这里碰撞交融、彼此尊重、和谐相处，形成了和而不同又丰富多彩的文化品格。深圳对各种先进文化、进步理念和生活方式充分尊重和接纳，"来了就是深圳人"表达着居住在这个城市里的人们内心一种深深的对归属感的呼唤，而深圳精神中"鼓励创新、包容失败"的口号，向世界展示了深圳慈爱包容、大气宽容、敢于有所为、有所担当的城市精神。"关爱·感恩·回报"的理念已悄然镌刻进人们的心灵，雕塑成深圳的一种可贵品格。

自强不息是中华民族的优秀传统，深圳从诞生之日起就肩负着特殊的

[①] 深圳市2017年国民经济和社会发展统计公报。

历史使命，三十多年来，无数建设者在这片改革开放的热土上挥洒汗水和心血，用热情、拼搏、进取、实干创造了世界城市发展史的奇迹。深圳文化充满了力量与锐气，与城市鳞次栉比的高楼相呼应的是昂扬向上的城市文化。"空谈误国、实干兴邦"、"敢为天下先"等深圳精神是这座城市文化的基因，也是城市人文精神的最大亮点。习近平总书记指出："全面建成小康社会要靠实干，基本实现现代化要靠实干，实现中华民族伟大复兴要靠实干。"如今，在建设中国特色社会主义的新时代，深圳锐意进取、奋发有为的力量型文化已成为城市发展的核心竞争力，日益成为深圳的文化担当，为中国特色社会主义文化建设提供深圳经验和样本。

2. 营造良好城市文化环境，基本建设全覆盖、普惠型公共文化服务体系

为充分满足市民文化生活的需要，深圳实施"周末"、"流动"、"高雅艺术"三大文化服务系列活动，通过政府主导、社会参与、政策激励、资助项目等形式，吸引各种社会力量为市民提供丰富、公平、便利的公共文化服务。深圳每年公益文化展演近万场，周末去音乐厅欣赏免费交响乐、去深圳市图书馆听文化讲座、去公共图书馆免费借阅书籍已成为深圳人的生活常态和精神追求。

在加快规划建设市级大型文体设施的同时，深圳以实施全市12项重大民生工程为契机，将12个区级文体设施项目纳入重大民生工程统筹推进，总投资81.4亿元。全市已建成文化馆（站）82个、公共图书馆（室）623个、博物馆46个、区级以上美术馆13个；每年举办各类公益活动达16万场次，放映公益电影超2万场次。截至2016年底，全市公共图书馆人均藏书达2.31册，位居全国大中城市前列。①

近年来，深圳通过打造"十分钟文化圈"，使基层综合性文体中心让市民就近享受到丰富全面的文化服务。各街道、社区基本建成覆盖各类人群，整合宣传教育、法制科普、群众文体等资源的普惠型群众文化体系。文化民生福利水平的提升日益改变着城市的文化生态，潜移默化地提高了人民的文化素养，滋养着市民的文化生活，增添了城市积极生长的力量。

---

① 《深圳市政府关于公共文化服务情况的专项工作报告》，2017年10月。

3. 打造城市文化品牌，培育创作文艺精品，推出城市文化活动菜单

文艺精品是城市文化的重要标识，也是城市文化实力的生动体现。多年来，深圳以音乐工程、文学工程为龙头，打造文艺创作精品，在文学、影视、音乐、舞蹈、民间文艺等方面涌现出一批思想性、艺术性俱佳的优秀作品。歌曲《春天的故事》、《走进新时代》、《走向复兴》情真意切、引领潮流，为老百姓喜闻乐见；电视剧《钢铁是怎样炼成的》、动画片《熊出没》等深受广大观众及业内人士喜爱，已经成为深圳的"文化标识"。深圳文艺创作蓬勃发展，精品层出不穷，迄今已有45部作品获得全国"五个一工程"奖，彰显了深圳不仅是经济发达的城市，也是文化富有的城市。

以"阅读·进步·和谐"为主题的深圳读书月已连续举办18年，一直秉承营造书香社会、实现市民文化权利的宗旨，深圳也被联合国授予首个"全球全民阅读典范城市"；以"弘扬人文精神，发展公共文化，丰富市民生活，提升城市品位"为宗旨的市民大讲堂已连续举办12年，先后邀请了易中天、王蒙、毕淑敏等500余位名家学者举办了700多场讲座，开拓了一条高雅文化走向社会、走进市民生活的新途径，打造了先进文化全民共享的新模式。而旨在培育市民的创意、创造、创新精神的"创意十二月"，也已连续举办10年，对营造"设计之都"氛围，提升城市文化软实力，推进文化创意产业的发展功不可没。此外，深圳合唱节、深圳国际旅游文化节、鹏城金秋社区文化艺术节、磨坊百公里等群众文体活动都已成为深圳市民每年期待的文化盛事。

2017年，深圳对标伦敦、巴黎等国际大都市，发布了城市文化菜单，收录了28项国际化、标志性品牌文化活动，一月新春关爱、二月国际魔术节、三月"一带一路音乐季"、金秋十月国际创客交流会、年末创意十二月等，让不同喜好的市民享受精彩的文化盛宴。此举彰显了深圳不甘平庸、追求卓越的文化气质，是实现全面提升城市文化建设质量，打造国际文化创意先锋城市的大手笔举措。

4. 文化产业快速发展，成为全国文创产业发展领头羊

在全球化背景下，文化产业已成为衡量一个国家和地区综合实力的重要标志。深圳从2004年制定"文化立市"战略以来，将文化产业列入四大支柱产业之一。十三年来，深圳文化产业依托市场、产业和科技优势，吸引整合全国的文化资源，保持年平均20%的增长速度，率先探索出一条"文化+科技"、"文化+旅游"、"文化+创意""文化+金融"等产业发展之路。2016年，深圳文化创意产业增加值1949.7亿元，增长11.0%，占全市GDP的10%，[①] 文化创意产业已成为加快深圳经济转型、增强文化软实力、带动经济快速健康发展的新引擎。

深圳文创产业的特点是政府扶持、市场主导，通过成熟的市场机制，实现了多种文化产业市场运作的弯道超车。从2005年前瞻性举办首届文化产业博览会，到成立文交所、中国文化产业投资基金、国家对外文化贸易基地等一批国家级文化市场平台，深圳的文化产业主体不断发展壮大，已形成包括创意产业链、传媒产业链、文化服务产业链的三个核心产业群；打造出中国（国际）文化产业博览基地、全国动漫创意设计基地、区域文化产品生产制作和区域文化市场消费四大文化产业基地；形成具有特色的优势产业聚集区，打造了一批在国内外有重要影响的文创品牌，使深圳成为具有世界水平的创意产业集聚区，涌现出一批拥有核心技术、原创品牌、较强市场竞争力的文化产业发展龙头企业。

华侨城集团在数字创意、旅游文化等方面早已开始探索，并于2015年转型升级，提出了"文化+旅游+城镇化"创新发展模式，富有前瞻性打造智慧旅游系统，相继在深圳、成都、北京、南京、南昌落地一批新型城镇化项目，并且将科技手段与现有产品相叠加，推出主题嘉年华等智慧文化旅游项目，打造华侨城文化旅游产业的梦工场——拥有20多项高科技、互动体验型游乐产品的虚拟现实型"卡乐"系列主题公园，[②] 为主题旅游注入全新文化和科技融合模式，目前其旅游业务营收超过了房地产业务，集团已蜕变为引领行业发展的文化旅游科技公司。

深圳的华强科技集团依托"文化+科技"，不到十年的时间就从一支动漫新军发展成为中国最大动画企业，打造文化产业的深圳质量和标准。其出品的原创《生肖传奇》《小鸡不好惹》《熊出没》系列等20余部动画作

---

① 《深圳打造国际文化创意先锋城市》，《人民日报（海外版）》2017年5月5日。
② 《华侨城文化产业发展新思路》，《中国证券报》2016年10月12日。

品广受欢迎，获得国家广电总局国产优秀动画片、中国动画学会创新动画大奖，其打造的"方特卡通"品牌实现无纸化、规模化生产，已经成为全国乃至世界范围内优质动画的一个代名词。其成功研制十多类特种电影形式系统出口40多个国家和地区，文化产品已融合到特种电影、数字动漫、影视产品、文化科技主题公园等多个文化产业领域。集团名下的文化创意资产已打包在深交所上市，取得经济效益和文化发展的双丰收。

深圳最著名的"文化＋互联网"企业非腾讯莫属。作为中国市值最高、拥有用户最多的企业，腾讯不断在互联网信息和网络游戏等业务上推陈出新，满足互联网用户沟通、资讯、娱乐和金融等方面的需求。截至2018年3月，腾讯旗下QQ的月活跃账户数达到7.83亿，微信月活跃账户超过10亿。其提供的社交平台与数字内容两项核心深刻影响和改变了数以亿计中国人的沟通方式和生活习惯，并为中国互联网行业开创了更加广阔的应用前景。文化与科技"双轮驱动"一直是腾讯发展的最大助力，随着网络文学、网络音乐、网络电影、网络演出、网络动漫等新兴业态迅猛发展，数字文化产业展现出旺盛的生命力。2017年11月，腾讯旗下子公司阅文集团（占据中国网络文学90%的市场）在香港证券交易所成功上市并受到市场热捧。

深圳拥有高科技、创新驱动、市场经济的先天条件，在互联网＋、数字中国的浪潮袭来之际，更应抓住机遇，运用高科技文化生产方式培育新的业态，推进新兴的数字文化产业与传统的制造业、消费品工业融合发展，与信息业、旅游业、广告业、商贸流通业等现代服务业融合发展。在促进中国经济转型升级和结构调整中发挥出示范引领作用。

5. 推进城市文化"走出去"，不断增强文化担当和影响力

深圳毗邻港澳，是中华文化走向世界的桥头堡，城市文化治理兼收并蓄，具有国际视野。经过四十年的发展，深圳从曾经的文化沙漠变为创新的沃土，城市文化影响力显著提升，不仅满足了深圳市民文化需求，为全国提供文化发展的深圳样本，而且注意从维护国家文化主权的高度，统筹国际国内两个市场，发掘国际国内两种资源，以敢于担当的气魄加大对外文化交流力度，不断推动文化"走出去"，讲好深圳故事，传播好中国声音。深圳编排的文化交响乐《人文颂》在国外成功演出,深圳艺术学校学生李云迪、陈萨、左章、张昊辰等在国际钢琴大赛中屡获大奖,深圳艺术团体多次到国外交流演出,让全世界看到了深圳文化建设的成就,有力地扩大了深圳文化乃至中国文化在世界的影响。同时深圳还通过举办国际科技影视周、国际博物馆高级别论坛、深圳国际水墨画双年展、深圳国际魔术节、深圳国际摄影大展、深圳设计周、深圳时装周、中国图片大赛、深圳国际创客周、"鹏城春荟法兰西·中法文化之春艺术节"、"一带一路"国际音乐季等高品质国际重大文化活动,积极推动深圳与国外的文化交流,充分展现出鹏城作为中国文化事业一张名片的担当意识和文化自觉。

第五节 弘扬法治精神,建设先进法治文化

法治区别于人治和专制,是人类迄今为止最优的治国理政方式。法治文化是一国文化的重要组成部分。广义上,法治文化包括精神文化、制度文化和行为文化。精神文化包括法治思想、法治理念、法治意识、法治精神,核心是法治精神;制度文化包括法律规范、法律制度、法律设施,重点是法律规范(法律体系);行为文化包括立法、司法、执法、守法和法律监督。三者相统一呈现出来的文化现象和法治状态,即为法治文化。[①]法治精神是法治实施过程中必须遵循并在实践中不断凝结的基本原则、价值取向和内在品质,具体内涵包括宪法法律至上、良法善治、权力制约、保障权利、正当程序、公平正义、平等自由、契约自治、效率效益等等。法治精神也表现为人们对法治的主观认知、情感、意志、判断与选择,以及由此形成的法律意识、法律思维、法治信仰、法治习惯等。

世界上从来没有统一的法治模式。社会制度和历史文化传统不同,法治文化也呈殊异。区别于西方法治文化,中国特色社会主义法治文化产生于中国特色社会主义法治的伟大实践,既吸收了人类法律至上、自由、平等、公正、人权等法治文明成果,又承继了中华民族传统文化的丰富养分,

---

① 参见李林:《社会主义文化概念的几个问题》,《北京联合大学学报(人文社会科学版)》2012年第2期。

彰显着中国共产党领导人民建设有中国特色社会主义现代化事业、构筑"中国梦"的制度自信、理论自信、道路自信和文化自信，体现了法治的普适性、民族性和时代性特征。社会主义法治精神是体现党的领导、人民当家作主和依法治国三者统一的精神，是体现依法治国、执法为民、公平正义、服务大局、党的领导的精神，是体现党的事业至上、人民利益至上和宪法法律至上的精神。相较于其他法治模式，这是一种崭新的、先进的社会主义性质的法治文化范式，是中国在法治文化领域为世界贡献的"中国经验"、"中国智慧"。

深圳，作为改革开放的"试验田"和"窗口"，始终坚持党性、人民性与时代性、创新性相结合，通过立法、司法、行政、监督和普法教育各环节的改革创新，大力弘扬社会主义法治精神，建设社会主义法治文化，促进经济、政治、社会、文化、生态一体发展，成为中国"先发法治化"的标杆城市。

一、弘扬法治精神，开创地方立法"深圳模式"

1. 立法概况

立法，是法治的前提；规则，构成法文化的内核。不认真对待规则，法治就成了空中楼阁。改革开放以来，深圳充分利用授权立法和职权立法双重立法权，牢固树立"立法先行"、"改革有据"、"良法善治"的社会主义法治理念和精神，先后制定了许多地方性法规规章，且与时俱进"立、改、废"。通过"深圳市政府法制信息网"首页"本市法规规章查询"，结果显示，自1992年10月年至1997年10月，深圳市共制定地方性法规323项，"有效"167项，"失效"51项，"已被修改"105项；地方政府规章共350项，"有效"160项，"失效"133项，"已被修改"57项。立法范围和内容涵盖经济、社会、文化、生态、权力制约等各个方面，成为全国地方立法最多的城市，创造了许多全国"第一"，为国家立法提供了经验，贡献了力量。地方立法"深圳模式"、"深圳特色"，业已成为学界研究的热点。深圳立法的特征、内容、理念和价值，充分反映出立法者对社会主义法治精神的深刻理解和把握。

2. 弘扬法治精神，形成科学的立法原则

（1）依法立法

依法立法是指按照法定立法权限和立法程序立法，这是地方立法的首要原则。按照法定立法权限立法，深圳市自先后拥有授权立法和职权立法权以来，精心制定的每项法规规章，都严格遵循《立法法》、《规章制定程序条例》、全国人大及其常务委员会做出的经济特区有关法律文件、国务院发布的涉及经济特区的行政法规和规范性文件的规定和要求。为了规范制定法规工作，2001年，深圳市人大制定并通过了《深圳市制定法规条例》（2012年修改）。该法分五章详细规定了立法规划、计划与草案，代表大会立法程序，常务委员会立法程序，法规的解释、修改与废止，法规的报批、公布与备案。此外，制定了市人大及其常委会议事规则、立法听证条例、议案办理规定等，为依法立法提供制度保障。政府规章方面，为了规范政府规章制定工作，2010年出台了《深圳市人民政府制定规章和拟定法规草案程序规定》。立法本身也应当做到"于法有据"，这是先进法治理念和法治精神的体现。显然，深圳市走在先进立法理念的前列。

（2）科学立法

有了立法权的尚方宝剑，科学立法就成了提高立法质量的基础。多年来，深圳市立法机关秉持科学立法的精神，用一部又一部"良法"独占地方立法鳌头，为丰富、发展社会主义法制体系贡献深圳力量。习近平总书记说："人民群众对立法的期盼，已经不是有没有，而是好不好、管不管用、能不能解决实际问题；不是什么法都能治国，不是什么法都能治好国；越是强调法治，越是要提高立法质量。"[①]

以《深圳经济特区科技创新促进条例》为例，深圳市追求高质量立法的经验如下：第一，尊重和体现经济、政治、文化、社会、生态建设与发展规律，准确适应本地区改革发展需要。创新，是深圳城市发展的生命，立法者准确把握住了这一点并用立法的方式做出积极响应，同时，加大司法对于知识产权的保护、对知识产权侵权的民事和刑事的规制。第二，积极响应人民

---

① 《习近平关于全面依法治国论述摘编》，中央文献出版社2015年版，第43页。

群众对美好生活的期待,协调好各种利益关系,如医疗、卫生、教育等民生方面的立法。第三,坚持问题导向,切实提高地方法规的针对性、及时性、系统性、协调性,发挥立法凝聚共识、统一意志、引领公众、推动发展的作用。第四,坚持"立、改、废、释"并举,重视法规的清理、修改和废止,全方位推进立法工作,截至2017年10月,共废止51项,修改105项。

(3)民主立法

民主立法的核心是立法要为了人民、依靠人民。一部法律是否属于良法最根本的检验标准是是否顺应广大人民群众的意愿、维护广大人民的利益、增进人民的福祉,是否善于进行利益衡量、凝聚并促进共识。民主立法因为注入了广大民众自己的意志,是自己的法,从而有助于法律认同、法治信念、法治信仰的实现,为法治大厦奠定坚实的社会基础。深圳市立法,始终坚持民主原则,健全沟通机制、协商机制,大力拓展公民有序参与立法的形式和途径,通过座谈会、论证会、听证会等方式,倾听民众声音,权衡各方意见,如2016年,深圳就《深圳市公共信息管理办法(征求意见稿)》首创微信立法听证会,参与者积极献言献策,展现开门立法的又一个深圳样本。

(4)创新立法

中国社会科学院法学研究所课题组发布的《深圳经济特区立法研究》报告显示,作为立法"试验田",深圳立法屡创"全国第一"。25年来制定的220部法规当中,有105部法规走在国家立法前面,有40多部特区法规直接为国家立法提供了有益的参考和借鉴。如股份有限公司条例、有限责任公司条例、律师条例、政府采购条例等。深圳的立法创新不仅体现在制度创新上,还体现在观念创新上。比如,深圳经济特区改革创新条例中的依法改革理念,宽容失败理念,质量条例中的质量引领标准先行理念,交通法规中的文明礼让理念等,都为国家和其他地方立法提供了参考。正是深圳地方立法的成功实践,让中央做出赋予所有设区的市地方立法权的重大决策,为完善我国社会主义立法体制向前迈进一大步。[①]"先行性"、

[①] 《深圳105项立法走在全国前面》,李舒瑜 杨丽萍,《深圳特区报》2017年7月13日第A03版。

"试验性"、"突破性"、"补充性"、"自主性"、"创新性"构成深圳特区立法的鲜明特色，也正是这些特色彰显出深圳立法的良法善治精神，证明了深圳立法文化的先进性、示范性。

二、弘扬法治精神，创造公正司法"深圳经验"

司法是社会公平正义的最后一道防线，也是国家法治大厦的"守护神"。公平正义是中国特色社会主义的内在要求，也是中国共产党领导人民全面依法治国的价值追求。习近平总书记强调，要"努力让人民群众在每一个司法案件中都能感受到公平正义，决不能让不公正的审判伤害人民群众感情、损害人民群众利益"。为实现这一目标，就必须加强司法改革，而司法改革要取得成效，就必须坚持并贯彻"公平正义、司法为民"的社会主义法治理念和法治精神。深圳作为司法改革的示范城市，在"去行政化"、"员额制"、"审执分离"、"司法责任制"、"司法公开"等方面敢于消除积弊，勇于改革创新，取得良好效果，为国家完善司法改革顶层设计提供了鲜活的"深圳经验"。

1. 司法体制改革脉络

2016年，深圳中院发布《深圳法院的司法改革（1992—2015）》白皮书，这是中国首部地方司法改革白皮书。① 白皮书显示：从1982年至2015年，深圳法院的司法改革分三个阶段。第一阶段为20世纪80年代后期至90年代末以审判专业化、审判流程管理和审判机构专业化改革为重点的司法改革。这一阶段，深圳法院设立全国第一个经济纠纷调解中心、涉外经济审判庭、房地产审判庭、破产审判庭、劳动争议审判庭、知识产权审判庭，引领全国法院的"立、审、执"分立改革，以集中立案为表现形式的审判流程管理改革是最大的亮点。第二阶段为2000年至2009年以办案规范化和工作机制创新为重点的司法改革，包括探索规范法官自由裁量权、刑事证据制度和量刑规范化、"大执行"工作格局等改革内容。这一阶段改革亮点有：标准化办案裁判指引体系初步建立，执行分权工作格局基本形

---

① 《深圳中院发布司法改革白皮书》，王东兴，《人民法院报》第04版，2016年1月31日。

成，民事执行工作地方立法出台，法院工作人员分类改革的设计构想首创性提出，法院综合量化考核机制率先建立。第三阶段为2010年以来以体制突破为重点的司法改革。其中，法院人员分类管理和法官职业化改革在全国率先破冰并落地实施，审判权力、执行权力运行机制改革和司法责任制改革一体推进，有力推动了中央部署的四项重点改革试点任务在深圳法院落地生根。

2. 弘扬法治精神，构建先进司法文化

（1）维护司法公正高效

司法公正是人民法院的生命线，司法高效是人民法院的重要目标。深圳市中院各年度工作报告显示，在深圳，法官人均结案数量逐年上升，2013年为158件，2014年194件，2015年217件，2016年283件，2017年上升到408件，大约是全省其他法院平均水平的2.2倍，超过全国法院平均水平的3倍。如何维护司法公正高效，提高司法公信力，深圳司法机关给党和人民交出了满意的答卷。第一，始终坚持实体公正和程序公正并重，准确使用法律、程序保障权利。第二，严格依照法定审限办案，以崇高的职业精神、先进的法治理念、高超的业务能力，通过法官责任制、案件繁简分流和多元纠纷解决机制，化解案多人少的矛盾，提高司法效率，实现法律效果、政治效果和社会效果的统一。第三，不断提高司法公信力，让人民群众有获得感。以2017年的服判息诉率为例，市中院受理的上诉案件下降1.7%，信访投诉率下降26.5%，[①]最大限度实现司法定分止争、化解矛盾、彰显公平正义的目的。

（2）打造司法公开深圳品牌

司法公开是现代法治的基本原则，是对司法权进行有效监督的制度安排。正义要实现，而且要以看得见的方式实现。深圳市司法机关经过多年改革、探索，建设以审判流程公开、庭审活动公开、裁判文书公开、执行信息公开四大平台为载体，全面深化司法公开，着力构建开放、动态、透明、便民的阳光司法机制，促进司法公正，不断提升司法公信力。早在20

---

① 《深圳市中级人民法院工作报告》，《深圳特区报》2018年1月31日第A07版。

世纪 90 年代，深圳中院就着眼司法公开建立法院新闻发布制度。2006 年，深圳中院在全国法院系统率先出台了《深圳市中级人民法院关于进一步加强审判公开的若干规定》，不断拓展司法公开的深度和广度。2013 年，最高法院在深圳召开了全国法院司法公开推进会，推广深圳经验。

按照最高法院的要求，深圳法院已率先在全国形成了"审判流程公开"、"裁判文书公开"、"执行信息公开"司法公开三大平台。第一，推进审判流程公开。借助现代信息技术，利用手机短信、电话语音系统、电子触摸屏、微博等方式，向当事人和社会公开案件的立案、庭审、调解、宣判等诉讼过程信息。将庭审的网络在线直播、微博定期直播常态化、制度化。第二，推进裁判文书公开。主动接受社会公众对司法裁判结果的监督，依法能够公开的裁判文书全部上网公开。第三，推进执行信息公开。以深圳法院网上诉讼服务平台为主体，建立统一的信息公开平台"执行公开网"，当事人通过"网上办事窗口"查询到相关信息。第四，不断拓展公开载体，丰富公开形式，完善新闻发布、白皮书发布、全市法院统一的开放日制度。在中国社科院 2012 年初发布的司法透明度调查中，深圳中院位居全国第一名。

（3）为民惠民，不断完善诉讼服务机制

司法为民惠民利民，是社会主义法治的终极目标。2012 年，深圳法院在全市法院建立集"导诉、立案、信访、调解"等职能为一体的诉讼服务中心，为当事人提供"全方位、一站式"服务。2013 年 1 月，深圳中院出台《关于进一步规范和完善诉讼服务中心建设的指导意见》，在全市法院统一服务标识、统一服务功能、统一服务标准、统一管理考核，为之后《最高人民法院关于全面推进人民法院诉讼服务中心建设的指导意见》的出台提供了借鉴参考。依托现代信息技术，构建"诉讼服务大厅、网上诉讼服务平台、12368 法院热线"三位一体的诉讼服务平台，不断提升诉讼服务水平。通过"指尖上的司法"，深圳市民享受到了便利的司法服务。

三、弘扬法治精神，建设高效、透明的服务型法治政府

执法是法律实施的重要组成部分和基本实现方式，而行政执法是关键，因为生活中"百分之八十的法律有赖行政机关执行，行政机关在依法治国

中担负着最大量、最繁重的任务"。[①] 行政机关是否依法行政，事关纸面上的法律法规能否落实，事关老百姓的利益能否实现以及如何实现。因此，建设法治政府就成了依法治国、建设社会主义法治体系最核心最根本的任务，其要义是依法行政、权力制约，即坚持"法无授权不可为，法有规定必须为"的行政合法性原则，并善于运用法治思维和法治方式积极保障公民权利，化解社会矛盾，解决社会问题。深圳经济特区作为地方行政体制改革的试验田和排头兵，始终注重以先进的社会主义法治理念和法治精神为基础和指引，坚持改革与创新，在依法行政、建设法治政府方面进行了积极探索并取得了巨大成就。

1. 行政法治改革与发展概览

深圳经济特区的行政改革历来是我国地方行政改革的窗口和风向标，不同时期，国家立法、政策和地情不一样，做出的理论反应和实践操作也不同。深圳行政改革大致经历了内需驱动型党政机构改革的"特区时代"、利益导向型行政行为改善的"后特区时代"、竞争压力下政府体制创新的"特区后时代"[②]和法治政府基本建成阶段。

（1）特区时代（1980—1993）

这一时期，行政改革的目标是转计划经济为市场经济。由于中央只给政策，鼓励"先行先试"，"摸着石头走"，因此很多举措如精简机构、党政机构调整、招商引资、政企分离、国有资产管理等等，都具有试验性、应景性、前瞻性、开拓性。政改极大促进了特区经济的蓬勃发展，但许多领域无法可依，只能靠浓厚人治特色的"红头文件"管理，缺乏稳定性、预期性和可诉性的规则之治，既影响了政府可信度，也影响了招商引资。因此，主动向中央要立法权，"我要发展"，成了紧迫的任务。1992年，这个梦想变成了现实。

（2）后特区时代（1994—2001）

1994年，党的十四大以后，我国市场经济体制基本建立，深圳的各项

[①] 应松年：《依法行政论纲》，《中国法学》1997年第1期。
[②] 汪永成：《中国地方行政改革和发展的历程与特点：以深圳特区为例的分析》，《中国行政管理》2007年第8期。

优惠政策日渐稀释，只能靠自己了，深化行政改革是一条出路，而充分运用立法权促改革的法治思维，成功化解了"特区不特"、"深圳被谁抛弃了"等悲观论调，特区经济依然呈现良好发展态势。此阶段的行政改革代表性举措有以下几个。首先，《行政许可法》（2003年通过，次年实施）颁布前，深圳就率先进行了三次审批制度改革，大幅减少审批事项，引起全国关注。之后，制定《深圳市实施行政许可若干规定》，对《行政处罚法》进一步细化和落实，继续砍掉701项中的265项行政审批事项。其次，1994年颁布《依法治市方案》，1999年《关于加强依法治市工作，加快建设是这样法治城市的决定》出台，吹响依法行政、转变政府职能的号角。

（3）特区后时代（2002—2007）

这一时期行政法治理念进一步创新，逐步从"依法行政"理念到"法治政府"理念转变。第一，从管理到服务，建设行政服务大厅，方便群众尽量集中办理行政审批等业务。第二，探索建立"决策、执行、监督"相对分离的体制机制。第三，出台加强行政责任的法规，全市掀起"责任风暴"，实施"治庸计划"，国内第一个推行"行政职能部门行政责任白皮书"制度。

（4）新特区时代（2008—2013）

2008年，国家发展和改革委员会通过了《珠三角地区改革发展规划纲要（2008—2020）》，确立深圳为"国家综合配套改革试验区"。首先，行政管理变革，推行大部制，建立"委、局、办"的政府运作架构，转变政府职能。其次，公务员分类管理，推进队伍专业化建设和打破铁饭碗的聘任制改革，治理"懒政"、"庸政"效果显著。

（5）法治政府基本建成阶段（2014— ）

在中国特色社会主义法治理念和习近平法治思想指引下，深圳行政法治建设取得突破性成就。2015年，中国政法大学发布《中国法治政府评估报告》，深圳市政府荣获第一名，随后两年，也是名列前茅。

2. 弘扬法治精神，建设先进行政法治文化

深圳的行政改革历程和取得的成就表明，先进的现代行政理念和法治精神起了基础性、引领性的作用。从摸着石头搞机构改革到争取中央授权立法权,从行政管理理念到行政治理理念,从依法行政到建设服务、责任、阳光的法治政府,每个阶段都体现了国家行政法治理念与精神的深刻嬗变,是地方法治在行政领域不断创新、丰富社会主义法治精神的典范。

(1)依法行政与良法善治精神

依法行政是建立法治政府的必要条件和路径,是相对于人治行政、随性决策、恣意行政、任性行政而言的,这里的"法"包括依据刚性的现有法律法规规章的具体规则和内含公平正义诉求的行政法基本原则,如合法性原则、合理性原则、正当程序原则、高效便民原则、权责统一原则等。法无授权不可为,法定职责必须为,属于行政的形式法治,良法善治才是现代行政的实质法治之诉求。从最初的行政管理体制改革筚路蓝缕的探索到一流法治政府的建立,从"要立法权"积极主动立法以使改革"于法有据",到加强法规规章的立、改、废工作,从传统行政管理"治民"思想到现代行政"治权"理念的转变,从站岗放哨的"守夜人"到促进经济、社会、文化、生态全面发展的"运动员",无不彰显着深圳特区依法行政与良法善治的有机统一精神。

(2)严格执法与执法为民精神

法令行则国治,法令弛则国乱。严格执法要求在执行法规或掌握标准时,不放松、不走样,做到公平、公正。一是要求执法人员必须秉公、严肃执法,严格按照法律规定和程序办案,以事实为依据,以法律为准绳;二是要求执法人员必须尽职尽责,对发生的违法行为敢于纠正并依法处罚,不搞"态度执法"、"关系执法"、"人情执法"、"选择性执法"。在深圳,良好的治安秩序、安全的食品卫生、交通违法一视同仁受罚、行政强制和行政处罚的公开透明和听证制度、花园般的城市环境、优质的营商创业环境、高投入的民生工程等等,成为严格执法与执法为民精神的最真实的注脚。在深圳,法律的权威得以确立,政府公信力得到增强,人民的各项权利得到切实保障与维护。

(3)高效、便民与服务精神

公开、公正、便民、高效是现代行政的价值要求,也是公共行政精神的重要构成要素。经过多年改革实践,深圳基本建成责任政府、有限政府、高效政府、亲民政府、阳光政府、服务型政府并不断完善。2018年1月，中国社科院与社科文献出版社联合发布《政府绩效评估蓝皮书：中国地方政府绩效评估报告No.1》，深圳综合得分全国第二，仅次于北京（2018年1月25日深圳特区报）。互联网+政务服务是深圳市便民服务的一张名片，政府门户网站"深圳政府在线"，于2008年、2010年、2011年、2012年、2015年、2016年、2017年获得全国副省级政府门户网站评估第一名。[①] 点开首页，"信息公开"、"在线办事"、"便民服务"，每项下的子目录全面详尽，不管你是法人还是个人，许多事务都可在网上一网通办理。身份证、出入境续签、机动车业务等等都可以在家门口自助办理，方便、快捷、高效。

四、培育法治精神，让法治成为城市文化的特质

守法是法律实施的重要环节，培养公民的法治意识与法治精神是构筑社会主义法治大厦的基础。亚里士多德曾言："邦国虽有良法，要是人民不能全部遵循，仍然不能实现法治。法治应包含两重意义：已制定的法律获得普遍的服从，而大家所服从的法律又应该本身是制定得良好的法律"。[②] 法治精神既体现在立法、执法和司法过程中，也表现为人们的法治意识、法治信仰和法治精神。全民守法，离不开普法或法治教育。一般而言，相较于"自下而上"自发演进型法治道路，"自上而下"的后发型、建构性法治文化模式，人们的法治意识远比制度文化落后，传统非理性文化往往成为现代法治的最大障碍。但在深圳这座移民城市，从蛇口工业园"第一声炮响"开始，平等、自由、契约、公正等现代法治意识和法治精神就渐入人心。在政府主导的普法宣传教育和市民内在需求双重作用下，深圳市民的法权意识和法律素质不断提高，法治精神、法治信仰逐步确立，社会主义先进法治文化的社会基础正在不断夯实。

---

① 《"深圳政府在线"绩效评估全国第一》，深圳政府在线，2017年4月1日，http://www.sz.gov.cn/cn/xxgk/zfxxgj/tpxw/201704/t20170401_6111990.htm；《清华大学国家治理研究院发布2017年中国政府网站绩效评估结果》，2017年12月24日，http://www.sppm.tsinghua.edu.cn/xwzx/gzdt/26efe48960740c88016088fbf8ad0009.html。2018年11月2日最后一次访问。

② 亚里士多德：《政治学》，吴寿彭译，商务印书馆1965年版，第199页。

1. 构建全方位立体化普法大格局

（1）普法主体

国家职权主义普法，是中国特色社会主义法治宣传教育的特色，但受人、财、物掣肘，容易流于形式，影响效果。深圳市坚持党和政府主导，坚持"谁执法谁普法"，同时多举措并举，充分调动社会力量（律师、教师、民间志愿者）参与普法，形成了深圳特色的大普法格局。

（2）普法内容

从"一五"普法到"六五"普法，再到新时代"七五"普法，普法目标和内容历经从法律启蒙到法律素质再到法治理念和法治精神的逐步提升。深圳的普法，注重需求导向，善于从受众身边的法律事务切入，答疑解惑，比如律师进社区，就是通过解决居民具体的法律问题来普法的，效果自然比"我来给你讲法律"好得多。

（3）普法对象

深圳普法，秉持普法者必须先被普法的先进理念，这带来两个结果，一是领导干部学法，有利于用法治思维和法治方式处理问题，同时起到率先垂范上行下效的作用，二是保证普法者的专业性，而不至于出现"法盲"教"法盲"现象的发生。同时，普法惠及所有市民，针对不同对象，设定不同目标和要求，做到"因材施教"。比如对在校大学生进行普法教育，既区别于专业法律教育，也有别于"送法下乡"，将民法、刑法、劳动合同法等类型化为若干规则模块，结合生活、工作中的实际来讲解，引导学生理解法律背后的价值，领会社会主义法治相较于西方法治的人民性、先进性以及深圳在先进法治文化建设中的特色和贡献，以达到知法、崇法、信法、用法、护法之目的，由此建构起具有知识基础、稳定而持久的大学生先进法治意识和法治精神。

（4）普法途径

创新普法方式是深圳普法的特色。一是新媒体"互联网+"普法，二是充分利用公益广告普法，三是运用典型案例普法，四是开展法治文化活动普法，五是通过立法、司法、行政法治实践引领普法。比如，全民参与的开门立法、网上直播的法庭审判就是最好的法治教育。

2. 公民法律素质不断提升，彰显城市法治文化的先进性

深圳的普法，对普通公民而言，更像是免费的法律服务，加上"陌生人"社会交往理性对规则的需求和注重交易规则的外商环境双重影响，深圳人的规则意识不断增强，法律素质不断提高，法治逐渐成为人们的生活方式，成为这座城市的文化特质。

（1）法律认知

法律认知包括对现行法律法规具体规定和法律背后蕴含的法理和价值的了解及了解程度。深圳特殊的人口结构导致不同群体的法律认知呈现很大差异性，高学历群体（如公职人员、大学师生）法律认知水平普遍较高，外来务工人员中受教育程度较低者，则有待加强。深圳的普法或学校法治教育，历来反对形式主义，而注重真抓实干，"把法律交给人民"，因此，总体来说，公民法律知识、法律认知水平比较高，这可从"深圳市政府信息网"、"法治深圳网"等法律服务平台中法律咨询、法律互动频率和互动内容得到说明。

（2）法治观念

法律必须被信仰，否则形同虚设。第一，深圳人具有很强的权利意识、规则意识和理性的维权意识。第二，深圳人相信、认同法律以及选择法律作为纠纷解决方式，要远胜于对人情、关系和权力的迷信。第三，得益于立法、司法和行政的公开透明、亲民、为民以及卓有成效的普法教育，深圳人对司法机关和政府部门维护正义、保障人权的职能高度认同。

（3）法律行为

公民法律素质只有通过其具体行为表现出来才有意义，行为是判别法律素质高低的最终标准。深圳人公共场合的守法行为（也是道德行为）最令人感动，比如公交站台有序的排队队伍，斑马线上礼让行人的机动车，酒店餐馆里那些不吸烟的烟民，等等。遇涉法问题，理性和文明成为风尚，人们诉诸法律定分止争，依靠规则化解矛盾。

总之，法治精神已经融入深圳人的血液，知法、尊法、守法、用法、护法渐成一种生活方式和文化样态。

第六节　深圳精神的形成

在中国几十座大城市中，如果要选一座城市来说明中国改革开放的成就，非深圳莫属；如果要选一座城市来证明中国特色社会主义旺盛的生命力，非深圳莫属；如果要选择一座最有朝气、最具包容精神、最有创新能力的城市，非深圳莫属；如果要选择一座非典型非传统城市，同样非深圳莫属。

短短四十年中，深圳从无到有，从弱到强，从边陲渔村到成为一座"城"、一个两千多万人口的"家园"，从一个想象的虚拟共同体到成为一个真实的命运共同体。它既是人类物质创造史上的奇迹，又是精神文化史上偶然中的必然。经过几十年的精心构建和自然沉淀，城市精神渐具形态，"深圳精神"已然成为这座城市的文化符号，深圳人的思维习惯、内在驱动力、心灵归属、身份认同和精神信仰均在"深圳精神"中得到了最好的注解，深圳这座中国特色社会主义的样板之城，未来的前景也将在"深圳精神"的昭示下展现出它独特的魅力。与此同时，"深圳精神"也会在深圳的不断发展中融入新的内涵。

一、作为想象共同体的深圳

据考古研究发现：城市的诞生经历了较为漫长的人类文明的孕育，人类从游牧到氏族部落聚居，从修筑护民之城到构建"市井"，[①] 抑或构建"市井"再到修筑护民之城，进而"城"、"市"合二而一，并作为人类生活的重要组织，在文明兴衰和政权更迭中兴衰起落。纵观中国城市的发展史，基本无外乎这样的发展路径。"共同体"始终是城市形成过程中的表征。所谓"共同体"，"并不仅仅是对人们在共同利益的追求中结合而成的

---

① 隋唐儒家学者颜师古认为："古未有市，若朝聚井汲，便将货物于井边货卖，曰市井"，转引自毛曦：《史前城址与文明起源关系略论》，《云南社会科学》2003年第2期，第83页。

协作组织的指称,更是对人类社会基本生存方式的标榜"。[1]在城市的不同形成阶段,共同体可以表现为以血缘为纽带的原始氏族共同体,以居所安全为根本的城垣共同体,以互利共存为基本的经济共同体,以共同价值认同和生活方式为基础的社会共同体,以便于统治和治理而设置的政治共同体。在按照传统路径诞生的城市里,人们很容易窥见共同体的印迹,这些印迹构成这些城市共同的价值,相对于有形的城市建筑与配套设施,我们将它称之为城市的无形文化。它们和有形的城市实体一起构成真正的"共同体"。

与传统方式诞生的城市相比,深圳无疑是个例外,它是在渔村、墟市基础上人为设计的城市。自然的、传统的社会联结纽带,比如通过血缘关系和历史沉淀建立起的"我城"家园感和身份意识均相当薄弱。1980年深圳经济特区成立时,深圳作为城市只是一个想象的共同体——未来的改革开放窗口、社会主义中国的现代化工业化城市。但实际上它出生时,既无足够大的城也无足够繁荣的市,甚至连足够的人口都没有,一切有待思想解放者凭借改革的意志与勇气形塑。

从建设开放试点的思想萌芽到深圳初步建成,大约用了7年时间,即1979年到1986年,[2]邓小平、李先念、习仲勋、谷牧、吴南生、袁庚等为深圳的诞生贡献了勇气与智慧,特别是邓小平同志,1977年他复出后在广东调研,当听说宝安香港边境集体逃港问题严重时,他就指出是政策出了问题,不是军队能管得住的。当年已经看出他改革的意志。1979年4月中央经济工作会议上,习仲勋同志代表广东省委向党中央建议批准广东利用临近港澳的优势,实行特殊政策和灵活措施创办出口加工区,对改革开放进行尝试,邓小平高度赞同,他说:"还是叫特区好,陕甘宁开始就叫特区嘛!中央没有钱,可以给些政策,你们自己去搞,杀出一条血路。"[3]当时的深圳,只有一个通过改革开放把经济搞上去,给全国树立改革样板的观念

---

[1] 康渝生、陈奕诺:《"人类命运共同体":马克思"真正的共同体"思想在当代中国的实践》,《学术交流》2016年11期,第11页。

[2] 王硕:《深圳经济特区的建立(1979–1986)》,《中国经济史研究》2006年第3期,第36页。

[3] 胡春华:《沿着小平同志开辟的中国特色社会主义道路前进》,《求是》2014年第16期,第3页。

目标，其他一切都在摸索之中。

从 1979 年到 1986 年，蛇口、罗湖、福田等地成了大工地，城市基建全面铺开，中央财政拨款不够，就请中央给政策，突破传统，边贷款边开发边投资。特区灵活的发展思路和创新的思维，吸引了全国各地的建设者不远万里南下创业。但是热火朝天的基建与特区管理框架的组建，被极大激发的劳动积极性和丰厚的盈收，并不能掩盖人们对特区试验是否可行、是否成功的疑虑。国门打开后，走私贩私、行贿受贿、市场失衡等问题一出现，特区生产方式究竟是姓"资"还是姓"社"的争议就会冒出来。另外，特区开发占用大量资金与外汇，特区是带动全国改革开放还是拖累全国经济，诸如此类的争议，都在动摇着人们对深圳改革开放尝试的担忧。在这种情绪下，不是所有来深建设者都坚定地把深圳作为城市家园来看待的，2016 年 5 月至 6 月，笔者随机采访过一些早期参与特区建设的人，如今多七八十岁，他们中不少是响应国家号召，受单位派遣，来深搞建设和开发的，问及他们最初是否想到要留在深圳时，不少人没有肯定的想法。

从人口来看，1979 年之前宝安县下辖的深圳镇大约 3 万人，全宝安县也只有不到 32 万人，非户籍人口仅为 0.15 万；1989 年非户籍人口首次超过户籍人口，总计达到 141.6 万，[①] 与 2017 年，深圳实际管理人口 2000 万的数字无法同日而语。深圳最初的主要外来常住人口是服从国家建设特区的一批建设者，基建工程兵是他们中的重要组成部分，当时有 2 万人左右。他们服从国家分配，来深开展基建，而且在深圳他们完成了壮士割腕式的改变，转业并组建地方集体性质的工程公司，为深圳建城做出了巨大的贡献。不少基建工程兵或在深圳结婚生子或把家眷带来共同扎根生活。但是深圳毕竟是一座新城，文化休闲场所和设施缺乏，文教力量薄弱，一度被戏称为"文化沙漠"。要让这些人真正把这里当成有内在吸引力的家，非常考验特区的设计者和管理者。与拥有户籍的深圳人相比，在 8 万港资企业、数千外资企业里打拼的打工仔们，囿于经济原因、户籍政策、传统观念等多方面因素，多数将深圳看成是一个淘金之地、打拼之所。

---

① 深圳市统计局：《2008 年深圳统计年鉴》，中国统计出版社 2008 年版，第 58 页。

总之，20世纪80年代初的深圳是中国最能呼吸到改革开放空气，最能感受到市场经济奇妙之处，又最有冒险气质的地方。机会通常与风险并存，早期深圳人员混杂、管理体制不够健全，治安欠佳，文体娱乐设施不足，每到过年，深圳像潮水退却一样成为空城。一句话，它还是一座没有心的城市。德国社会学家滕尼斯（Tönnies）把共同体分为血缘共同体、地缘共同体和精神共同体三个由低到高的阶段。[①]深圳能够跨越第一阶段构建更高阶段的共同体吗？按照美国社会学家麦基佛（McKeever）的理论，完全可以。他认为共同地域、共同生活是共同体产生的必要条件，人们在共同生活的过程中，必然会形成表现为风俗、传统、语言等形式的共有文化，并因此而成为相对独立性的共同体，这种共有的文化是"有效的共同生活的标志，也是这种共同生活的结果"[②]。深圳的探索和实践证明，深圳真实的共同体是可以随着城市发展而逐步被构建出来，而城市精神的构建在其中最为关键。

二、人为而又自为的深圳精神的形成与发展

1. 作为城市灵魂的城市精神

法国地理学家潘什梅尔（Pinchemel）曾经说过："城市既是一个景观、一片经济空间、一种人口密度；也是一个生活中心和劳动中心；更具体点说，也可能是一种气氛、一种特征或者一个灵魂。"[③]完整的城市既是有形之城也是有神（精神）之城，既是物态家园也是心理认同之所。城市精神对城市共同体的构建与发展具有内在意义，因为城市精神是"一个城市通过其市民行为方式（包括生活方式、生产方式、交往方式）、规章制度、文化艺术、伦理道德、城市景观等方面体现出来的共同价值观念、心理导向，是根植于城市的历史、体现于城市的现实、引领着城市的未来、区别

---

① [德]斐迪南·滕尼斯：《共同体与社会》，林荣远译，商务印书馆1999年版，第65—87页。

② 麦基佛：《共同体》，转引自蔡骥：《现代城市共同体范式》，《江苏行政学院学报》2008年第5期。

③ [法]菲利普·潘什梅尔：《法国》，漆竹生译，上海译文出版社1980年版，第18页。

于其他城市的灵魂"。①城市精神是市民群体的精神支柱与价值体现。关注城市精神本身是城市发展观念的提升,由于深圳本身就是观念之城,一座全新的城市,因此把深圳建设成为怎样的城市,一直是深圳建设者们思考的问题。尽管包含中国香港、新加坡等在内的现代化的发达城市都是深圳的重要学习对象,但是深圳肯定无法照搬它们的方式,深圳作为一个社会主义国家的经济特区,它应有自己独特的精神气质。与传统型城市相比,深圳的历史、经济发展模式和人群构成以及管理方式都有不同,因此,深圳这座城市的精神注定与其他城市不同。

全国人民包括特区建设者们,客观上也不希望深圳成为内地大城市的翻版。事实上,特区建设几十年来,是非常警惕自己在发展过程中丧失特殊性的。构建并发展与众不同的深圳精神,团结并激励一代代深圳人,一直是深圳人的重要追求。

2. 深圳精神的形成过程

深圳是开放、发展之城,深圳精神"固然是深圳特色文化元素的自然流汇,但更是深圳人的能动植入和着力追求"。②深圳发展的产物,不是一个固定理念,它既有独特基因和历史底蕴,又与时俱进,不断发展。深圳精神的形成大约走过了如下几个发展阶段。

(1) 拓荒牛精神——城市精神的萌芽期(1986 年以前)

20 世纪 80 年代初,特区从无到有,物质文明方面取得了举世瞩目的成就,与设立特区前的 1978 年相比,1983 年工业总产值和财政收入均增长十倍以上,速度之快,让全国人民乃至世界惊叹社会主义中国在发展生产力方面的巨大成就。与物质领域欣欣向荣的状态相比,城市精神文明发展呈现多元格局。最突出的方面是深圳精神开始萌发,拓荒牛(孺子牛)成为深圳的城市标志。

1979 年打开国门移山拓荒招商引资办特区,不少参与者是憋着一股干劲,带着振兴中华的使命参与深圳建设的。"老牛明知夕阳短,不用扬鞭自奋蹄"这句诗用在袁庚等老一辈革命家身上非常恰当,他们只争朝夕,把

---

① 孙照红:《城市精神热现象的透视和反思》,《北京社会科学》2013 年第 3 期,第 49 页。
② 王京生著:《城市文化"十大愿景"》,中国人民大学出版社 2015 年版,第 237 页。

勇于改革、大胆创新,不畏艰难、勤勉努力的"拓荒牛精神"带到深圳,使这个新城充满了活力与干劲。开拓的精神也感染着基建工程兵、年轻的大学生、打工仔打工妹们。

与此同时,伴随改革开放,中国港台与西方文化一拥而入,重商业重效益的市场经济文化和港台娱乐方式都深刻地影响着深圳人,游乐场、桌球室、酒吧、歌舞厅、录像厅等纷纷出现,以深圳、广州为代表的广东,俨然成为中国港台以及外来文化的集散中心。"有的人认为对外开放政策使特区受到了严重的精神污染,有的甚至认为深圳已经'香港化'了"。[①] 深圳市委、市政府高度重视这些批评,也十分明白中央对特区的定位,这个特区是社会主义特区,而不是资本主义特区,物质文明和精神文明两手都要抓。市政府在繁忙的工作中渐渐认识到,虽然改革开放需要百花齐放,但必须构建并引领深圳的主流文化,否则深圳就会在外来文化的冲击下,丧失核心凝聚力,从而失却一个社会主义现代开放城市应有的精神气质。从雕塑家潘鹤的回忆[②]中可以窥见,早在1980年,深圳市领导就想在市委建一个雕塑反映特区精神,以鼓舞广大干部群众。但是用什么样的形象最能代表特区?"大鹏鸟"、"狮子"、"莲花",各种方案都出现过,但一直无法确定。这从另外一个侧面反映了特区在城市精神确认上的模糊性。直到1984年,"拓荒牛"雕像被塑造出来,得到市领导的肯定。雕塑落成后,拓荒牛那种吃苦耐劳,开疆拓土、坚忍不拔的意志与毅力,引发深圳广大干群的极大认同,很多人在这个雕塑身上不仅发现了深圳的特色,而且找寻到了自身在这个城市的巨大价值。当年,全国政协主席邓颖超来深圳视察,她观赏完雕像说:"'孺子牛'精神代表着中华民族的精神,希望全国的党员干部都能向深圳的干部学习,学习深圳改革开拓的精神,做全国人民的'孺子牛'。""拓荒牛"精神渐渐在深圳的多元文化中确立了自己的引领地位。

(2)深圳精神的提出与发展历程

①六字"特区精神"提出与落实(1987—1990) 据查证,"深圳精

[①] 林洪:《对外开放和特区精神文明建设》,《广东社会科学》1984年第2期,第66页。
[②] 吴春燕:《改革开放的象征——雕塑家潘鹤谈雕塑〈孺子牛〉创作背后的故事》,《光明日报》,2014年9月10日第5版。

神"最早被正式提出是在 1987 年,当时用的词是"特区精神"。1987 年召开深圳特区第一次思想政治工作会议,会议将特区精神归纳为"开拓、创新、献身"。这六个字言简意赅地反映了当时深圳特区的精神面貌,高屋建瓴地从全局把握了深圳的主流价值和城市特色,起到了凝聚人心、鼓舞斗志的作用。"开拓创新"是深圳人的写照,最初,深圳只是一个渔村,特区,只是一个观念,如何克服岭南艰苦的自然条件建设城市,怎么建、如何建特区,会不会犯政治错误,会有什么影响,一切皆凭中央改革的意志和特区干群敢闯敢试敢为天下先的精神。"献身"体现了特区早期建设者的优良革命品质和精神面貌,他们克服中国人固有的乡土观念和保守势力的挑战和阻挠,不远万里来到深圳开拓新城,需要克服水土不服、交通不便、居无定所的艰苦条件,像拓荒牛那样,默默耕耘无私奉献。六字"特区精神"的提出"是深圳早期创业者们的一个创造,是党的思想政治工作和精神文明建设的一个重大成果,是深圳的一个创新,它不仅在深圳发挥了重要作用,也对全国产生了良好的影响"。[①]

虽然中国传统古城在历史发展中有自己的特色,但是明确概括提出自身城市特色,并用城市精神来指称的,深圳应该算是比较早的。这体现了深圳人的集体意识和文化自觉。因此可以说"特区精神"是深圳的主要改革者人为创设的,但是同时这种创设又有很强的深圳群众自为的痕迹,因为特区精神的内核这六个字就是参与深圳建设的早期劳动者、这座城市人的精神写照。深圳往"真实的共同体"迈进了坚实的一步。

②八字"特区精神"的概括与落实(1990—2000) 这一阶段是"深圳精神"的发展阶段。1990 年,深圳市第一次党代会对特区精神作了新的修订补充,在六字基础上增加了"团结",同时将"献身"改成了"奉献",由此特区精神变成"开拓、创新、团结、奉献"八个大字。之所以要做修改,主要是为了顺应深圳的实际情况和发展需要。特区经过十年发展,"深圳速度"举世叹服,深圳对全国的吸引力加强,1987 年深圳年末常住人口首次达百万,到 1990 年已经达到 167 万,1991 年达到 226 万,[②] 这些人来

---

① 刘文韶:《深圳精神的由来与发展》,《特区理论与实践》2002 年第 6 期,第 46 页。
② 《2008 年深圳统计年鉴》,2008 年,第 58 页。

自五湖四海,团结得好,是深圳的新生力量,团结不好,可能阻碍特区发展,甚至成为特区的不稳定因素。客观上,当时也有一些不团结、不稳定因素出现,因此市委、市政府觉得应想方设法团结一切人民群众,激发他们各自的能量,这才是深圳的魅力。"献身"改为"奉献"也是结合特区的实际情况,"献身"是革命年代奉献精神的集中表现,强调为了正义的事业或国家的发展毫无保留的奉献,这在战争时期是非常必要的。特区建设之初,因为世界上无任何参照经验,还要面临内外诸多不确定的挑战,其险恶程度不亚于战时状况,因此用"献身"是符合特区建设初期的精神气质的,到了20世纪80年代后期,特区建设取得了初步成功,国家对特区建设有了信心并给予了政策支持,特区建设需要团结更多的人投入到和平建设之中,不可能要求所有人"献身",这也不真实,因为当时不排除有些人是抱着淘金的目标来深圳的,市场经济并不排斥这些人的参与。另外,市场经济提倡按劳分配,再强调无条件的全部奉献,也不利于提高积极性,因此主张用"奉献",既尊重人性,又提出了积极的价值要求和标准。团结奉献是社会主义思想道德的重要内容,把它们写入特区精神,也是特区社会主义性质的象征,"这对于坚持特区建设的正确方向,树立社会主义特区形象,具有积极意义。"①

③"深圳精神"的提出与运用(2001—2009) 深圳经过前一阶段飞速的发展,无论是城市地域、人口规模,还是文化教育都已与特区刚建立时千差万别,到2000年,深圳已经是一个常住人口700万、实际管辖人口上千万的城市,各项经济指标都居于全国大城市前列。它已经不是一个脆弱的婴儿,而是一个肌肉渐丰自信阳光的少年。当历史跨入新世纪,中国加入WTO,深圳面临几大国际国内新形势:一是中国加入WTO,改革开放"排头兵"的使命会要求它迎接更多更广的国际挑战,并为全国其他地区提供经验;二是内地正在深化体制改革工作,无疑会给深圳带来影响;三是深圳、珠海等特区针对企业的优惠政策开始普世化,江浙沪等抓住改革开放机遇,取得重大成效的地区越来越多,深圳特区的吸引力和独特性

---

① 刘文韶:《深圳精神的由来与发展》,《特区理论与实践》2002年第6期,第47页。

面临挑战。深圳如何凸显自己的城市魅力?四是一些消极现象,比如小富即安、小进则满、不思进取、急功近利、心浮气躁,甚至腐化堕落在深圳出现,引发群众不满。

2001年3月,深圳政协委员文焕提出的"重新提炼深圳精神",被深圳市政协三届二次会议列为"一号提案"。在提案中,文焕建议,面对新的发展时期,应将"特区精神"改称为"深圳精神",另外,通过发动全市范围的大讨论,对深圳的精神内核进行新的提升和概括。[①] 深圳市委、市政府高度重视,2002年3—8月,深圳市委宣传部、市文明办联合深圳主要新闻媒体开展了"深圳精神如何与时俱进"大讨论。与以往政府在特区精神形成与概括中发挥绝对主导作用不同,特区精神的新概括,即深圳精神的凝练,注意更多引入各阶层群众对城市精神的理解,当时深圳的客观情况已经能够满足政府与民众的良性互动。

经过二十年的发展,深圳人的家园、共同体意识已初步形成,虽然还在不断完善中,但是市民对城市公共活动、公益活动的参与度在加强,这得益于一个经济日益发达的城市的市民意识的觉醒。需要特别指出的是,从深圳立市开始,政府就特别注意城市文化与文明实力的构建。为此,不惜重金,在健全服务型政府,加强文化投入、教育投入、宣传投入方面大做文章。经过二十年的播种培育,这些有预见性的努力逐渐产生成效,深圳市民的"我城"意识显现出来,深圳涌现出一大批爱护深圳、关心深圳发展、精心建设美好家园的机关干部、人大代表、政协委员、学校师生、专家学者、企业家、离退休老同志、外来打工者,他们都可以成为"深圳精神与时俱进"的依托力量。深圳市委联合媒体提请社会各界,积极参与讨论,广泛建言,当时市团委书记袁宝成只提出了一个总体性的要求,他说"深圳精神"应该包含"时代性,有一种适合乃至超越时代发展的精神;地域性,要有深圳独一无二的地域特色;包容性,它要能反映不同层面、阶层共同的思想;前瞻性,要适合一个年轻城市高速发展的进程,要在未来的十几二十年还能够以之为指导;凝聚力,深圳精神要作为深圳文化的

[①] 秦志勇:《委员呼吁重新提炼"深圳精神"》,《人民政协报》2001年3月30日,第1版。

核心将来自五湖四海的深圳建设者们凝聚在一起"。① 大讨论持续数月，引起了全市的深度反思与共鸣，深圳人的共同体意识进一步加强。市民建议数以千件，可以概括、合并的内容多达40项。为了更好地凝聚全市人民的智慧、达成共识，市委宣传部、文明办将40项内容概括成40个词条，在主要媒体上公布。

2002年底，《深圳，你被谁抛弃？》的万言长帖突现网络，极大地引发了深圳人的忧患意识，提炼深圳精神凝聚共识再创辉煌，刻不容缓。2003年1月，深圳市委常委会议、市精神文明建设委员会议经过慎重考虑，合法表决，最终通过了"开拓创新、诚信守法、务实高效、团结奉献"的新深圳精神。

与八字特区精神相比，2003年深圳精神增加了诚信守法、务实高效两点。市场经济是契约经济，依靠诚信，更依靠法律的保障。这既是被深圳前二十年的发展极大证明了的真理，同时也是深圳在21世纪要加大力度发扬光大的真理。因为，加入WTO之后，深圳的目标是现代化国际大都市，诚信守法是参与国际事务和国际竞争的重要法宝，为此深圳必须进一步建立与社会全面进步相适应、与WTO规则相衔接的法规体系，建立与社会主义市场经济相适应、与社会主义法律规范相协调、与中华民族传统美德相承接的社会主义思想道德体系。务实高效是深圳速度、深圳奇迹背后的关键品质，丢弃实事求是、努力拼搏的革命精神，高谈阔论，浮躁懈怠，只会被世界市场抛弃，被历史抛弃。

重新提炼的深圳精神，具有很强的针对性和广泛的群众基础，满足了广大群众对深圳精神文明建设新的期盼和对先进文化的渴望，反映了人民群众的共同呼声，是人民的选择与精神自觉，也对深圳城市的发展提出了新的要求。

④深圳十大观念对深圳精神的彰显与深化（2010年至今） 十六字深圳精神提出之后，深圳解除了焦躁，发挥自身优势，再次出发，到2010年，这个只有三十年历史的城市综合经济实力已经居全国大中城市前列，

---

① 《"深圳精神如何与时俱进"大讨论》，《深圳商报》2012年3月13日。

创造了世界工业化、现代化、城市化发展史上的奇迹。前文我们提及,深圳最初是个虚拟的共同体,是一个观念触发下的肩负特殊使命的城市,它的一切有待构建,尤其是城市的灵魂——城市精神有待完善。十六字"深圳精神"是否真的在这个城市已经得到真实的回响与落实,深圳精神还有哪些新的内涵有待挖掘?在深圳特区成立30周年的2010年,深圳举办了深圳最有影响力十大观念评选活动,引起了全社会的广泛关注。经过两个月的严格筛选和专家评估,最终产生了"深圳十大观念",分别是:时间就是金钱、效率就是生命;空谈误国,实干兴邦;敢为天下先;改革创新是深圳的根、深圳的魂;鼓励创新、宽容失败;让城市因热爱读书而受人尊重;实现市民文化权利;送人玫瑰,手有余香;深圳,与世界没有距离;来了,就是深圳人。[1]

"观念"在《现代汉语词典》中的解释为"思想意识"、"客观事物在人脑里留下的概括的形象",[2] 由此可见"观念"属于形而上的哲学范畴,又与主客体的互动紧密相关。"观念"是主体在实践体验基础上形成的、对客观事物由具象到表象再到抽象概括的认识集合体,作为一种"思想意识",它具有主观性、实践性、相对稳定性、历史性和发展性的特点。"深圳十大观念"就是在深圳生活工作的人对深圳这座从无到有的年轻城市的直观印象和精神气质的集中体现。它既是深圳发展史在人们头脑中的镜像,又是人们对深圳的主观感受的集体共鸣。因此"深圳观念表达的是深圳人对深圳的认知、理解和期待,反映了特区的品格特征,塑造了深圳的形象和深圳人格的特征,强化了深圳的城市自觉意识和文化认同感,具有特定的历史时代的烙印,是深圳的精神图腾和价值符号。"[3]

"深圳十大观念"虽然是在深圳报业集团推动下依照网络参与、民主票选等方式产生的,但是其正式出台,却附带了政府色彩,原深圳市委宣传部长、现国务院参事王京生在"十大观念"的正式诞生中起到了积极推动

---

[1] 王京生主编:《深圳十大观念》,深圳报业集团出版社2011年版,第6—7页。
[2] 中国社会科学院语言研究所词典编辑室编:《现代汉语词典》第6版,商务印书馆,2012年版,第478页。
[3] 王京生主编:《深圳十大观念》,深圳报业集团出版社2011年版,第4—5页。

作用。集中民间认同、市民智慧的"十大观念"借助官方力量，辐射力度与影响大为增强。而转身成为官方意识的"深圳十大观念"，又从外部强化着深圳人的精神认知和身份认同，这座移民城市在文化和观念层面展示出独特的软实力。

如果说在深圳初建的二十世纪八九十年代，我们对深圳这座城市是否是真正的共同体有疑虑的话，那么深圳在21世纪最初十几年的表现，已经向我们表明，深圳人的精神共同体已经形成。

三、深圳精神的内涵

"开拓创新、诚信守法、务实高效、团结奉献"的深圳精神是深圳近四十年的发展在精神文化层面的集中体现，纵观其形成过程，不难发现，这十六个字，是深圳市政府对丰富的深圳特色文化价值观的高度凝练，但是它绝非是政府意志强加于深圳人的思想观念，提议并参与深圳改革开放建设的所有人，都是深圳精神的缔造者，这可以从深圳精神的丰富内涵中逐一得到说明。

1. 敢闯敢试

如果说人有某种隐含于基因中的"天性"的话，那么，敢闯敢试的创新精神就是隐含于深圳基因的城市天性。"改革创新是深圳的根、深圳的魂"，深圳本身就是创新的产物，它是一座承载中国人改革开放梦想的城市，虽然建设目标是明确的，但是没有一条现成的道路可循，所有的有形的路和无形的路都要有改革梦想的人去探索、尝试与建造。深圳95%的人是移民，当他们下定决心来深生活时，其实就已选择与既定的、安稳的、可预知的生活轨迹和不符合自己自由意志的生活方式说再见，来深感受未知、创造未知，并实现自我价值。"'闯'是艰辛的，但也是自由的，正是广大移民的'闯'，才展示了他们的品质和个性，才展示了这座城市的意志和诉求。"[①]

敢闯敢干才能冲破思想的禁锢，创造出众多新观点、新思路、新方法，

---

① 王京生主编：《深圳十大观念》，深圳报业集团出版社2011年版，第7页。

创造出新奇迹。没有袁庚的敢想精神,就没有蛇口的第一声炮响,就不可能有"时间就是金钱、效率就是生命,事事有人管,人人有事管"的惊天口号,更不可能有多劳多得的劳动分配制度的改革,国贸四天一层楼的建设奇迹,后来的"深圳速度"自然就无法传遍大江南北。深圳的社会主义市场经济就是在敢闯过程中创新而来,第一次土地拍卖、第一支股票,第一家企业集团创办的银行、第一家股份制公司、第一次提最低工资标准、第一次提"文化立市"……当代中国的分配、管理、人事、用工、金融、住房福利等很多制度改革都是在深圳的创新试验下,才得以全国推广的。

经过几十年的发展,深圳在土地、能源、水资源、人口等方面的难题日渐出现,如何突破,深圳用实践表明,还是要依赖创新,从追求深圳速度到追求深圳质量,从劳动力密集型外向型经济转向高科技创新型经济,城市的定位由改革开放的窗口,转变为"全国经济中心城市、国家创新型城市,建设中国特色社会主义示范市、国际化城市、国家自主创新示范区、具有世界影响力的国际创新中心"。这一系列的转变都离不开创新的品质。

深圳不仅在实践中敢于闯、敢于创,更注重在精神层面上宣传和确认实践"创新"的价值和意义。1992年小平南巡肯定深圳的敢闯精神和创新意识之后,深圳的主要媒体乘势跟进,深圳特区报和商报连发《要敢闯》、《多干实事》、《共产党能消灭腐败》等多篇评论,在舆论上肯定特区"敢为天下先"的精神,这体现了特区人对自我精神的高度自信与认同。之后,无论是"深圳精神如何与时俱进"的大讨论,还是深圳"十大观念"的评选,深圳一直都把人民对城市的价值认同放在重要位置,这些本身是深圳在城市精神构建中的创新,对我国现代都市价值观的构建具有重要意义。

2. 包容团结

易中天在《读城记》[①]中谈到深圳时,说深圳是一座没有方言的城市,一句话道出了深圳文化的一个重要特色。深圳是一座移民城市,与北京、上海等移民城市不同的地方在于,深圳的移民率非常高,深圳本地人是绝对的少数;另外,深圳的移民速度非常快,其他城市的移民史多在百年以

---

① 易中天:《读城记》,上海文艺出版社2000年1月第3版,384页。

上，深圳的移民人数在三四十年内从几百人高速增长到千万人。这样的移民速度一方面造成深圳本土语言与文化绝无可能成为主流，另外一方面，由于深圳移民来自全国各地，移民的多样化造成某个地方文化也不可能跃升为深圳主流文化。

"英雄不问出处"、"来了，就是深圳人"、"和而不同"自然成为移民在深圳共处的重要选择。包容意味着容纳、宽容和兼爱。不同的来深建设者有着不同的原生文化、不同的经济基础、不同的眼界与思维、不同的"深圳梦"，宽容而非对抗，"美人之美，美美与共"是寻求最佳合力的手段。在蛇口招商局刚创办时，反对声音很多，袁庚引用伏尔泰的名言"我不同意你，但我捍卫你说话的权利"应对反对之声，这个小片段成为深圳包容文化史上的美谈。

包容的背后其实是平等的精神。深圳是一座没有历史负累的城市，与其他城市中人群不可避免地受地域地缘、家族传统、文化习俗、科层外化等因素束缚相比，深圳一切都是新的，移民群体分散化很好地解构了地方共同体，让一切归零，大家在一个新的舞台上，发挥彼此优势、尊重各自差异，在改革开放的总指挥下，尽情演奏，最终形成一曲和谐的交响乐。与全国其他地区相比，深圳是个人自由与共同规则处理得最得当的城市。在深圳，人人可以选择自己的生活方式，只要合法即可，不用担负过多世俗压力，个体的平等精神在这个城市得到了充分的尊重。另一方面，深圳也是中国公共道德最为典范的城市之一，原因主要在于深圳是大家共同新建的城市，深圳的"我城"意识里自带公共精神。1995年深圳制定颁布《深圳市民行为道德规范》，2012年底，深圳市通过《深圳经济特区文明行为促进条例》，这些规范和条例就是深圳人共享共管深圳的重要成果，它们客观上也推动深圳文明之城的建设。

包容的背后是海纳百川的气度，"深圳与世界没有距离"，深圳是一座开放之城，无论什么人、无论是中国还是世界其他地区的哪种文化，都有可能在深圳找到展示才华或魅力的空间与地盘。与全国其他大城市相比，深圳在户籍、就业、安居、创业门槛等方面要低很多，开放性、包容性与文化的流动性是一座城市活力与创造力的重要源泉。深圳海纳百川的气度成就了深圳过去，若能持续保有这种品质，也将成就深圳的未来。

3. 高效务实

深圳是一座讲求效率厌恶拖沓浮夸的城市，市民的生活节奏、行政事务的处理速度、产学研转换的过程、政策从发布到落实的进程等无不体现这一点。深圳高效务实的精神主要由几方面的因素造就。政治上，深圳从诞生就承担了很多政治使命，比如：国家改革开放的窗口和试验田、科技创新的排头兵等，所有这些期许，都让深圳人有了更多的使命感和责任感，深圳需要在有限的时间兑现这些期待，缺乏效率和实干绝对行不通。从社会主义市场经济的本质来说，市场经济以供求关系为纽带，通过市场自由竞争，实现市场的自主调节。效率是市场经济的基础，深圳率先在全国试行市场经济，效率和实干也最先在深圳产生出极大的魅力。从人口统计来看，来深的绝大多数都是敢闯的年轻人，而且多三四线城市的县城或农村年轻人，经济基础相对薄弱，空谈根本不符合他们的需要，务实高效、踏实做事成为深圳人的本质要求。"无约不访，有约守时"、"空谈误国、实干兴邦"等成为深圳人的重要观念，实质是深圳人的务实求效意识使然。

4. 诚信守法

传统城市因历史底蕴丰厚，生活在期间的人很容易形成亚文化圈子，这些圈子和人情关系在中国人的生产生活中发挥了隐性作用。深圳作为一座年轻的城市，这类联系比较薄弱。生活在深圳的人主要跟陌生人打交道，传统熟人社会的信赖联系相对薄弱，那么依赖什么呢？主要靠公共契约精神，即：诚信和法律规范。诚信是中华民族的传统美德，也是市场经济顺利运转的法宝。

法律相对道德，则是更严格的规范与要求。深圳的诞生就得益于法治。1980年《广东省经济特区条例》是人大常委会会议上通过的法律文件。深圳在短短几十年取得不俗表现，很大程度上依赖于法治的保障。200多个地方性法规就是证明。依法治国是中国基本方略，深圳已经走在前列，未来定当发挥更积极的作用。

5. 仁爱奉献

2004年深圳成为全国第一个没有农村行政建制和农村管理体制的城

市，也成为全国第一座没有农村的城市。短短二十四年，荒山水田就被高楼大厦覆盖。有人把满是高楼的城市称为"钢筋水泥的森林"，表面是指城市建筑繁密，难见绿色，暗指城市生活过于刚性，缺乏温情与友善。作为城市，深圳有刚性残酷的一面，更有温情的一面。首先深圳的建设离不开一代代建设者的奉献，他们将青春和勇气投注到这座城市，这个城市因为他们的存在而有了温度。其次，深圳一直是一个努力营造"爱"的城市。20世纪80年代末，深圳爱心人士就注意到这一现象，有些热血青年背井离乡来深闯荡，遭遇求职失败、创业失败等问题，一时间无依无靠，有些甚至流落街头，他们感觉有必要组织一支关爱队伍，为遇到困难的来深创业者提供力所能及的帮助。1990年，深圳市义工联成立，当时只有46名成员，现在已经发展至几十万人，"赠人玫瑰，手有余香"的理念迅速传遍全城，很多人自发地加入到这支队伍中，为身边的人义务奉献自己的时间、金钱和智慧。如今深圳到处都能见到义工的身影，他们热情、无私的服务与奉献方便了这座城、温暖了这座城。深圳已经成为真正的志愿者之城，义工队伍的培养、传承，管理的规范化和法制化已经非常成熟，助人自助的文化已经成为城市文化的重要组成部分。

除了民间层面的自发爱心活动，在政府层面，从2003年起，深圳每年都会开展"关爱行动"，涉及送农民工回家、关爱留守儿童、职业技能免费培训等1万多个项目，为弱势群体送去关怀。

"仁者爱人"、"毫不利己、专门利人"、"学习雷锋好榜样"是我国倡导的仁爱美德和高尚情操，深圳在传承这些美德的同时更注意联系深圳的实际情况，积极肯定和鼓励善心，但并不抹杀可能的己私，不对施惠者进行道德绑架，充分尊重施惠的自由。细究下来，德行是有层次的，最高层次是毫不利己专门利人，其次是利人利己，再次是利己而不害人。习惯上人们把无私奉献称之为美德，这无疑抬高了美德实施的标准，客观上制约了人们去践行力所能及的仁爱。深圳在这方面无疑在尊重人性和现实的基础上，进行了适度地调整，承认德行的层次性，无论是无私奉献，还是尽己所能，都充分加以肯定与鼓励，极大地调动了人们行善的积极性，慈善仁爱在这个甚少亲缘联系的城市蔚然成风。

四、深圳精神的本质及其意义

深圳精神从无到有，从存在到丰富，从政府到民间，再从民间到社会，短短三四十年，迅速成为深圳市的精神内核，支撑起年轻的城市共同体。细究深圳精神，可以发现它与深圳一样，具有年轻而不脆弱的特点，一切的原因皆在其本质之中。

1. 深圳精神是中国社会主义先进文化的一部分

十九大报告指出，"中国特色社会主义文化，源自于中华民族五千多年文明历史所孕育的中华优秀传统文化，熔铸于党领导人民在革命、建设、改革中创造的革命文化和社会主义先进文化，植根于中国特色社会主义伟大实践。"深圳精神看似形成历史很短，但是从其形成过程和内涵中不难发现，深圳精神植根于中华优秀传统文化土壤，孕育在改革开放的前沿阵地，汲取了共产党人革命文化的精髓，体现了鲜明的时代特色，是深圳人民新时期开创新事业的重要精神动力。

传统文化潜移默化的影响构成了深圳的中国底色。我国传统文化中的"和而不同"、"美人之美，美美与共"、"仁者爱人"、"远亲不如近邻"、"君子当自强不息"等思想对深圳人的包容精神、关爱精神和自强品质的形成具有直接而持续的影响。深圳是移民城市，很多地方传统文化随着来深建设者的步伐也在深圳留下了印记，比如潮汕人的勤劳务实、江浙人的细腻精明、西北人的敦厚豪爽多多少少会杂糅到深圳现代商业文明中。所有这些构成了深圳精神的中国传统底色。

深圳精神同时也是马克思主义指导中国革命和建设的当代精神财富。马克思主义中国化的早期成果、中国共产党人在革命年代积累的丰富经验和宝贵品质对深圳的硬件建设和软件建设均起到了非常重要的指导作用。深圳搞改革试点，取名叫特区是和毛泽东的农村包围城市理论、"井冈山精神"、"延安精神"有着密切联系的，共产党在中国革命时期懂得如何把马克思主义思想和中国革命的实际情况结合起来，不照搬本本，勇于展开探索，杀出血路，十一届三中全会后，中国经济百废待兴，社会主义建设需要新突破，只有发扬中国革命时期果断、英勇、无私无畏的敢闯敢干的精神，才能打造社会主义现代特区。共产党人革命时期的宝贵精神财富从深圳建设伊始，就在不断激励来深圳建设者，未来它还将发挥经久不衰的力量。

深圳精神本身是社会主义先进文化的一部分。如何建设和发展中国特色社会主义，是中国共产党人的中国使命，也是世界使命，它肩负着实现人的自由而全面发展的目标、肩负着实现中华民族伟大复兴的"中国梦"的目标、肩负着实现人类命运共同体的目标。建设中国特色社会主义，物质文明精神文化两手都要抓，深圳精神的构建本身是社会主义精神文明的重要内容，它关系到城市共同体的认同、凝聚力与活力。所有这些目标都没有既定答案，需要以共产主义理想来指引，突破常规、"摸着石头过河"，不拘一格借鉴世界成功经验，一步步实践，并让"实践成为检验真理的唯一标准"。深圳精神就是在不断地与时俱进的过程中构建起来的社会主义先进文化，因为高尚的社会主义人文情怀、强烈的科学理性、坚忍不拔的创新精神是它的重要追求。

2. 深圳精神体现了深圳的文化自觉和文化自信

十九大报告指出，"发展中国特色社会主义文化，就是以马克思主义为指导，坚守中华文化立场，立足当代中国现实，结合当今时代条件，发展面向现代化、面向世界、面向未来的，民族的科学的大众的社会主义文化。"如前所述，深圳精神是中国特色的社会主义文化的重要组成部分，政府和市民在深圳精神的构建过程中发挥了重要的作用。

伴随深圳改革开放，中国港台和国外的文化与生活方式大举传入广东，再由广东影响内地，好奇心驱使不少人对外来文化趋之若鹜，热烈拥抱西方的拜金主义、个人主义和所谓的自由开放，而对中国文化失却正确判断，甚至妄自菲薄。新建立的深圳面临严峻考验，所幸关键时刻政府具备高度的文化自觉和文化自信，认真执行物质文明精神文明两手都要抓的政策方针，在民间城市共同体意识尚未形成之前，就酝酿深圳精神。一步步摸索，立足现实，先通过"拓荒牛"雕塑具象特区精神，然后在宣传的基础上逐步抽象特区精神，面对境外文化冲击大潮，结合有文化自觉意识的市民的声音，果断推出深圳精神，凝神聚气，坚守特区文明的社会主义底色和深圳特色。

关于"文化自觉",费孝通先生1997年专门给了一个界定,他认为"'文化自觉'是指生活在一定文化中的人对其文化的'自知之明',明白它的来历,形成过程,在生活各方面所起的作用,也就是它的意义和所受其他文化的影响及发展的方向,不带有任何'文化回归'的意思,不是要'复旧',但同时也不主张'西化'或'全面他化'。自知之明是为了加强对文化发展的自主能力,取得决定适应新环境时文化选择的自主地位。"[①]比照而言,深圳精神就是这样的中国特色社会主义"文化自觉"和文化自信的成果。"文化自信就是个人和集体对于自主创造的文化的信任……文化自信的形成不是自然过程,而是主体实践活动努力的结果,不是自然进化的必然。"[②]若深圳创建者和改革者没有对中国传统文化的认同与传承使命,没有对中国革命时期共产党人艰苦朴素、勇于奉献的伟大品质的敬仰,没有对马克思主义指导思想先进性的把握,就不可能在深圳精神的构建过程中,博采众长,提炼出十六字"深圳精神";若深圳市民没有文化自觉与自信,也不可能有那么接地气的"深圳十大观念"。深圳精神既不是要重弹传统老调,也不是照搬纽约、中国香港等西式城市的文化模式,而是立足中国,用社会主义文化指引深圳的精神文明建设,构建深圳人的精神共同体。

就现代中国城市治理而言,公开正式慎重提出城市精神,并以自己城市的名称来命名的,深圳应该是第一家。据北京社科院孙照红的研究,中国以城市名称命名的城市精神不少,多表述雷同,难以体现城市特色,通常提炼、评选之后"束之高阁",后继的宣传很少,难以获得市民认同。比较而言,深圳有效地避免了这一点。由深圳精神形成和发展历程可以看出,它是深圳文化自觉和文化自信的体现,符合深圳移民城市的市民对"我城"的精神需求,更符合中央对深圳所寄予的厚望,中央希望深圳成为

---

① 费孝通:《开创学术新风气——在北京大学重点学科汇报会上的讲话》,《思想理论教育导刊》1997年第3期,第3页。
② 魏则胜:《中国特色社会主义文化何以自信》,《华南师范大学学报》2018年第1期,第41页。

改革开放的试验田,这种试验不仅是生产方式方面的,更包括中国特色社会主义精神文明方面的探索,城市文化与管理是其中的重要方面,而深圳精神就是这样体现社会主义特色的先进城市文化的,它对中国特色的社会主义建设,尤其是城市建设具有重要的代表意义。

第五章 深圳先进文化的基本特性

深圳的先进文化，是在中国实施改革开放的浪潮中，在中国共产党的领导下，一代又一代特区建设者不断创新与改革的成果。她既是中国社会主义先进文化的重要组成部分，又是扎根特区改革开放伟大实践，具有浓厚深圳特色的社会主义先进文化，是中国特色社会主义先进文化建设的重要来源和基础文化。作为一种区域文化，深圳先进文化有其固有的特点，以区别于一般文化，彰显她的先进性。深圳先进文化的基本特性可归结为：一元主导与多元发展的统一、传统与现代的统一、科学与人文的统一及立足本土现实与面向世界的统一。

第一节 一元主导与多元发展的统一

这是深圳先进文化的基本特性中最核心的一个方面。一元主导是指要坚持马克思主义为指导，这是深圳先进文化建设和发展的前提和方向，任何时候都不能动摇。多元发展是指在一元主导之下，兼具文化的多样性发展，体现时代发展要求和深圳特色。

一、深圳文化坚持一元主导与多元发展统一的原因

文化作为一种意识形态，是一个国家和地区综合实力的重要标志。文化的建设和发展有其固有的目标，需要一定的思想作指导。在中国特色社会主义建设进入新时代的大背景下，深圳先进文化必须一如既往坚持马克思主义指导思想不动摇，这是贯穿先进文化建设和发展的主心骨。先进文化坚持一元主导不是偶然的选择，而是历史发展的必然选择。

1. 由深圳的社会主义性质所决定

从文化的形成过程来看，每一种文化的出现都能从社会经济基础上找到它的根源。因为每一个处于一定社会或者区域中的人"总是自觉或不自觉地，归根到底总是从他们阶级地位所依据的实际关系中，获得自己的思想道德和文化观念的"。① 深圳先进文化的根源也是深圳的生产力发展水平和与此相适应的生产关系所决定的。

现阶段，我国的基本经济制度是公有制经济为主体、多种所有制经济共同发展。深圳作为改革开放的先锋，和国内其他城市最大的不同在于它的经济结构。据统计，民营企业和个体经济占据了深圳经济总量的90%，这是深圳的特色，也是深圳创新发展的内在动力。但不管深圳的经济成分如何，都没有改变深圳的社会主义性质。深圳虽是经济特区，但在政治体制上不"特"。它仍然是我国社会主义制度下、在中国共产党领导下的一个地方行政区域，它姓"社"不姓"资"的本质没有改变。这一本质也决定了深圳的先进文化必须具有鲜明的社会主义特征，在文化建设和发展中必须坚持马克思主义的一元主导地位，不能搞指导思想的多元化。

马克思主义在我国意识形态领域的指导地位，是我国近现代一百多年来历史选择的必然结果。它应该成为深圳先进文化的一面旗帜，指引深圳先进文化建设始终朝着正确方向发展。如果认为深圳作为经济特区，大力发展市场经济，就是在文化领域倡导源于西方的个人主义、消费主义、享乐主义、实用主义等社会意识形态，文化建设就会偏离社会主义的轨道，步入歧途。

2. 体现和保持深圳文化先进性的必然要求

如前所述，每一种文化的产生和盛行都与当时社会的生产力发展水平和生产关系形态密不可分。因此，文化并不都是先进的，也有落后的、腐朽的，甚至反动的文化。恩格斯曾说："文化上的每一次进步，都是迈向自由的一步。"可以说，每一种先进文化的出现都是人类文明进步的一次重大飞跃。深圳的文化建设和发展只有坚持马克思主义为指导，才能体现和保

---

① 《毛泽东选集》第2卷，人民出版社1991年版，第694页。

持文化的先进性,才能融入社会主义先进文化建设的大流中,使文化成为促进深圳政治和经济发展的推动力。

总的来说,一种文化能被称为先进的文化,是因为它具有固有的品格,以区别于非先进文化。具体而言,先进文化的品格体现在以下几方面。

(1) 源于实践,内容具有科学性

先进文化不是社会统治阶级发号施令的结果,也不是上帝、神仙、伟人、圣人等虚构人物或社会精英主观意识的产物。它扎根于实践,以科学的世界观和方法论为指导,尊重事物发展的客观规律,以科学的精神态度对待一切事物,是经得起实践检验的真理认识,在内容上具有科学性。可以说,科学性是一切先进文化的基本属性。而马克思主义深刻揭示了社会历史发展的客观规律,是当代最科学、最先进、最革命的理论,它既以先进文化为基础,又是一切先进文化的旗帜。深圳的文化建设和发展只有在马克思主义的指导下,才能始终做到顺应时代发展潮流,符合社会发展规律,推动社会生产力的发展和人的全面发展,才能具有先进的品质。

(2) 先进文化的引领作用

在中国漫长的封建时代里,儒家文化在社会意识形态领域一直占据独一无二的统治地位。随着时代的发展和进步,单一文化一统天下的局面已不复存在。特别是在我国实施改革开放和引入市场经济机制后,多元价值观念和多样化的商品一起涌入国内,多样化文化生态的形成已是事实。在如此多元、复杂、开放的社会文化环境中,必然有一种文化在与其他文化的交锋博弈中脱颖而出,占据主导地位,成为对其他文化具有引领作用的文化,这就是先进文化。而倡导和建设何种文化成为具有引领作用的先进文化,是一个国家和政党阶级属性的重要体现。正如马克思所说:"任何一个时代的统治思想不过是统治阶级的思想。"[①] 中国是工人阶级领导的,以工农联盟为基础的人民民主专政的社会主义国家,这决定了中国先进文化必然是代表无产阶级利益的文化。深圳作为中国的一部分,在这一点上当然也不例外。而马克思主义是关于全世界无产阶级和全人类彻底解放的学

---

① 《马克思恩格斯选集》第 1 卷,人民出版社 2012 年版,第 420 页。

说,是无产阶级政党最强大的思想武器,是我国立党立国的指导思想。因此,先进文化必须高举马克思主义的伟大旗帜,才能在与其他文化的交往碰撞中凸显自己的优势,始终保持对其他文化的引领力。除了马克思主义,没有其他任何思想能为先进文化的建设和发展指明方向。

(3)先进文化不为少数特权阶级服务,而是体现最广大人民群众的根本利益

人是文化的创造者,也是文化的享有者和传承者。先进文化的一个重要特征就是它不是为少数人服务的贵族文化,而是与广大人民群众的利益紧密相连。先进文化在内容上贴近群众实际,反映群众的利益诉求和美好愿望,并依靠群众的力量丰富文化的内涵。同时,先进文化建设和发展的终极目标也是为了满足广大人民群众日益增长的精神文化需要,丰富民众的精神世界,强化和提升民众的文化自信和精神力量,促进人的全面发展。先进文化扎根于民众,坚持以人为本,是凝聚和鼓励全国各族人民的重要力量,也是我国综合国力的重要标志。先进文化中对人的重视,是以马克思主义作为理论渊源的。人的主体性是马克思主义理论的一个重要内容。按照马克思主义唯物史观的观点,人民群众是历史的创造者,是社会发展的最终决定力量。先进文化只有坚持马克思主义的指导,牢记人民大众的主体意义,才不会脱离群众,才能牢牢抓住人民这一文化建设和发展的力量源泉,为先进文化注入持久的生命力。

3. 抵制西方文化渗透的客观需要

当今世界,和平与发展已成为时代主题,世界多极化和全球一体化格局已确立。但西方敌对势力通过和平演变战略瓦解社会主义国家的企图一直未变。

苏联解体后,中国成为西方和平演变的重要目标。除了政治和经济渗透外,文化渗透由于更具隐蔽性、迷惑性和破坏力,因而成为西方和平演变中最重要的手段和内容。正如美国总统尼克松所言:"撒下思想的种子,这些种子有朝一日会绽成和平演变的花蕾。"[①] 中西方之间的文化较量是没

---

① [美]理查德·尼克松:《1999:不战而胜》,中国人民公安大学出版社1988年版,第179页。

有硝烟的战争，西方敌对势力妄想用文化输出操控社会主义国家人民的意识形态，从而不费一枪一弹便不战而胜。尤其是借助互联网的技术平台，西方国家的文化产品输出在数量上和传播速度上都飞速攀升，源于西方的各种错误社会思潮和腐朽思想伴随各种文化产品的传播流入我国，与社会主义价值观对抗的杂音、噪音频繁出现，社会主义文化受到极大挑战。

在如此多元、复杂的文化生态环境中，如何采取有效措施抵制西方的文化入侵，提升社会主义主流文化的吸引力和凝聚力，是先进文化建设必须面对的问题。尤其是在深圳这样一个高度市场化的经济特区里，社会主义和西方世界文化思想的交互碰撞尤为明显，解决这一问题显得尤为重要。而解决这一问题的法宝就是坚持马克思主义在意识形态领域的指导，巩固和强化马克思主义的一元主导地位。

正如邓小平同志所言，如果中国不始终坚持以马克思主义为指导，让马克思主义牢牢占领意识形态阵地，资产阶级自由化就会泛滥。只有坚持马克思主义的指导，才能在纷繁复杂的局势前保持清醒头脑，处理好各种关系，防止文化思想中的"左"和"右"倾向，使先进文化始终沿着正确的道路发展。

二、先进文化一元主导与多元发展的辩证关系

对先进文化建设"一"和"多"的理解，存在两种截然不同的观点。一是认为先进文化既然要坚持一元主导，就要强势发展单一文化，排斥多样化的文化生态。对各种非主流意识形态不能采取放任包容的态度，而是采取拦截、围堵等多种方式，消除各种杂音、噪音，以巩固先进文化的统摄力和影响力。另一种观点则认为在实行市场经济的时代，经济成分的多样化必然带来价值观念的多元化。因此，指导思想一元化已经不符合时代发展要求。中国要发展社会主义，提高生产力水平，必须向西方看齐。为此，不仅要引入源于西方的市场经济体制，实现经济自由，而且要借鉴外来文化思想，倡导文化自由。这种观点盲目迷信西方的自由思想，认为西方的所有社会思潮都是积极的、正面的，并由此主张文化主导思想的多元化，否认一元思想的主导地位。

这两种观点都把文化的一元主导与多元发展置于对立的两端，人为割裂了两者之间的辩证统一关系。从哲学角度上看，"一"指的是事物的唯一性，是事物内部相对稳定的属性和状态的表现；"多"指的是事物的形态，即事物的属性可以通过多样化的形态表现出来。"一"和"多"互为依存、不可分离，既互相对立，又互相统一。由此，我们对先进文化建设的"一"和"多"可作以下两方面的理解。

1. 文化的多样性不能否定文化一元主导的意义

如前所述，文化属于上层建筑的一部分，每一种文化都可在它所处的社会经济基础上找到根源。改革开放四十年来，中国经济高速腾飞的同时，社会经济结构也发生了重大调整。公有制经济之外，其他多种非公有制经济成分也在国家政策的支持下迅速壮大，形成了与公有制经济共同发展的良好局面。随之而来的是社会各阶层的利益分化现象日趋明显。而阶层利益分化必然带来思想观念的差别，社会价值观念的多样化成为必然。多样化的文化生态给先进文化的建设和发展带来了新的挑战。即便如此，也不能否定社会主导价值观的地位和意义。

在社会中存在的多种文化，内容多样，性质各异。有先进的，也有落后的；有正确的，也有错误的；有正面的，也有腐朽的；有高尚的，也有庸俗的；有正义的，也有丑恶的……坚持何种文化方向，推动何种文化建设，倡导哪种文化为主导文化，是一个政党的旗帜，也体现了一个政党的是非观和荣辱观。马克思主义之所以能成为社会主义的主导文化，是因为它具有立足现实的品质和强大的征服力。我国社会主义革命和建设的实践充分表明，马克思主义是符合我国国情和人类历史发展方向的客观真理。先进文化坚持一元主导的立场是正确的。如果因为文化的多样性而倡导主导思想的多元化，等于丧失了一个政党的阶级立场和是非观念，也模糊了主导文化和非主导文化之间的界限。事实上，社会上的文化越是多样，越需要主导文化的引导。只有旗帜鲜明地弘扬主导文化，才能让民众明白何种文化才是应该追求和信仰的。特别对于处在成长摇摆期，世界观、人生观、价值观尚未最终确立的青少年群体来说，加强主导文化对非主导文化的引导尤为重要。

关于文化建设的"一"与"多",还有一种观点认为,价值观取向由一元趋向多元,是社会充满活力的象征,是社会文明进步的表现。文化的一元主导,约束了人们思想的自由度,是一种"文化专制",不利于文化的发展。甚至有人认为文化主导一元化是中国特有的产物。事实上,指导思想一元化在标榜自由、民主、人权的西方资本主义国家也是常态。无论西方社会的价值体系如何海纳百川、开放包容,都不能改变一个事实,就是任何反对私有制、与资产阶级当权者唱反调的文化形态,都不会上升为社会的主导意识形态。这是由主导文化的本质决定的。任何社会的主导文化,反映的都是统治阶级的利益。可见,西方世界引以为傲的自由、人权和民主,也是有限制的,带有利益倾向的,属于少数人的,不具有普遍意义。当西方自诩最"先进"、最"亲民"的价值观以文化产品的形式向社会主义国家输出时,我们一定要保持警醒,提高对各类文化的辨识力,认清西方文化产品输出背后的文化入侵企图和文化帝国主义的本质。

先进文化的建设和发展不是在真空中进行的,而是处于一定的社会环境中。在纷繁复杂的国内外形势下,在中国特色社会主义进入新时代的今天,坚持马克思主义的一元主导不仅没有过时,而且更具现实意义。

2. 主导文化不能排斥文化的多样性和差异性

主导文化也不能排斥文化的多样性和差异性,而是要在坚持一元主导的前提下推动文化多元发展,实现社会主义文化的大繁荣。所谓文化的多样性是指世界上每个民族、每个国家都有自己独特的文化,民族文化是民族身份的重要标志。文化多样性不仅体现在人类文化遗产通过丰富多彩的文化表现形式来表达、弘扬和传承的多种方式,也体现在借助各种方式和技术进行的艺术创造、生产、传播、销售和消费的多种方式。文化多样性是人类社会的基本特征,也是人类文明进步的重要动力。每一种文化的出现都是社会生活的展现,文化的多样性体现了社会生活的丰富性,是社会发展的必然结果,文化在开放的社会大环境中,尤其是在互联网时代,人与人、民族与民族、国与国之间都高度关联化,因此,强势对非主导文化围堵、封杀、隔绝的做法是不现实的,还会引起相反效果。当下,主导文化和非主导文化不是你死我活的对抗斗争关系,而是你中有我、我中有你的共存融合关系。主导文化要获得民众的认同和追随，不能把关注点放在消灭"对手"上，而应该放在自身的发展上。从马克思主义的发展来看，它本身就是一个开放的体系，善于从世界各国、各民族文化中取其精华、弃其糟粕，借鉴和吸纳精华和优秀成果，不断丰富和发展自己。同样，先进文化的建设和发展，也不是在主导文化的故步自封中实现的，而是立足当下文化环境，尊重差异、包容多样，始终做到与时俱进，从各种社会思潮中引入有价值的内容，以不断提高自身的创新性和吸引力。如果先进文化不能在内容和形式上不断突破和超越，终究会被人民和历史所抛弃。面对纷繁复杂的国内外环境和多样化的文化生态，主导文化不要回避和非主导文化的比较和争论，特别是对于某些错误的非主导文化。要坚信真理是在和谬误中争辩而发展起来的，真理越辩越明。

总之，坚持先进文化建设的一元主导，绝不是要发展单一文化，而是在意识形态主导下推动文化多元化发展，在兼容并济中做到"百花齐放、百家争鸣"；文化的多元发展也并不意味着弱化主导思想或提倡主导思想的多元化。不论社会的文化生态如何丰富多样，文化建设和发展的主旋律都只有一个。只有厘清"一"和"多"的辩证关系才能使先进文化建设沿着正确的道路发展。

三、坚持一元主导与多样化发展的和谐统一是深圳先进文化的重要特点

大力建设和发展社会主义先进文化，是加强我国意识形态工作的一个重大战略举措。而深圳的先进文化建设，一直沿着这一战略部署，在遵循社会主义先进文化规律的基础上，探索符合自身实际的发展之路。其中重要的一项工作就是始终坚持文化一元主导与多样化发展的和谐统一。这一点可以从以下几方面体现出来。

1. 深圳在文化建设中始终坚持中国立场和深圳表达的统一

深圳作为改革开放的先锋城市，是国内最早接触外来文化的地方。经过40年改革开放的沉淀，深圳本土文化、国内其他文化、国外各种文化在此交汇传播。但是，在文化建设中，深圳并没有因为特区身份而搞特殊政

策，而是始终站在中国立场，坚持马克思主义一元主导的原则，坚持党对文化建设的领导，坚持培育和践行社会主义核心价值观不动摇。

这一点最典型的表现是深圳对自身城市精神的构建。深圳的城市精神，不仅仅是对深圳这一城市文化的凝结，也是整个中国时代精神的反映，充分体现社会主义核心价值观的要求。但是，在表达方式上又充分体现深圳特区改革开放、移民文化和多元文化特色。可以说，深圳的城市精神既反映中国的时代精神和要求，又具有深圳的地方特色。

作为经济特区，市场经济、改革开放、文化多元是深圳的个性和特色。深圳在文化建设中始终不忘保留这一特色。21世纪初，深圳将自己的城市精神概括为**"开拓创新、诚信守法、务实高效、团结奉献"**。这一精神的提出除了彰显深圳自身特色外，也源于当时中央提出要在全国各地广泛开展"爱国、守法、诚信、知礼"的现代公民教育活动。深圳也站在中国文化建设的立场，提出了与中央文化建设目标相契合的城市精神。

党的十八大以后，中央高度重视培育和践行社会主义核心价值观。深圳也以社会主义核心价值观为引领，深化新时期"深圳精神"新内涵，构建以社会主义核心价值观为核心的城市精神体系。在践行社会主义核心价值观方面，深圳不是停留在理论领域或者喊口号的层面，而是将其精神进行升华，并渗透到社会的每一个角落。在深圳的公交站台、地铁站、马路和各街区的宣传栏等各大公共场所，都能看到社会主义核心价值观那醒目的二十四个字。社会主义核心价值观成为深圳文化建设和发展过程中的一个重要元素。此外，深圳还不断加大文化建设投入，并按照中央"四个全面"的战略布局，对标国内外先进城市，坚持高标准规划、高水平建设，努力提高深圳文化的影响力。

深圳的城市精神所经历的多个阶段的发展和更新，体现了深圳在文化建设中的中国情怀。深圳既立足本土，又放眼全国，努力使自己的文化融入国家文化建设的大流中，同时又发掘和保留自身的文化特色。

深圳的城市精神扎根于深圳的改革实践，无不彰显深圳的城市特色，但深圳城市精神的背后，是对国家宏观文化发展环境的尊重，是紧跟国家文化发展战略的脚步，将深圳的城市文化特色融入国家文化发展的洪流中。

也就是说，深圳在文化建设中，既保有家国情怀，又立足深圳实践，注重对深圳声音的传播，实现了中国立场和深圳表达的和谐统一。

2. 深圳文化建设中红色文化与其他文化的和谐统一

红色文化产生于革命战争年代，主要是指社会主义改造基本完成之前，以毛泽东为代表的中国共产党人，在领导中国人民进行新民主主义革命和社会主义革命过程中所形成的文化。是马克思主义普遍原理与中国革命实践相结合的产物，是以爱国主义为核心的民族精神和革命精神相结合的结晶，是中国共产党和中国人民极其宝贵的精神财富，是中华民族共有的精神家园。[①]

中华文化是我们民族的根和魂，而对红色文化的传承则是守根护魂。深圳作为经济特区，经济的自由也带来了思想的开放、包容和多元。很多人由此认为深圳的文化特色不是鲜明的红色，而是其他"五颜六色"的各种文化，并且各种文化的发展必将淡化红色文化的影响力。其实不然。红色文化一直是深圳文化的底色，特区的头衔并没有改变深圳的红色面貌。深圳在文化建设中，一直坚持弘扬红色文化、保持红色底色的同时，鼓励其他多样性文化的发展，并营造大环境，使红色文化精神在深圳先进文化建设过程中能够不断发扬光大。

深圳这座城市从诞生之初，就带有深刻的红色印记。从深圳河开始追根溯源，这座城市的很多角落都上演过红色故事。皇岗水围、沙头角、莲塘、白石洲是深圳河畔的四大红色交通站，每一个站点都留下了或深或浅的红色足迹。抗战时期，在这些公交站点都上演过无数个可歌可泣的历史故事。深圳还拥有莲花山公园、中英街、大鹏所城、中山公园等7个著名红色旅游景点，其中，莲花山公园更是第一个入选全国红色文化旅游景点。深圳改革开放40年的实践，既缔造了经济腾飞的神话，也创造了富有时代特色的改革创新文化，这既是对社会主义先进文化的丰富和发展，也是对中国红色文化精神的继承和发扬。

随着时代的变迁，和各种外来文化的影响，新时代的深圳人对深圳的

---

① 叶卉:《红色文化就是"民魂"》,《江淮时报》2014年7月1日第A3版。

红色文化了解甚少，为此，深圳开展了"唤起城市的记忆"系列公益讲座，请来各路专家为公众免费讲解深圳这座城市的故事，加深深圳市民对深圳本土历史文化的了解。深圳还在2018年中国改革开放40周年的重要日子，成立中国红色文化研究会深圳工作委员会，打造红色文化品牌，同时深入挖掘改革开放文化发展历史，举办以改革开放为主线的红色文化传播交流活动，将具有改革开放印记的历史遗迹遗物修旧如旧，设立改革开放博物馆，对外开放，达到保护改革开放历史遗迹，传承改革开放历史文化的目的。

深圳所做的这些举措，正是在文化建设中坚持一元主导和多元发展的重要展现。不管社会如何开放，思想如何多元，深圳始终能握紧手中的旗帜，在多元思潮交汇碰撞的大环境中，保持红色文化主导地位，坚持红色文化和其他多种文化的和谐共生。

3. 融入国家文化发展大流，为本土文化发展创造契机

2015年，李克强总理在政府工作报告中提出了"大众创业、万众创新"。随后，国务院相继出台了多项有力政策，为创新和创业搭建有利的政策平台。

深圳作为改革开放的窗口，比国内其他城市更具有创业的环境和氛围，创新的意识也更强烈。在文化建设中，深圳一直紧跟国家文化发展的大趋势，利用有利的大环境，趁势而为。

文化创新的根源在于保持文化的多样性，而深圳善于发掘自身的这一优势。深圳是国内少有的以年轻人为主体的城市，整个城市人口的平均年龄只有30多岁，城市群体中的年龄优势造就了深圳城市的朝气和活力。同时，深圳还是一个多元文化融合的移民城市，整个城市人口将近2000万，但城市户籍人口只有370多万，是一个由国内各种文化和国内外各种文化融合在一起的城市。深圳还具有毗邻港澳的地理优势，与国际化连接非常紧密。深圳的这些特点都使它成为一个具有极强创新氛围的地方，是一片创新的热土，积聚了众多的年轻创客在此发展。这些年轻创客是最具创造性的和最具文化活力的一群人，是深圳文化产业升级和发展不可或缺的重要力量。而深圳在文化建设和发展中，一直深谙这点，注重培育多元众创文化，促成文化产业升级和转型，为深圳文化产业持续发展注入活力。

在国家倡导"大众创业、万众创新"的大背景下，深圳也搭上了国家形势利好的便车，开始重视培育多元主体进入文化产业市场，高度重视小微文化企业的发展，在文化政策上加强对这些企业的扶持力度，积极营造有利于提高小微文化企业创新能力、扩大发展规模、促进企业可持续发展的良好环境，进一步解放文化生产力，激发全社会文化创造活力。

第二节 传统与现代的统一

任何一个民族的发展，都不可能脱离这个民族固有的社会组织形态、文化观念、习俗及政治传统。1840年以来的中国近代史、当代史与现代史，一条主线就是：抵御外侮、立足现实、学习西方与发展自己。1949—1978年，中国受到美苏两个超级大国前所未有的外部挤压，在这种严峻的国际形势下，我国提出的口号是：洋为中用，古为今用，自力更生，走独立自主、自力更生的发展道路。1978年，改革开放，打开国门，我国坚持在立足中国现实的基础上，实行独立自主与改革开放相统一的政策。所谓自主就是立足现实，继承传统；所谓开放，就是向世界各国人民学习。当前，我国社会主义建设进入新时代，中国综合国力达到了前所未有的强盛，我党、我国政府审时度势，在继续改革开放的前提下，提出文化自信。这种文化自信是近两百年来，中国人民坚持自己、学习西方，上下求索而产生的文化自信，这种文化自信是传统与现代的高度统一。

深圳，改革开放四十年，一直秉承这一基本国策，并在四十年的改革开放中，用深圳速度、深圳质量、深圳精神，很好地诠释了传统与现代统一的深圳范式。

一、何谓传统

中国传统文化分为古文献、古器物、古遗迹与当今中国人精神命脉及自古而今仍在起作用的精神力量、生活习惯、风俗等等。有成为历史遗迹的传统，有活生生仍对当下生活起作用的传统，即学界所分的"死传统"

与"活传统"。这种分法只是一种方便我们理解传统的分法,其目的是为了让国人理解传统不仅仅是博物馆、图书馆珍藏的古器物、古文献,更重要的目的是提醒我们当代人,传统仍在日常生活中对我们起着极其重要的作用。当然"死传统"与"活传统"并不是完全分离、绝对不相关的,二者之间有着密切联系。古文献、古器物等会为中华民族汲取外来文明提供历史的智慧,"活传统"会为我们理解古文献提供新视角、新的诠释方法,从而丰富中华民族的文明内涵。

1. 传统文化

传统文化可分为:国学、国文、国技与国艺。

国学:中国之为中国的理论与文化。按传统"经史子集"分类法,儒学为国学之骨干,为中华民族两千多年来保持统一而不分裂的精神命脉之所在。同时老庄哲学又构成对儒家文化的建设性批判,老庄哲学是儒学文化历久弥新的诤友。东汉末年,佛学传入中国,儒家文化面对异质文化的第一次挑战,以儒家文化精神为体,纳佛入儒,终形成以朱子、王阳明为代表的第二期儒学。儒学本质乃中和锐利、生生不息的仁本文化,坚持自己精神特质同时又能纳道佛文化于己的有容文化,同时,对道家佛家持一种"和而不同"的文化开明态度。

故国学,中国之为中国的理论与文化。这种文化虚怀若谷,天行健,仁之生生不息。今日我国党和国家领导人、我党理论研究者及我国学人,都秉持中华国学这一最基本、最宝贵的态度,以构建人类命运共同体的伟大胸怀,处理我国与世界的事务。我党领导人的这种态度,无疑会使国学浸染了红色情怀,即为广大人民谋福利、创造美好生活的基本精神。

国文:"天行健,君子以自强不息;地势坤,君子以厚德载物"。中国的古文字蕴含了三千多年华夏民族的美德与智慧。古典文字虽经过五四新文化运动洗礼,我国人民现在已使用白话文写作,但古典语句依然是现代汉语核心组成部分。经过近一百年中国的人民生活实践,现代汉语经典体现了传统智慧对现代生活的融合,同时我们在阅读现代汉语时仍能感受到传统"自强厚德"的生生之力。由古典国文发展而来的现代汉语体现了华夏民族既是未来的、又是传统的秉性。语言的现代化是一个自然而然的大趋势，但中华民族对古典汉语的重视，使这种自然而然的趋势充满了古典语言的均衡之美。中国共产党作为执政党对传统文化的重视，使我们的传统总是一个活的传统、一个纳世界文化于我们文化传统的现代化过程。

国技：中医、武术等皆归此类。虽为技，但中医、武术皆有着深厚的中国哲学底蕴。即在"技"中，体现了天人合一的精神力量。中医者，秉天人合一之"中"，从生命的本源力量处入手调理我们生命的"精""气""神"。随着现代科技发展，中医的许多基本理论命题都渐渐得以解释。我们相信，西医技术与中医理念将会改变我们治疗疾病的新医学模式。当年毛泽东提出的中西医结合道路，无疑是有科学基础的远见。中国武术与西方搏击术有着本质的不同，中国武术以平和内心、强身健体为本，搏击只是其末技。中国的武术是以和平理念为基础的，搏击只是不得已之下策。

国艺：国画、国剧等是以活泼的艺术形式，丰富细致地展现中华民族族群内心世界与喜怒哀乐之情。吾国"国艺"在今天仍是培养我国人民悠远深长审美情怀、培养我国人民齐庄中正之优秀人格的重要途径。

2. 传统者，传而统之也

上文我们说，传统不单是图书馆、博物馆中的古文献、古器物，传统就在我们生活的当下，传而统之。我们的精神、生活态度、行为方式都深深地被"传统"着。或有惑者曰：中国经历了近二百年欧美列强的军事、工业与文明的冲击，我们难道不是已经摆脱了传统并与西方文明渐渐合流了吗？

但是，中华民族作为一个整体依然顽强存在着，中华民族是一个整体而不是四分五裂的族群，这意味着中华民族固有的内在力量依然在起着强大的维系中华民族之为中华民族的作用。这种力量，我们分而述之。

（1）"仁义"是中华民族的核心价值

在儒家经典《论语》中，有一百多处论"仁"，一部《论语》的精髓就是涵养中华优秀儿女人之为人的"仁"的智慧。中国人的文化骄傲就是这种人之为人的"仁"的智慧。到了孟子时期，孟子又在孔子的思想基础上提出"义"。何谓"义"？"义"就是处理利益与仁爱的关系的智慧。近代部分学者认为，中国文化只讲仁爱，不讲人的利益，这种文化阻碍了中国科技、经济的发展，这实是对中国传统文化的误解。中国文化对"利"有一个基本态度，就是"争利"乃社会组织的特点之一，如荀子所言："人生而有群，群则争，争则乱，乱则穷。故先王恶其乱，制礼以分之。"故中国文化对"利"有高度的警惕，警惕为争利而导致社会的不和谐，故需"制礼以止乱"，以防争利，打乱了天下秩序。荀子是从社会组织层面上以礼分利；孟子则是从个人修养甚至是从人之为人的出发点，辨析义利关系，主张以义正利，并以此观点限制王权。如"孟子见梁惠王"章，整个章节皆是阐明一个基本观点，没有仁义为基础的言利，只能祸己祸民祸天下。

（2）《周易》是中华民族实现仁义与社会和谐的辩证法

《易经》经孔子及门人为其添"十翼"成为《周易》，"易学"就从一部占卜书成为一部推天道以明人事的智慧书。这部智慧书是中华民族在宇宙生命洪流的大流变中，如何"变易"而又"守中"、"守正"即"守仁爱"的智慧书。《周易》六十四卦、三百八十四爻，深刻而又辩证地揭示了天道、人性的丰富细腻。我国知识分子群体的智慧多从《周易》中获得生生源泉，故《周易》是一部中国人的"史诗"，一部中国人理性的"道象性理命"之史诗。

（3）《中庸》是中华传统文化或中国人关于生命起点与终极目的的"极高明"的著作

何谓"中庸"？"中者，天下之大中；庸者，天下之至理。"中者，不偏不倚，及其精准之意，中庸者，吾人反复经过生命辩证达至"天下至理"之境界，此谓"中庸"。《中庸》完整、精准地体现了中华民族锐意进取、惟精惟一、追求真理的创造力量；同时又体现了中华民族以仁义、真理为核心价值的包容天下的精神境界。

（4）《礼记》"礼运篇"的大同思想

"大道之行也，天下为公。选贤与能，讲信修睦。故人不独亲其亲，不独子其子。使老有所终，壮有所用，幼有所长。矜寡孤独废疾者，皆有所养。男有分，女有归。货，恶其弃于地也，不必藏于己。力，恶其不出于身也，不必为己。是故谋闭而不兴，盗窃乱贼而不作。故外户而不闭。是谓大同。"

中国古代社会的这种大同思想，体现了中华文化在组织社会问题上力求达到一种彼此互爱谦让的和谐本质。

综上所述，中华民族之为中华民族，在价值上，以仁义为核心；在精神上，推天道以明人事，"天道酬勤"、"天行健，君子以自强不息"；在方法上，生命必经过上下反复求索、艰难辩证，达至"天下至理"之界；在社会组织上，必是要形成一个谦让和谐、上下无怨的社会。这是中华民族内在精神力量与组织社会的基本原则，正是这种文化的力量与组织社会的原则，中华民族才能在历五千多年和平与战争的历史大变动中，仍是世界上唯一有着统一国家与完整精神种群的秘密所在。中华民族传统的精神力量亘古贯今，至今仍然是华夏民族面对外来文明、吸收外来文明、发展自己民族的精神力量。

二、何谓现代化及"现代"一词之内涵

1. 现代化

现代化这一概念有一个历史演变过程。最初是指西方化时期，渐次为非西方民族向西方学习时期，今天则是普适化，即习总书记提出的人类命运共同体。

1500年前的世界历史是各民族的区域史，各民族之间虽有交往，但各民族皆大都能保持自己本民族固有的特性独立发展。

1500年以后，随着地理大发现、牛顿力学的建立及英国工业革命的出现，西方就像突然获得了物质力量大爆发一样，开始在技术、经济尤其是在军事方面对世界具有了绝对支配权。自此，世界史就从各民族不受西方支配的区域史成为西方支配的世界史。各区域民族的发展无不打上西方深深烙印。历史学上的西方中心主义虽有片面性，但在一定程度上反映了1500年以后世界发展的走势。西方化时期瓦解与结束始于第一次世界大战，终于第二次世界大战。西方化时期虽已瓦解，并不意味着西方对世界的影响已经消失，我们今天在思考中国社会发展问题时，西方仍是我们不可忽略的思想背景。

就东方而言，中国的洋务运动与日本明治维新时期的"脱亚入欧"是典型的向西方学习时期。这一时期"中学为体、西学为用"与日本的"和魂洋才"与其说是东方民族的文化自信，毋宁说是保守政策。何以如此说？因为这一时期东方文明尚未有一种真正的自觉来与西方文明进行对抗并理解西方文明，只是迫于西方形势下兵器的威力，不得已的一种为保文化颜面的保守政策。

第二次世界大战结束后，世界各殖民地纷纷独立，这种独立运动即是民族主义运动，民族主义运动必然是民族文化的独立运动。人类只有一个地球，民族文化独立运动必然带来文化冲突、观念冲突。美国学者亨廷顿（Huntington）《文明的冲突》（*The Clash of Civilizations and the Remaking of World Order*）一书深刻地揭示了"二战"后的这一世界性的根本问题。

为解决文明冲突，从20世纪70年代起，东西方学者就开始探讨如何解决这种不同文明之间的冲突，学术努力的结果就是提出普适伦理或普适价值。然而以美国为首的西方资本主义国家，打着这种所谓普适价值的幌子，干涉他国内政，到处实施其所谓"颜色革命"和和平演变战略，成为当今世界动荡之源。有鉴于此，习近平总书记在总结人类文明发展成果和顺应世界和平发展趋势的基础之上，提出了"建立人类命运共同体"的思想，成为解决不同文明冲突的伟大政治文化成果，引起世界各国政治家和政治文化学界的高度共鸣。

2. 现代

今日我们提出"现代"这一概念，是现代化的历史结果。那么我们今天所说的现代有哪些特征？

我们认为十八大以来中国社会的现代特征有如下：

（1）人民过上美好的生活

现代化不仅是技术迅猛发展与生产产品的极大丰富，更是人民能过上美好的生活，这种美好生活意味着人民不仅享有较好的物质生活，同时也意味着人民享有丰富的精神生活。人民遵守法纪、恪守道德、勤于学习，在享有较丰富的物质生活的同时，积极追求高尚的精神生活，这是中国现代化的一个根本特征。如果没有这一根本特征，现代化就是一个有违社会主义精神的过程,有违人类发展目标的过程。因此,习近平总书记在2012年11月15日,在十八届中央政治局常委同中外记者见面时的讲话中提出:"人民对美好生活的向往,就是我们的奋斗目标。"①

(2)一国之发展不仅是造福一国人民,更是造福世界人民

人类历史在相当长时间内是种族冲突的历史,一个种族之丰富物质生活是建立在掠夺其他种族资源基础之上的。但到了现代社会,由于人类拥有核武器这种摧毁人类自我的武器,那种把自己国民的幸福建立在奴役他国人民基础上的思想,就是非现代的,是非常危险的。这种危险思想与现代文明根本不适应。今日世界范围内的动荡与恐怖主义泛滥可以说是非现代的掠夺思想所造成的。正是基于此,习近平总书记在2013年5月在接受特立尼达和多巴哥、哥斯达黎加、墨西哥等拉美三国媒体联合书面采访时,提出:"实现中国梦,必须坚持和平发展。我们将始终不渝奉行互利共赢的开放战略,不仅致力于中国自身发展,也强调对世界的责任和贡献;不仅造福中国人民,而且造福世界人民。实现中国梦给世界带来的是和平,不是动荡;是机遇,不是威胁。"②

(3)建设法治中国

现代化的一个根本特征就是促进社会公平正义,保障人民安居乐业。2014年1月7日,习近平总书记在中央政法工作会议上指出:"促进社会公平正义是政法工作的核心价值追求。从一定意义上说,公平正义是政治工作的生命线,司法机关是维护社会公平正义的最后一道防线。……保障人民安居乐业是政法工作的根本目标。"③有章可循、有法可依是现代社会的一个根本特征。

习近平总书记在2013年2月23日主持十八届中央政治局第四次集体学习时的讲话中提出:"我们要全面贯彻落实党的十八大精神,以邓小平理论、'三个代表'重要思想、科学发展观为指导,全面推进科学立法、严格执法、公正司法、全民守法,坚持依法治国、依法执政、依法行政共同推

---

① 《习近平谈治国理政》,外文出版社2014年版,第4页。
② 同上书,第57页。
③ 同上书,第148页。

进,坚持法治国家、法治政府、法治社会一体建设,不断开创依法治国新局面。"①

(4)开放型的世界经济

中国是一个发展中国家,若要不陷入中等收入国家陷阱,发展创新,进行技术创新、商业模式创新是中国避免陷入拉美陷阱的重要途径。深圳作为经济特区,经济上取得巨大成就,一个根本要素就是具有相当大的开放性。深圳作为改革开放的实验经济特区,之所以取得今天的成就,就是把自己融入中国、融入亚洲及融入世界经济发展的全局中,从而形成了深圳在中国独有的发展模式,这种模式即是以商业模式创新为主并带动技术创新的特色。

2013年9月5日,习近平总书记在二十国集团领导人峰会第一阶段会议上关于世界经济形势的发言中指出:"发展创新,是世界经济可持续增长的要求。……增长联动,是世界经济强劲增长的要求。一个强劲增长的世界经济来源于各国共同增长。各国要树立命运共同体意识,真正认清'一荣俱荣、一损俱损'的连带效应,在竞争中合作,在合作中共赢。……利益融合,是世界经济平衡增长的需要。平衡增长不是转移增长的零和游戏,而是各国福祉共享的增长。……塑造这样的世界经济,需要二十国集团各成员建设更加紧密的经济伙伴关系。"②

习近平总书记关于开放型经济的思想,准确、科学地反映了现代世界的经济特征,同时也体现了中国的经济模式已不是单纯靠资源型、投资型推动的经济,而是世界经济共增长,开放型、创新型的现代经济发展格局。

三、中国传统与近现代关系的历史考察

1. 清朝时期

1840—1842年,中英鸦片战争,清朝文化经济上的自大,彻底被西方的坚船利炮所粉碎。这个时期,放眼看世界的魏源在《海国图志》中提出:师夷长技以制夷。所谓夷之长技,魏源认为主要体现在奠定于先进生产技

---

① 《习近平谈治国理政》,外文出版社2014年版,第144页。
② 同上书,第335—336页。

术上的军事力量上，这种军事力量主要体现在三点：战舰、火器与养兵练兵之法。以今日眼光看之，魏源的这些想法是有历史局限的，但在当时是有着非常积极意义的，打破了顽固派认为"夷之长技"为"奇技淫巧"的荒谬观念，并成为后来洋务派思想上的先河。张之洞"中学为体、西学为用"因是一种没有充分经过与西方文化相冲突而产生的思想主张，故只能是一种文化上的保守主义，没有一种大开大合的积极迎接西方文化的世界胸怀。再加上整个社会士人思想仍处于前近代阶段，故以"中学为体、西学为用"的洋务运动终以失败告终。

2. 五四时期

五四时期思想运动，从时间跨度上涵盖了清灭亡到新中国成立这段时间。五四新文化运动，从流派上主要可分为以胡适为代表的全面欧美式的西化，对待传统就是要"打倒孔家店"；以钱穆、熊十力、冯友兰为代表的"传承国故、融纳新知"新儒家运动；以中国共产党为代表的有苏俄特征的马克思主义中国化学派。

五四运动的这三个学派至今仍是我们理解当代思想文化走向的思想根源。不理解"五四"时期这三个主要学派，就不能理解我们今天的种种现象，也不能理解改革开放以来中国共产党的种种有意义的思想改革与政治举措。

3. 1949—1978 年

1949 年到 1978 年这一历史时期一个伟大的政治举措，就是彻底打破了几千年来中国传统社会的宗法制度，初步奠定了新中国的工业体系，并在国防军事力量上取得长足进步，为 1978 年开始的改革开放奠定了诸多有利基础。

在对传统问题上，这一时期显然走了过激路线。其恶果就是割断了现代中国与历史中国的文化联系。

4. 1978—2017 年

1978 年，以邓小平同志为核心的中国共产党第二代中央领导集体，审时度势地结束"文化大革命"的"左"倾路线，坚定不移地走改革开放的道路。这一时期在政治上，中国共产党牢牢地"坚持社会主义道路、坚持人民民主专政、坚持中国共产党领导、坚持马列主义毛泽东思想指导"这个"四项基本原则"。由于中国共产党牢牢坚持了"四项基本原则",在如何处理中国传统文化与西方文化之间的关系问题上,中国共产党都牢牢掌握了主动权,体现了社会主义文化先进性。中国共产党既反对《河殇》这种全面西化的历史虚无主义思想,又反对没有创造性转化,没有承其精髓、弃其糟粕的陋儒行为。提倡中华民族的传统文化是社会主义精神文明建设的重要思想源泉。

自1978年我国实行改革开放政策以来,既取得了举世瞩目的成绩,同时也不可避免地出现了种种国内问题与国际问题。以习近平总书记为首的党中央抱着为中华民族及对世界人民高度负责任的态度提出"四个自信"与"五位一体"的伟大思想。四个自信即"中国特色社会主义道路自信、理论自信、制度自信、文化自信",五位一体即"经济建设、政治建设、文化建设、社会建设与生态文明建设"总体布局。

从1978年改革开放至今,我们党"坚持四项基本原则"、"四个自信"与"五位一体"等战略性思想,为正确对待中国传统文化奠定了良好的思想基础。

改革开放以来我们对传统文化的一个基调即是:立足于现实促使中国文化既是中国的,更是世界的。所谓"世界的"不是指中国把自己的文化强加在其他民族信仰之上,而是以一种"和而不同"的文化理念,促使非中华文化文明圈理解、学习中华文化,认同中华文化,接纳中华文化。

四、深圳文化传统性与现代性的统一

20世纪初,梁启超先生曾提出"中国之中国"、"亚洲之中国"与"世界之中国"。经过近两百年中国人艰苦努力,中国目前处于从"亚洲之中国"进入到"世界之中国"阶段。如何成为世界之中国,这就决定了中国社会主义的先进文化必然是立足中国优秀传统文化同时又能迎接西方文明挑战的文化,中国优秀传统文化是要进行创造性转化、创新性发展,形成与西方文化共同对人类社会发展继续做出贡献的文化。

深圳作为社会主义改革开放最成功的区域，相当程度上体现了中国传统文化与当今世界现代性的统一。这种统一，具体表现在文化设施建设、文化产品与文化现象上。

在文化设施方面，深圳许多文化设施建设，在设计风格上充分体现了儒家自春秋以来的中华民族的天下情怀。如深圳的博物馆、图书馆、大型展览馆与美术馆等文化设施，体现了"世界之中国"有容乃大的天下情怀。这些文化设施在建筑技术上，引进了西方技术文明的先进成果，同时又融合了中国文化的基本元素。西方友人进来，参观这些文化设施没有陌生感，同时还能在内部设计中，感受到中国文化元素的强烈冲击所带来的美好感受，因有这种强烈的美好感受，西方友人会深深为中国文化吸引，可促进中西方文化交流与融合；中国公民进入这些文化设施中，会有一种强烈的民族文化自信感，同时又能直观理解西方文明的优秀成果，不故步自封，以坚定的文化自信、开放的胸怀向西方学习。

在文化产品上，深圳的许多著名的文化产品无论是影视动画、音乐艺术还是雕塑艺术、工艺美术品等生产，都充分体现了传统与现代的结合。以深圳职业技术学院艺术学院"南山匠人"团队为例，用他们的话说，他们就是一群南山教书匠。正是这样一群"匠人"——金匠、木匠、染匠、陶匠等，用他们"惟精惟一"的"匠人精神"创作的中国十二生肖系列、壶说茶道、七夕卡通画等手工艺术品，将传统与现代、科学与文化、百工技艺高度融合。《论语》有言：下学而上达。"南山匠人"正是用匠人的手艺，一寸一寸、一厘米一厘米地将无国界的中西艺术精神，融入一件件西方人、东方人都喜欢的艺术形象中。"南山匠人"，匠天下中西文化于方寸手掌中！大哉，美哉！文化自信于兹矣！

在文化现象上，深圳对非物质文化遗产的保护和继承，深圳文化产业博览会的成功举办，深圳华侨城系列主题文化公园的建设等，也都是在继承传统文化基础上进行现代创新而成。以深圳大学自2010年举办的国际儒学大会为例。每届来自海内外的知名儒学研究者、汉学家不下七八十人，他们齐聚深圳，申论国事、天下事，上下五千年，纵横亚欧美。人不分中西、文不论国域，凡有助世界文明、促进人类进步团结、倡导文明多元、美美与共之佳论，皆会受到与会者赞同。凡故步自封，提倡西方文化最好或中国儒学最好这种文化自大者，皆罕有响应。之所以出现这种现象，原因有很多，但一个重要的原因就是深圳知识分子群体中国情怀中的国际视野。深圳知识分子从日常生活的磨练中，或从骨子里，有一种自觉或不自觉将传统与现代融合起来的生活文化基因。

最能体现传统与现代统一的是深圳市民自己评选出来的"十大观念"，这十大观念在一定意义上可以说是中国传统文化在现代社会的创造性转化、创新性发展。

深圳的"十大观念"是在深圳的改革实践中产生的，深圳十大观念虽皆是用现代语言及新的言说方式显现，但究其原、察其质，实是深圳创造者潜藏内心的传统意识，是在现代社会高速发展下的对中华优秀传统文化进行的一次创造性转化、创新性发展。下面我们通过分析十大观念中的三个观念，来看一下何谓深圳的传统与现代的统一。

1. 时间就是金钱，效率就是生命

"这一观念最早由深圳经济特区蛇口工业区在1981年提出，1984年10月1日出现在庆祝中华人民共和国成立35周年盛大庆典的游行队伍中，从此在全国广泛传播。它折射出'发展是硬道理'和'效率优先'这两个核心理念，直接催生了蛇口速度、深圳速度。"[①]

中国传统文化讲"时也"、"机也"，错过了时机就错过了发展。技术与资本是现代社会发展的强劲动力，中国作为一个后发国家，在面对西方超越我们近百年高速发展的情况下，若无金钱驱动资本、吸引资本，若不重视效率、不重视"时间"，就意味着我们没有弯道超车的机会。没有机会，改革开放无疑就等于引狼入室，这一点在许多发展中国家的发展历程中被证实。基于这种情况，蛇口深圳人凭借那种潜藏内心的中华传统智慧，在面临西方世界技术与资本优势的情况下，从内心迸发出这一伟大的观念：

---

① 见"中国在线" http://www.chinadaily.com.cn/dfpd/2012szsdgl/index.html

时间就是金钱，效率就是生命。

这一观念既是对小平同志"发展是硬道理"的实践契合，更是对中华民族历五千年仍有完整统一国家的文化基因的体现。中华民族历五千年仍生机勃勃，一个根本的道理就是在发展中融各民族于自己的文化体系中，没有发展就没有各民族对中华文化的认同。

"时间就是金钱，效率就是生命"这一观念，经典体现了中国的历史文化与现代使命，是一个传统与现代高度融合的伟大观念。

2. 敢为天下先

中国先秦哲人老子在《道德经》中讲："天道三宝：慈、俭、不敢为天下先。"自此"不敢为天下先"成为中国人处世的名言。但认真分析老子这句话原意，是言一个人品德要慈、俭，不与人争名争利，非是不敢为社会勇于探索。

"1992年春，邓小平视察深圳经济特区发表谈话，鼓励深圳大胆地试，大胆地闯。之后，《深圳特区报》《深圳商报》把邓小平视察深圳期间重要谈话中的观点、主张，结合深圳改革开放的实际，以社论形式连续发表。'敢为天下先'、'先走一步'、'敢闯敢试'等观念迅速流行起来，成为深圳自我激励、勇做改革开放排头兵的坚定信念。"[①]

深圳人提出的"敢为天下先"，纠正了过去人们对老子这句话的误解，打破了国人从清朝以来的保守心态，为深圳勇于探索、富于创新提供了精神动力。

"敢为天下先"既是对老子思想的正确理解，更是对老子思想的活学活用，是对老子思想在社会改革方面的创造性诠释，体现了中国传统文化因时而变的精神。

3. 让城市因热爱读书而受人尊重

"万般皆下品，唯有读书高。"这句中国古典名言经典地道出了中华民族对美德与凭知识改变命运的尊重。

深圳作为一个移民城市，一直被许多外省人视为文化沙漠，这实质上

---

① 见中国日报网 http://www.chinadaily.com.cn/dfpd/2012szsdgl/index.html

是对深圳的一种误会。来深圳创业者大多皆受过良好的高等教育，面对在科技、经济诸领域皆领先于我们的西方，不读书又如何能够创造深圳今日的辉煌？深圳的创业者在为社会主义市场经济做贡献之际，边读书、边创业，创造了深圳速度、深圳奇迹。

为使深圳成为国际意义上的领先大都市，成为一个经济繁荣、文化昌明的国际大都市，深圳市政府及各界有识之士认为，深圳要保持活力，必是一个学习的城市、读书的城市、创造的城市。从 2000 年开始，深圳市每年 11 月举办"读书月"。在这座城市的中心位置，屹立的是世界一流的书城和图书馆。热爱读书，让这座城市更文明、更有内含。

"深圳因为热爱读书而受人尊重。"这一观念，本质是中国传统"耕读之家"这一思想的现代转换。

"富与贵，人之所欲也。""不义而富且贵，于我如浮云。"两千五百多年前孔子的思想成就深圳城市的读书品格。深圳富了，深圳还要有自己伟大的思想家，深圳还要有现代文明世界的高尚情操。

深圳之所以有今天的成就，从文化动力上讲，十大观念作了非常全面、准确的概括，就是面向未来、继承传统与立足现实。甚至可以说，深圳的辉煌，就是中国共产党领导下，传统与现代的伟大结合。深圳的十大观念，是我们理解深圳成就的核心观念。

自 1840 年，中国遭受西方列强侵略，几近亡国亡种。近二百年来，中国知识分子抛头颅、洒热血，寻求中华民族自强之道。20 世纪初，中国共产党走上中国革命的历史舞台，历尽坎坷磨难，总结出一整套富国强国的理论思想。在这些宝贵思想中，面向未来、立足现实与继承传统是一条可贵的治国良策。自改革开放以来，深圳的经验充分证明了这一点。

在中国共产党领导下，传统中国正在面向世界，进行一次全面的传统与现代的伟大融合。这种传统与现代的融合，必对世界发展起到非常积极的示范作用。

第三节　科学精神与人文精神的统一

自五四新文化运动大力提倡"科学"（赛先生）与"民主"（德先生）以来，科学与民主一直成为中国共产党领导中国人民进行革命斗争和实现中华民族伟大复兴的重要思想武器。这一思想武器应用到文化建设上，就是要做到科学精神与人文精神的高度统一。在当今世界，面对科技和人类社会发展带来的诸多挑战，科学精神与人文精神的统一已经成为现代文明的象征，能不能做到科学精神与人文精神的统一，也成为衡量文化先进性的重要标准。改革开放 40 年来，深圳在坚持改革开放、经济高速发展的同时，社会主义文化建设也取得突出成绩。其中一个非常重要的原因，就是深圳社会主义文化建设始终坚持科学精神与人文精神相统一的原则。可以说，科学精神与人文精神的有机统一，是深圳社会主义先进文化的一个重要特征。

一、什么是文化的科学精神与人文精神

1. 什么是文化的科学精神

文化即人化。一切文化都是人创造的，人的创造潜能蕴藏在人的生命本质里，通过人的实践本性体现出来。从这个角度来说，文化就是人类在社会实践中所创造的成果和获得的能力。而文化的精神就是文化发展过程中的精微的内在动力，即文化发展的驱动力，是作为实践主体的人在实践中注入的崇高价值理想和价值追求，最终体现的是人类的本质。

科学作为知识体系，是人类认识实践活动的成果，具有真理与价值统一的特性。这就意味着科学的功能和价值不仅在于解决人类的物质生活方面的问题，还在于解决人们精神生活方面的问题。

科学精神作为科学的本质和灵魂，它不仅是科学借以产生和发展的基础，而且又应当是贯穿在科学各个方面的精髓。当前国内学者对科学精神看法较为一致。其内涵主要包括三个方面。科学精神首先是一种价值取向，

即对真理不懈追求的精神，主要体现了一种"求真"精神。具体来说，包括探索精神、批判精神、创新精神、求是精神及理性精神。其次是一种"求实"态度，即不囿于权威，体现于科学知识、科学思想、科学方法中的一种理性主义的认识和研究态度。第三，也是一种认识方法，这种方法主要体现为一种实事求是的认识方法，以探索事物内部的本质和规律为目标。总之，科学精神主要体现了理性、批判、怀疑及创新精神，其目的主要是求真。

科学精神在西方世界源远流长，早在古希腊，众多思想家在探索世界及人自身活动中就存在着理性精神，如德谟克利特、苏格拉底、亚里士多德等。这种理性精神到了资本主义制度确立之后，出于资本家之间的竞争和生产力发展的需要，逐渐转化为一种科学精神，以此为思想动力，极大推动了资本主义生产力的发展。

科学精神在中国文化传统中同样存在，如"实事求是"就出自于《汉书·河间献王传》，求实精神影响了中国的物质生产、政治制度及历史哲学等各个层面。但是由于中国人侧重于内向性思维，对自我的重视远远超过了对外部世界探索的兴趣，因此科学精神在中国传统文化中并不占主流地位，得不到彰显。直到新文化运动，这种情况才有所改观，科学精神才真正为中国人所重视。

2. 什么是文化的人文精神

整体而言，文化的人文精神实际上为精神文化的一种，是对人类存在的价值予以关注。人类文化思想发展历程便显出一种人类的精神向往。这种精神，我们称之为文化的人文精神。它提升了人类存在的意义和目标，体现人道精神，正义精神，善良、仁慈、高尚的自由精神，至善至美的精神。

中国古人发明的器物和工具，大多用以表现人之情意、德性之具。根本上侧重的还是人文精神，即一种"人内心德性，直接表现于文化生活的精神"；孔子重"人"过于重"文"，要人知内心仁，子曰："质胜文则野，文胜质则史，文质彬彬，然后君子。"至孟子，肯定了"人之心性世界"的存在，将孔子所言的人文价值与人内心之德性建立在人性善基础之上，重新说明和巩固了礼乐及家庭伦理价值。对于中国传统的人文精神,如周代的"礼乐精神",孔子的重"人德",孟子的重"人性",荀子的重"以人文世界主宰自然世界",汉人的"历史精神",魏晋的重"情感表现之具艺术的风度",唐人的"富才情",宋明的重"立人极,于人心见天心,于性理见天理",清人的重"顾念人之日常的实际生活",这些精神,皆可成为中国先进文化的基因。

"人文",《辞海》解释为"人类社会各种文化现象"。而中国文化中,最早使用"人文"一词的是在《周易》当中:"刚柔交错,天文也。文明以止,人文也。观乎天文,以察时变;观乎人文,以化成天下。"① 这段话含义为:"天文"是指阴阳迭运、刚柔交错的自然变化过程及其法则,而"人文"则是指人类的礼乐典章制度及其对人的行为的规范与教化。观察天道自然的运行规律,以明耕作渔猎的时序;把握现实世界中的人伦秩序,以明君臣、父子、夫妇、兄弟、朋友等社会关系,使他们的行为合乎礼仪。这里的天文相当于自然界所运行的规则或法则,而人文则是人类社会中的规则、法则或规范。上述引文包含三层意思。首先,天人之间的互动关系。人类通过对自然的探索和把握,从而探索天地自然运行的法则;而人类又根据天地自然法则,利用和改造自然。其次,由天文推及人文。根据天道运行法则认识和考察人类自身的运行法则,以此作为处理和协调各种社会关系的根据。再次,沟通天文与人文。天道刚健有为,人应当效仿天,做到刚健有为;地道宽广博厚,人应当效仿地,做到以高尚的道德来成就万物。这就是《周易·象传》所说的:"天行健,君子以自强不息。地势坤,君子以厚德载物。"正是由于人在自然中的能动作用,构成了人与天地并列的地位:"唯天下至诚,为能尽其性。能尽其性则能尽人之性;能尽人之性,则能尽物之性;能尽物之性,则可以赞天地之化育;可以赞天地之化育,则可以与天地参矣。"②

由此我们可以看出中国传统中的人文就是人类在长期对自然界改造过程中所形成的与自然相对应的人类文化世界,并且正是由于人的作用,使

---

① 《周易·贲卦》。
② 《中庸》二十二章。

人从自然界脱离出来，构成人类文化世界。这一文化世界，侧重于精神文化层面，即人类改造世界过程中所形成的精神世界。

根据人文精神内涵，结合人文精神的特点，我们可以看出只要是在人类发展过程中所体现出来的积极的思想观念、价值取向，都可以称之为文化的人文精神。如认知层次上的探索精神、求是精神、实证精神；在道德领域中的仁爱、礼让、尊重、平等等伦理精神；在超越层次的忧患意识、人类终极关怀意识等，都属于人文精神的范畴。这些精神既是人类在探索世界中发展而来的，又影响着一代又一代的人类实践活动。

当前国内学者对人文精神流行的看法是：人文精神是一种普遍的人类自我关怀，表现为对人的尊严、价值、命运的维护、追求和关切，对人类遗留下来的各种精神文化现象的珍视，对一种全面发展的理想人格的肯定和塑造。人文精神的基本内容可以分为三个层次：一是人性，即对人的尊重，强调人的尊严；二是理性，即对真理的追求，对真理的思考；三是超越性，即对生命意义的追求。人文精神的核心是以人为本。如此，我们可以对人文精神做出如下理解：人文精神是群体在长期的生产及生活实践过程中形成的共同的理想信念、思想观念、心理倾向及价值取向等精神品质。这些精神品质又灌注到个体生命活动之中，成为个体内在的精神动力，从而对个体的行为产生积极的推动作用。从这一定义当中我们可以看到人文精神着眼于人类实践活动，在各种实践活动中逐步养成共同的精神品质。这种精神品质，不仅体现了人类与自然之间的互动关系，同时又体现了群体与个人的关系，群体所形成的共同的精神品质经过各种社会作用内化到个体之中，并落实到外在的行为当中。

二、科学精神与人文精神的辩证统一关系

科学精神和人文精神，分别是指人类在认识世界、改造世界的过程中逐渐积淀而成的两种不同意蕴的文化形态的精神成果。科学精神和人文精神是人类精神的两个维度，是人类在认识与改造自然、认识与改造自我的实践活动中形成的一系列观念、思想方法和价值体系。它们是贯穿在科学探索和人文研究过程中的精神实质，是展现科学和人文活动内在意义的精

神。科学精神和人文精神作为人类发展的两种精神指向,伴随着人类的实践生活而生成,又在人的物质需要和精神需要的不断增长和满足中逐渐成长。二者既对立又贯通,共生互补。

1. 科学精神与人文精神的对立与统一

科学以造福人类为宗旨,代表着文明和进步,然而近代以来,科学技术的发展及其广泛运用,却同时给人类造成了两种不同甚至完全相反的后果,一方面它极大地强化了人的认识和实践能力,发展了人的主体性,创造出巨大的物质财富和精神财富,改变了人的生产方式、生活方式、思想方式、情感方式等,拓展了人的生活和发展空间,产生出巨大的正面效应;另一方面也加剧了人类与自然、个人与社会、人的物质生活和精神生活等之间的分化和对立,带来了负面影响。如,在人与自然的关系问题上,生态失衡、环境污染、资源枯竭等问题日趋严重,造成人类自身生存危机;在社会生活中,战争、饥饿、贫穷、犯罪、民族冲突等并未随着社会财富的迅速增长而减弱或消失,反而更加复杂和尖锐;在人的精神生活方面,物欲膨胀、精神萎靡,人性扭曲。科学技术的双重效应,令人们深感困惑和忧虑,呼唤着人们对科学技术进步的深刻反思。原本,人类寄希望于科学技术所取得的辉煌成就能够解决人类发展中所面临的难题,结果却带来了令人类意想不到的问题。对于科学技术的进步,理应用辩证的观点来看。我们应该承认,人类是无法阻止科学技术前进的步伐的,人类更不可能放弃已经获得的科技成就。科技对人类社会的发展有巨大的推动作用这是不争的事实,对科学持否定论的观点是站不住脚的。科技成果是"致祸"还是"造福",并不由科技本身决定,而是由人决定的,因为科学技术并不是外在于人的成果,科技对人的异化,本质上是人类自身精神的异化,是人把科技去人文化的结果,是运用科技的人忽视或放弃了自身对人类整体的责任。其根源正在于体现在主体性的人身上的科学精神与人文精神的对立。

另一方面,人文精神和科学精神又是统一的,二者本身就具有一致性。对于人文精神来说,它体现了科学的丰富内涵。科学是人类所特有的认识实践活动,科学活动自身属于内容多样的人文世界,人文精神存在于科学活动的所有流程里，科学活动产生的结果具有很强的人性色彩，其认识的对象不仅包括自然界也包括人类自身。而人文则是人类所独有的对自身的认识实践活动，其认识的对象仅指人类自身。两种认识活动的目的，都在于满足人自身生存和发展的需要。因此，这两种认识活动必然是相互渗透、相互制约的，即自然科学中包含着人文价值，在人文科学中也包含着科学价值。科学致力于追求、掌握以及了解客观世界存在的发展规律，遵循真实这一原则；人文精神目的在于达到个体以及社会对于人文关怀的需求，实际上为追求真善美。科学和人文精神存在的关系相辅相成。人类利用科技活动达到价值目标，形成正确的理想观念，科学活动利用人类的付出以及不懈努力得到快速发展，实现人类需求，为人类创造物质以及精神上的满足。

科技所带来的强大推动力，使科学精神受到极大关注，上升到与人文精神同等地位的高度，甚至出现过于强调科学精神而忽视人文精神的现象，进而忽视了对人生价值及人生意义的探寻，导致了人文精神的内在分裂；由人类重视对真善美的追求转变为单纯地对真的追求而忽视了善与美，也导致了当代人的完整人格的分裂，人逐渐丧失了自己独立性而出现种种生存危机。因此，如何实现科学精神与人文精神的融合与协调，克服和防范科学技术的发展和应用带来的消极后果，已成为人类共同关注的问题。只有找到科学精神与人文精神的契合点，才是解决此问题应有的思路和出路。正确处理科学精神和人文精神的关系，在今天，对于发展中国特色社会主义先进文化，实现中华民族伟大复兴的中国梦，有着理论和现实的意义。

按照社会学的划分方法，至今，人类社会的发展已经进入了知识密集型产业为特征的现代后工业社会，既体现为一个科技日益增长的知识经济社会，也体现为一种人的精神生活在其中不断得到丰富发展的人文精神社会。科学技术日新月异、突飞猛进，世界发展正在进入一个科学、技术、生产网络一体化的全新时期，其突出特点就是科学技术、云计算、大数据、互联网及"互联网+"几乎渗透到人类社会生活的所有方面，正在全面深刻地影响和改变着世界的未来。在综合国力竞争日趋激烈的年代，发展先进文化，发挥其思想引领作用，必然要求实现科学精神与人文精神的整合。①

2. 科学精神和人文精神统一于时代精神

文化是整合的，因为统摄文化的精神是统一的。就某个时代来说，无论科学精神还是人文精神都是一定时代的产物，都统摄于时代精神，或者说，都属于时代精神的一个方面、一种表现、一个部分。因此，科学精神与人文精神都统一于时代精神。尽管，从内容上看，科学精神与人文精神分属不同的领域，有各自不同的特点，但仍有一般性的东西贯穿其中，起着一统的作用，这就是时代精神。

时代精神是时代发展的产物，是人类文明在每一个时代的精神体现。因此，时代精神是每一个时代特有的普遍精神实质，是一种超脱个人的共同的集体意识。是一个时代的人们在文明创建活动中体现出来的精神风貌和优良品格，是激励一个民族奋发图强、振兴祖国的强大精神动力，构成同时代精神文明建设的重要内容。就我国社会主义的时代精神而言，随着改革开放和中国特色社会主义事业不断发展，改革创新成为当代中国的最强音，因此，改革创新就成为当代中国时代精神的核心。2006年10月，党的十六届六中全会通过的《中共中央关于构建社会主义和谐社会若干重大问题的决定》，第一次明确提出了"建设社会主义核心价值体系"这个重大命题，主要内容包括马克思主义指导思想、中国特色社会主义共同理想、以爱国主义为核心的民族精神和以改革创新为核心的时代精神、社会主义荣辱观；明确提出改革创新是当代中国社会主义时代精神的核心。因此，当代中国的科学精神和人文精神都要统一于以改革创新为核心的时代精神中，无论是科学精神，还是人文精神都离不开改革创新精神，改革创新精神是科学精神与人文精神发展的动力源泉。离开了改革创新，科学精神就成了无源之水、无本之木，因为科学精神本身就包含着创新精神，没有创新精神，科学就失去了灵魂和动力，科学就无法发展。离开了改革创新精神，人文精神体现不了当代人的需求和意志，就会失去时代价值。

---

① 中共中央宣传部：《习近平总书记在文艺工作座谈会上的重要讲话学习读本》，学习出版社2015年版，第5页。

三、深圳先进文化体现了科学精神与人文精神的有机统一

深圳是在中国共产党领导下,在一个渔村基础上白手起家建设起来的一座现代化国际大都市,因此,深圳社会主义文化建设的起点高,从一开始建设就注重科学精神与人文精神的有机统一,具有鲜明的时代性、浓郁的民族性、严谨的科学性、大胆的创造性和浓厚的人文性。无论是深圳精神的形成与提炼,文化设施与自然、人文景观的建设,道德与城市文明建设,还是文化事业、文化产业的发展,文化活动的开展,文艺作品的创作,都无不体现为科学精神和人文精神的有机统一。

1. 文化设施:科学精神与人文精神的高度统一

深圳文化设施的建设起源于1982年开始兴建的八大文化设施:图书馆、博物馆、大剧院、电视台、体育馆、深圳大学、新闻中心和科学馆;21世纪初又兴建了关山月美术馆、深圳画院、深圳书城、深圳特区报业大厦、深圳商报大厦、有线电视台、华夏艺术中心、何香凝美术馆等新的八大文化基础设施。2012年深圳提出"文化强市"目标以后,又高标准建设了一批与现代化国际化创新城市相匹配的城市文体设施群,掀起第三次文化设施建设高潮。这些文化设施建设的一个共同的特点,就是充分地体现科学精神与人文精神的高度统一,既重视设计的科学性和使用价值,又充分考虑体现中国传统文化特色、深圳地方文化特色和深圳改革开放的特点,体现人文关怀和人文价值。比如深圳图书馆新馆无论是建筑风格、软硬件设施,还是设计理念和服务水平都充分体现了科学精神和人文精神的有机统一。该建筑由世界著名的日本建筑师矶崎新先生主持设计,建筑造型独特,构思精巧,极富现代感。建筑模式也从传统模式变为全开放、大开间、无间隔的"模数式"布局。作为21世纪投资兴建的大型现代化文化设施,深圳图书馆新馆建筑面积49589平方米,投资近8亿元;设计馆藏容量400万册,读者坐席2500个,网络节点3000个,日均可接待读者8000人次。从硬件设施来看,新馆的建筑形式和结构技术达到世界领先水平,充分显示出它的科学性;从软件设施来看,新馆数字资源十分丰富,每本书上都将贴上全国最先进的"电子标签";从服务水平来看,新馆的"开放、

"平等、免费"服务方式更大地方便读者，彰显了以读者为本的人文精神。新馆广阔的空间、时尚的设计、丰富的藏书、高科技的设备都让读者眼前一亮。深圳图书馆实现了平等、开放、免费的服务，在服务和技术上成为国内最先进的图书馆。

2."城中村"改造：科学精神与人文精神有机统一的典范

深圳是一座随着改革开放发展起来的移民城市，"城中村"作为深圳历史发展抹不掉的"文化记忆"，它记录了深圳的变迁以及在不同发展时期深圳城市文化的转型历程。关于"城中村"的治理经验，不仅是城市文化中非常重要的组成部分，同时也印证了深圳先进文化建设理念的变迁。而这理念背后，体现的是科学精神和人文精神的有机统一。

所谓"城中村"，其实就是深圳这座城市在建城之前自然形成的乡村聚落。深圳城市化后，约有96%的原有农业用地被政府统一征收为城市建设用地。约4%的土地征收后又返给村集体作为工商发展用地和新宅基地。这部分工商发展用地，一般用来建厂房或与房地产商合作建设住宅。"城中村"则是指在新宅基地上自建住宅楼部分。从1980年深圳经济特区正式建立至今，深圳城市迅速扩张，人口不断膨胀，很多村民为了逐利，最大利用空间进行住房租赁，违建、加建现象严重，导致"城中村"密度高、环境差、卫生差、治安乱、公共空间不足、社区配套和市政设施缺乏、消防不符合规范等，被认为是深圳城市发展的"毒瘤"、"老大难"，必须将其铲除。在此思想的指导下，2003年前后，深圳市拆除了一大批"城中村"，由此也带来了一系列社会问题，从而引发城市管理者从更长远的人文城市设计发展角度来认真思考"城中村"对深圳的意义，积极肯定了"城中村"存在的意义和价值，并达成共识："城中村"是一处极为特殊的城市空间，它是中国城乡二元户籍制度历史性遗存的产物；"城中村"是深圳现代城市发展进程中不可分割的一部分，为吸纳外来人口创业提供了低成本的起步机会，是城市现代化进程中最为重要的"人口增长与土地有限"矛盾关系得以暂时处理的特殊权宜之所。这充分肯定了"城中村"对于深圳城市发展所做的贡献。

于是，在深圳城市设计的理念上，我们能看到一种具有人文精神的新的城市文化在进行自我超越和国际化竞争的城市中悄然出现。因此,在改造设计中,如何留住深圳文化记忆、城市根脉,在保留原有特色前提下,如何发挥城中村的优势同时又体现人文关怀,是政府不能不思考的社会问题。

2015年4月,深圳福田区住建局协调水围村股份有限公司,启动水围村"国际化社区试点项目",开始"城中村综合整治模式"的全新探索。从城中村建筑旧改的硬件层面和吸纳人才的软件层面同时创新。在保持本土特色的同时,实现综合环境和产业结构的升级,力图打造与现代化、国际化匹配的"握手楼2.0"概念。改造后的水围村变身成为可以拎包入住的青年公寓,将没有电梯的楼房升级为每4栋配一部电梯楼房,4栋之间通过连廊进行连接,另外该国际化社区中还包含创意商业街、创业梦工厂、音乐餐吧、创客社区以及国际生活体验等不同功能区块,以丰富社区原本单调的住宿和餐饮功能。这个具有很强创新性质的设计项目,突显了先进的城市设计理念,很好地解决了深圳城市发展面临的各种问题,既体现了求真、求实的科学精神,又体现了人文关怀。"城中村"低廉的生活成本成为来自全国各地打拼创业者的主要容身之所。

水围村项目的成功改造,突显了"城中村"作为城市文化记忆和城市文化沉淀的"文化价值",城市文化朝着"社会创新"和"社会设计"演进的大趋势迈进。"城中村"改造体现了深圳文化的先进性,标志着深圳这座先锋城市在城市文化塑造上开启了一条以全球为视野、朝国际流动性开放的转型之路。深圳"城中村"改造是深圳先进文化的集中体现,体现了人文精神和科学精神的有机统一。

3. "设计之都":科学精神与人文精神的完美结合

从20世纪80年代开始,受到海外及中国香港地区的影响,深圳的创意设计开始蓬勃发展。经过多年的积累,深圳成为中国的设计重镇和现代设计的核心城市之一。2008年12月7日,深圳加入联合国教科文组织全球创意城市网络,成为中国第一个、全球第六个"设计之都",也是发展中国家中第一个获得这一荣誉称号的城市。近年来,在工业设计、平面设计、建筑设计、室内设计、时尚设计方面实力雄厚的深圳,以文化与创新为纽带，对外合作交流十分活跃，加速与国际时尚创意产业的交流与融合，不断丰富和提升城市的创意基因与创新内涵。比如，1992年创办的GDC（平面设计在中国），作为中国首个面向全球的大型综合性设计竞赛双年展活动，成为华人地区影响力最大、水平最高、具有权威性与公正性的设计盛典。再比如，2014年举办了全球创意城市的首个国际设计大赛——联合国教科文组织创意城市网络2013深圳创意设计新锐奖的颁奖典礼，吸引了全球16个创意城市2000多名设计师参与。在这座城市中，深圳时尚家居设计周、时装周、工业设计展毫无疑问成为彰显深圳城市设计魅力的标签，也成为深圳这座城市连接世界的纽带。

现代设计一个最为显著的特点，就是追求科学与人文的完美结合，既要充分考虑设计的科学性、实用性，又要考虑设计的美观性，适应人们审美的不断变化，还要考虑它的便利性，充分体现以人为本。深圳在设计理念上充分体现这一特点，走在全国同行的前列。以时装设计为例，据统计，2016年深圳服装销售总额突破2000亿元，出口达百亿美元。国内大商场占有率超60%，有众多知名品牌。深圳服装业之所以取得骄人成绩，源于深圳先进的文化理念。在设计师们看来，一件衣服不仅要注重它的实用性，更重要的是它承载了一种服装文化，表达了设计师的服装理念，面料精良、做工精细、艺术审美、环保意识……它传达的是设计师对服装的人文理解。从大的方面说，设计师用服装来传达对自然秩序的赞美、人和自然关系的和谐统一，以及人和社会及人与人之间的理想状态的理念等等，体现的是人文精神。从服装的生产工艺上来讲，要求专注于每个生产技术细节，对服装品质要求精益求精，体现的是求真务实的科学精神。深圳服装文化是深圳先进文化的一个缩影，体现了科学精神和人文精神的高度统一。一件件精美的服装不仅是完美的作品，还是设计师们脚踏实地，注重每个生产技术细节，对品质的精益求精、求真务实的科学精神的体现。对于一件服装精品来说，只有技术是绝对不够的，只有把技术和人文情怀相结合，才能设计出让人心动的产品。这种不放过任何细节的做法，不仅彰显了设计师的人文精神，也完美地体现了科学精神。

4. 深圳十大观念：科学精神与人文精神有机统一的集中体现

"时间就是金钱、效率就是生命；空谈误国，实干兴邦；敢为天下先；改革创新是深圳的根、深圳的魂；鼓励创新、宽容失败；让城市因热爱读书而受人尊重；实现市民文化权利；送人玫瑰，手有余香；深圳，与世界没有距离；来了，就是深圳人。"深圳十大观念质朴的口号里表达着居住在这个城市里的人们内心深处强烈的归属感，体现着深圳这座移民城市所具包容性的独特气质和人文情怀，鼓励创新、宽容失败的勇气和魄力以及科学的务实精神，集中展示了深圳先进文化的内涵——"探求科学真理、弘扬人文精神"。其中"时间就是金钱、效率就是生命；空谈误国，实干兴邦；改革创新是深圳的根、深圳的魂；鼓励创新、宽容失败；敢为天下先"等主要体现的是追求真理的科学精神。真理总是相对的、具体的、有条件的，永远处于发展过程之中。从此意义上说，对真理的追求比占有真理本身更可贵，因为人类认识所以不断深化，真理所以不断丰富，就是由于人类对真理的追求永不停歇。这种对真理的不懈追求精神，正是最宝贵的科学精神。也许我们永远也达不到真理本身，但是要坚定地应用科学精神的一切可能形式越来越接近真理。为之付出的持续努力，是人之经验最有价值的部分，其意义远超科学知识本身。而"让城市因热爱读书而受人尊重；实现市民文化权利；送人玫瑰，手有余香；深圳，与世界没有距离；来了，就是深圳人"则主要体现的是以人为本的人文精神。深圳在全国率先提出"实现市民文化权利是文化发展根本目的"的理念，对公民文化权利的尊重，也就意味着对人本身的价值的尊重，同时也昭示着文化是人类的精神家园；"送人玫瑰，手有余香"，这是对儒家"仁爱"思想的新的诠释和发展，其喻示着人与人之间的互相关心，互相爱护，互相帮助。中华民族这种道德传统和深厚博大的"爱"正是今天互帮互助、助人为乐和为维护社会利益、人民利益而不惜牺牲自己利益的精神源泉，从而创造一种关心他人，接纳他人，对周围的一切心存感恩的心态，进而形成良好的人文环境，在"帮助他人，也是快乐自己"的理念中不断完善自我。也正是因为传统文化对中华民族精神的极大影响，使得我们民族养成宽宏博大的胸怀，善待他人、团结他人；也使得我们民族养成爱好和平、勤劳勇敢、自强不息的民族精神。而"改革创新是深圳的根、深圳的魂;鼓励创新、宽容失败"则充分体现了以改革创新为核心的时代精神,也成为深圳十大观念的灵魂和核心。

深圳先进文化本身不仅蕴含追求真理的精神、自由探索的精神、大胆创新的精神、严谨求实的精神,还蕴含理想主义精神、爱国主义精神、顽强拼搏精神等。求真务实,使先进文化具有科学精神;以人为本,使先进文化具有人文精神;坚定不移地弘扬时代精神、科学精神、人文精神,三者完美结合,统一于深圳先进文化建设的伟大实践,统一于中国特色社会主义的伟大实践,必将使深圳先进文化发挥更大的思想引领作用,有助于实现中华民族伟大复兴的中国梦。

第四节 立足本土与面向世界的统一

深圳,作为中国改革开放时期发展起来的经济特区,虽然只有短短40年的现代化城市发展历史,但在这片土地上,却有着将近6700多年的人类活动史,1700多年的郡县史,600多年的南头城、大鹏古城史以及300多年的客家移民史。远古时期,深圳是百越人出海捕鱼的落脚点。[1] 历史上的小渔村和普通的小城镇,经过近40年的发展,已然变成一个世界闻名的大都市,归根到底,这种成绩与它"立足本土与面向世界"有机统一的文化特性密切相关。正如原中国文化部部长孙家正先生所说:"深圳是个有独特文化的地方,是有着勃勃生机、洋溢着时代精神的中华民族文化的地方。"[2]

一、立足本土与面向世界的统一是先进文化建设的重要原则

早在1979年10月,邓小平就提出了中国现代化建设的纲领性要求,指出"我们要在建设高度物质文明的同时,提高全民族的科学文化水平,

---

[1] 陈永林、郑军编著:《承传与融合——深圳文化创新》,中央编译出版社2017年版,第1页。

[2] 同上书,第73页。

发展高尚的丰富多彩的文化生活，建设高度的社会主义精神文明"。①

先进文化是国家和民族独立的重要基石。在世界多极化、经济全球化趋势曲折发展的当今世界，思想文化作为国家、民族独立重要基石的作用更为明显和突出。先进文化是综合国力的重要标志。

2012年11月8日，胡锦涛同志在党的十八大报告中指出："建设社会主义文化强国，必须走中国特色社会主义文化发展道路，坚持为人民服务、为社会主义服务的方向，坚持百花齐放、百家争鸣的方针，坚持贴近实际、贴近生活、贴近群众的原则，推动社会主义精神文明和物质文明全面发展，建设面向现代化、面向世界、面向未来的，民族的科学的大众的社会主义文化。"

2017年10月18日，习近平总书记在党的十九大报告中强调，"文化自信是一个国家、一个民族发展中更基本、更深沉、更持久的力量。必须坚持马克思主义，牢固树立共产主义远大理想和中国特色社会主义共同理想，培育和践行社会主义核心价值观，不断增强意识形态领域主导权和话语权，推动中华优秀传统文化创造性转化、创新性发展，继承革命文化，发展社会主义先进文化，不忘本来、吸收外来、面向未来，更好构筑中国精神、中国价值、中国力量，为人民提供精神指引"。有高度的文化自信和文化的繁荣兴盛，将促进中华民族的伟大复兴。坚持中国特色社会主义文化发展道路，激发全民族文化创新创造活力，建设社会主义文化强国是我们的先进文化建设的目的。在他看来，中国特色社会主义文化，源自于中华民族五千多年文明历史所孕育的中华优秀传统文化，熔铸于党领导人民在革命、建设、改革中创造的革命文化和社会主义先进文化，植根于中国特色社会主义伟大实践。发展中国特色社会主义文化，就是以马克思主义为指导，坚守中华文化立场，立足当代中国现实，结合当今时代条件，发展面向现代化、面向世界、面向未来的，民族的科学的大众的社会主义文化，推动社会主义精神文明和物质文明协调发展。

---

① 《邓小平文选》第2卷，人民出版社1994年版，第208页。

以上中央对于特色社会主义文化和先进文化的有关指导论述,非常鲜明地表明,先进文化是立足民族本土,面向世界与未来的中国特色社会主义文化;立足本土与面向世界是先进文化建设的指导原则,也是深圳社会主义先进文化建设的一大特色。

所谓立足本土是指中国社会主义先进文化建设要充分挖掘中国优秀传统文化资源和本地区的历史文化资源,不断夯实基层文化建设基础;要根植于本地社会主义改革和建设的伟大实践,从广大人民群众的生活中汲取营养,着眼于满足本地人民群众的文化需求,保持文化的民族化、本土化特色。

所谓面向世界就是指中国社会主义先进文化建设要放眼世界,面向世界进行开放,兼容并包世界各民族文化之长,广泛吸收借鉴世界优秀文明成果。同时,要广泛开展对外文化交流,积极向世界展示中国优秀传统文化和社会主义先进文化的魅力,不断提高中国社会主义先进文化的影响力和吸引力。

立足本土与面向世界的统一就是指在中国社会主义先进文化建设中,一方面要坚定文化自信,坚定对中华民族优秀传统文化的信心,对其进行创造性转化和创新性发展,使其焕发出更强大的生命力;另一方面又不要封闭自守、夜郎自大,要面向世界,广泛吸收和借鉴世界一切优秀文明成果,推动社会主义先进文化的不断丰富和创新。

深圳作为我国改革开放的前沿和窗口,在先进文化建设方面始终坚持立足本土与面向世界的建设原则,一方面充分挖掘中国优秀传统文化和深圳本土文化资源,另一方面积极引进和学习世界先进文化,实现深圳文化的创新。如深圳华侨城文化主题公园的建设,通过借鉴西方主题公园特别是迪士尼乐园的一些经验,将中国传统乃至世界各国的不同文化内涵加以创新再现,移植于深圳这所并无崇山峻岭或是深厚历史文化底蕴的现代大都市的文化主题公园建设中,很好地体现了深圳文化立足本土与面向世界的特点。

二、坚持立足本土的基础上面向世界

1. 深圳文化创新充分体现本土文化特色

深圳作为一座城市,建市的时间不长,因而过去有人认为深圳本是文化沙漠。其实不然,这里有着6700多年的人类活动史,新石器时代中期就有原住居民百越人等繁衍生息在这片土地上。[①]东晋咸和六年(公元331年)深圳历史上第一次设郡时,上海还在海上。深圳是岭南文化的重要代表区域,也是客家文化和移民文化的典型代表。深圳市区还有我国唯一一个坐落于市区的国家自然保护区。由此看来,深圳的本土文化有三:岭南文化、客家文化与改革开放以来形成的现代移民城市文化。深圳文化建设中特别注重挖掘这三种本土文化资源,充分体现本土文化特色。蛇口虽因改革开放而闻名于世界,但其老街一带海滨风情浓厚,广府美食众多。大鹏坝光村是深圳最美客家村落,深圳原住民的生活得以保留。龙岗坪山的客家人聚集区保留了大万世居等典型的客家围屋以及后来成立的客家民俗博物馆,本土习俗文化依旧兴盛。沙头角的渔灯舞入选国家非物质文化遗产。观澜版画村依托牛湖客家村落,颇有古城的感觉。在民俗文化方面,虽然有商业化和广场化的趋势,但深圳市也保留了民族化与特色化的内涵。锦绣中华、中华民俗文化村可谓代表作品。这些文化景区的长盛不衰,符合中国传统文化中的俗、真、新等特点。[②]这些民族文化作为深圳本土文化的脊梁,在经济发展日益强大的进程中,逐步发扬光大。而其中当数岭南第一客家围的罗氏鹤湖新居和观澜古墟保护和开发最为典型了。

"鹤湖新居"由内外两"围"环套而成。内围是标准的三堂四横五凤楼形制,为典型的客家民居建筑式样;外围总体上还是客家围屋布局,但其内部居室却参照了广府民居的式样,围内的房子都是独立成套,组成一个小三合院,私密性较强。这种建筑布局构成了单门独户的小天地,不像其他客家围屋,无隐私可言。深圳客家围屋的设计无疑是为追求个体私密性而对广府民居的一种兼收并蓄。这种"封闭中的开放",正是既重宗法礼仪又敢于在外创业的深圳客家先民的大胆创造,实为客家民居建筑的一大进步。[③]目前,这座有岭南第一客家围屋之称的罗氏鹤湖新居已经被龙岗区

[①] 陈永林、郑军编著:《承传与融合——深圳文化创新》,中央编译出版社2017年版,第1页。
[②] 杨宏海:《深圳文化研究》,花城出版社2001年版,第241—249页。
[③] 同上书,第286页。

政府开辟为客家民族博物馆,是陈列和研究客家历史文化的重要基地。[①] 以客家围屋为主的各式民居,对以移民为主体的深圳城市特点的形成及现代文化名城的建设具有积极的促进作用,有助于尽快达到"深圳要建设有中国特色中国风格中国气派的国际化城市"的目标。

观澜古墟被认为是"深圳近代民俗历史第一街",它位于观澜街道新澜社区,距今已有260多年的历史,今天走进古墟,仍然能感受到浓郁的岭南特色和客家风情。古墟由观澜大街、卖布街、新东街、立新巷等十几条街道、巷道组成,现存碉楼15座、商铺100多间、居民楼数百栋,建筑面积达20000平方米。中西合璧的红楼,华丽的罗马柱、圆拱形的阳台都是显著的西洋建筑风格,然而其内部装饰、摆设又是典型的中国传统风格,并开创观澜将酒家与旅馆联合起来经营的先河。观澜在追求现代化工业发展的同时,完全没有遗忘发挥它的古典美。20世纪20年代,观澜的大水田村走出了中国新兴版画界的著名人物——陈烟桥。2006年3月,深圳市文联和深圳市美协策划活动——"画家笔下的观澜"时,打造深圳版画村的点子在艺术家们的脑中出现。这个创意得到了宝安区政府和观澜街道办的支持。于是,版画村的构想逐步变成了现实,大水田村建立了全国版画创作基地。如今,这里成为都市繁华深处隐藏的一块净土,也被人们称之为"深圳最美丽的乡村"。[②]

移民大量涌入,除了政策刺激和经济利益考量之外,还有一个重要的因素就是语言。无论是广东还是全国,深圳都已经是普通话占绝对主流的城市。语言环境非地方化能够最大限度地减轻外来人员的陌生感,真正体会到"来了,就是深圳人"的亲切感。当然,深圳本土方言中的客家话、广东话、围头话、南头话等还是有很多本地和外地人使用。很多在深圳的广府人、粤北人、粤西人、东莞人甚至潮汕人或客家人、海南人,既讲客家话又讲广东话,然而公开场合基本能讲普通话。这实际也体现了广东话语言的一种包容性。在一群人中,只要有一个不会讲广东话,所有的人都

[①] 杨宏海:《深圳文化研究》,花城出版社2001年版,第252页。
[②] 深圳市规划国土委、深圳老地名发掘整理工作室／文 http://finance.ifeng.com/roll/20110525/4066204.shtml

可以不讲广东话去迁就他一个人，也就是说所有的人可以为了不会讲地方方言的人而改用普通话交流。深圳本土与移民交融发展的最重要的媒介就是正式交流场合中普通话的流行，这种宽松的语言环境甚至影响到深圳周边接轨的东莞、惠州等地。可见，深圳在语言层面也是既保留本土方言，又尊重外来移民的语言习惯。

2. 深圳精神文化充分融合本土传统文化与时代精神

深圳精神植根于中华民族优秀传统文化土壤，孕育在深圳这个改革开放的前沿阵地，体现了鲜明的时代特色和创新精神，是深圳人民新时期开创新事业的重要精神动力。深圳精神形成于20世纪90年代初，原为"开拓、创新、团结、奉献"八个字。2002年3月至8月，深圳市开展了"深圳精神如何与时俱进"大讨论活动，在社会各界引起了强烈反响。深圳市委常委会集中全市人民的建议和意见，经过慎重研究，决定将深圳精神重新概括为四句、十六个字。新的深圳精神是"开拓创新、诚信守法、务实高效、团结奉献"。[1]

这十六个字的深圳精神就充分地融合了中华民族优秀传统文化、深圳本土文化和时代精神。其中"开拓创新"是深圳这座城市的基因。"改革创新是深圳的根、深圳的魂"，深圳本身就是创新的产物，反映深圳本土文化特点，是深圳文化最大的特色；同时，开拓创新又是当今这个时代最重要的特点，因而它又是一种时代精神的体现。作为中国改革开放的前沿和窗口，深圳经济特区从它成立那天起，就承担着为中国的改革开放探路的使命。四十年的发展证明，深圳很好地完成了这一伟大的任务，四十年时间，在一个小渔村上奇迹般地崛起了一座现代化创新型国际大都市，创造了中国改革开放历史上无数的第一，靠的就是这股勇于开拓创新的精神。

"诚信守法"是社会主义市场经济的基本要求，也是深圳移民城市特性的必然反映。因此，这一精神特质既是时代精神的反映，也是深圳城市人口特点的反映。深圳是一座以移民为主的城市，因而这里没有其他传统因素组成的亚文化圈子，人口都是来自全国各地甚至世界各地的陌生人，彼

---

[1] 孙萌萌整理深圳精神 https://wenku.baidu.com/view/e95c5c93a417866fb94a8e52.html

此之间缺乏相互信赖的基础，靠的就是"诚信守法"。而深圳在社会主义市场经济改革过程中，无论是深圳市政府、企业还是普通市民都深感"诚信守法"对于建立和完善社会主义市场经济体制的重要性。因此，"诚信守法"很容易在深圳市民中引起共鸣。

"务实高效"既是岭南传统文化的重要特点，也反映出深圳干事创业的鲜明时代特色。深圳文化继承了岭南文化的务实传统，把岭南文化的务实传统与特区建设过程中的实干精神有机结合起来，表现出很强的求真务实的特性。深圳是岭南文化的代表，关于岭南文化的特色，不少学者将其概括为开放性、重商性、兼容性、务实性、多元性、远儒性等等，但我们认为，其中最重要的还在于它的开放务实，这既是岭南人的个性特征，也是岭南文化的重要特色。正是这种务实的精神，才打造出深圳这座城市建设的高效率和高速发展。同时，"务实高效"也是深圳改革开放的现实需要。深圳这座城市承担了太多的使命和责任，被寄予了太多的希望和重托，重任在肩，哪里能容得下"空谈"和"低效"？因而，在深圳"空谈误国，实干兴邦"的观念深入人心，也成为每个深圳人的行动指南。

"团结奉献"也充分地体现了本土文化与时代精神的融合。深圳从一个荒凉的渔村小镇建设成为一座朝气蓬勃的现代化大都市，离不开全国各地和全国人民的支持和帮助。发展起来的深圳没有忘记全国人民对深圳的贡献，通过各种方式回馈社会，以实际行动弘扬无私奉献的精神。深圳是国家对口帮扶、精准扶贫战略的主力军，在深圳工作的人源源不断汇往家乡的汇款，成为支撑家乡和自己家庭生存和发展的主要经济来源，深圳各大企业、各单位也都把奉献精神作为自己文化建设的重要内容，可以说，崇尚奉献已经成为深圳人的一种文化自觉。至于"团结"，是中国传统文化中"和"文化的重要反映，中国人讲究"和为贵"，"家和万事兴"。习近平总书记在中国国际友好大会暨中国人民对外友好协会成立60周年纪念活动上的讲话中也明确指出："中华文化崇尚社会和谐，中国'和'文化源远流长，蕴涵着天人合一的宇宙观、协和万邦的国际观、和而不同的社会观、人心和善的道德观。"同时，"团结"也是深圳移民城市文化建设的客观需要。来自五湖四海的深圳移民，团结得好，是深圳的新生力量，团结不好，可能阻碍特区发展，甚至成为特区的不稳定因素。因此，"团结"的精神对于深圳来说就显得十分重要，这也是深圳改革开放实践的重要经验总结。

当然，随着时代的进步，人员的变迁，深圳精神文化的内核还在不断发展完善中。虽然精神有可意会不可言传的部分，但是我们相信，人的融合，生产和生活的进一步趋同，最终也会带来本土文化和世界文化的融会贯通，深圳精神将在这样的融会贯通中进一步发展创造与完善。

三、在面向世界过程中彰显深圳文化特色

1. 彰显开放创新的深圳文化特色

一个城市的文化品位包括一个城市的文化品质、文化地位以及文化影响力等因素，具体包括城市公共设施、历史文化、文化团体及其机构、物质生产及商业品牌等内容。按照托夫勒（Toffler）的说法，"哪里有文化，哪里早晚就会出现经济繁荣，而哪里出现经济繁荣，文化就向哪里转移"。当然，因为时空的原因，历史的积淀和自然地理环境的影响，以及一个地方人的物质和精神文化的创造，加上海纳百川的胸怀和特点，城市就会逐渐形成独特的文化品位。

作为一个移民城市，深圳正好具备了这些天时、地利、人和的因素。

首先，深圳是开放的。深圳毗邻香港，深圳新时期的移民文化深受香港影响，以世界性的现代文化为追求目标，从被动渗透到主动引进世界各地先进的思想道德文化，经过这个融合过程，帮助国策"一国两制"的实现；深圳文化中的开放、兼容、多层次也为中国港澳台同胞、海外华人以及其他民族国家的人们所接受。[①]

其次，深圳是创新的。深圳改革开放之初的市场竞争，激发了传统文化创新的内核，使移民文化不断产生一种创新的状态，容易出现新观念、新思想、新做法。深圳精神几经修改，开拓创新始终为首，这是深圳人的共识，也是深圳发展历史的证明。在改革开放之初，在政策大好的情况下，移民们开拓创新、独立进取、善于学习、勇于探索，敢为天下先，在深圳

---

① 吴俊忠主编：《深圳文化三十年——民间视野中的深圳文化读本》，商务印书馆2010年版，第162页。

率先学习西方先进制度，实行土地拍卖、劳动用工聘用，开办人寿保险业务，都是在当时的中国无先例可循的情况下创造出来的。从招行银行、平安银行到华为、腾讯等名企的创立都与这个精神内核紧密相关。

从高品质文化城市的建设来看，深圳文化还欠缺些时间的积淀，表现在文化的特色还不够突出，市民的文化素养还有待进一步提高。这种提高当然也应该是本着立足本土与面向世界相统一的精神来实现的：要注重城市自身文脉的保存，要加强高等教育的世界性与文化性建设，要继续加强城市的硬件环境和公共设施的建设，要打造属于我们城市自身的独特的、标志性的文化品牌。

2. 在学习借鉴世界优秀文化成果中创造深圳文化品牌

2003 年，社会科学文献出版社出版了《中国城市竞争力报告》，规定城市文化竞争力的四项指数包括价值取向指数、创新氛围指数、创业精神指数、交往操守指数，综合测评的结果，深圳在全国 200 个大中城市的评比中，文化竞争力全国第一，标志着深圳在文化综合实力方面已经走在中国其他城市的前列。综合言之，经过 40 年的打拼与努力，深圳已然摘掉了曾被一些人戴上的"文化沙漠"的帽子，用中国人民大学国学院院长、著名学者冯其庸先生的说法，"深圳文化必定前途无量，前景广阔"。[1]

回顾历史，作为一个新兴的移民城市，深圳文化建设所取得的举世瞩目的成就实际也是从学习近邻中国香港而开始迈出其接轨世界的第一步的。

作为改革开放的前沿阵地，深圳通往世界标准的第一个参照系恰恰就是近邻香港。据移民回忆，刚到深圳的"新人"，将被在深圳混迹一年以上的"老人"铺天盖地的"崇洋媚外"洗脑。随身听、电子表、BP 机、大哥大、555、万宝路香烟等，被视为武装自己的洋货，这些货品，统统是从香港进口过来的。不仅如此，深圳有着如此快速的发展，离不开香港作为深圳的榜样，深圳的城市建设以及早年太多的深圳房企，都在学习香港。这些房地产企业包括以华润为代表的央企、以嘉里为代表的港企、以深业为代表的国企、以万科为代表的民企……香港至今保持着国际都会的前沿

---

[1] 陈永林、郑军编著：《承传与融合——深圳文化创新》，中央编译出版社2017年版，第73页。

理念和超高气场，深圳也依然需要香港"老牌"房企参与深圳的城市建设，让深圳以最快捷的路径，接轨世界级的城市辉煌。前海嘉里中心是前海深港合作区第一部成就巨著，从规划阶段就开始关注客户的工作和生活需求。通过结合嘉里各方资源和经验构建可持续发展的社区体系，打造出高端客户个性化的有机生长精英社区，同时推动全新国际理念的持续迭代更新及有机成长。从特区到湾区，与深圳共成长，成就带有国际视野的合作区，驱动深圳快速迈进世界级的大都会行列。[1]

不仅如此，回顾深圳各系统整个改革开放的历史，都是在这样的指引下完成了它的辉煌改革与创新发展之路的。

1981年，参照香港酒店模式，深圳竹园宾馆进行人事制度改革，解雇了一些违纪员工，提高了宾馆服务水准，使得与外商的合作经营得以持续。[2]

1981年，深圳引进第一家外资金融机构，目前在深圳的外资金融机构共有28家；以招商银行在纽约设立分行为标志，深圳金融机构目前已经在美国以及中国香港地区设立了3家分支机构或代表处。[3]目前，深圳已经形成了涵盖国有制、股份制、外资参股等多种所有制形式并存、门类齐全的市场组织体系。按照新华道琼斯国际金融中心发展指数报告（2014年），全球综合竞争力最强的国际金融中心依次排列，深圳排第15名。[4]

因为邻近香港，港币在深圳市面上能够自由流通。1985年，深圳开办了全国第一个外汇调剂中心；1986年开始，调剂业务进一步放开，调剂对象扩大到外商投资企业；1986年年底，进一步放宽政策，调剂对象扩大到所有企事业单位，交易的货币由单一的美元转为多种外币，包括日元、马克、法郎、英镑、港币等，交易方式更加灵活。一年的时间，由外汇调剂

---

[1] 《改革开放40年，深圳在记忆更替中阔步飞奔世界大都市》，http://sz.house.163.com/17/1225/09/D6GA8QG1000786DO.html

[2] 陈永林、郑军编著：《承传与融合——深圳文化创新》，中央编译出版社2017年版，第38—39页。

[3] 同上书，第41页。

[4] 同上书，第43页。

中心调剂的外汇累计达到 100 多亿美元。①

2004年,深圳借鉴国外经验,设立了"深圳市市长质量奖",先后有华为、中兴通讯、招商银行、圣廷苑酒店、康佳集团、创维电子、天虹商场、深圳航空、金蝶软件、信义玻璃、深圳高速、南海油脂等企业获得该奖项。"市长质量奖"催生了几个"世界名牌产品",在国内外激烈的市场竞争中赢得了声誉。获奖企业在国际化、经营转型等方面持续突进,经营管理达到国际水平。"市长质量奖"的推行,有效拓展了企业在全球化背景下的战略管理思维,使深圳在技术创新之后,积极推进了管理创新,增强企业的创业发展能力。②

深圳是中国现代平面设计的发源地,中国现代设计运动发展比较早的地区之一。2008年,深圳加入联合国教科文组织全球创意城市网络,获得"设计之都"称号,成为全球第六个获得该荣誉的城市。③

联合国教科文组织把"设计之都"的美誉授予深圳,既标志着深圳致力于自主创新、发展文化创意产业得到国际认可和尊重,也意味着这个城市在"速度深圳"、"效益深圳"上取得卓然成就后正向"创意深圳"、"人文深圳"大步跨进。深圳城市的文化创意产业发展有了更宽广的国际舞台。深圳也将承担"中国设计的窗口"的角色:世界其他城市最新的创意理念和设计思想,将从深圳传递到全国;而国内最有创造力和富含文化意蕴的设计作品,也将从深圳走向世界。

荣获此美誉,对深圳提升创意设计能力,向世界一流靠拢提出了更高的要求:不仅要制订更为智慧的政策,加大创意投资,吸引更多国内外优秀的设计人才来深圳贡献智力,而且需要动员全体市民参与创新,让创意和有创意的人与企业受到尊重、得到支持,使自主创新成为城市"活的文化、新的传统",助力深圳抢占全球创意产业制高点,引领世界的

---

① 陈永林、郑军编著:《承传与融合——深圳文化创新》,中央编译出版社2017年版,第36页。
② 同上书,第47页。
③ 同上书,第112页。

设计潮流。① 深圳平面设计的行业发展曾经深受香港影响。目前深圳的许多著名平面设计师在国际上都有一定的影响力。2015 年，工业设计从业人员约占全国的 1/4，IF 国际大奖和红点奖获奖总数连续 4 年居全国首位。② 2015 年深圳共荣获德国红点产品设计奖 35 项；德国 IF 设计大奖 42 项。

最能代表深圳"设计之都"地缘优势和城市品牌形象的，首推华侨城创意文化园和田面设计之都产业园，其次还有深圳龙岗大芬油画村和观澜版画原创基地。大芬村每年生产和销售的油画达到 100 多万张，年出口创汇 3000 多万元，被国内外的艺术同行誉为"中国油画第一村"。③

大芬村油画业从一开始就适应市场经济的客观要求，坚持以市场为导向。在后来的发展中，从生产到销售，从经营到管理，虽然采取了本地化策略，却放眼世界，具备了国际化视野。大芬村立足本土，积极参与国际文化市场的博弈，从而增强了自身文化的市场竞争力。大芬油画实施"走出去"发展战略，为我国文化产品出口做出了巨大贡献。如今，美国、英国、法国、德国、澳大利亚等国不少城市都有大芬村的油画经销商，大芬油画已经走俏了欧美 10 多个国家的艺术市场。再加上深圳各级政府的支持，政府通过文博会很好地将大芬村介绍给了世界，也让世界更好地了解了中国的油画创作市场。

深圳文化创意产业已走向世界。中国（深圳）国际文化产业博览交易会 2004 年创办，成为促进中华文化走出去的国家级平台。深圳华强方特自主研发的特种电影系统输出美国、加拿大、意大利等 40 多个国家和地区，每年配套出口 20 余部影片。华强方特原创动漫作品出口 20 万分钟，覆盖美国、意大利、俄罗斯、新加坡等 100 多个国家和地区，登录多家全球知名主流媒体。深圳腾讯、A8 音乐集团、华视传媒等一批深圳优秀文化企业在境外实现上市。深圳发展国际友好城市 73 个，遍布全球五大洲。2013 年，

---

① 吴俊忠主编：《深圳文化三十年——民间视野中的深圳文化读本》，商务印书馆 2010 年版，第 108—109 页。

② 陈永林、郑军编著：《承传与融合——深圳文化创新》，中央编译出版社 2017 年版，第 121 页。

③ 同上书，第 130 页。

深圳大型交响乐《人文颂》应联合国教科文组织邀请在法国联合国教科文组织总部演出，向全世界展示中国人和中国文化的特质。2016年10月全国"双创周"及第二届"深圳国际创客周"大咖云集，全球各国创客汇聚一堂。创办于2010年的中国新媒体短片节，第七届共收到110个国家和地区几千部参展短片，呈现出国家机构参展比例高等几个特点。深圳还举办了多种在国际有重大影响的比赛活动。每年国际"深圳欢乐谷魔术节"也云集了各国各地区魔术师。[1]

2013年深圳《人文颂》在法国巴黎联合国教科文组织总部的上演，为第32个国际和平日奏响了华夏正音，它表现的"仁义礼智信"，不仅是儒家文化的核心精髓，也契合当今世界人民共同遵循的价值准则；她倡导的"和而不同"、"以和为贵"以及追求人的权利和尊严等核心理念，与联合国教科文组织倡导的"新人文主义"在本质上是一样的。[2]深圳继承传统文化，走向世界，积极参与世界文化价值体系建构、推进世界和平发展，表现了其立足本土与走向世界的一致性。

40年来，深圳围绕着建设创新型、现代化国际性城市的目标，已经逐步发展成为我国中外文化交流的窗口、文化商品交易的市场，现代文化产品生产的基地、文艺精品和优秀文化人才荟萃的中心，基本形成了具有开放性、兼容性、先导性并充满活力的国际性都市文化，并努力营造高层次、高质量的人文环境和健康良好的文化氛围，[3]已走在把深圳建设成为现代文化名城的康庄大道上。

当然，这种现代性，不只是文化世界性和与西方同步接轨，按照《深圳市文化发展规划》所表述的，"建设现代文化名城就是建设面向现代

---

[1] 张骁儒主编：《深圳文化发展报告（2017）》，社会科学文献出版社2017年版，第255—256页。

[2] 彭立勋主编：《全面深化改革与城市文化建设：深圳文化蓝皮书（2014）》，中国社会科学出版社2014年版，第4页。

[3] 陈永林、郑军编著：《承传与融合——深圳文化创新》，中央编译出版社2017年版，第60页。

化、面向世界、面向未来的,民族的,科学的,大众的现代城市文化"[1],这意味着深圳先进文化既"海纳百川、唯实唯物、尊重多样化、追求竞争"[2],也已经为传统文化与现代文明的融合提供了良好的契机。深圳的先进文化就是既改革创新又兼容并蓄。在改革开放的道路上深圳经历的最多,改革的成功,也是深圳先进文化立足本土与面向世界统一的最好诠释。

---

[1] 吴俊忠主编:《深圳文化三十年——民间视野中的深圳文化读本》,商务印书馆2010年版,第16页。《深圳市文化发展规划》更是高屋建瓴地指出:'建设现代文化名城就是建设面向现代化、面向世界、面向未来的,民族的,科学的,大众的现代城市文化。'

[2] 同上书,第32页,"深圳文化就是那种海纳百川、唯实唯物、尊重多样、追求竞争的文化。——李德顺(中国社科院教授)"

第六章　深圳先进文化的历史作用

马克思主义唯物史观认为，生产力的发展是社会变迁的最终动力，也是推动文化进步的根本力量。与此同时，文化的发展也能够给生产力和社会发展以强大的能动作用。改革开放四十年来，深圳先进文化对深圳不断推动改革开放、建设社会主义和谐社会、提升城市形象、助力深圳市民的全面发展提供了强大的精神动力和方向保障。

第一节　深圳先进文化推动改革开放进程

深圳是中国改革开放的前沿，深圳社会主义先进文化的建设是在改革开放的实践基础上逐渐凝练形成的，可以说"改革"和"开放"本身就是深圳社会主义先进文化的一个最为鲜明的特色。当然，深圳社会主义先进文化的建设也在不断地推动着深圳乃至全国改革开放的历史进程。

一、为不断深化改革提供强大的精神动力

观念的更新往往是现实变化的先导。四十年前的中国社会，传统计划经济体制的弊端日渐凸显，越来越严重地压抑着人们的创造性，许多人受困于意识形态的教条，在强大的社会舆论、习惯势力影响下，忌讳改革、害怕改革。[①] 改革要攻坚克难，必须首先从思想和精神层面实现突破。深圳经济特区一诞生就担当起了解放思想、"敢为天下先"的历史使命。深圳以一个个崭新的观念，率先回答了中国在改革开放中碰到的诸多

---

① 梁英平、谢春红等：《深圳十大观念解读》，中山大学出版社2012年版，第69页。

难题，在一个个关键节点上爆发，形成巨大冲击波，助推历史前行：是深圳人率先提出了"时间就是金钱，效率就是生命"、"空谈误国，实干兴邦"等口号，成为社会主义市场经济破壳的标志；是深圳率先掀起了"时间"与"金钱"的大讨论，突破传统经济体制束缚，在基建体制、劳动用工及工资制度、土地拍卖、住房制度和社会保险制度、企业股份制改革等方面进行了鲜活的实践探索；是深圳勇于直面姓"社"姓"资"问题的争论，通过"以立为主，破立结合"的大胆试验，推进所有制改革，发展混合所有制经济，大力发展资本市场，逐步形成比较完善的市场体系和比较规范的运作机制，初步搭建了市场新经济的基本框架；更是深圳率先高举"创新"大旗，大力发展高新技术产业，建立为高科技产业发展服务的资本市场服务体系，推动特区外农村城市化、完成了市属国有企业的产权改革和国有资产管理体制的调整，率先启动事业单位的改革、"大部制改革"、社会组织治理改革、商事登记制度改革、推动前海开发、搭建"大众创业、万众创新"的高端平台[1]……可以说，随着深圳社会主义先进文化主要观念的逐渐成熟，深圳的改革开放也在不断深入。深圳先进文化已经成为中国改革开放观念的孵化器，成为中国市场经济、社会乃至政治文明的一个思想引擎。深圳当年很多创新观念和实践，如今都已经成为经济领域耳熟能详的基本国策。特区史上诞生的一批批新理念新口号，不独属于深圳，它们是时代精神的高度浓缩，是中国改革历程的生动注脚。

　　从根本上说，深圳先进文化是党中央战略新思想的集中体现，是"国家立场"的深圳表达。"时间就是金钱，效率就是生命""空谈误国，实干兴邦""敢为天下先"等观念及其引领的实践探索，印证和丰富了邓小平理论中关于改革开放和经济特区发展的思想。同时，邓小平理论又给深圳先进文化奠定了法理基础和理论来源，如果没有小平同志的支持，这些观念也很难在舆论上得到支持，也不会被广泛宣传。[2]没有党中央的支持，没有党的理论创新支持，深圳先进文化就不可能诞生。从这个意义上说，深圳

---

[1] 张思平：《深圳与中国改革开放四十年》，《特区经济》2018年第6期。
[2] 王京生：《城市文化"十大愿景"》，中国人民大学出版社2015年版，第37页。

先进文化不仅是深圳人民在实践中的创造，是深圳经验的浓缩表达，是对当今深圳发展成就的生动阐释，更是时代精神的产物，是对新时期我们党的理论创新成果的重要印证和贡献。可以自豪地说，改革开放的伟大成就首先源于思想解放带来的人们的价值观念的更新，而深圳之所以为人们称道，除了经济发展的成就之外，更重要的是深圳孕育产生的先进文化对整个改革开放进程的巨大推动作用。

二、为始终坚持改革的正确方向保驾护航

方向问题至关重要，坚持什么样的方向，决定着改革的性质和最终的成败。党的十九大报告指出，"全党要更加自觉地增强道路自信、理论自信、制度自信、文化自信，既不走封闭僵化的老路，也不走改旗易帜的邪路，保持政治定力，坚持实干兴邦，始终坚持和发展中国特色社会主义"。40年来，深圳改革之所以能够顺利推进并取得历史性成就，根本原因就在于始终坚持了正确的改革方向，而这一成就的取得与深圳市在改革开放中培育的先进文化是分不开的。

始终高举旗帜，引领改革开放的正确方向是深圳先进文化的首要使命。20世纪80年代末90年代初，国内外政治经济风云变幻。"左"的思想倾向再次气势汹汹地卷土重来。一时间针对深圳经济特区各种改革举措的大帽子、大棒子满天飞。有人就认为，"这种经济体制改革，说到底，是取消计划经济，实现市场化"，"不问姓'社'姓'资'，必然会把改革开放引向资本主义道路而断送社会主义事业"……1992年1月，在深圳国贸中心的旋转餐厅上，邓小平说："对办特区，从一开始就有不同意见，担心是不是搞资本主义。深圳的建设成就，明确回答了那些有这样那样担心的人。特区姓'社'不姓'资'。"[①] 随后，邓小平同志又在上海对改革的方向进行了重申："到本世纪末，上海浦东和深圳要回答一个问题，姓'社'不姓'资'，两个地方都要做标兵。要回答改革开放有利于社会主义，不利于资

---

① 林毓瑾：《深圳引发的四场全国大讨论》，http://www.sznews.com/zhuanti/content/2013-02/17/content_7708105.htm。

本主义。这是个大原则。"①邓小平同志的讲话，为深圳的改革探索和城市文化的建设奠定了总的基调，那就是深圳的改革探索，本质就是完善和发展中国特色社会主义制度。深圳先进文化的建设也有着明确的目标，那就是为坚持中国特色社会主义的正确方向保驾护航。

与社会主义核心价值观高度契合是深圳先进文化的基本特征。深圳先进文化中所包含的诸多价值观念本身就是社会主义核心价值观的朴素表达。例如"深圳十大观念"中的"时间就是金钱，效率就是生命"、"空谈误国，实干兴邦"、"敢为天下先"、"改革创新是深圳的根、深圳的魂"本身就是对富强、爱国、文明、敬业等核心价值理念实践路径的探索；"让城市因为热爱读书而受人尊重"、"实现市民文化权利"等体现深圳人文化自觉意识的观念蕴含着自由、平等、公正、法治等核心价值；"送人玫瑰，手有余香"、"深圳，与世界没有距离"、"来了，就是深圳人"处处体现出了深圳这座城市的文明、和谐、友善……正如学者王京生所说，这些深圳的观念和文化"是社会主义核心价值观构建过程中的城市实践和城市样本，是结合特有的历史条件、时代背景和城市特点，对深圳文化、深圳精神的高度凝练和深刻总结，既反映了与核心价值观相一致、相协调、相匹配的价值立场、价值原则和价值追求，同时也凸显了深圳的城市特色和价值。"②这些观念的形成，为深圳改革开放过程中始终体现社会主义核心价值观的要求，保证深圳改革开放的社会主义方向提供了重要的思想保障。

坚持一切从人民根本利益出发的立场是深圳先进文化的核心共识。为了谁、依靠谁是一个关乎历史观、关乎立场和原则的根本性问题。习总书记指出："人民对美好生活的向往就是我们的奋斗目标"，"必须始终把人民利益摆在至高无上的地位，让改革发展成果更多更公平惠及全体人民，朝着实现全体人民共同富裕不断迈进。"改革为了人民、改革依靠人民是深圳改革开放事业能够取得重大成功的根源所在。深圳特区成立以来，深圳人民的生活水平获得了飞速的提高。1979年，深圳宝安一个农民的劳动日收入只有0.7—1.2元，2017年深圳居民可支配收入达到了52938元，政

---

① 冷溶、汪作玲：《邓小平年谱（1975—1997）》，中央文献出版社2004年版，第1340页。
② 王京生：《城市文化"十大愿景"》，中国人民大学出版社2015年版，第42页。

府财政对民生的投入力度也逐年加大，十八大以来全市财政九类民生领域投资近一万亿元，年均增长 22.6%，人民生活的幸福感、获得感大大增强。同时，深圳市委、市政府作为改革的组织者和推动者，十分注意尊重和保护广大人民群众的改革积极性和创造性，及时总结基层群众创造的改革经验，将其上升为政府决策进行推广。每当一项改革措施出台时，市政府都向广大人民群众进行宣传、教育，以取得群众的理解、支持和参与。政府、企业、群众一起形成合力，上下结合共同推进改革，这是深圳的一项重要经验。①

加强和完善党的领导，是深圳先进文化保持先进性的重要法宝，更是坚持改革正确方向的稳定基石。深圳经济特区的发展成就，体现着深圳市委围绕发展抓党建、抓好党建促发展的执政思路。体现着执政为民、人民共享经济特区成果的执政理念；体现着提高领导水平、创新党建工作机制的探索精神；体现着深圳市各级党组织和广大党员执政能力建设和先进性建设的成果；体现着党组织带领各方面力量推进跨越式发展的凝聚力和战斗力。特区党组织成功地走出了一条不搞"政治运动"，而靠改革和制度建设的新路子，形成了比较完备的党内制度体系，使党内生活的各方面基本做到有章可循。可以说，深圳经济特区发展的历史是不断加强党员干部队伍建设，为特区建设和跨越式发展提供了坚强有力的组织保障的历史；是不断提高领导水平和执政水平，以改革创新精神全面推进党的建设的历史；是不断创新党建工作机制，增强党组织的创造力、凝聚力和战斗力的历史。②

三、为正确处理全面深化改革的重大关系提供理念基石

习近平总书记指出，"应对当前我国发展面临的一系列矛盾和挑战，关键在于全面深化改革。必须从纷繁复杂的事物表象中把准改革的脉搏，把

---

① 陈洪博：《回顾：深圳经济改革的基本经验》，《光明日报》，(http://news.sina.com.cn/china/1999-10-18/22937.html)。
② 深圳市委党校课题组：《改革开放30年深圳经济特区党的建设回顾与思考》，《特区实践与理论》2008年第11期。

握全面深化改革的内在规律，特别是要把握全面深化改革的重大关系，处理好解放思想和实事求是的关系、整体推进和重点突破的关系、顶层设计和摸着石头过河的关系、胆子要大和步子要稳的关系、改革发展稳定的关系。"深圳先进文化所提出的一系列先进的思想观念和改革理念为深圳在全面深化改革的过程中处理好五种重大关系，把握全面深化改革的内在规律奠定了坚实的思想基础。

实事求是，一切从实际出发，理论联系实际，坚持实践是检验真理的唯一标准，是我们党的思想路线，而解放思想是实事求是的应有之义。正如邓小平同志所讲，"解放思想，就是使思想和实际相符合，就是实事求是"。[①] 同时，解放思想又是实事求是的前提，如果不解放思想就无法做到实事求是，不能够继续深化改革，这是我们党重要的历史经验，也是深圳在改革开放中凝练的社会主义先进文化的内核。从"空谈误国、实干兴邦"口号的提出到用近40年的时间向全国人民交上一份社会主义市场经济建设伟大成就的精彩答卷，深圳人始终如一地体现了求真务实的作风和品格。可以说解放思想、实事求是就是深圳先进文化的思想先导。深圳今天的成就，正是深圳人民实事求是追求真理，尊重社会发展的客观规律，与时俱进，突破对社会主义的僵化认知，"杀出一条血路"的结果，体现了解放思想与实事求是的统一。

改革开放是一个系统工程，必须统筹兼顾，协调发展，处理好整体推进和重点突破的关系。整体推进，才能统筹协调，把握改革大局；重点突破，才能以点带面，激发改革动力。把深圳作为改革开放先行试点城市，本身就是重点突破，以点带面，最终实现改革开放整体推进的国家战略；深圳自身也在改革的过程中始终坚持了这一战略，在不同的历史时期，都能明确改革的重点，同时又能够统筹兼顾，协调发展，最终实现经济、政治、社会、文化、生态五位一体全面发展。

唯物辩证法认为，认识从实践中产生，随实践而发展，认识的根本目的是为了实践，认识的真理性也只有在实践中才能得到检验和证明；认识

[①] 《邓小平文选》第二卷，人民出版社1994年版，第364页。

的发展过程是从感性认识到理性认识,再由理性认识到能动地改造客观世界的辩证过程。①在改革过程中,一方面重视制度规划的"顶层设计",另一方面又充分尊重干部群众在实践中"摸着石头过河"的探索精神,二者紧密结合,充分互动,构成了深圳改革开放的一项重要的方法论,也构成了深圳社会主义先进文化的重要组成部分。

对改革发展稳定关系的正确理解也是深圳社会主义先进文化的重要内容。改革是发展的动力,是实现长期稳定的基础;发展是改革的目的,是稳定最可靠的保证;稳定则是改革、发展的前提条件,也是发展的重要要求。②可以说,处理好改革发展稳定的关系本身就是深圳市设立的重要初衷。20世纪50年代到80年代,毗邻香港的广东省地区发生了大规模的"逃港"事件,从1954年到1980年,官方明文记载的"逃港"事件就有56.5万多人次之多。广东省委书记习仲勋沉痛地说:"我们自己的生活条件差,问题解决不了,怎么能把他们叫偷渡犯呢?……不能只是抓人,要把我们内地建设好,让他们跑来我们这边才好。"习仲勋深刻地认识到,发展生产,改善人民生活,尽快缩短与香港的差距,才能稳定人心,有效地刹住这股偷渡外逃风。在1978年底召开的中央工作会议上,习仲勋就向中央建议,给予广东更多优惠政策,让广东能够优先发展,在对外开放中起到龙头作用。1980年8月26日,中国经济特区正式诞生。当年负责特区筹建工作的吴南生后来回忆说:"最令人感到高兴和意外的是,在特区条例公布后的几天,最困扰着深圳——其实也是最困扰着社会主义中国的偷渡外逃现象,突然消失了!确确实实那成千上万藏在梧桐山的大石后、树林中准备外逃的人群是完全消失了!"③1989年,全国一些城市出现动乱,而深圳是比较稳定的。有人把这称作是"深圳现象"。"深圳现象"进一步为中国改革开放提供了有力的经验支撑,那就是:在社会主义国家中,经济越繁荣,人民得到的实惠越多,越会珍惜改革开放带来的成果,内聚力和吸引

---

① 何兰生:《摸着石头过河和加强顶层设计是辩证统一的》,http://theory.people.com.cn/n1/2016/0822/c49150-28653833.html

② 习近平:《关于〈中共中央关于全面深化改革若干重大问题的决定〉的说明》,《人民日报》2013年11月16日第1版。

③ 黄金生:《习仲勋80年代终结广东"大逃港"》,《中老年时报》2014年12月19日第7版。

力越强，社会也就越稳定，而人心和社会的稳定，又为进一步繁荣经济创造了良好的条件。①

四、为全面提高城市的对外开放水平提供观念引领

开放包容、敢闯敢试，大胆吸收借鉴发达国家优秀文明成果，深圳先进文化的这些观念从物质、制度到精神层面，由浅入深、由表及里、由内化到外化，不断提升着这座城市的对外开放水平。②

以邓小平同志为核心的第二代中央领导集体决心设立深圳特区的目的就是"观察当代资本主义经济的发展与变化，学习国外先进的技术和管理经验，作为国内经济体制改革的试验地"。③引进西方先进技术是缩短我国与西方发达国家的技术水平差距的效率最高的途径，同时技术设备属于文明最表层的东西，在两种异质文明接触时最容易被接受。因此，邓小平同志的名言："科学技术本身并没有阶级性，资本主义可以用，社会主义也可以用"成为深圳启蒙国人开放观念的最强有力话语。

外国的大型技术设备引进前后，如何与原有的配套设施、人才结构、管理理念、管理体制等相衔接的问题，迫使进一步学习国外先进的体制，改革原有经济体制等任务被突出地提了出来。此时，邓小平同志的讲话再一次奠定了深圳改革开放先进文化的基调。邓小平同志指出："任何一个国家要发展，孤立起来，闭关自守是不可能的，要引进国际上的先进技术和装备，作为我们发展的起点。我们要用经济方法管理经济。自己不懂就要向懂行的人学习，向外国的先进管理方法学习。不仅新引进的企业要按人家的先进方法去办，原有企业的改造也要采用先进的方法。"④由此，深圳特区开始对外来制度文明进行了大胆的引进。以基建机制、价格机制、劳工和工资机制、外贸机制、土地使用机制、现代企业管理制度为代表的经

---

① 蔡衍振、吴壮伟：《关于社会主义社会稳定和发展的思考——深圳实践的启示》，《党校论坛》1991年第3期。
② 樊锐：《深圳经济特区借鉴外来文明成果的特点》，《党史研究与教学》2012年第2期。
③ 中共中央文献研究室：《邓小平思想年谱（1975—1997）》，中央文献出版社1998年版，第45页。
④ 同上书，第139页。

济体制改革率先启动。行政机构、科技体制、教育体制、文化体制等方面的改革也开始充分借鉴国外经验，并迅速取得了令人瞩目的成绩。①

著名社会学家英克尔斯（Inkeles）曾经指出："一个国家能否实现现代化，关键的一点在于国民能否从文化心理和行为方式上都能与现代化的发展同步前进，否则再完美的现代制度和管理方法，再先进的工艺技术，也会在传统人的手中变成废纸一堆。"② 1986 年《中共中央关于社会主义精神文明建设指导方针的决议》强调，"对外开放作为一项不可动摇的基本国策，不仅适用于物质文明建设，而且适用于精神文明建设"。③ 1992 年南方谈话中邓小平强调："总之，社会主义要赢得与资本主义相比较的优势，就必须大胆吸收和借鉴人类社会创造的一切文明成果。"④ 这表明邓小平提倡的吸收外来文明成果，不是仅仅停留在对文明的物质层面和制度层面上，而是要大胆全面地吸收人类社会创造的优秀文明成果。在上述思想指导下，深圳逐步把文化领域的改革提到日程上来，不断扩大文化领域的对外开放，努力使文化的转型同经济政治的改革相协调。深圳特区形成了与市场经济相适应的时效观、开拓观、竞争观、兼容观、义利观，以及"开拓、创新、团结、奉献"的深圳精神，激励深圳人创造了"三天一层楼"的速度，在短时间内建起了初具规模的现代化城市。特区的民众率先从传统深处走来，与新的行为方式和文化价值观念会面，也为中国传统文化的创造性转化发挥了"观念先导"的作用。⑤

深圳开放包容的先进文化除了起到促进深圳吸纳国外先进文明成果的作用外，还承担着促进中外文化沟通，弘扬国家文化主权，彰显文化自信与自觉的历史使命。中共深圳市第六届委员会第九次全体会议提出，到 21 世纪中叶，深圳将力争成为竞争力影响力卓著的创新引领型全球城市。全球城市必须是在全球政治、经济等社会活动中处于重要地位并具有主导作

---

① 樊锐：《深圳经济特区借鉴外来文明成果的特点》，《党史研究与教学》2012 年第 2 期。
② ［美］英克尔斯：《人的现代化》，殷陆君译，四川人民出版社 1985 年版，第 8 页。
③ 中共中央文献研究室：《社会主义精神文明建设文献选编》，中央文献出版社 1996 年版，第 245 页。
④ 《邓小平文选》第 3 卷，人民出版社 1993 年版，第 380 页。
⑤ 樊锐：《深圳经济特区借鉴外来文明成果的特点》，《党史研究与教学》2012 年第 2 期。

用和辐射带动能力的国际大都市，它不仅要在科技、金融领域具备强劲竞争力，也要在文化领域有着广泛话语权。[①] 深圳作为在国家复兴战略中拥有重要地位和责任担当的城市，其先进文化不仅塑造着深圳人的思维习惯，影响着深圳人的行为方式，引导中国社会的价值趋向，也必将成为社会主义先进文化的战略支撑点和重要载体。

五、为敞开胸怀，广纳人才奠定文化共识[②]

马克思主义唯物史观认为，人是生产力中最活跃的因素，人才是人力资源中的先进部分，是科技创新的主要承担者。城市之间的竞争实质上就是人才的竞争。谁拥有人才，谁就掌握了经济与社会发展的主动权。深圳这座移民城市的迅速崛起，就得益于始终对人才开放包容、求贤若渴，真正做到了汇集五湖四海英才而用之。

早在改革开放初期，深圳这块充满希望的热土就吸引了无数胸怀梦想的人才以"拓荒牛"的激情和胆识，以"杀出一条血路"的勇气，以"敢为天下先"的气魄，筚路蓝缕，从无到有，从弱到强，在荒野上书写了精彩华章。40 年来，深圳成了典型的移民城市，人口超过千万，外来人口占了 95% 以上，这座年轻城市所特有的宽松氛围、敬才爱才的真挚诚意，使得各类人才的创造活力竞相迸发、聪明才智充分涌动。可以说，深圳成为创业之城、圆梦之都的历史也是深圳人才群体的成长演进史。

对人才的尊重和包容早已经融入这座城市的文化气质里。"深圳十大观念"中的"来了，就是深圳人"所体现的强大包容力，代表了深圳人对自己所居住生活的这座城市的多元性的自然认同和面向各类人才的开放胸襟。深圳特别为爱才引才进行立法，设立"人才日"和"人才伯乐奖"，以形成全社会识才爱才敬才用才的氛围；专门建设了一座以"人才"命名的主题公园——深圳人才公园，向 40 年来为深圳做出突出贡献的各类人才致敬；深圳还将设立人才专项资金，用于人才引进、培养、激励、服务以及支持

[①] 谭翀:《坚持人才优先发展，建设更具吸引力的人才特区》,《深圳特区报》2018 年 3 月 20 日第 C1 版。

[②] 同上。

人才创新创业。这些举措处处显示出这座城市对人才的感激与敬重，体现出深圳人才战略的高度与深度。

进入新时代，深圳的人才引进政策将更加积极，更加开放。深圳市委六届九次全会将"坚定不移建设更具吸引力的人才特区"作为我市率先建设社会主义现代化先行区"九大战略任务"之一，展现了海纳百川，筑巢引凤的决心和信心。2018年，深圳提出要立足全球，打造人才集聚全球港，深化拓展"孔雀计划"，在全球坐标系内靶向引进"高精尖缺"人才。除了继续办好中国国际人才交流大会、中国深圳创新创业大赛国际赛外，深圳还将探索海外引才引智政府购买服务新模式，整合全市科研院所、企业、社会组织等海外分支机构资源，打造成为海外智力人才综合服务平台。

近年来，得益于加强高层次专业人才队伍建设"1+6"文件、引进海外高层次人才"孔雀计划"，《关于促进人才优先发展若干措施》以及《深圳经济特区人才工作条例》等人才政策的稳步推进，深圳市引进了大批具有国际化视野、精通国际化规则的国际化人才，具有全球战略眼光、市场开发意识、管理创新能力和社会责任感的优秀企业家，技艺精湛、掌握绝技绝活的高技能人才。数据统计显示，单在2017年一年里，深圳市就引进了各类人才26.3万人，同比增长42.5%，其中本科以上学历17.4万人。新增全职院士12名，累计29名；新增专技人才9.7万人，累计153.8万人，其中新增国内高层次人才730人，累计6979人；新确认"孔雀计划"人才958人，累计2954人；新引进海外留学人员1.8万人，累计近10万人。同时，高层次人才培养力度不断加强，全年新引进进站博士后935人，同比增长20%，在站博士后达1924人，占全省44%。[①]

第二节　深圳先进文化促进深圳社会和谐

党的十六届六中全会通过《中共中央关于构建社会主义和谐社会若干重大问题的决定》后，在深圳市委领导的指示下，深圳人开始将和谐深圳、

---

① 深圳新闻网：《深圳人社晒出2017亮眼"成绩单"，关乎你我》，http://www.soho.com/a/219589835-161366。

效益深圳作为长期奋斗目标。深圳先进文化以其正确的发展方向、科学的目标设定、多样的发展模式，坚定不移地将深圳的发展与个人的发展统一起来，将国家、城市的根本利益与人民的共同利益统一起来，走和平与发展、共荣与共融的道路；深圳先进文化，以其自身文化内涵的辐射和影响，不断提高整个城市市民思想道德素质和科学文化素质，持续巩固全城市民团结一致、共同奋进的动力追求，最终实现和谐深圳的完整建设。

一、深圳先进文化为构建和谐深圳奠定坚实的思想基础

当代世界局势错综复杂，社会价值取向多元并立，中国特色社会主义的建设进程需要先进意识形态的引领和科学理想信念的支撑，否则，政局会动荡不安，社会思想陷入混乱，社会的有序、和谐与稳定亦无法实现。而先进文化就像一枚定海神针，用其统一的指导思想激励全体民众团结奋斗，用其共同的理想信念凝聚全体民众始终奋发向上。

深圳先进文化始终坚持马克思列宁主义、毛泽东思想和邓小平理论、"三个代表"重要思想、科学发展观和习近平新时代中国特色社会主义思想在意识形态领域的指导地位，始终牢牢把握住和谐深圳建设的社会主义方向。和谐深圳，是全民共建共享的深圳；和谐深圳，是坚持共同富裕、奔向共同富裕的深圳。这是深圳先进文化始终坚持的发展理念，多年来从未抛弃、从未远离。正是在这样一种思想指导下，《深圳市国民经济和社会发展第十二个五年规划纲要》中明确提出，深圳经济社会发展的目标之一就是形成全体市民共建共享的和谐社会，要率先建成国家创新型城市、民生幸福城市、国家低碳生态示范城市。[①] 而在《深圳市国民经济和社会发展第十三个五年规划纲要》中，深圳经济社会发展的目标之一更是升格为"基本公共服务均等化，努力让群众享有更优质的教育、更稳定的工作、更满意的收入、更可靠的社会保障、更高水平的医疗、更舒适的居住条件、更优美的生态环境、更有品质的文化服务，民生保障水平居全国前列"的更

---

① 深圳政府在线 http://www.sz.gov.cn/zfgb/2011/gb762/201111/t20111107_1765251.htm

高质量的民生幸福城市。①

在深圳先进文化和先进社会发展理念的指引下,深圳规划纲要中的目标正逐步实现。2018年深圳政府工作报告中提到,深圳的社会民生事业再上新水平。具体表现为新增登记就业10万人,城镇登记失业率在3%以下;新增幼儿园学位2万个、公办中小学学位4.7万个;增加10家三甲医院和三级医院,新增病床3000张、养老床位1000张;新开工及筹集人才住房和保障性住房10.2万套,建成住房租赁监管和服务平台;最低工资标准由2030元/月提高至2130元/月,最低生活保障标准由800元/月提高至900元/月。教育、医疗、文体等方面重点民生领域投入力度持续加大,社会保障和居民生活水平不断提高,居民人均可支配收入、最低工资标准、最低生活保障标准均居全国领先水平。可见,深圳先进文化为和谐深圳的构建提供科学的指导思想,为和谐深圳的建设奠定坚实的思想基础,保证和谐深圳沿着社会主义的方向正确发展。

二、深圳先进文化为构建和谐深圳提供先进的可持续发展理念

"人与自然是生命共同体,人类必须尊重自然、顺应自然、保护自然。人类只有遵循自然规律才能有效防止在开发利用自然上走弯路,人类对大自然的伤害最终会伤及人类自身,这是无法抗拒的规律。"② 要想实现并保持人与人之间的和谐、人与社会之间的和谐,人与自然、环境的和谐同样不可或缺。深圳先进文化始终坚持"绿水青山就是金山银山"的发展理念,倡导建设节约型、环保型、循环型的经济社会,为和谐深圳的建设提供先进的可持续发展理念。

2001年,时任深圳市长的于幼军在深圳市第三届人民代表大会第二次会议上做政府工作报告时就提出要"坚持可持续发展,避免走以牺牲资源、环境为代价的现代化道路,自觉实现经济社会与人口、资源、环境的协调

---

① 深圳市人民政府政策研究室 http://www.drc.sz.gov.cn/ztxx/sswgh/201605/t20160509_3619131.htm

② 习近平:《决胜全面建成小康社会 夺取新时代中国特色社会主义伟大胜利——在中国共产党第十九次全国代表大会上的报告》,人民出版社2017年版,第50页。

发展"。① 此后，深圳市政府每一年的政府工作重点之一就是"坚持可持续发展战略"，2005 年深圳还出台了《基本生态控制线划定方案》，将 984.7 平方千米的土地划定在"基本生态控制线"范围内进行强制性保护，严格限制开发。深圳原本面积就小，将近 1000 平方千米的土地强制保护这一做法需要极大的决心和勇气，而当时的深圳决策者就坚决做了。此举在全国首开先河并受到广大市民的交互称赞，闻名世界的红树林生态保护区正是位于此保护线内。人与自然的共融、人与社会的和谐以及人自身的协调发展等基本价值观念是先进文化的重要组成部分。② 从曾经的"营造良好的城市风貌和生态环境"③ 到 2018 年的"深入践行绿色发展理念，争创国家生态文明示范市，努力让城市回归自然、回归生态，率先打造人与自然和谐共生的美丽中国典范"，④ 深圳先进文化指引着深圳牢牢树立可持续发展理念。

意识先行，行动护卫。深圳在发展经济的同时坚持保护生态、爱护环境，近些年每年平均投入上百亿的资金进行治污保洁。在诸多举措的共同作用下，深圳的天空蓝、水质清、城市绿。此外，深圳极其重视自然生态的保护与建设。2016 年全市绿化覆盖面积 99841 公顷、建成区绿化覆盖率 45.1%、建成区绿地率 39.2%、人均公园绿地面积 16.45 平方米、森林面积 80839.5 公顷，森林覆盖率 40.92%。⑤ 2016 年全市新建、改造了 62 个社区公园，深圳公园总数达 921 个；同时新增了银湖山森林公园（郊野公园），新增面积 1202.5 公顷，森林公园占国土面积比例 8.8%，比 2015 年提高了 0.6%，进一步提升了绿化品质，也提升了深圳的生态安全水平。

环境的保护、生态的维持是实现人与自然和谐共融的重要方面，而加强能源管理，减少能源的损失与浪费，更加合理、有效地利用能源亦是减

---

① 2001 年深圳政府工作报告，深圳政府在线 http://www.sz.gov.cn/zfgb/2001/gb221/200810/t20081019_96780.htm
② 罗子俊：《论先进文化与社会主义和谐社会的构建》，《山东行政学院、山东省经济管理干部学院学报》2006 年第 2 期。
③ 2002 年深圳政府工作报告，深圳政府在线 http://www.sz.gov.cn/zfgb/2002/gb261/200810/t20081019_97213.htm
④ 2018 年深圳政府工作报告，深圳政府在线 http://www.sz.gov.cn/zfbgt/zfgzbg/201803/t20180301_10805394.htm
⑤ 深圳市人居环境委员会：《2016 年度深圳市环境状况公报》，2017 年 3 月 31 日。

轻污染、保护环境的必须所在。深圳不仅注重生态的保护，同时亦着力发展循环、节约型经济，单位 GDP 能耗、单位工业增加值能耗方面，深圳从 2006 年开始已连续十二年实现负增长；单位 GDP 电耗方面，2006 年至 2017 年之间，仅有 2007 年和 2010 年两年是增长，其余十年均实现了负增长。①

习近平指出，"生态环境保护是功在当代、利在千秋的事业。要清醒认识保护生态环境、治理环境污染的紧迫性和艰巨性，清醒认识加强生态文明建设的重要性和必要性，以对人民群众、对子孙后代高度负责的态度和责任，为人民创造良好生产生活环境"。②深圳先进文化将纵向角度的持续观、横向角度的全局整体观、发展角度的平等观不断地融入人们的思想观念中，不断提高人们的认识水平，更新人们的价值观念，改变人们的思维方式。同时，深圳先进文化中的可持续发展理念，不断地更新人们的思想理念，深化人们的道德关怀，提升人们的精神境界。从单一维度地追求经济繁荣到全方位地追求幸福，深圳顺利地破解了其中的难题并在追求幸福的道路上越走越顺、越走越宽，这其中，深圳先进文化所蕴含的可持续发展理念为和谐深圳的建设奠定了坚实的思想基础。

三、深圳先进文化为构建和谐深圳提供进步的法治观念

"法治是人类政治文明的重要成果，是现代社会治理的基本手段。"③习近平总书记在十九大报告中指出："全面依法治国是国家治理的一场深刻革命，必须坚持厉行法治，推进科学立法、严格执法、公正司法、全民守法。"④深圳先进文化以其前瞻的意识、敏锐的触角，为构建和谐深圳提供先进的法治观念。早在深圳经济特区建设之初，早期建设者就提出了"太

---

① 深圳市统计局、国家统计局深圳调查队：《深圳统计年鉴2017》中国统计出版社2017年11月版，第121页。
② 习近平，2013 年 5 月 24 日中央政治局第六次集体学习时的讲话，人民网http://jhsjk.people.cn/article/25567379.
③ 习近平：《坚持合作创新法治共赢携手开展全球安全治理——在国际刑警组织第八十六届全体大会开幕式上的主旨演讲》，人民日报，2017 年 9 月 27 日 002 版。
④ 习近平：《决胜全面建成小康社会 夺取新时代中国特色社会主义伟大胜利——在中国共产党第十九次全国代表大会上的报告》，人民出版社 2017 年版，第 38 页。

阳底下每个人都是平等的"、"我不同意你的观点，但我捍卫你说话的权利"等观念，为深圳法制文明的实现奠定了思想基础。2000年初，深圳市政府就提出要"努力推进依法治市、依法行政"，直至今日，"依法治市、依法行政"仍是深圳市委、市政府几十年如一日的不变追求，唯一的不同在于，"依法治市、依法行政"的目标覆盖越来越全面、履行要求越来越细致了，"依法治市、依法行政"已然是构建和谐深圳的制度保障了。

和谐社会在本质上是一个依靠法律制度来调节利益冲突的社会，制度是社会公平正义的根本保证，是构建和谐社会的根本和关键。[1]制度的稳定性、长期性、可预期性对于市民的规范养成、城市的文明建设、社会的和谐发展等方面大有裨益。在深圳先进文化的指引下，深圳市委、市政府对此早有意识，近年来，深圳着力在市民诉求、利益协调、社会维稳、循环经济、责任能力建设等方面下苦功，陆续出台诸多强有力的措施，大步向制度化、规范化方面迈进。市民诉求制度方面，深圳在全国率先出台强化新闻舆论监督法规，规范全市统一领导接访日制度，在媒体开办"直通车"、"民心桥"等栏目，全面推行政府新闻发言人制度，规范社会听证制度，逐步建立信访与法律援助相衔接的机制，建立起了畅通、便捷的市民诉求渠道和良好的参与决策平台，把群众利益诉求纳入制度化、规范化、法制化的轨道，使市委、市政府能够更加积极主动、及时有效地关注国计民生问题，为构建和谐深圳奠定了重要的前提条件。利益协调制度方面，以解决人民群众最关心、最直接、最现实的利益问题为出发点，深圳陆续出台《深圳市扶助残疾人办法》《深圳市残疾人特殊困难救助办法》《深圳市居民最低生活保障办法》《〈深圳经济特区社会养老保险条例〉实施细则》《深圳市社会医疗保险办法》《〈深圳经济特区欠薪保障条例〉实施细则》《深圳市人事争议仲裁办法》等规定，率先在全国设立欠薪保障基金和劳务工医疗保险，率先建立最低工资保障制度，建立行政司法联动制裁恶意欠薪逃匿行为的长效机制，健全就业服务、社会保障和社会救助等三大体系，正确把握当下群众的共同利益和不同群体的特殊利益的关系，因地

---

[1] 王京生：《和谐深圳的指标化、制度化、心灵化——关于和谐深圳建设的探索与思考》，《特区实践与理论》2006年第6期。

制宜、统筹兼顾各方面群众的利益,为完善利益协调机制、构建和谐劳动关系创造了良好的条件。社会维稳制度方面,《深圳市医患纠纷处理暂行办法》《深圳市气象灾害预警信号发布规定》《深圳市鲜活农产品食用安全管理规定》《深圳市道路交通事故社会救助暂行办法》《深圳市企业负责人安全管理责任追究办法》等规定帮助深圳建立社会治安综合防控体系、食品药品安全体系、公共卫生防疫体系、安全生产管理体系、城市危机预警和应急体系等,打造起覆盖全市、功能完善的社会安全网。此外,深圳还创造了把矛盾化解在基层的"六约模式"、"警民联动"的调解新机制、"一合两进三调四结合"的信访新模式等,综合运用法律、经济、行政等手段和教育、协商、疏导等办法,不断提高正视矛盾、化解矛盾的意识和能力,为构建和谐深圳提供了重要的安全保障。循环经济制度方面,《循环经济促进条例》《深圳市再生资源回收管理办法》《深圳市绿色建筑促进办法》《深圳市生活垃圾分类和减量管理办法》《深圳市餐厨垃圾管理办法》《深圳市建筑废弃物运输和处置管理办法》《深圳市扬尘污染防治管理办法》《深圳市医疗废物集中处置管理若干规定》《深圳市内伶仃岛—福田国家级自然保护区管理规定》等一系列法律法规带领深圳全面推进循环经济,创造性地率先划定基本生态控制线,率先建立"绿色 GDP"核算体系,加快建设资源节约型、环境友好型社会,为构建和谐深圳提供持续有效的保证。责任能力建设制度方面,《深圳市行政过错责任追究办法》《深圳市人民政府行政执法督察办法》《深圳市行政决策责任追究办法》《深圳市规范行政处罚裁量权若干规定》等规定将行政问责列入立法计划,全面建立起科学清晰、奖罚分明的责任体系,着力建设公共服务型政府,强化机关单位的社会管理和公共服务职能,大力增强政府公信力,以此为建设和谐深圳提供坚强有力的政治保证。

在诸多制度、措施的保障下,深圳的法治建设卓有成效,政府依法行政意识明确;政务公开工作进步明显,许多重点领域的信息得到公开,政府门户网站的建设、更新与维护及时进行;行政执法方面,执法队伍、执法程序、执法制度以及执法状况等方面均令群众较为满意。2017 年,深圳获得中国法学会行政法研究会、中国政法大学法治政府研究院授予的"法治政府建设典范城市"称号,且自2014年评选开始,深圳每年均榜上有名且名列前茅。

四、深圳先进文化为构建和谐深圳提供强大的凝聚力

先进文化以理想信念、价值理念、道德观念等恰当的表现形式将全体人民紧紧团结在一起,以其强大的凝聚力和引领力带领人民持续创造美好生活,建设团结协作、充满活力的和谐社会。"来了就是深圳人"、"人在天边,爱在深圳"、"这里的微笑比较持久,这里的握手比较有力"、"用爱感动每一天,用心感动每个人",深圳先进文化以其独有的亲和力、感召力给予在深圳的每一个群体尊重和包容,让背井离乡的他们在深圳这片土地上找到归属感、认同感,让奋力打拼的他们在深圳这方土地上获得尊严感,让携手付出的他们在这方土地上享受荣誉感。

如深圳第十三个五年规划纲要里所提出的,深圳发展建设的指导思想之一是"牢固树立创新、协调、绿色、开放、共享五大发展理念"。[①]深圳先进文化不仅始终秉持开放共享、尊重包容的理念,更将此理念始终贯穿在构建和谐深圳的每一举措中。

众所周知,深圳是一座移民城市,外来人口占据深圳人口的绝大部分比例。据深圳市统计局公布的《深圳统计年鉴2017》显示,截至2016年底,深圳市常住非户籍人口达806.32万,占全市常住人口的67.7%。[②]为了给外来务工人员的生产、生活创造良好条件,让他们在深圳打拼的同时能够共享深圳经济社会发展的成果,近年来,深圳市委、市政府陆续出台了《深圳市员工工资支付条例》《深圳市劳务工合作医疗试点办法》《〈深圳经济特区欠薪保障条例〉实施细则》等文件,将劳务工的平等就业、权益维护、技能培训、社会保险、子女就学、健康教育等工作、生活的方方面面用制度武装保护起来。在深圳,有关劳务工的立法在全国各大城市中是

---

① 深圳市人民政府政策研究室 http://www.drc.sz.gov.cn/ztxx/sswgh/201605/t20160509_3619131.htm

② 深圳市统计局、国家统计局深圳调查队:《深圳统计年鉴2017》,中国统计出版社2017年11月版,第56页。

最多最全的，劳务工的最低工资保障是全国最高的，对于恶意逃薪深圳亦是最早采取行政司法联动打击的；社会保险方面，深圳亦是全国劳务工参保覆盖面最广、参保人数最多、参保比例最高的城市。

除了关爱外来劳务工，深圳市委、市政府还注重正确反映和兼顾不同方面群众的利益。2016年，深圳年末城镇登记失业率下降至2.33%，"零就业家庭"动态归零。为了促进就业，确保公民平等的就业机会，深圳市人力资源和劳动保障局先是修订发布《深圳市失业登记管理办法》，规范失业登记管理，同时制定并实施专项帮扶措施，市区联动，帮助1300多名享受就业援助政策期满人员平稳退出，妥善解决就业帮扶历史遗留问题，取得良好社会效果。2016年全年新增就业10.3万人，城镇失业人员再就业2.2万人，就业困难人员实现就业1.09万人。① 对于一些特殊困难群体，如特困救济对象、各类优抚对象、残疾人、孤寡老人、孤儿等，深圳亦有完善的社会保障体系、"民心工程"进行救助，切实解决特殊群体的实际困难。

深圳市委、市政府还着力营造团结互助、平等友爱的社会氛围和人际关系，在全社会大力倡导和营造扶贫济困、助人为乐、互相关爱、互相善待的美德和风尚，成效卓著。在"感恩改革开放，回报全国人民"城市精神的指引下，深圳的慈善事业飞速发展，深圳已然成为一座慈善之城。深圳市慈善会是深圳捐赠主渠道，是深圳目前最大规模的慈善组织，组织各类慈善活动3200多场次，救助困难群众数百万人次。2008年汶川捐赠超过10.75亿元，2012年玉树捐赠超过2.02亿元，均列全国城市慈善会之首。慈善项目方面，深圳市慈善会开展的慈善项目众多，涵盖科技、教育、医疗、文化艺术等各方面，且针对性强，密切联系深圳生活的实际需要。像2007年开始开展的关爱来深建设者及其子女重大疾病的资助项目"外来建设者关爱基金"就广受好评，连续多年被百姓评为最受欢迎的慈善项目，多次获"中华慈善奖"，至今资助1.85万人次约1.92亿元；2005年起开展的"雏鹰展翅"计划连续多年荣获各类表彰；劳务工关爱基金、募师支教等项目亦广受好评。深圳市慈善会至今设立冠名基金190支，筹集善款

---

① 深圳市人力资源和社会保障局：《深圳市人力资源和社会保障局2016年度工作总结》。

超3.52亿元,成为常态捐赠和资助慈善项目以及非公募基金会孵化的重要力量。

"赠人玫瑰,手有余香",志愿服务是深圳亮相于全国乃至全世界的闪亮名片。深圳于1989年率先发展志愿服务,于2011年提出系统化建设"志愿者之城"的目标。据深圳市义工联合会网站最新公布的数据显示,深圳实名登记的注册志愿者人数已达1612749人,志愿组织11389个,志愿项目712598个,志愿服务总时长51853890小时。[1] 无论是志愿者的数量、志愿组织的规模还是志愿服务的效果均遥遥领先于其他城市。志愿服务文化不仅有效地激发广大市民的社会责任意识,还极大地推动深圳社会的和谐文明建设。

先进文化就像黏合剂一样,能够把具有不同追求、不同自由意志和思想激情的社会成员、社会主体整合起来,构成有机和谐的社会整体。[2] 深圳先进文化用自己的独特魅力吸引五湖四海的创业者奔涌而来,深圳先进文化用自己的宽广胸怀温暖每一个在深圳辗转的打拼人士,深圳先进文化用自己的深厚内涵抚慰每一个弱势群体,深圳先进文化将来到深圳、拼在深圳、爱在深圳、老在深圳的每一个群体牢牢地凝聚,为构建和谐深圳提供力量。

第三节 深圳先进文化提升深圳城市形象

城市形象是公众对一个城市的整体印象、整体感知和综合评价[3],一个城市的形象既体现在城市形态、城市布局、城市建设、园林绿化和环境卫生等硬件建设方面,更体现在市民风范、城市文明、政府形象、市民对政府的认可度等软件建设上。我们欣喜地看到,近四十年来,深圳始终将文化建设作为城市发展的主导战略,深圳先进文化以社会主义核心价值体系

---

[1] 数据来自深圳义工联合会主页,http://sva.org.cn/。

[2] 周正刚:《论先进文化在构建社会主义和谐社会中的重要作用》,《湖南社会科学》2006年第2期。

[3] [德]奥斯瓦尔德·斯宾格勒:《西方的没落》,齐世荣等译,商务印书馆2001年版,第203页。

确立为文化建市的灵魂,推动文化建设与经济建设、政治建设、社会建设以及生态文明建设协调发展;注重文化的传承,在发展的过程中不断地修正、完善和创新,弘扬改革开放时代精神,吸收借鉴国内外优秀文化成果,为深圳这座城市的形象提升注入了巨大精神动力。

一、深圳先进文化与深圳"创新之城"形象的塑造

创新是人类特有的认识能力和实践能力,是人类主观能动性的高级表现形式,是推动民族进步和社会发展的不竭动力。即使是一种十分成熟的城市文化,也不可能始终保持其同一性而不随时代的更新交替而发生变化。①城市文化要想历久弥新、长盛不衰,关键在于把握时代脉搏,不断更新改造,注入新的时代内涵,使城市文化葆有旺盛的生命力和竞争力。

创新是深圳的根,深圳的魂。创新,不只是理念、技术和行动,更是一种文化的新生态,创新背后的文化基因,在特区成立之初就已被深深埋藏。"时间就是金钱、效率就是生命"、"敢为天下先"、"来了就是深圳人",40年深圳特区成长历程中,产生出200多个创新观念,其中还有对深圳人影响至深至远的"十大观念"。而几乎每一次新观念的浪潮,都对应着创业浪潮的集中涌现。开放的资源市场、要素市场、人才市场不断凝聚着创新的能量,形成创新的文化新生态,为观念、技术交流提供着自由空间。无论外界环境怎么改变,文化和精神气质将决定一个企业能走多远。如果说华为、腾讯这样的世界500强企业构成了深圳的塔尖,无数执着于梦想的年轻企业和生力军则是巨大的塔基,在这之上,每天都在萌发新的花朵。在深圳独有的创新文化中,敢闯敢试、开放包容、跨界融合、前瞻实验是其鲜明特质。正是这些特质成为无数来深"寻梦者"的精神支撑,成为数万高新科技企业的创新密码,也成为深圳未来打造现代化国际化创新型城市和国际科技、产业创新中心的决胜要素。②

---

① 刘金祥等:《构建以国际先进城市为基准的深圳文化品牌体系》,(https://wenku.baidu.com/view/a560cd846aec0975f46527d3240c844769eaa065.html)。

② 严圣禾等:《让所有的梦想都开花——深圳特区38年发展奇迹背后的文化自信》,(https://baijiahao.baidu.com/s?id=1609849613043563356&wfr=spider&for=pc)。

深圳先进文化增强了城市的核心竞争力,强化了深圳开拓创新意识。深圳支持大众创新、草根创新、小微创新和创客发展,是深圳创新驱动发展非常重要的方面。《深圳市可持续发展规划(2017—2030年)》显示,在创新活力方面,深圳将全面推进体制机制、科技、产业、商业模式等方面创新,着力构建多要素联动、多主体协同的综合创新生态体系,形成"基础研究+技术研发+成果转化+金融支持"的创新全链条。[①]这使得深圳的创新生态更为完善,创新土壤更加适合全民创新、全面创新。2017年深圳进出口总额超2.6万亿元,连续25年位居全国第一;新增世界500强企业2家,累计达7家,仅次于北京、上海。2017年12月,中国城市竞争力研究会发布的2017中国城市综合竞争力排行榜上,深圳凭借领先的创新优势,跃居第三名,直逼第二名的香港。而在成长竞争力排名上,深圳位居榜首。深圳的创新文化、创新举措和创新业绩,成功地塑造了深圳"创新之城"的形象,也吸引着世界各地的各类创新人才来深圳创新创业,深圳成为创新创业的热土。

二、深圳先进文化与深圳"学习之城"形象的塑造

推动全民终身学习,加快建设学习型社会,建设教育强国是中华民族伟大复兴的基础工程,必须把教育事业放在优先位置,加快建设学习型社会,大力提高国民素质。建设学习型社会是深圳先进文化建设的重要内容,也塑造了深圳"学习之城"的城市形象。深圳市委、市政府高度重视教育,始终把优先发展教育摆在重要的战略发展地位。在深圳,推动全民终身教育,建设学习型社会,早已成为政府行为。全民终身学习,全民阅读,已成为深圳城市的一道亮丽的风景。"全民终身学习活动周"、"深圳读书月"、"市民文化大讲堂"、"企业员工素质提升行动"、"百万市民学英语"、"百课下基层"、"外来青工文化节",全民终身学习活动如火如荼。深圳人均购书量、家庭互联网普及率连续30年居全国大中城市之首。每年参与学习的社区市民超过600万人次,参与培训的社会建设者超过400万人次,在

---

① 张光岩:《深圳"三步走"建设国家可持续发展议程创新示范区》,《南方日报》2018年3月28日。

线学习成为风尚。全民终身学习已经成为深圳人的一种生活方式，融入日常生活中，融入生命血液里。

深圳始终致力于提高城市的文化品格和居民的文化品位，不断激发市民的文化渴求，强化"以读书为荣"、"以读书为乐"等理念，创造新的文化模式和生活方式，打造有别于其他城市的核心价值观念，让这座年轻的移民城市变为人人爱读书的"爱阅之城"，牢固地树立起"学习型城市"的形象。

深圳自 2000 年 11 月开始举办"深圳读书月"活动。此活动的目的在于通过城市对阅读的推崇增加城市的文化内涵，从而提升城市的精神品质，提升市民的文体品位和综合素质，培育全面发展的现代市民群体。深圳重点以学习型党组织建设带动学习型城市建设，以打造"图书馆之城"、国际一流书城群和数字阅读先进城市为载体，形成完备便捷的学习服务体系，争创"世界图书之都"。深圳实施市民阅读推广计划和市民艺术教育推进工程，倡导每天阅读一小时。

"深圳读书月"在于"不仅仅把读书看成是事业成功的手段，更要把阅读提升到一个城市的价值层面，来塑造这个城市的精神品格"。针对不同的读书群体，深圳举办了一系列的主题活动，如：针对青少年儿童，有"中小学生现场作文大赛"、"少儿换书大会"、"读书、成长与未来知识大赛"；针对外来工，有"打工文学论坛"、"读书成才报告会"等活动；针对基层，有"学习在社区"系列主题活动；针对文化程度较高的市民群体，则有"深圳市民大讲堂""深圳读书论坛"等。通过引导市民逐步养成爱书、读书的良好习惯，宽容待人、欣赏他人的人际交往意识，热爱生活、遵纪守法的生活观念，讲究科学、注重理性的生活与工作态度，激励市民增强文化责任感和使命感，增强文化自觉意识，弘扬先进文化观念，提升城市文化品位。

在深圳先进文化的引领下，深圳在进行轰轰烈烈敢为天下先的经济建设的同时，始终以"全球视野、时代精神、民族立场、深圳表达"为文化发展战略的理论基石，积极打造"深圳学派"，宣扬深圳精神。这是与深圳经济实践相适应的文化精神，为经济的可持续发展创新精神引领和理论支撑，是更深层次的文化自觉与文化自信。

三、深圳先进文化与"开放之城"形象的塑造

作为中国改革开放的前沿和窗口,深圳先进文化一个非常重要的特点就是这座城市的包容、自由与开放。这种开放包容一方面体现在深圳在对待外来文化的态度上表现出极大的包容性和宽容精神,无论是外来的西方文化,还是内地其他的地域文化,深圳人都不排斥,而是抱着一种以我为主、为我所用的态度,在广泛吸收其有益成分的基础上予以融合创新。所以,生活在深圳,我们可以明显感觉到深圳文化的多样性,不仅能感受到西方文化的影响和中国港台文化的渗透,更能感受到中原文化的浸润和岭南文化的传承。另一方面体现在深圳的包容大度上,深圳倡导"支持改革者,容忍失败者,惩处腐败者"。深圳人胸怀宽广,气量宏大,宽以待人。人们不嘲笑事业上的失败,不打压观念上的新奇,不歧视生活方式上的独特,体现出一种文化平权主义,只要不涉及严重的意识形态问题,深圳接收和接受一切有差异的文化观念、文化方式和文化模式,给其以存在的合理性。[①] 这种文化上的开放兼容精神和多元共存格局不仅为深圳继承中华民族优秀传统文化,广泛吸取先进外域文化的成果,实现文化创新提供了良好的条件,而且强化了深圳作为"开放之城"的城市形象,深圳真正成为中国对外开放的窗口,为推进中国改革开放进程做出了杰出的贡献。

同时,由于深圳移民城市的特性,这里没有明显的地域观念和"非我族类,其心必异"的狭隘心理,而是五湖四海皆兄弟,"来了就是深圳人"。因而在深圳,无论你是机关干部还是打工青年,无论你来自大城市还是偏远的山区,你都没有作为"外乡人"的心理压力,从而增强了深圳城市的吸引力,成为吸引世界各地人才的重要因素。在开放、包容文化的影响下,深圳 2017 年共引进各类人才 26.3 万名,增长率高达 42%。2018 年,深圳预期目标为新引进全职院士 10 名,海内外高层次人才 1000 名以上。

深圳在人才管理的创新上也可圈可点。前海被列为全国首批开展人才管理改革试验区两个试点之一;挂牌成立深港博士后交流驿站、留学人员创业园等。前海将重点推动深港两地行业协会、人才中介对接,开展国

---

① 吴忠:《论深圳文化的特色与定位》,《经济前沿》2004 年第 1 期。

际人才交流、资格互认、项目合作,深港共建全国人才管理改革试验区。2017年11月实施了《深圳经济特区人才工作条例》,在人才培养、人才引进与流动、人才评价、人才激励和人才服务与保障等七大方面加大人才的引进工作,对各类人才产生强大的吸引力。

四、深圳先进文化与"奉献之城"形象的形成

深圳先进文化激发着市民的社会责任感,显示出市民对城市的认同与呵护。这是精神层面由"私"到"公"的提升,由"利己"向"利他"的跨越,充分彰显了市民以社会需要和社会价值为行为取向的公民意识,极大地提升了深圳"奉献之城"的城市形象。深圳在政府工作报告中提出"让社会充满人文关怀,让文明成为最温暖的底色"的工作目标,给深圳这个快节奏的城市形象增添了一抹亮色。

一个城市中,市民自愿参加志愿者服务工作的多寡是一个城市奉献意识强弱的重要体现。作为深化文明城市创建的有力抓手,作为培育和践行社会主义核心价值观、提升社会文明程度的重要手段,志愿服务已成为推动经济社会发展和精神文明建设的重要力量。

"来了就是深圳人,来了就当志愿者"的"深圳观念"深入人心,广大市民争相参加志愿服务,活跃在大街小巷的"红马甲"是深圳这座文明城市的力量型代表。深圳借举办第26届世界大学生夏季运动会之机,夯实了"奉献之城"的品牌形象。据统计,有超过127万志愿者为大运服务;25万注册义工整体转化为城市志愿者;上百万社区平安志愿者助力"平安大运";全市近20%的市民以志愿服务的形式广泛参与大运,构成了大运会史上最庞大的志愿者队伍,大街小巷随处可见志愿者提供服务的U站。在深圳高校,80%以上的学生都参与了大运志愿者服务。他们以争当志愿者为荣,以充满活力的青春形象活跃在体育场馆和大街小巷,成为最生动的大运景观。[①] 深圳顺应市民高涨的服务热情,在大运会后继续保留部分U站,让这种向上向善的社会公益形式继续服务民生,将志愿者精神固化下

---

① 吴俊忠:《"大运"文化效应与深圳城市形象塑造》,《深圳大学学报》2012年第1期。

来，使之成为城市精神的形象标志，努力打造"志愿者之城"。

深圳是中国内地志愿服务的发源地。中国内地第一个义工法人组织、第一部义工服务条例、第一个义工服务市长奖都出现在这座城市。如今，在深圳的街头巷尾活跃着无数的"红马甲"。深圳正在全力打造"青年发展型城市"和"志愿者之城"3.0 版本，截至 2018 年 3 月，全市注册志愿者达到 158 万，比 2011 年翻了两番，占常住人口的比例达到 13%，位居全国前列。[①]

五、深圳先进文化与"宜居之城"形象的建立

2005 年，国务院首次提出"宜居城市"概念。中国《宜居城市科学评价标准》2007 年 5 月 30 日发布，其主要内容包括：社会文明、经济富裕、环境优美、资源承载、生活便宜、公共安全六个方面。城市综合宜居指数在 80 以上即为"较宜居城市"。

人才聚集现象往往产生在宜居的城市环境下，良好的城市宜居环境有利于形成人才聚集现象。反过来，人才聚集能促进人力资源的优化配置与调整，最大限度发挥人才作用，推动区域技术创新与经济发展，促进城市发展，提高城市宜居环境质量。可见，城市宜居环境与人才聚集效应之间有着密切的互动关系。[②]

先进文化的基本特征主要为是否反映人民群众的美好愿望和审美要求，是否满足广大人民群众不断增长的精神生活需求。在快节奏的现代生活中，城市居民的物质生活得到了大幅改善，与此同时，人们的精神需求更加强烈。深圳在加强城市文化建设的过程中，始终重视城市特色文化的内涵建设，这很大部分体现在深圳的城市环境和公园文化建设上。

2016 年 6 月，中国科学院发布了《中国宜居城市研究报告》。报告显示，深圳成为我国"城市宜居指数"排名最高的 10 个城市之一。

[①] 数据来源王倩倩：《深圳志愿者已达158万—起为"活雷锋"打CALL》，《深圳都市报》2018 年 3 月 5 日。

[②] 朱建军、章锐旦：《城市宜居环境与人才聚集动力学效应的影响分析》，《产业与科技论坛》2016 年第 13 期。

深圳持续开展空气、水、绿化美化三大提升行动,狠抓中央环保督察反馈意见整改,全面推行河长制,全市建成区36条(45段)黑臭水体实现不黑不臭,主要饮用水源水库水质达标率100%,"深圳蓝"成为城市靓丽名片,[①]深圳也连续第五次荣膺全国文明城市称号。

深圳自2006年起每年在市、区级市政公园举办"公园文化节",至今已成功举办十二届,每年公园文化节期间平均接待游客300万人次。公园文化是城市历史进程与发展建设的缩影,是展示城市文明的重要载体。如今深圳的公园文化已成为市民文化活动的重要组成部分,是特区人民突显精神面貌的舞台。深圳的实践证明,公园文化节的举办为精神文明建设提供了强有力的支持,在丰富文化内涵、拓展服务功能的同时,[②]满足了市民日益增长的精神和文化需求,为全面打造公园之城、文化之城提供了新的经验和探索。

深圳正努力打造"全国最干净城市"、"世界著名花城"、"公园之城"、"国家森林城市"。"出门处处赏美景,举目时时品繁花",越来越多的市民真切感受到深圳"花城"的变化和美丽。目前深圳公园总数已达921个,按照全市公园建设"十三五"规划,到2020年,公园总数达到1000个以上,公园和自然保护区面积600平方千米以上,人均公园绿地达到16.8平方米,公园数量和面积都居全国大中城市前列。

《深圳市可持续发展规划(2017—2030年)》显示,在绿色发展方面,深圳实行最严格的生态环境保护制度,推进绿色低碳循环发展,全面提升城市环境质量,构建宜居多样的城市生态安全系统,加强城市景观设计和管理,打造一流的海洋环境湾区,创新生态环境保护治理机制。

居住在深圳的人们对这座城市的认可度越来越高,生态环境让人们的幸福感、获得感与日俱增,青山绿水、鸟语花香已成为深圳这座新兴城市又一个吸引人的地方。中年的深圳,正以她独特的魅力吸引着全国乃至全世界的有识之士参与到她的美丽建设之中来。

---

① 綦伟:《深圳:率先建设社会主义现代化先行区》,(http://sz.people.com.cn/nz/2018/0114/c202846-31139614-3.html)

② 孟祥庄、刘洋:《莲花山公园在深圳城市文化建设中的功能体现》,《山西建筑》2016年第9期。

第四节　深圳先进文化助力市民自由全面发展

深圳先进文化通过独特的思想观念及城市精神文化和城市环境文化的塑造对市民思想道德等综合素质的教化，通过创新开放的制度文化设计对市民科学文化素养和创新创业技能的提升，通过主动作为的物质文化建设和公共文化服务体系的搭建对市民文明行为养成及人的多层次需求的满足，通过义工文化建设和文明城市建设等对市民社会责任感及市民与城市社会关系主体意识的引导，通过政策和法制化顶层设计对市民全面发展、自由发展的充分保障，助力深圳市民在综合素质提高、综合技能增强、行为养成及人性需求满足、社会责任感及城市社会关系培育和市民自由全面发展等方面发挥了积极作用。

一、先进文化与人的自由全面发展

"人的全面发展"理论是马克思主义理论的重要组成部分，是马克思、恩格斯整个思想的出发点和归宿。马克思主义理论认为，人的全面发展是作为人奋斗目标或价值追求提出来的。其基本内涵就是消除人的剥削、实现人的解放，使每个人都得到"全面、充分和自由的发展"[1]。因此，今天我们理解人的全面发展，应该坚持多维的思维向度，人的全面发展应该包括：人性的全面发展和人性所对应的多层次需求的全面发展、人素质的全面发展、人能力的全面发展、人与社会关系的全面发展、人的全面发展与自由发展的统一。[2]

实现人的自由全面发展有其自身的条件。首先，以人为本，尊重人、服务人、发展人是实现人的自由全面发展的前提条件。人是社会关系和社会生产的主体，发挥着主体的能动性作用，推动着社会关系的产生和发展，同时也作用于人自身。这就需要使人真正成为自然和社会的主人，实现人

---

[1]《马克思恩格斯全集（第42卷）》，人民出版社1979年版。
[2]《马克思恩格斯全集（第23卷）》，人民出版社1972年版。

的真正解放，使其成为自由的人、全面的人、受人尊重的人。其次，生产力的高度发展是实现人的自由全面发展的重要条件。生产力是人们征服自然、改造自然的物质力量。生产力高度发展，才能保证人的体力和智力获得充分的自由发展和运用，使人的社会关系全面生成和高度丰富起来，才能消灭旧社会对人和物的依赖，实现"自由个性"的发展。实现人的自由全面发展有其相应途径：一是社会生产力的发展，它是人的全面发展的现实前提和基础；二是需要进行社会关系即社会制度改革；三是要求构成社会"活的有机体"的经济、政治、社会、文化、生态等各要素的综合协调统一发展；①四是大力发展教育事业，教育是提高人的素质和能力的重要途径。

马克思、恩格斯从现实的人及其劳动实践出发，确认了人们的观念文化不过是人类社会生活的观念表达和精神体现，从而确立了"人们的社会存在决定人们的意识"的文化唯物论的理论基础。文化除了受经济基础的制约，还具有自身能动性，推动着经济社会的发展，最终推动人的自由全面发展，这就是文化的社会功能。②

人的全面发展是一个多维度多向度因素的系统化作用的结果，文化则是其中一个重要的因素和基础条件。人是文化发展的主体也是归宿。因此，文化对人的自由全面发展的积极作用，是通过具有创造力和时代力的先进文化来"以文化人"和"人化"而实现的。先进文化是指符合人类社会发展方向、体现社会生产力发展要求、代表广大人民最根本利益、反映时代发展潮流的文化，先进文化建设的最终目标是要推动社会进步，实现人的自由全面发展。从功能角度看，先进文化最主要的功能就是"化人"，即教化人、熏陶人、培养人、发展人，通过对社会主体人的教化，推进社会的进步，同时借助社会的进步促进人的自由全面发展。③

先进文化建设与人的自由全面发展是相互统一、相互促进、共同发展的辩证统一的过程。首先，人的自由全面发展以先进文化建设为基础。先

---

① 赵丽华：《试论马克思关于人的自由全面发展理论》，《生产力研究》，2005年第11期。
② 《马克思恩格斯全集·第46卷》（上），人民出版社1979年版。
③ 乔翔：《社会主义先进文化与人的全面发展》，《信阳师范学院学报（哲学社会科学版）》，2012.3。

进文化具有弘扬社会正气、凝聚社会人心、净化心灵、陶冶情操、增长知识、提高人的素质、增进理解等多种功能。先进文化的建设和发展，是社会进步的标志，也是人的自由全面发展的精神要素。其次，先进文化的建设离不开对人的自由全面发展的追求。马克思的共产主义思想包括两个相互统一的目标：一是社会进步，二是人的自由全面发展。社会进步要体现在人的自由全面发展上，人的自由全面发展是先进文化的总目标和总要求。以人的自由全面发展为宗旨的先进文化反映的不仅仅是精神文明的进步，而且是以人为目的的整个人类生活和社会的进步。最后，人的自由全面发展水平是衡量文化先进性的重要尺度。人推动文化的发展，人也是文化发展的归宿。因此，衡量文化的先进性，必须看其是否提升了人的自由全面发展的水平。①

社会主义先进文化包括先进的社会主义物质文化、制度文化和精神文化。社会主义先进文化通过对人的教化和培育，对人向着自由、充分和全面发展具有积极作用。

第一，社会主义先进文化建设的目标和方向是坚持以广大人民群众利益为根本出发点，不断满足人民群众对美好生活的向往，促进广大人民群众对人性的完善、综合素质和能力的提升，使其成为有理想、有道德、有文化、有纪律的社会主义现代公民。社会主义先进文化坚持以人为本，把尊重人、解放人、发展人作为出发点和落脚点，充分发挥人民群众在先进文化建设中的主体作用，坚持文化发展为了人民、文化发展依靠人民、文化发展成果由人民共享的原则。因此，社会主义先进文化的发展，归根到底是为了满足人民群众对美好生活的向往，是为了实现广大人民群众最根本的利益。

第二，社会主义先进文化建设及其形成的社会主义核心价值体系是促进广大人民自由全面发展的重要路径和条件。社会主义先进文化和社会主义核心价值体系，体现了社会发展的基本方向和人的自由全面发展的根本要求。首先，它能够积极引导广大人民群众摒弃假恶丑、追求真善美，形

---

① 李建国：《先进文化建设与人的全面发展关系辨析》，《江苏大学学报（社会科学版）》，2010.5。

成正确的世界观、人生观和价值观体系，进而积极影响人民群众自身人生追求和处理好与自然、与祖国、与社会、与家庭的和谐关系。其次，因其以广大人民群众利益为根本，极大激发了人民群众的主观能动性、创造性，因而能够使广大人民群众自觉主动提升自身的思想道德素质和科学文化素质，促进综合素质、技能和经验的充分全面发展。最后，社会主义先进文化是以满足人民群众对美好生活向往为出发点，因此能够极大地凝聚人心，使广大人民群众坚定树立实现中华民族伟大复兴中国梦的共同理想，增强国人建设富强、民主、文明、和谐、美丽社会主义现代化强国的必胜信念，进而凝聚民族共识形成中国发展的磅礴力量。

第三，社会主义先进文化是满足广大人民群众对美好生活向往的重要保障。带领人民群众创造美好生活是我党的初心，也是社会主义社会发展的目标。广大人民群众是社会主义先进文化的创造者也是受益者。因此，社会主义先进文化建设，必须以科学的理论武装人，以正确的舆论引导人，以高尚的精神塑造人，以优秀的作品鼓舞人，才能更好地满足人民精神需求，才能更好地满足人民对美好生活的追求，才能更好地推动人民自由全面发展。

二、深圳先进文化建设促进了深圳市民的自由全面发展

1.深圳先进的思想文化和城市精神文化促进了市民思想素质、道德素质等的综合提升

社会主义核心价值体系是兴国之魂，是社会主义先进文化的精髓，决定着中国特色社会主义发展方向，也决定着人的自由全面发展的性质和方向。深圳始终坚持把社会主义核心价值体系作为先进文化育人化人的根本和灵魂，为深圳文化建设并推动市民的自由全面发展确立了方向性保障。

深圳独特的思想观念、城市精神以及环境氛围营造出来的创新文化、实干文化、法治文化、诚信文化、奉献文化等，不仅积极影响着政府的政策和作为，也积极浸润入了每位市民的脑和心，极大促进了市民对真善美的价值追求和以社会主义核心价值体系为核心的世界观、人生观和价值观的形成，极大促进了市民对"开拓创新、诚信守法、务实高效、团结奉献"

的城市精神的自觉认同，并由此推动和影响了市民追求真善美的文明行为。尤其深圳提出的思想观念和城市精神在凝聚市民人心、净化心灵、陶冶情操、增强进取动力、和谐人际关系、促进城市发展等方面发挥了积极作用，内化成了深圳市民的道德素养和行为准则，激励着一代代深圳市民的自由全面发展。[①]如深圳改革开放初期提出的实干、效率、改革创新、敢闯敢试的思想观念："时间就是金钱，效率就是生命"、"空谈误国，实干兴邦"；近年来提出的文化立市、文化强市的思想观念："让城市因热爱读书而受人尊重"、"实现市民文化权利"；创新创业的思想观念："鼓励创新，宽容失败"；义工文化思想观念："送人玫瑰，手有余香"；移民城市包容的思想观念："深圳，与世界没有距离"、"来了，就是深圳人"等等，都对深圳市民的思想和行为产生了重大影响，内化成为深圳市民的精神气质和综合素养。

围绕"提升国民文明素质和社会文明程度"这一时代命题，深圳市委、市政府印发了《深圳市民文明素养提升行动纲要（2017—2020年）》（以下简称《纲要》），这是以党委政府名义推出的第一个关于市民文明素养提升的纲要，其系统性、创新性、先进性均走在全国前列。[②]其中的"修心行动"极大促进了市民思想素养的提升。思想的高度决定了人的境界，思想素养是人的核心素质。在思想素养培育中，深圳以"修心行动"来引导全体市民积极践行社会主义核心价值观和新时期"深圳精神"，培育全体市民主动参与深圳现代化国际化创新型城市的建设，增强了市民的主人翁意识、社会责任意识和国际意识，提升了市民的思想素养。如开展多年的"日行一善"活动，倡导市民以善行生活方式践行核心价值观的"有时间做义工"活动等。"养德行动"极大提升了市民的道德素养。文明，需要表里统一、内外兼修，不是城市的"面子工程"，而是"里子工程"。深圳以"养德行动"来补齐公共环境和公共秩序存在的"短板"，强化市民的社会公德和家庭美德意识和行为，进而提升每个市民的文明素养。如开展了十几年的关爱行动，持续地传递爱和温暖，不断提升城市"温度"，增强市

---

① 吴灿新：《30年来深圳经济特区文化建设之反思》，《岭南学刊》，2010年第6期。
② 中国文明网，《深圳市出台市民文明素养提升行动纲要，六大行动全面提升市民素养》，2017.4.

民的家园感和幸福感。此外，深圳还将建立完善道德模范关爱帮扶机制，对积极践行敬业奉献、助人为乐、见义勇为、诚实守信、孝老爱亲等文明行为的各级道德模范给予礼遇和困难帮扶，营造"争做好人好事"的浓厚氛围。

2. 深圳先进的制度文化促进了市民科学文化素养和综合技能的提升

深圳在制度设计上始终坚持"五位一体"的统筹协调发展观，为深圳文化建设并推动市民的自由全面发展营造了可持续发展的良性生态保障。党的十八大报告对推进中国特色社会主义事业做出"五位一体"总体布局，这是实现全面建成小康社会和中华民族伟大复兴中国梦所做出的战略布局。深圳的"五位一体"发展更需要有系统化的思维和眼光，更需要总体布局和综合制度设计，统筹各领域各层面的协调发展和整体推进。全面建成小康社会，是一个全面协调可持续发展的社会，是一个以人为本，追求社会全面进步、人的自由全面发展的社会。因此，不仅要建设一个"和谐深圳"、"效益深圳"，还要建设一个"文化深圳"，促进深圳经济文明、精神文明、政治文明、生态文明五位一体协调统筹发展。

深圳发挥作为特区的优势，在政治、经济、法制、社会、生态等领域，以"三化一平台"为改革的突破口，推进了城市"五位一体"的综合改革，出台了一系列创新的开放的体制机制，为深圳建设为一流国际化现代化创新型大都市注入了强大动力，如深圳明确提出了"文化立市、文化强市"的发展战略，在教育、科技、文化等领域进行了大力度的文化体制改革。首先，深圳大力推动基础教育、高等教育、职业教育和社会教育的综合协调发展，并实施了教育质量战略。近年来更是引进了美国伯克利大学、莫斯科大学、香港中文大学、中山大学等国内外著名高校联合办学，提升了深圳教育的层次和水平。通过高质量的教育来提升市民的知识水平、技能水平和综合素养，为经济社会发展培养了大量高质量的人才，进而推动了城市的高速建设和发展，最终助力市民的科学文化素质和综合技能的提升。其次，在《深圳市民文明素养提升行动纲要（2017—2020年）》中推出的"尚智行动"，极大促进了市民科学文化素质的提升。科学文化素质是公民文明素质的重要组成部分，人才是城市建设发展的发动机，也是城市核心竞争力。深圳以"尚智行动"来聚集高素质人才和提升市民的科学素质。深圳出台了吸纳优秀国际人才的系列举措,设置了"孔雀计划",举办了多年的国际人才节,修建了众多人才公寓,建设了人才公园,提出了"深爱人才,圳等你来"口号等,营造了尊重人才、珍爱人才、尊重科学、尊重文化的浓郁氛围。并且深圳从普及科学知识理念、提升科学研究水平、提高科学劳动技能、鼓励科学技术创新四个方面,从硬件建设到软件培育,对市民科学素养的提升做出全面的规划和部署。最后,《纲要》推出的"崇文行动",极大促进了市民文化素质的提升。文化是城市的内核,也是高度物质化发展后对精神文化需求的必然。深圳以"崇文行动"来满足市民对文化消费的需求,提升市民的整体文化素养,主要包括弘扬中华优秀传统文化、完善公共文化服务、鼓励文化艺术创新、推动文化艺术普及四个方面。

总之,深圳先进的开放的制度文化设计始终以市民的需要为本,以满足市民追求美好生活为目标,围绕服务市民、培养市民和发展市民进行顶层设计,极大地激发了市民作为城市主人的能动性,进而积极参与城市建设实践,在城市建设实践中锻炼提升了市民的科学文化素质和综合技能,促进了市民的自由全面发展。

3. 深圳先进文化促进了市民文明素养的提升

深圳在全国率先进行深层次综合改革,提早布局产业结构调整和转变发展方式,经济建设步入了又快又好发展的快车道,为深圳文化大发展大繁荣并推动市民的自由全面发展奠定了坚实的物质基础。物质决定意识,经济基础决定上层建筑。文化的物质性是其重要特性,文化的发展必须以经济的大力发展为基础,深圳的经济发展了,才能有能力更多地投入文化事业和文化产业的建设。深圳特区经济的快速发展,在满足市民的物质生活需要的同时,也极大地激发了市民对精神文化生活的需求,对市民文明素养也提出了更高的要求。同时,深圳高度重视文化生态体系的构建,为深圳文化建设并推动市民的自由全面发展新增内生动力保障。文化生态体系是尊重文化独立性属性而提出的新概念。深圳十分尊重文化发展的自身规律和逻辑,积极优化文化结构,构建文化生态体系,促进了文化事业高速发展的内生动力。

首先，深圳改革开放以来，生产力得以解放和高度发展，经济水平在国内大中城市跃居前列，物质极大丰富。深圳经济的发展依赖于深圳市民，成果也由市民共享，如深圳最低工资水平领先国内主要城市；深圳推出了各种保障市民教育、健康、住房和公共交通等民生工程的优惠政策；同时每年还加大对保障市民发展的硬件和软件的投入，如公园之城、图书馆之城、钢琴之城、体育馆之城、读书月、各种文化博览会等。这些物质文化的建设极大满足了市民多元多层次的需求，提高了深圳市民的生活品质，深圳市民也在这样幸福的环境氛围中感恩城市、规范自己的文明行为，参与城市建设。

其次，深圳在全国率先提出实现公民文化权利，保障公共文化服务的均等，让市民人人参与城市文化、发展城市文化、享受城市文化成果，让市民人人享受阳光文化的照耀，这种全人群的文化浸润极大教化了全体市民，让市民养成了"城市因您而更美丽"的行为方式和性格，进而形成了力量强大的市民文化，极大提升了市民的内在修养。

最后，深圳搭建了催生文化产业快速发展的高端平台，已经开展10多届的中国深圳国际文化产业博览交易会是中国文化与世界文化交汇、交融的大舞台，也是深圳文化汲取世界文化精华、铸就深圳独特文化的大平台。同时，深圳文化产权交易所是文化公司产权、文化产品资本化和证券化的创新性探索，成为文化融资的重要平台，进而促进了文化产业、文化产品的高速发展。深圳举办"大众创业、万众创新"大会暨双创周活动，出台政策对创业团队政策支持、资金扶持、服务帮持，极大增强了市民创业的能动性，出现了一批批产业集聚区、产业生态区、产业园区、优秀项目公司、优秀项目、优秀团队，进而促进了文化产业的迅猛发展。搭建的深圳大芬油画村、水贝珠宝、城中创意文化村等文化平台，极大浸润了市民的内心世界，并激发了市民在深厚创新创意创业文化氛围中的自我提升和性格的积极塑造，最终推动了市民的自由全面发展。

4. 深圳先进的义工文化建设和文明城市建设促进了市民社会责任感和现代公民主体意识的提升

首先，深圳志愿服务工作秉承了特区开拓创新的精神，义工联开创了我国内地第一个义工法人社团,深圳第一个以市长名义设置义工服务最高奖,出台内地第一部规范义工工作的地方性法律《深圳市义工服务条例》,义工服务通过社区化、项目化、法制化和国际化发展,在深圳形成了独特的义工精神和浓郁的义工服务氛围,如"来了就是深圳人,来了就做志愿者"、"助人自助"、"送人玫瑰、手有余香"、"我不认识你,我要谢谢你"、"有时间做义工,有困难找义工"。这些具有深圳特色的义工文化极大促进了市民团结互助、无私奉献的人格特质和文明行为,进而培养了市民的社会责任和现代公民主体意识。

其次,深圳是多年的全国文明城市。文明城市创建让全体市民参与文明城市建设,享受文明成果,市民在文明城市创建过程中遵守文明公约、增强了主人翁意识,提升了自身与城市、自身与家庭、自身与社会、自身与环境关系的认识,形成了深圳独特的市民与家庭、与社会、与城市、与自然环境的社会良性生态发展的和谐共生关系,并促进了此和谐共生关系的发展。

5. 深圳先进的法治文化有利于市民的自由全面发展

首先,为什么诸多人才和企业选择深圳、扎根深圳、获得成功?因为深圳有着良好的法治化、市场化环境,是最有利于发现机会并利用机会的城市,是制度性交易成本消耗最低的城市。一流法治已经成为深圳新的发展阶段显著的城市特质,是更加重要的竞争优势。在人才方面,深圳市通过了专门的人才法律《深圳经济特区人才工作条例》,对人才培养、人才引进与流动、人才评价、人才激励和人才服务与保障在法律层面进行了明确的保障,营造了尊重人才的良好社会氛围。在知识产权方面,深圳立法保障知识产权,保护科技成果价值。

其次,《深圳市民文明素养提升纲要》推出的"守法行动",极大促进了市民法治素养的提升并保障了市民的自由全面发展。遵纪守法是文明道德的基本要求,也是市民的基本素质。深圳以"守法行动"来引导市民养成人人学法、人人守法的法治素养。"以德治国"和"依法治国"是社会治理的根本路径。法治化是深圳城市"三化一平台"中的重要战略,也是深圳精神的精髓。加强法治宣传教育、开展文明守法实践、推进社会诚信建设是深圳法治建设的重要内容,如深圳在全市探索"一社区一法律顾问"

工作，每个社区配备 1 名律师，为市民提供公益性法律咨询、法律援助等。

最后，《纲要》推出的"健体行动"，极大促进了市民身体素质的提升和全面发展。身体健康是国家发展水平重要的衡量指标。党中央、国务院出台了"健康中国"战略，已将国民健康素质提升到了重要位置来抓。深圳更是一个注重健康的城市，制定实施了《深圳市全民健身实施计划》，推出了"健体行动"来引导市民阳光工作、健康生活，进而提升市民健康体魄和健康素质。《计划》包括加强全民健康教育、开展全民健身活动、提高心理健康水平，为市民健康工作、健康生活打下牢固根基。总之，深圳通过一系列政策和法制化顶层设计，对市民全面发展、自由发展给予了充分保障，促进了市民的全面、自由和充分发展。

第七章　深圳先进文化建设的主要经验

自特区建立以来，在中国共产党的领导下，深圳市充分利用特殊政策条件，结合本地实际情况，在文化建设方面取得了显著成就，将昔日的"文化沙漠"建设成为"文化绿洲"，走出了一条独特的先进文化发展之路，积累了非常宝贵的社会主义先进文化建设经验。回顾深圳文化建设的光辉历程，总结经验，对于推进新时代深圳社会主义先进文化的进一步发展，具有重要的现实意义。

第一节　坚持党对先进文化建设的领导

回顾40年来深圳文化建设的历程可以发现，深圳文化建设取得辉煌成就的根本原因，就在于中国共产党的正确领导。中共中央、广东省委、深圳市委都一直高度重视深圳文化建设，并根据深圳经济社会发展各个阶段的特点，及时引导深圳文化建设，制订了相关的指导方针和政策，保证深圳文化建设沿着正确的方向健康发展。深圳本地的各级党组织能够因地制宜，根据深圳本地的环境和条件，将上级关于文化建设的方针政策落到实处。具体说来，中国共产党领导深圳文化建设的经验主要表现在以下四个方面。

一、坚持马克思主义的指导地位，坚定文化建设的社会主义方向

马克思主义从根本上揭示了人类社会的一般规律，是人类社会科学的世界观和方法论，是我们认识世界、改造世界的强大思想武器。中国共产党是以马克思主义武装起来的政党，中华人民共和国是以马克思主义为指

导思想的社会主义国家，这就决定了中国的文化建设必须以马克思主义为指导。实践证明，中国共产党能够在新民主主义革命、社会主义建设和改革开放的实践中取得伟大胜利，最根本的原因就在于始终不渝地坚持以马克思主义为指导。

在文化建设过程中，深圳市一直坚持马克思主义指导，使文化建设始终保持社会主义方向。在深圳特区建设初期，特区文化建设一方面想要摆脱长期高度集中的计划经济体制内形成的"左"的思潮影响和教条主义，另一方面又面临着因对外交往而带来的西方资本主义腐朽思想文化和生活方式的侵蚀。面对这一特殊情况，历届深圳市委、市政府以坚定的马克思主义信仰和一往无前的勇气，克服各种困难，在大力推进文化建设的同时，保证特区文化建设沿着社会主义方向前进。在中共中央和广东省委的指导和帮助下，深圳市于1982年11月制订《深圳经济特区社会经济发展规划大纲》，明确提出了深圳特区建设的指导思想，即"在建设高度物质文明的同时，努力建设高度的社会主义精神文明"，并且为精神文明建设制定明确的目标、任务和实施步骤。从1986年制定第一个社会主义精神文明建设大纲开始，深圳市陆续制定了精神文明建设"八五"、"九五"规划，确保精神文明建设有计划、有步骤地得到贯彻落实。同时，加强制度和法制建设，将推进社会主义精神文明建设的活动制度化、法制化。

进入新世纪，面对世界范围思想文化交流和交锋的新态势，面对改革开放和社会主义市场经济条件下思想意识多元和多变的新特点，为巩固马克思主义的指导地位，有效整合社会思想意识，构建充分反映中国特色、民族特性、时代特征的价值体系，提升整个民族和人民的精神境界，掌握价值观念领域的主导权和话语权，党中央提出了培育和践行社会主义核心价值观的任务。根据中央的精神，深圳市委、市政府坚持把社会主义核心价值体系放在突出位置，保证深圳经济特区沿着中国特色社会主义道路前进。在具体工作中，坚持不懈地用马克思主义中国化最新成果武装全党、教育人民，用中国特色社会主义共同理想凝聚力量，用以爱国主义为核心的民族精神和以改革创新为核心的时代精神鼓舞斗志，切实把社会主义核心价值体系融入国民教育和文化建设全过程，积极探索用社会主义核心价值观引领社会思潮的有效途径，在深圳改革开放的实践中凝练和形成的"深圳精神"和"十大观念"，无不闪耀着社会主义核心价值体系的光芒，成为社会主义核心价值体系建设的深圳样本。

二、正确处理深圳文化建设与经济建设的关系，建设适合深圳特色的社会主义文化

在党的十一届三中全会上，中共中央决定将全党的工作重点转移到现代化建设上来，确立了改革开放的重大国策。党的十三大提出了党在社会主义初级阶段的基本路线，其主要内容就是"以经济建设为中心，坚持四项基本原则，坚持改革开放"（即"一个中心、两个基本点"）。社会主义初级阶段的基本路线决定了我们在经济建设的过程中，必须坚持党的领导，坚持社会主义发展方向。

深圳特区的文化建设就是在上述路线和方针的指引下逐步发展起来的。从创建特区开始，中央就对深圳特区的文化建设定位明确。中央在决定创办经济特区时就明确指出，我们要建立的是经济特区，不是政治特区。[1]中共中央办公厅中办发〔1981〕5号文明确指出："我们的开放政策能否坚持下去，决定于我们能不能经得起这种考验，能不能抵制资本主义的坏东西。我们要做到既实行开放，又坚持四项基本原则；既发展经济，又保持良好的社会风气。要善于把国外好的东西溶化到中国的社会主义之中，而不要被人家把中国溶化为资本主义。"中共中央中发〔1982〕50号文进一步指出，各特区"特别要加强党的建设和社会主义精神文明建设。一定要坚决警惕和抵制资本主义思想的腐蚀，反对任何崇洋媚外的意识和损害国家民族利益的行为。特区的干部和广大群众，必须有特别高的觉悟，特别好的风气，特别严的纪律，特别高的工作效率。只有做到这些，我们在特区内采取的一系列特殊政策和做法，才能收到好的效果"。[2]这就表明，特区的

---

[1] 深圳市史志办公室编：《中国经济特区精神文明建设》深圳卷，中共党史出版社2003版，第14—15页。

[2] 同上书，第93页。

中心工作是改革开放和经济建设，特区的文化建设要服务于改革开放和经济建设，要为特区改革开放和经济建设提供有力的思想保证，保证特区的发展，迎着社会主义方向前进。

自特区建立开始，深圳文化建设始终是在服务经济建设，保证经济建设沿着正确方向前进的过程中发展起来的。

20世纪80年代初期，深圳经济发展突飞猛进，而文化基础十分薄弱。外商的引入和大量外来务工人口的迅速集聚，使得一些外来的通俗文化（如歌舞娱乐、卡拉OK、音乐茶座等）开始在深圳流行。为了满足人们工作之余对文化的紧迫需求，引导深圳文化健康发展，深圳市委、市政府提出"勒紧裤腰带也要把深圳文化设施搞上去"的口号，投入大量资金，兴建了图书馆、博物馆、科技馆、体育馆、大剧院、电视台、深圳大学和新闻大厦等八大文化设施。20世纪90年代，随着改革开放的逐步深入和经济建设的进一步发展，深圳人对精神文化提出了更高的要求。以"时间就是金钱、效率就是生命"为代表的"深圳观念"，使深圳留给人们的印象就是"深圳是粗鄙无比的暴发户"、"文化沙漠论"。为了改变这一现象，增强市民对深圳的认同，深圳市在全国率先制定了城市文化发展战略，开始了新一轮文化建设高潮。20世纪90年代，深圳市先后出台了《深圳市1995~2010年文化发展规划》、《深圳市文化事业发展（1998~2000）三年规划及2010年远景目标》，提出建设"现代文化名城"的战略目标，建成了关山月美术馆、深圳画院、深圳书城、深圳特区报业大厦、深圳商报大厦、有线电视台、华夏艺术中心、何香凝美术馆等新的八大文化基础设施。与此同时，在推动文化的大众化和市场化方面，深圳取得了显著成就，成功推出了一系列具有深圳特色的文化节庆品牌，如"深圳读书月"、"深圳大剧院艺术节"、"鹏城金秋社区文化艺术节"、"少儿艺术花会暨学校艺术节"、"深圳水墨画国际双年展"等。在此基础上，深圳市在全国率先提出了"实现市民文化权利"的观念，努力让全体市民参与文化建设，享受文化成果。

2000年前后，经济和文化相互融合趋势越来越明显，文化在相当程度上直接体现为现实的生产力，成为综合国力的重要标志，在综合国力竞争中的地位和作用越来越突出。十六大报告提出"全面建设小康社会，必须大力发展社会主义文化，建设社会主义精神文明"，"全党同志要深刻认识文化建设的战略意义，推动社会主义文化的发展繁荣"。同年，广东省提出了建设文化大省的战略。作为对中共中央和广东省文化战略的回应，深圳市于2003年1月提出"文化立市"战略。2005年1月，深圳市出台了《深圳市文化发展规划纲要（2005—2010）》，进一步明确了"文化立市"战略的指导思想、基本目标和战略措施，把文化产业作为深圳市经济发展的第四大支柱产业，提出了"公共文化服务体系"概念。2007年深圳市先后出台了《深圳市文化事业发展"十一五"规划》和《深圳市进一步完善公共文化服务体系实施方案》，对深圳公共文化服务体系建设进行了具体规划。除了上述综合、全面性的文化建设，深圳市还出台了一系列方案，推动专项文化建设，如《深圳市建设"图书馆之城"（2003~2005）三年实施方案》、《深圳市建设"图书馆之城"（2006~2010）五年规划》、《深圳市民生净福利指标体系》、《深圳经济特区公共图书馆条例（试行）》、《深圳市文化局重大公益文化活动实行社会化运作试行办法》等等。在"文化立市"战略的推动下，深圳出现了建设公共文化服务体系的热潮。

党的十七大以来，社会主义文化建设逐渐成为一种国家意志和国家战略。2010年7月，广东省提出"文化强省"的发展目标。同年，深圳市也提出建设"文化强市"战略。"文化强市"战略是"文化立市"战略的继续和拓展，在强化文化产业作为深圳第四大支柱产业的同时，高度重视文化事业发展，积极构建"完备的公共文化服务体系"。在"文化强市"战略背景下，深圳市修订完善了关于政府资助和扶持公共文化艺术项目和民间文化艺术团体的政策文件，进一步完善公共文化服务社会化运作机制。此外，以2011年举办国际大学生运动会为契机，深圳在公共文化服务基础设施建设、公共文化服务财政投入等方面向原特区外地区倾斜，进一步平衡原特区内外的公共文化服务体系建设水平，使深圳公共文化服务体系进一步完善，基本形成"覆盖全社会的公共文化服务体系"。

由此可见，自经济特区创立以来，深圳就一直在经济建设与文化建设两个领域的互动中，探索自身的文化建设与发展。在中共中央及广东省委的支持和指导下，深圳始终能够正确处理经济建设和文化建设的关系，在坚持以经济建设为中心的同时，加强深圳文化建设，推进经济与文化的融合，使两者相得益彰。一方面，让文化建设服务经济建设、为现代化建设提供强大的精神动力、智力支持和思想保证，不断满足深圳市民日益增长的精神文化需求，增强深圳的凝聚力、创造力、城市竞争力；另一方面，用经济发展带来的强大物质基础支持文化建设，用最新的科技成果促进文化创新，从而实现文化自身的繁荣和发展。

三、加强党的基层组织建设，以党建引领先进文化发展

党的基层组织是党的组织的重要组成部分，是党直接联系群众、服务群众、沟通党群关系的桥梁和枢纽，是党的全部工作的基础和战斗堡垒。深圳市根据自身的特点，加强党的基层组织建设，特别是在加强非公有制企业中党的基层组织建设，以党建引领先进文化建设等方面，进行了艰难探索，积累了独特的经验。

中央最初对深圳的定位是经济特区，是中国大陆对外联络的窗口和改革的实验田。在深圳经济特区的经济结构中，中外合资企业、中外合作企业和外商独资企业（通称"三资"企业）占有较大比重。特区建立初期，一些外商与中国共产党在意识形态上存在较大分歧，对企业内的党组织活动不理解、不支持，在招工时不愿招收党员。个别外商还对党员干部、职工心存戒心，百般挑剔，动辄解雇。与此同时，一些党员也对党组织在"三资"企业的合法性和必要性产生怀疑，主张"三资"企业内的党员和党组织"不公开亮牌子"。不少党员怕老板刁难、解雇，不敢公开身份，致使"三资"企业内的党组织和党员成为"地下党"。这种情况使党的领导和党员的先锋模范作用无法发挥出来，与我国兴办特区的宗旨背道而驰。

针对这种情况，深圳市委认为要办好特区，关键是要加强党的建设，发挥党的领导作用。市委领导反复强调，特区的"特"，就是要表现在"三资"企业的党建方面。在"三资"企业中建立健全党的组织，加强党的领导，提高领导水平，才能使"三资"企业沿着正确的方向发展。市委、市政府多次召开有关"三资"企业党的建设和职工思想政治教育的工作会议、

经验交流会、座谈会和理论研讨会。经过不断研究和探索，市委组织部规定："三资"企业有党员3人以上的要建立党支部，50人以上的建立党总支，100人以上的建立党委；企业中仅有个别党员的，按地区或行业成立联合党支部，挂靠在有关部门或当地的党组织进行管理；"三资"企业党组织的活动必须公开进行，主管单位的党组织要按照责任制承担企业党组织的组建任务。1985年，中共深圳市委颁布《深圳经济特区中外合营企业党的组织工作暂行规定》，对"三资"企业党组织的地位、作用、权利、任务、组织设置、领导体制、活动方式、工作方法及党员教育、思想政治工作的主要内容和形式作了明确的规定，从制度上保证"三资"企业党的活动逐步正常化、规范化。①

在建立党组织的基础上，深圳市委积极引导党组织和党员根据企业的实际情况，将党的思想路线与企业的经营和发展理念相结合，用党的思想引领企业文化建设。

"三资"企业具有国家资本主义的成分，但与资本主义的企业又有着本质的区别。它不仅要创造良好的经济效益，还要注重社会效益，要在用社会主义先进文化引导和教育员工方面做出贡献。由于"三资"企业员工所处的特殊工作和生活环境，不可能像国有企业那样配备专职政工干部，深圳特区党组织从实际出发，在开展"三资"企业员工思想教育的内容和方式上因地制宜，讲求实效。在内容上以"五爱"为重点，即爱祖国、爱人民、爱劳动、爱科学、爱社会主义；在方式方法上做到"立足业余，小型分散，灵活多样"，党、团和工会活动尽量安排在班前班后和节假日进行，避免生硬的说教和灌输，多采取启发式的、娱乐式的方法，例如，利用节假日组织员工参观学习，利用班后时间组织员工观看先进人物事迹的录像，在进行业务培训的同时也进行职业道德教育。这些做法，既容易为员工所接受，又能为资方人员所理解和赞同，收到了很好的效果。

20世纪80年代，国际上兴起企业文化热潮。这是一种企业管理的新理念，其特点是注重提高员工的素质，充分调动员工的积极性和主动性，

---

① 深圳市史志办公室编：《中国经济特区精神文明建设》深圳卷，中共党史出版社2003版，第185页。

提高企业的经营管理效率。深圳市因势利导,根据"三资"企业的特点,努力探索党的思想政治工作与企业管理紧密结合的新路子,积极引导企业文化建设。党组织把思想政治工作的优良传统与企业文化结合起来,创造了社会主义的企业文化,使思想政治工作更易于为资方管理人员所接受,更易于在企业管理人员和普通员工中产生共鸣。建设企业文化,党组织、工会、共青团、行政领导和管理人员都参与,壮大了做思想政治工作的力量,也使经费、时间、场地得到保证。例如,深圳康佳电子有限公司、蛇口海运集装箱、中华自行车、雅园宾馆等一批外资企业党组织,把企业文化作为加强思想政治工作的新载体,通过培育企业精神,把社会主义思想道德、远大理想、高尚情操的教育与企业发展目标、生产经营效益的宣传相结合,把培养"四有"职工的教育融汇于职业理想、职业道德、职业纪律的培训,把精神文明建设贯穿于创造一个良好的企业风貌、形象中,取得较好的社会效果。实践证明,在"三资"企业中,党的思想政治工作引导下形成的企业文化对企业的生产经营活动起到了明显的推动作用。"三资"企业党的建设成为深圳特区党建工作的一大特色。

进入 21 世纪,随着深圳市场经济制度的逐步健全和完善,良好的营商环境吸引全国各地的精英到深圳兴办企业,以市场经营活动的主体参与到经济发展之中,使深圳成为中国民营经济最发达的地区之一。党的十八大以后,"大众创业、万众创新"(简称"双创")活动在深圳如火如荼地展开,激发了人们创新创业的热情。面对新形势,深圳市各级党组织开始探索如何引导企业形成创新文化的新路。

2015 年,深圳市九大重点产业转型升级示范园区之一的龙岗区大运软件小镇党委秉持"党建 + 创新 + 创业"的党建工作思路,率先提出"跟党一起创业"的口号。小镇党委出台了深圳市第一个以党建促"双创"的工作方案——《以党建促众创、推动创新创业工作方案》。该方案围绕"双创"提出了 15 项具体举措,将党的引领作用贯穿到构建众创服务体系的全过程,促进党建工作与企业的创新创业工作紧密结合,探索园区标准化党建工作模式,发挥园区党群组织和党员作用,构建满足"双创"的综合创新生态体系。2015 年 12 月,小镇党委在全国率先组建了由党员企业家、党员投资者、党员金融专家等专业人士组成的党员众创导师团队,以推动企业创新创业。导师团队开展"党员导师指路,助力启航发展"活动,定期为小镇园区的创客团队举办创客沙龙、创客论坛、创业训练营等活动。到2018年初,导师团队共举办36场党员众创导师辅导课程,帮助60多家企业获得各类创业投资、风险投资共14亿元。2017年8月,小镇党委先行先试,推动小镇企业深圳热播网络科技有限公司成立党支部,并以旗下微信公众号平台"深圳全接触"命名,成为全国第一家以新媒体平台命名的基层党支部。党支部成立后策划了"用硬币请自取"、"小孩拿烟借火"、"在国际盲人节扮演盲人"等活动,不仅打造了一支用最新传播技术武装起来的党员先锋模范队伍,而且传播了积极向上的正能量。大运软件小镇的经验表明:党组织要真正发挥好战斗堡垒作用,就必须在服务园区企业创新创业发展上下功夫。"党建做实了就是生产力,做强了就是竞争力,做细了就是凝聚力"已经成为小镇越来越多园区入驻企业主和员工的共识。如今,"跟党一起创业"已经成为深圳互联网企业广为流行的理念。[①]

四、重视社会主义文化传播阵地建设,强化深圳文化建设传播渠道

政党文化的影响力不仅取决于其思想内容,而且取决于其传播能力。强大的传播能力能让政党的思想文化和价值观念快速、广泛地传播,产生更大的影响。中国共产党历来重视文化传播的作用,并根据各个时期的具体情况制订了相应的文化传播策略。根据中央的精神,加强深圳社会主义文化传播阵地建设,深圳市在不同时期,针对深圳文化建设的不同环境,采取了不同的政策。

在特区建设之初,深圳经济发展很快,文化设施却极度匮乏,致使资本主义思想和生活作风泛滥。这种情况引起了党中央和广东省委的高度重视。经过充分调查研究,广东省委宣传部于1981年4月拟定《关于深圳特区思想文化建设的初步意见》。《意见》认为,深圳特区经济建设发展很快,

---

① 杨丽萍:《"众创+党建"激发创新创业动力》,《深圳特区报》2018年5月9日。

但思想文化设施却十分缺乏。伴随着特区的对外开放，资产阶级腐朽思想和生活作风必将乘虚而入，带来消极的影响，必须引起高度重视。另外，深圳毗邻香港，是对外交往的门户，如果文化建设工作做得好，可以成为宣传社会主义精神文明的橱窗。因此，在进行经济建设的同时，深圳特区有必要用同等的力量抓好思想文化建设。《意见》提出：在三至五年内，按先后缓急次序，兴办或强化一批思想文化建设事业的项目。要把宣传、文化、教育、科学、体育、卫生等事业建设纳入特区的总体规划。各种宣传、文化设施做到布局合理，规模适中，适应需要，技术先进，并在对外竞争中能够发挥实际效益。首先要兴办或加强报纸、广播电视、图书馆、美术展览馆、群众艺术馆、影剧院、新华书店、科学馆、电视大学、人民医院和中医院、青少年业余体校等，加强艺术团体建设；逐步筹建各类科研机构、文化康乐场所以及体育馆和游泳场、池等。《意见》还就上述项目的投资来源、人才调配和管理体制等问题，提出了相应的对策和解决办法，并请求中央和省委给予支持和帮助。《意见》是深圳特区初期全面建设思想文化事业的指导性文件，在深圳文化建设发展史上具有重要的意义。

1982年11月，深圳市制订《深圳经济特区社会经济发展规划大纲》，对特区建设的指导思想作了原则性的规划，并分别提出了各行业发展的方向、目标和步骤。《大纲》明确提出了特区建设的指导思想，即"在建设高度物质文明的同时，努力建设高度的社会主义精神文明"；要求大力加强文化建设，重视智力投资，发展教育、科学、文学艺术、新闻出版、广播电视、卫生体育、图书馆、博物馆等各项文化事业，不断提高人民群众的知识水平，培养特区建设需要的各种专业人才；开展健康、愉快、生动活泼、丰富多彩的群众性娱乐活动，使人们在生产、工作之余得到精神享受；大力加强思想政治建设，坚持党的四项基本原则，宣扬共产主义思想，强化革命理想、道德、纪律的教育，抵制资本主义腐朽思想的侵蚀和反动文化的渗透；建设一支廉洁奉公、勇于实践、敢于创新、有所作为的干部队伍，教育和带动群众成为有理想、有道德、有文化、守纪律的劳动者；发展社会主义民主和社会主义法制，完善各种法规和法纪，使特区有特别严格的法制和纪律，特别清洁卫生的环境，特别好的社会治安秩序和社会道德风尚。《大纲》专门列出"精神文明建设"一章,列出了特区社会主义精神文明建设的具体项目和步骤。[①] 通过几年的努力,深圳特区建起了电视转播台,创办了《深圳特区报》、《特区文学》、《特区党的生活》、《深圳青年报》等文化传播机构,积极用社会主义思想文化占领特区思想文化阵地。通过这些文化机构,深圳特区进行了广泛的爱国主义、集体主义、社会主义教育,提高了广大党员、干部和群众的反对资本主义思想文化腐蚀的能力,促进了社会风气的好转。

进入新世纪,随着新型传播技术的快速发展,文化传播的重要性和紧迫性更加凸显。"提高社会主义先进文化辐射力和影响力,必须加快构建技术先进、传输快捷、覆盖广泛的现代传播体系。"[②] 这是党中央根据时代发展和科技革命的要求,对文化工作的重要战略部署。在这一方面,深圳利用其在科技创新方面的成果,在先进文化传播渠道的创新方面也走在全国前列。

第二节 实现改革开放与先进文化建设的良性互动

1978 年,中国开启了改革开放的历史进程,改革开放是中国社会发展史上的大事件,被视为当代中国经济社会发展和社会主义建设的"第二次革命"。从文化维度讲,改革开放启动了一场崭新的中国式的文化精神革新。中国共产党在改革开放进程中不断总结中华人民共和国成立以来社会主义文化建设的经验教训,始终把文化建设放在党和国家全局工作的重要战略地位,通过不断解放思想、实事求是,在坚持以经济建设为中心的同时,开启社会主义文化建设的新征程;通过制订文化改革开放政策、推动文化体制机制改革,释放了文化主体的创作活力和动力,激发了文化产业的大发展、大繁荣,建立了社会主义先进文化的自信。深圳作为中国改革

---

① 深圳市史志办公室编:《中国经济特区精神文明建设》深圳卷,中共党史出版社2003版,第51—55页。

② 《中共中央关于深化文化体制改革 推动社会主义文化大发展大繁荣若干重大问题的决定》,人民出版社,2011年版,第25页。

开放的前沿和窗口,对中国改革开放的不断深入发展,发挥了积极的推动和示范作用。深圳的改革开放实践经验也极大地促进了深圳社会主义文化建设的发展。以改革开放促进社会主义文化建设,成为深圳社会主义文化建设的一条重要经验。

一、改革开放开启了深圳社会主义文化建设征程

改革开放之初,困扰当代中国文化发展的最主要问题是如何看待文化与政治的关系问题。形成于革命战争年代且发挥过巨大历史作用的"为无产阶级政治服务"、文化从属于政治等理念,对新中国建立后迅速确立马克思主义在思想文化领域的指导地位,迅速完成由旧文化向社会主义新文化的转型起到了巨大促进作用。但是,这也导致频繁的文化批判、文化创造与传播中的诸多清规戒律、文艺作品的概念化公式化、思想与学术的沉闷教条以及日趋严重的文化泛政治化和泛意识形态化,直至"文化大革命"的发生。文化系统是"文革"的重灾区,大批文化老干部、老艺术家被打倒,文化工作者被迫离开文化和艺术工作岗位,文化系统的工作秩序被严重干扰。1978年5月11日,《光明日报》发表《实践是检验真理的唯一标准》,恢复和重新确定了解放思想、实事求是的思想路线,着手对包括文化战线在内的各个领域进行拨乱反正。

1977年,邓小平复出后,主管科技、教育,开始调整对文化的基本态度,提出文化不能脱离政治,但也不从属于政治。1979年,邓小平在中国文学艺术工作者第四次代表大会上的祝词中重提"百花齐放",指出:"党对文艺工作的领导,不是发号施令,不是要求文学艺术从属于临时的、具体的、直接的政治任务,而是根据文学艺术的特征和发展规律,帮助文艺工作者获得条件来不断繁荣文学艺术事业,提高文学艺术水平。"[①] 不久,他更明确提出:"我们坚持'双百'方针和'三不主义',不继续提文艺从属于政治这个口号,因为这个口号容易成为对文艺横加干涉的理论根据,长期的实践证明它对文艺的发展利少害多。但是,这当然不是说文艺可以脱

---

① 《邓小平文选》第2卷,人民出版社1994年版,第213页。

离政治。文艺是不可能脱离政治的。"[1]根据邓小平的讲话精神,1980年7月26日,《人民日报》发表社论,明确以"文艺为人民服务、为社会主义服务"作为新时期文艺工作的根本指针。通过拨乱反正和解放思想,全国文化系统甩掉了思想包袱,把思想和行动转到改革开放中来,转到服务社会主义现代化建设大局上来,以饱满的热情和昂扬的斗志投身于文化建设,从而开启了改革开放的新的历史征程。

深圳是我国改革开放的突破口和试验田,中央赋予了深圳先行先试的权力。深圳的文化建设就是在这一背景下展开的。深圳提出的许多新观念,都是在改革开放伟大实践过程中总结和提炼出来的;深圳文化建设中许多新的举措都是适应深圳改革开放需要而提出来的。可以说,改革开放开启了深圳社会主义文化建设的新征程。

1984年1月24日,邓小平同志到达深圳经济特区,他听汇报,看城市建设,深入渔村、企业、车间调查。邓小平同志亲自了解、掌握深圳经济特区的第一手材料。2月1日,邓小平给深圳的题词:"深圳的发展和经验证明,我们建立经济特区的政策是正确的。"这是对深圳特区各方面建设成就的高度肯定。邓小平同志肯定了深圳经济特区的建设成就,也肯定了改革开放引领下深圳文化建设的成就。

二、改革开放拓宽了社会主义文化建设的视野

1978年12月,中共十一届三中全会在北京召开,大会做出把工作重点转移到社会主义现代化建设上来的战略决策,并富有远见地提出了改革开放的基本国策。对外开放不仅仅是经济方面,同时也是文化上对外开放。改革开放后,历经磨难的中国人民以更加开放和包容的姿态拥抱世界,中外文化交流进入新的发展阶段。邓小平指出,中国"愿意在和平共处五项原则的基础上,同世界上一切国家建立、发展外交关系和经济文化关系"。[2]"经济上实行对外开放的方针,是正确的,要长期坚持。对外文化

---

[1] 《邓小平文选》第2卷,人民出版社1994年版,第255页。
[2] 《邓小平文选》第3卷,人民出版社1993年版,第70页。

交流也要长期发展。"① 我国在积极开展对外文化交流的同时，还牢牢把握如下方针："我们坚持对外开放政策，努力借鉴、吸收一切有利于发展我国文化艺术的外国优秀文化艺术成果，同时，也欢迎外国研究我国的文化艺术成果。我们的原则是：在分享人类文化财富方面，要相互学习，共同提高，在平等互利的基础上，加强合作，增进友谊。"②

长期以来，受"左"的意识形态影响，中国同西方发达国家的文化交流一直采取谨慎甚至是敌视和抵制的态度。为此，邓小平指出："对于现代西方的资产阶级文化，我们究竟应当采取什么样的态度呢？……我们要向资本主义发达国家学习先进的科学、技术、管理经验方法以及其他一切对于我们有益的知识和文化，闭关自守、故步自封是愚蠢的。"③ 1997年9月，在中共十五大会议上，江泽民在阐述中国文化建设时明确指出："我国文化的发展，不能离开人类文明的共同成果。要坚持以我为主、为我所用的原则，开展多种形式的对外文化交流，博采各国文化之长，向世界展示中国文化建设的成就。"④ 至1998年底，我国派出政府文化代表团和文化官员代表团230余起，接待来自世界各国的政府文化代表团和文化官员代表团400余起。与我国签订文化合作协定的国家达138个，是"文革"前17年总数的三倍多；在政府文化合作协定基础上，我国与外国签订的文化交流执行计划407个，是"文革"前155个的两倍多。⑤ 我国在对外开放中，通过文化交流的形式宣传我国改革开放和社会主义现代化建设的巨大成就，在国际舞台上树立当代中国的伟大形象，从而为对外开放创造一个良好的国际形象。

改革开放以来，中国在友好国家举办各种各样的"文化年""文化节""文化周""文化月""文化季"。在地理上，从拉美的智利、巴拿马、古巴、墨西哥到北美的美国、加拿大，从中东与非洲的埃及到我们的近邻日、韩，从东欧的罗马尼亚、保加利亚，北欧的芬兰到西欧的比利时及至

---

① 《邓小平文选》第3卷，人民出版社1993年版，第43页。
② 吕志先：《新中国三十五年来的对外文化交流》，《人民日报》，1984年9月19日。
③ 《邓小平文选》第2卷，人民出版社1994年版，第44页。
④ 《十五大以来重要文献选编》（上），人民出版社2003年版，第37页。
⑤ 李刚：《新时期对外文化工作二十年》，《人民日报》，1998年12月11日。

英伦三岛，可谓遍布五湖四海。在内容上，则几乎包括文化领域各个方面：从古文物到新发明，从丝绸到瓷器，从服饰到饮食，从科技到教育，从文学、艺术、图书出版、影视到体育、戏曲、杂技，从民族到宗教，从建筑到旅游等。其中，"中国年"和"孔子学院"是21世纪以来中国对外文化交流的标志性活动和机构。通过文化对外开放交流，中国文化加快了走出去的步伐，充分挖掘了中华文化资源的潜力，中国文化呈现出勃勃生机，为国家的和平发展、对外开放塑造出更好的国际文化环境与国际政治环境。

1992年春，《深圳特区报》、《深圳商报》把邓小平视察深圳期间重要讲话中的观点、主张结合深圳改革开放的实践，分别以"猴年八评"和"八论敢闯"的社论形式连续发表。"敢为天下先"、"先走一步"、"敢闯敢试"等观念迅速流行起来，成为深圳自我激励、勇做改革开放排头兵的坚定信念。2005年3月，中共深圳市委工作会议上提出了"改革创新是深圳的根、深圳的魂"，提出深圳未来的发展仍然要向改革创新要发展动力、要发展优势、要发展资源、要发展空间。

深圳改革开放实践拓宽了深圳社会主义文化建设视野，不仅在物质建设层面提出新思想，在精神层面也推出具有实质意义的举措。从2000年开始，深圳市每年11月举办"读书月"。在这座城市最中心的位置，屹立着世界一流的书城和图书馆。热爱读书，让我们这个城市更加文明，更加时尚。深圳因为热爱读书而受人尊重。"鼓励创新、宽容失败"是深圳精神、深圳力量的体现，从一个城市对于失败的态度，更能体会到这个城市先进文化的力量。2000年11月首届深圳读书月期间，深圳在全国率先提出"实现市民文化权利是文化发展根本目的"的理念。

2010年8月20日，由深圳报业集团主办，深圳商报、晶报以及深圳新闻网联合承办的"深圳最有影响力十大观念"评选活动正式启动，主办方从征集到的200多条深圳观念中选出了103条。从深圳最有影响力十大观念评选进程中，反映了千万市民的心声。"深圳最有影响力十大观念"不仅涉及政治经济文化，也涉及社会生态；不仅涉及国内改革开放的共识，也涉及国外的部分先进文化成果，具有全球视野。

三、文化体制改革加快了深圳社会主义文化建设的步伐

中国进入全面建设小康社会的关键时期和深化改革开放、加快转变经济发展方式的攻坚时期，文化越来越成为民族凝聚力和创造力的重要源泉、越来越成为综合国力竞争的重要因素、越来越成为经济社会发展的重要支撑，丰富精神文化生活越来越成为我国人民的热切愿望。但是，由于受陈旧的思想观念和落后的管理体制的束缚，我国文化、经济和社会发展水平和人民日益增长的精神文化需求还不完全适应。比如，文化市场主体不成熟、文化创新能力不强、文化人才队伍的市场化机制不完善等问题亟待解决。问题的核心是束缚文化生产力发展的体制机制问题尚未根本解决，要深入推进文化大发展，必须抓紧解决这些矛盾和问题。

1996年十四届六中全会通过的《中共中央关于加强社会主义精神文明建设若干重要问题的决议》第一次以党的重要决议的形式强调，"改革文化体制是文化事业繁荣和发展的根本出路"，提出了文化体制改革的任务和一系列方针，文化领域体制改革工作在探索中不断推进。

2002年召开的党的十六大首次提出"根据社会主义精神文明建设的特点和规律，适应社会主义市场经济发展的要求，推进文化体制改革"。2003年6月，中央召开了文化体制改革试点工作会议，确定在9个地区和35个文化单位进行试点。在认真总结试点经验的基础上，2009年8月，国务院发布《文化产业振兴规划》，这是中国第一个文化产业发展专项规划，标志着发展文化产业上升为国家战略。按照中央的部署，出版、发行、电影、文化市场管理等领域的改革在2012年以前基本完成。

2011年10月18日，党的十七届六中全会通过了《关于深化文化体制改革推动社会主义文化大发展大繁荣若干重大问题的决定》，认真总结我国文化改革发展的丰富实践和宝贵经验，研究部署深化文化体制改革、推动社会主义文化大发展大繁荣，进一步兴起社会主义文化建设新高潮，为加快文化改革发展提供了难得的历史机遇，标志着我国文化建设进入了一个新的繁荣发展阶段。

按照党的十八大关于全面深化改革开放的目标任务和扎实推进社会主

义文化强国建设的总体要求,十八届三中全会通过《中共中央关于全面深化改革若干重大问题的决定》,对推进文化体制机制创新做出新的重大战略部署。《决定》鲜明提出,建设社会主义文化强国,增强国家文化软实力,必须坚持社会主义先进文化前进方向,坚持中国特色社会主义文化发展道路,巩固马克思主义在意识形态领域的指导地位,巩固全党全国各族人民团结奋斗的共同思想基础。坚持以人民为中心的工作导向,坚持把社会效益放在首位、社会效益与经济效益相统一,以激发全民族文化创造活力为中心环节,进一步深化文化体制改革。这为我们在新的起点上加快文化改革发展指明了前进方向。2015年9月,中办、国办印发了《关于推动国有文化企业把社会效益放在首位、实现社会效益和经济效益相统一的指导意见》,把实现"双效统一"作为制度固化于企业发展过程中,为形成体现文化企业特点、符合现代企业制度要求的资产组织形式和经营管理模式奠定了坚实基础。

深圳作为我国改革开放的前沿和窗口,在文化体制改革方面始终走在全国的前列。早在20世纪90年代初,深圳就大力推进文化综合执法改革试点,探索建立文化、广播、新闻出版四局合一的大文化管理架构和综合执法机制。[①] 2003年,深圳被中央确定为全国9个文化体制改革创新试点地区之一。此后,随着深圳文化建设的发展,深圳在文化体制改革上也不断深化,主要表现如下。一是积极探索政府主导与发挥市场作用有机统一的文化事业和文化产业发展机制。二是深化国有文化资产管理体制改革。深圳报业集团、深圳广电集团、深圳出版发行集团等大型国有文化企业相关改革不断推进,加快三大集团的融合发展、转型发展和创新发展。2008年6月27日通过《三大集团国有文化资产监督管理暂行办法》以及关于考核、薪酬、投资、产权变动、资产评估、贷款担保、资产减值和损失核销等方面的监管办法(简称为1+7文件),首次明确了国有文化资产的责任主体,市委宣传部受国资委委托对三大集团进行直接管理,体现了激励与约束机制相结合、生产效率与市场规律相结合、经济效益与社会效益相结

[①] 陈永林、郑军编著:《传承与融合——深圳文化创新》,中央编译出版社2017年版,第59页。

合。①三是不断完善公共文化服务购买机制，制定《向社会力量购买公共文化服务指导性目录》，积极探索城市公共文化服务尤其是基层文化服务社会化发展的机制。四是创新文博会的管理机制。深圳文博会是目前我国唯一一个国家级、国际化、综合性文化产业博览交易会，以博览和交易为核心，全力打造中国文化产品与项目交易平台，促进和拉动中国文化产业发展，积极推动中国文化产品走向世界，被誉为"中国文化产业第一展"。2005年成立深圳国际文化产业博览交易会有限公司，遵循现代企业管理制度，遵循公司运营和市场化运作规律，以推动中国文化产业发展，促进中华文化走向世界为己任，致力于会展模式、运作机制、体制改革、业务拓展等方面的创新发展。2010年1月，由中宣部牵头成立"文博会协调领导小组"，建立了主办单位指导承办、深圳市直部门协调承办、文博会公司等承办单位具体承办的三级联动办展机制。深圳文博会自2004年创办以来，历届累计总成交额超过1.3万亿元，出口成交额累计超过1200亿元。深圳文博会品牌影响力越来越广泛，国内外客商参展热情越来越高，展出精品越来越多，成交金额越来越大，对推动文化大发展大繁荣的作用更加凸显，已经成为展示文化改革发展成果、促进中外文化交流合作的亮丽名片。

四、改革开放提升了中国特色社会主义文化自信

文化自信是一个民族获得文化尊严的内在条件，它当然需要建立在经济和社会进步和发展的基础之上。改革开放以来，中国经济社会发展所取得的举世瞩目的历史性成就，极大地提升了我们国家的国际地位和世界影响力。作为文化的物质承担者，经济实力为文化的传播提供了有利条件，因为文化硬实力是文化软实力的重要前提。离开了硬件系统的支持，文化传播是难以维系的。中国文化符号和文化因子在国际上的影响力的日益扩大，在很大程度上依赖于国力的坚强后盾。以语言为例，一种语言被异质文化所重视并发生兴趣，往往是伴随着这种语言所代表的文化的经济崛起。

---

① 陈永林、郑军编著：《传承与融合——深圳文化创新》，中央编译出版社2017年版，第69页。

离开了经济后盾,语言的传播力、影响力就不可能持久。莫言获得诺贝尔文学奖标志着中国的文化实力逐渐得到世界认可,也是中华文化走向自信的体现。改革开放以来,我国"文化自信得到彰显,国家文化软实力和中华文化影响力大幅提升"。[1]

党的十八大以来,习近平同志在关于文化发展繁荣的系列重要论述中,多次强调文化自信问题,把对它的认识提升到了一个新的高度、新的境界。他指出,文化自信,是更基础、更广泛、更深厚的自信。在五千多年文明发展中孕育的中华优秀传统文化,在党和人民伟大斗争中孕育的革命文化和社会主义先进文化,积淀着中华民族最深层的精神追求,代表着中华民族独特的精神标识。[2] 这对我们加深对文化发展规律的认识,坚定中国特色社会主义的信念,以文化的力量助推中华民族伟大复兴的中国梦的实现,提供了强有力的指引。如今,中国站在了新的发展起点,正置身于奋战"十三五"、决战精准脱贫、实现全面小康的关键时期。越是使命光荣、任务艰巨,越是需要坚定不移地推进马克思主义中国化、时代化、大众化,用中华民族优秀历史传统的文化自信为道路自信、理论自信、制度自信打上一层靓丽而坚固的底色。

党的十九大报告深刻指出:"文化是一个国家、一个民族的灵魂。文化兴国运兴,文化强民族强。没有高度的文化自信,没有文化的繁荣兴盛,就没有中华民族伟大复兴。"深圳是我国改革开放的前沿和窗口,也是改革开放最大的受益者。改革开放不仅是深圳经济腾飞的主要原因,也是深圳文化发展和文化自信的助推器。没有改革开放就没有深圳文化的健康、快速发展,也就不可能建立起社会主义文化建设的自信。当前,持续行进在文化创新道路上的深圳,正努力打造与现代化国际化创新型城市和国际科技、产业创新中心相匹配的文化强市。从世界城市发展历程看,创新是动力,文化是灵魂。40年来,深圳从"文化沙漠"到建成郁郁葱葱的"文化绿洲",离不开创新精神。是持续的文化创新,为深圳文化发展注入源源

---

[1] 习近平:《决胜全面建成小康社会 夺取新时代中国特色社会主义伟大胜利——在中国共产党第十九次全国代表大会上的报告》,人民出版社2017年版,第5页。
[2] 习近平:《在庆祝中国共产党成立95周年大会上的讲话》,人民日报,2016年7月2日。

不绝的动力。从文化事业看，45家博物馆、380多个文化广场、623家公共图书馆、240家自助图书馆，形成覆盖全市的公共文化设施网络；全年一万多场文化活动，让城市散发出浓郁的人文气息；2017年，深圳3件作品获中宣部"五个一工程"奖，占广东省获奖数的四分之三；14部作品获评广东省"五个一工程"奖，获奖数居全省第一。从文化产业看，文博会从深圳起航，成为"中国文化产业第一展"；深圳首创"文化＋科技"、"文化＋创意"、"文化＋金融"等崭新模式，为中国文化产业发展探索新路；深圳成为中国第一个"设计之都"；深圳文化创意产业持续快速增长，2017年增加值达2243亿元，增长14.5%。[①]

没有高度的文化自信，就没有文化的繁荣兴盛。深圳正全面实施《深圳文化创新发展2020（实施方案）》，按照"认准一个目标，实施一套方案，构建五大体系，一年干几件实事，坚持数年，必见成效"的总要求，夯实基础、补齐短板、谋划长远、创新发展，打造文化强市。深圳不仅是经济特区，也是移民城市、青春都会。她的先锋观念、包容精神、创新气质、文明活力、丰富内涵等，都让人心向往之。对于深圳而言，文化自信不仅是城市发展的有机组成，更是城市发展的引领和支撑，赋予深圳独特的魅力和持续的吸引力。

第三节　发挥人民群众在先进文化建设中的主体作用

中国特色社会主义文化建设必须要充分发挥人民群众的主体地位，文化的繁荣发展必须尊重人民群众，坚持以人为本，以群众文化建设为基础，坚持文化发展为了人民，文化发展依靠人民，文化发展成果由人民共享的基本方针。回顾深圳先进文化建设的历程，一个重要的经验就是始终坚持依托群众、相信群众、引导群众，让每一个深圳人都成为先进文化建设、传播的主体。综合运用大众传播、群体传播、人际传播展示先进文化的魅力，发挥人民群众在先进文化建设中的主体作用。

---

① 于雪：《迈向全球区域文化中心城市》，深圳商报，2018年8月26日。

一、发挥人民群众在文化建设中的主体作用是深圳文化建设的重要方式和显著特点

习近平同志在学习贯彻党的十九大精神研讨班开班仪式上指出:"时代是出卷人,我们是答卷人,人民是阅卷人。"总书记的重要论述鲜明彰显了以人民为中心的价值取向。中国共产党作为执政党,必须把人民群众放在最高位置,把实现人民利益作为最高目的,把保障和改善人民生活作为最大追求,不断强化赶考意识,在答卷中体现人民立场。要完成先进文化建设这一伟大任务,必须充分发挥人民群众的主体作用。坚持文化发展为了人民、文化发展依靠人民、文化发展成果由人民共享的重要方针。"为谁执政"、"靠谁执政"、"怎样执政"是党治国理政的重大问题,事关党的价值取向和目标追求,事关党的前途和命运。"治国有常,而利民为本。"深圳始终坚持社会主义文化建设必须体现"大众实践"的硬要求。所谓"大众实践",就是文化必须能代表大众的利益与心声,满足大众的需要与喜爱,符合大众的审美习惯与价值追求,吸引大众的注意与参与。早在2003年,深圳在全国率先确立了发挥人民群众在先进文化建设中的主体作用,"实现文化立市"的战略,南海之滨的鹏城,在展开经济之翼搏击长空时,也自信地舒展文化之翼强势起飞。

深圳在建设社会主义先进文化的过程中始终坚持把先进文化建设能否得到广大人民群众的支持和拥护以及积极参与,作为检验先进文化建设成效的"试金石"。深圳在先进文化建设推进过程中,固然重视高雅文化的推广和对群众的艺术陶冶,但是放在第一位的始终是着力做好群众文化工作。群众文化植根于群众熟悉的生活,紧贴群众生动的实践,群众喜闻乐见,也乐于参与,这是文化的生命力所在;群众文化形式多样,自娱自乐、文艺演出、书画活动、才艺比赛、知识普及、读书演讲等都是活动的载体。可以说,群众文化的繁荣才是一个地方文化繁荣的标志。从《春天的故事》到《走向新时代》的诞生就说明这一点。从"依靠人民文化立市"战略的确立,到"全民读书月"的普及,深圳在先进文化建设的过程中处处彰显了"以人民为中心"的主题。

一个"立"字，确定了社会主义先进文化在深圳发展战略全局中的突出位置，使社会主义先进文化建设成为经济社会发展的一个重要基础、支撑点和动力源。深圳，坚守着自己的文化追求，把"以人民为中心"作为深圳社会主义文化建设的指导思想，始终贯穿于深圳社会主义文化建设过程的各个部分，始终坚持以人民群众为主体的方针，发挥人民群众在先进文化建设中的主体作用，凸显人民群众的主体地位，在文化自觉中起航，在文化自信中成长，在文化自强中走向理性成熟。

党的十八大报告指出：建设社会主义文化强国，关键是增强全民族文化创造活力。这充分表明我国文化建设的繁荣发展，不仅要凸显人民群众的主体地位，更应充分发挥人民群众的主体作用。深圳率先提出"实现市民文化权利"，全覆盖普惠型公共文化服务体系领跑全国。文化惠民，年轻的城市从理论到实践，为中国奉献了一个"深圳样本"，在深圳经济特区建立30周年之际，"深圳最有影响力十大观念"评选揭晓。十大观念中，"实现市民文化权利"的观念位列第七。这一观念何以如此深入民心？"实现市民文化权利"的观念，始于2000年首届读书月。当时，从联合国1976年生效的《经济、社会和文化权利国际公约》谈起，提出"创立深圳读书月的目的就是要从读书这一最为基本的文化行为、文化权利入手，使更多的市民群众能参与到这一活动中来，享受读书的乐趣，满足求知的渴望，达到提升自我以适应社会和未来之目的"。

当"市民"与"文化"结合在一起，文化步入了每位普通市民的日常生活；当"文化"和"权利"结合在一起，文化成为市民理所当然享有的权利。实现市民文化权利，对市民是"权利"，对政府是"义务"。深圳主动担当，以实实在在的惠民工程、利民举措、便民活动，将市民文化权利的实现程度作为实现民生文化福利的出发点和落脚点，使每个市民都有享受文化成果、参与文化活动、开展文化创造的权利。让市民共享共创文化成果。

二、根植于人民群众的土壤之中是深圳文化发展的群众基础

艺术源于生活，文化源自人民。习近平总书记指出："文艺深深融入人

民生活，事业和生活、顺境和逆境、梦想和期望、爱和恨、存在和死亡，人类生活的一切方面都可以在文艺作品中找到启示。"[1] 文化起源于人类最初的劳动实践，从文字音律、书法绘画、戏剧歌舞到伦理道德、社会规范等都来自于人们的生产生活。例如：《诗经》中的《风》收录的大多是黄河流域的民间乐歌，是人民群众创作的艺术作品。只有汲取人民群众智慧和养分的文化才具有生命力，更贴近现实生活，更能丰富人民群众的精神生活。文化一旦远离人民，就没有了生命力和创造力。只有到人民群众中去深度挖掘提炼，创作的灵感和素材更多地来自于群众生活的点点滴滴，这样的作品才骨肉丰满；以人民需求为创作导向的作品才受群众欢迎。阳春白雪我们喜欢，下里巴人我们也需要。重视大众文化的传播塑造，努力提高文化产品质量，为人民提供更好更多精神食粮，是深圳先进文化建设始终坚持的基本导向。在大众文化创作中克服过度庸俗化的弱点，尽量提高其人文精神，提升大众文化的品位。充分尊重人民群众的主体地位和首创精神，鼓励自下而上的来自群众的自发的文化创新活动。壮大"草根"文化，引领和包容博客文化、网络文化、都市文化等多元性群众文化，在更好地满足人民群众基础性、多样化文化需求的同时，使个性表达与个人创造尽可能发挥。深圳在先进文化建设的过程中，始终注意深入挖掘、保护传统民间文化形式，保护非物质文化遗产，尊重和保护大众文化的原创力，注重和大力发展群众文化事业，让民间文化的种子生根发芽，把民间文化艺术上真正有专长的人挖掘出来，重视起来，使用上来，打造出一支高水平民间文化艺术队伍。

春夏秋冬，深圳的文化活动从不间歇；年复一年，多少文化品牌渐成"老字号"。鹏城金秋艺术节、深圳读书月、市民文化大讲堂、深圳关爱行动、创意十二月，让市民在每年奔赴心仪的文化之约时，参与了创造与创新，涵养了文化趣味。深圳市民的文化周末缤纷多姿，市民文化大讲堂、美丽星期天、戏聚星期六、光影星期五、剧汇星期天、深圳晚八点等一个个公益文化品牌，都是扎根于人民群众的土壤中，使市民积极参与文化活

---

[1] 《伟大的民族精神是我们的底气和根本力量》，《光明日报》论点摘编，《光明日报》2018年6月15日。

动，参与文化创新，结出的丰硕成果。

三、激发人民群众文化创造活力是深圳文化发展的根本动力

党的十八届三中全会《决定》提出，要以激发全民族文化创造活力为中心环节，进一步深化文化体制改革。这要求我们必须发挥人民群众在文化建设中的主体作用，换言之，就是要从根本上重视和发掘人民群众的创造力。

人民群众是历史的创造者。朝代更替、历史兴亡，人民群众是最根本的实践者和推动者，要真正从心里尊重人民群众。只有真正尊重人民群众，认可人民群众文化建设的主体地位，才能更好地激发他们的创造性，实现文化创新。发挥群众的创造性和创新能力，深圳在先进文化的建设过程中，始终把握了下列几点。一是加强思想引领，弘扬社会主义主旋律。注重社会主义共同理想教育，增强文化认同感，正确甄别优秀传统文化与外来文化，在社会主义主流文化的基础上允许百花齐放，百家争鸣，形成一元主导、多元发展的社会主义文化发展格局。二是政府创造条件，发挥市场作用，激发群众创作因子。群众文化事业需要政府加大投入，这也是政府义不容辞的责任和义务，政府要为人民提供一些文化必备品和必需品。文化产业则必须坚持以市场为导向，人民群众是市场经济的主体，同样也会引领先进文化的发展方向。人民群众的需要直接通过市场反映出来，文化建设不是空中楼阁，需要一定的物质基础做支撑，通过市场的作用既能满足人民群众的需要，又能激发文化发展的内生动力。因此，深圳在全国范围内，率先推动文化体制改革，改制后的文化企业取得了良好的经济效益和社会效益的双赢，极大地促进了社会主义文化的繁荣发展。三是继续深化改革，保持创新思维。在继续传承和发掘优秀传统文化、培养文化精英的同时，突破传统思维，兼容并蓄其他先进文化。提高群众文化素养，深圳始终坚守创新思维，文化发展始终紧跟时代的方针。具体来说就是尊重人民群众的主体地位和创新精神，鼓励引导来自群众的自发的文化创新活动。包容多元性群众文化，引领网络文化，支持"草根"文化，保护传统文化，培育都市文化等，从根本上满足人民群众最基本而又多样化的文化需求。

挖掘、保护传统民间文化形式，尊重和保护大众文化的原创力，竭力保持土著文化的原生态。大力发展群众文化事业，支持发掘民间艺术，培养民间文化艺术人才队伍。发挥人民群众主体作用，让人民群众创造出属于自己的文化艺术作品。社会主义文化建设必须要充分发挥人民群众的主体地位，要让人民唱主角。文化的繁荣发展，必须尊重人民群众的首创精神。处理好政府与人民、社会与市场的关系，激发人民群众的创造力，保护他们的创新精神，文化才能更有生命力，才会长成参天大树。

四、让人民群众共享文化发展的成果是深圳文化发展的出发点和落脚点

翻开中国共产党第十九次全国代表大会报告，无论是现代化强国的新目标，还是新时期社会主义现代化的实现正是在一个个具体的"个人梦"、"家庭梦"的实现中徐徐展开。发展成果由人民共享，每一个个体都能分享到发展的成果，促进人的全面发展，是马克思主义的基本要求。深圳在先进文化的建设过程中，始终把推动文化事业和文化产业发展，满足人民过上美好生活的新期待，让人民共享先进文化发展的成果作为目标。为此，深圳不断深化文化体制改革，完善文化管理体制，构建把社会效益放在首位、社会效益和经济效益相统一的体制机制；完善公共文化服务体系，深入实施文化惠民工程，丰富群众性文化活动；加强文物保护利用和文化遗产保护传承；健全现代文化产业体系和市场体系，创新生产经营机制，不断完善文化经济政策，培育新型文化业态。

深圳在全国率先实行美术馆、图书馆、博物馆等公共文化场所向公众免费开放，对高雅艺术进行票价补贴，降低人们享受文化成果的成本，推进文化权利均等化。基层文化设施扎实推进，"十分钟文化圈"基本形成，市民在家门口即可享用各种文化设施与服务。25家博物馆、381个文化广场、638家公共图书馆形成覆盖深圳的公共文化设施网络，成为一个个醒目的"文化地标"，让人民群众尽享高品位文化。

作为中国改革开放的前沿阵地，深圳镌刻着改革开放发展历程和现代化建设实践的生动印记。立足深圳、辐射全国、影响世界，这是深圳的胸怀和视野。中国与世界、传统与现代，在这里交汇融通，开花结果。开放、创新、多样的精神，坚持发挥人民群众在先进文化建设中的主体作用这一基本原则，始终流淌在这座城市社会主义先进文化建设的血脉中。

第四节　综合创新实现深圳社会主义先进文化发展

创新是深圳的魂、深圳的根。深圳这座城市本身就是创新的产物，因此，创新是深圳这座城市与生俱来的文化基因。四十年来，深圳的迅速崛起和发展，就得益于不断的创新。同样，通过各方面的综合创新，发展社会主义文化，是深圳社会主义文化建设取得突出成绩的重要原因，也是深圳社会主义文化建设的一条重要经验。回顾深圳四十年文化建设的历史，可以深切地感受到一部深圳社会主义文化建设的发展史，就是不断进行实践创新和理论创新的历史。综合创新极大地促进了文化事业的空前繁荣，文化自信进一步增强，文化对外影响力逐渐扩大，深圳社会主义文化建设进一步发展。

一、理论与观念创新，为深圳社会主义文化建设奠定思想基础

思想是行动的先导，社会主义文化的发展需要理论与观念创新，打破传统观念的束缚，提供理论上的指导。改革开放初期，为打破原有计划经济体制的束缚，提高工作效率，深圳提出"时间就是金钱，效率就是生命"等一系列适应改革开放、体现时代精神、引领社会思想的先进观念，极大地推动了深圳思想观念的更新和精神文化建设。邓小平南方讲话发表后，深圳经济特区的发展进入到快车道。为社会主义文化的建设提供了新的机会和挑战。理论创新、思想解放，及一系列文化政策方针的调整改革，使深圳社会主义文化事业又迎来新的改革创新与繁盛时代。进入21世纪，伴随着深圳经济腾飞和改革开放的不断深化，深圳进入"文化自觉"时代，深圳又率先提出"实现市民文化权利"和"维护国家文化主权"的理念，率先提出"打造创新型智慧型力量型主流城市文化"的理念，并努力实现将深圳建成"志愿者之城"、"爱心之城"、"文明之城"的目标。随着思想

观念的创新，深圳兴起文化理论研究热潮，各类文化研究机构、刊物、艺术作品、理论著作等如潮涌现，其发展与影响已然超出文化领域，成为推动深圳社会变革的重要思想文化动力。这主要表现在以下几个方面。一是在文化的地位和作用问题上，根据深圳的实际，强化了国家提出的"文化力量说"和"四位一体论"，提出了"文化立市"理论。2002年，十六大提出"文化建设和文化体制改革"，指出"当今世界，文化与经济和政治相互交融，在综合国力竞争中的地位和作用越来越突出。文化的力量，深深熔铸在民族的生命力、创造力和凝聚力之中"。深圳社会主义文化建设始终贯彻着这一要求。十七大明确把文化建设列入"四位一体"的总体布局，强调要"全面推进经济建设、政治建设、文化建设、社会建设，促进现代化建设各个环节、各个方面相协调，促进生产关系与生产力、上层建筑与经济基础相协调"。深圳的发展充分体现了"四位一体"，不仅在经济发展上成为全国的排头兵，在文化建设的理论与实践上也走在了全国的前面。二是在文化发展目的上，深圳始终做到了"以人民为中心"。我国政府分别于1997年和1998年签署了《经济、社会和文化权利国际公约》和《公民权利和政治权利国际公约》，并于2001年由全国人大常委会批准了《经济、社会和文化权利国际公约》。近年来，党和政府强调以人民为本全面建设小康社会、共建共享和谐社会，让发展成果惠及全体人民。深圳在文化的建设过程中，始终强调要坚持社会主义先进文化前进方向，兴起社会主义文化建设新高潮，激发全体人民文化创造活力，提高文化软实力，使人民基本文化权益得到更好保障，使社会文化生活更加丰富多彩，使人民精神风貌更加昂扬向上。三是在文化发展思路上，深圳率先在全国践行了文化事业和文化产业"两分法"。党的十六大报告第一次在党的正式文件中将文化分为"文化事业"和"文化产业"。2003年，十六届三中全会通过的《完善社会主义市场经济体制若干问题的决定》，阐明了文化事业和文化产业的改革方向和目标，要求对公益性文化事业单位"深化劳动人事、收入分配和社会保障制度改革，加大国家投入，增强活力，改善服务"，对经营性文化单位"创新体制，转换机制，面向市场，壮大实力"。"两分法"的提出，肯定了现代公共财政理论在文化领域的适用性，明确了公益产品和私益产品的不同提供主体和各自的职责边界，奠定了文化组织创新的理论基础，也为深圳的"文化立市"指明了方向。四是在文化发展格局上，完善了"两个格局说"。2005年12月，中共中央、国务院下发的《关于深化文化体制改革的若干意见》，根据十六大"坚持和完善公有制为主体、多种所有制共同发展的基本经济制度"的要求和我国对外开放的基本国策，提出了"形成以公有制为主体、多种所有制共同发展的文化产业格局"和"形成以民族文化为主体、吸收外来有益文化的文化市场格局"工作要求，为文化领域产权制度创新和深化对外开放指明了方向。在社会主义文化建设的过程中，深圳通过一系列改革实践落实和完善了"两个格局说"。

二、文化体制机制创新，充分发挥市场机制在深圳文化建设中的作用

深圳作为我国改革开放的前沿和窗口，在文化体制改革方面始终走在全国的前列，早在20世纪90年代初，深圳就探索建立文化、广播、新闻、出版四局合一的大文化管理架构和综合执法机制。2002年，党的十六大报告强调要"根据社会主义精神文明建设的特点和规律，适应社会主义市场经济发展的要求，推进文化体制改革"，要求"抓紧制定文化体制改革的总体方案"。2003年7月，中办和国办转发了《中宣部、文化部、广电总局、新闻出版总署关于文化体制改革试点工作的意见》，正式确定北京、上海、广东、浙江、重庆、深圳、沈阳、西安、丽江九地为文化体制改革综合性试点地区，山东大众报业集团、国家图书馆、中国电影集团公司等35家单位为改革试点单位。此后，深圳开始全面推进文化体制改革。经过十余年多轮的文化体制改革，深圳逐步建设起与社会主义市场经济体制改革相适应、充满活力的文化体制机制，极大地激发了深圳文化建设、文化事业和文化产业发展的活力，为其他地区的改革提供了可贵的经验。纵观深圳文化体制改革历程，深圳的文化体制改革创新主要表现在如下几个方面。一是积极探索政府主导与发挥市场作用有机统一的文化事业和文化产业发展机制。具体来说就是按照市场经济规律改造传统的文化组织体系，从根本

上改变政、企、事一体化的旧体制模式，使深圳文化发展逐步形成了投资主体多元化、运作模式市场化的趋势，文化产业领域呈现出国家、集体、股份制、民营、个体及中外合资、深港合资、外资独商等所有制形式并存的发展格局，大大促进了深圳文化事业和文化产业的发展。二是转变政府对文化的管理职能和管理方式。2004年7月，中央宣传部等七部门联合下发了《关于在文化体制改革综合试点地区建立文化市场综合执法机构的意见》，明确提出将改革试点地区地市以下原文化、广播影视、新闻出版部门实行"三局合一"，并把各自设立的执法机构和"扫黄""打非"队伍调整归并，组建新的按属地管理的文化市场综合执法机构。按照这一精神，深圳如期完成政府管理机构组织创新任务，初步实现从"办"向"管"、从管微观向管宏观、从以行政管理为主向综合运用法律、经济、行政、技术等手段管理为主的转变。三是深化国有文化资产管理体制改革。深圳报业集团、深圳广电集团、深圳出版发行集团等大型国有文化企业相关改革不断推进，加快三大集团的融合发展、转型发展和创新发展。四是不断完善公共文化服务购买机制，制定《向社会力量购买公共文化服务指导性目录》，大量的公共文化服务尤其是基层文化服务不再由政府包办，而是通过向社会文化机构或文化服务企业购买的形式，扩大公共文化服务的供给，满足人民群众日益增长的文化生活需要。同时，创新设立"公共文化体育管理服务"类别，积极引入社会力量辅助政府开展政策调研和绩效管理，拓宽文化人才引进渠道。为提高公共文化服务水平，深圳市还积极开展公共文化服务绩效评估试点，探索建立公共文化需求反馈机制，推进政府购买公共文化服务常态化、规范化，收到良好的效果。五是推进市场准入制度创新，加快形成与基本经济制度相适应的文化产业格局。2004年10月10日，国家广电总局、商务部联合发布《电影企业经营资格准入暂行规定》，第一次提出社会资本可以成立电影制片公司和电影技术公司。2005年4月，国务院发布的《关于非公有资本进入文化产业的若干决定》以及7月文化部等五部委联合制定的《关于文化领域引进外资的若干意见》，进一步规定了非公有资本和外资进入文化领域的范围和原则，引导非公有资本进入文化产业。在国家有关政策的支持下，深圳非公有资本投资文化领域发展迅速，文化建设呈现出百家争鸣、百花盛开的欣欣向荣的局面。

深圳文化体制机制的创新与改革，充分调动了政府、文化事业单位、社区、企业等各方面的积极性，使各方优势得到充分发挥，极大地激发了深圳文化发展的活力，成为促进深圳文化大发展、大繁荣的重要因素。在总结深圳地区和单位试点经验的基础上，2005年底，中共中央、国务院发出《关于深化文化体制改革的若干意见》，对深圳的文化体制改革给予了肯定，对进一步推进文化体制改革的指导思想、原则要求、目标任务作了全面部署。2006年9月，中办、国办印发我国第一个关于文化建设的中长期规划《国家"十一五"时期文化发展规划纲要》，把文化发展纳入国家发展的总体战略加以统筹规划，进一步推动了文化领域改革发展进程。

三、产业形式创新，促进深圳新型文化产业快速崛起

进入21世纪，深圳高新技术的飞速发展和产业的转型升级，不仅使深圳市民对文化生活提出了更高的要求，而且促进了深圳文化产业的发展和转型升级。以现代信息技术为代表的高新技术发展，使文化生产和传播方式发生了很大的变化。深圳敏锐地抓住了这一变化，将高新技术与文化产业结合起来，创造出"文化＋科技"、"文化＋旅游"、"文化＋创意"、"文化＋金融"、"文化＋互联网"等一系列文化产业新模式、新业态，培育出新的文化产业，创造了新的增长点，加快了深圳新型文化产业的迅速崛起，逐步形成以现代高新技术为主导、以文化创意为支撑、以"高、新、软、优"为特征的现代文化产业体系。

如深圳华强文化科技集团股份有限公司（现更名为深圳华强方特文化科技集团股份有限公司）于2006年创办以来，将现代高新科技和文化产业相结合，通过不断创新与探索走出了一条"以文化为核心，以科技为依托"的文化科技产业发展新道路，打造"创、研、产、销"一体化的文化科技产业链，提出了文化产业规模化、多元化、国际化的发展战略。该公司通过坚持实施文化与科技融合的战略，形成了以创意设计为龙头，以特种电影、动漫产品、主题演艺、影视出品、影视后期制作、文化衍生品、文化

科技主题公园为主要内容的优势互补产业链,成为深圳乃至中国文化产业的龙头企业之一。在主题公园设计方面,该公司是国内唯一具有成套设计、制造、出口大型文化科技主题公园的企业,不仅在芜湖、重庆、汕头、泰安、株洲、青岛、沈阳、天津投资建成第四代文化科技主题公园,还在沈阳、芜湖、青岛、湖南、郑州、厦门建立具有文化产业规模化生产功能和展示功能的文化科技产业基地,在天津建立3D立体影视基地,并将文化科技主题公园输出到伊朗和乌克兰等国家;提出打造"美丽中国·文化产业示范园"的发展设想——以中国文化为核心,制定"美丽中国"三部曲的发展计划,由"华夏历史文明传承创新示范园"、"复兴之路爱国主义教育基地"、"明日中国主题园"构成,把中国灿烂的传统文化、光辉的革命历程、伟大的改革成就和美好的未来发展用全新的文化、科技、艺术手段展示,打造一个主题鲜明、气势恢宏,并为人民群众所喜闻乐见的文化科技体验示范区。在特种电影制作方面,该公司是拥有目前国内规模最大、种类最多、技术最全面、设备最齐全、产量最高的特种电影专业公司,成功研发出悬挂式球幕电影、环幕4D电影、跟踪式立体电影等十多类特种电影。其中环幕4D影院系统已输出到美国、加拿大、意大利等全球40多个国家和地区,相配套的4D影片每年出口20余部。在动漫游戏和动画片制作方面,华强原创动漫实现了动画无纸化、规模化生产,华强动画片精品迭出。华强原创动漫产品不仅在央视少儿频道等国内200多家电视台播出,还出口到美国、俄罗斯、新加坡、中东、印尼等100多个国家和地区,进入尼克频道(Nickelodeon)、迪士尼(Disney)等国际主流媒体,先后荣膺中宣部"五个一工程"优秀动画片奖、国家动漫品牌、优秀国产动画片一等奖、法国戛纳电视节儿童评审团"Kids' Jury"大奖等几十项国际国内大奖,成为业界公认佳作,进一步树立华强"方特卡通"国际品牌形象。华强首部院线动画电影《熊出没之夺宝熊兵》打破国产卡通"公映首日票房、三日破亿、第一部首周破亿国产电影、九日票房刷新国产卡通总票房"等全部纪录,以2.5亿元总票房树立国产动画电影票房新标杆。

华强方特文化科技集团稳步快速发展,就得益于产业形式的创新,引起了国内外业界和媒体的高度关注,也得到了中央有关领导的高度评价。

2010、2011、2012、2013、2014年连续五年获评"中国文化企业30强",还获批中宣部"全国文化体制改革工作先进单位"、文化部"2011年度十大最具影响力国家文化产业示范基地"、"国家文化出口重点企业"、"世界知识产权版权金奖"、"广东省十大创新企业"、"广东省文明单位"、"广东省版权兴业示范基地"等殊荣,旗下多家企业被认定为国家重点动漫企业、国家高新技术企业、国家规划布局内重点软件企业等,多项产品荣获中宣部"五个一工程"优秀作品奖、中国文化政府艺术奖提名、中国舞蹈荷花奖、广电总局优秀国产动画片等。

可以说,通过几十年的努力,深圳有利于多出精品、多出人才、多出效益的新型文化体制机制初步形成,文化事业文化产业的实力、活力和市场竞争力不断增强。深圳已找到了一条既符合中国特色社会主义制度的要求,又遵循社会主义市场经济规律的先进文化发展之路。

四、综合创新是中国特色社会主义文化在新时期进一步发展的动力

"十三五"时期,深圳文化发展面临着新环境,有了新要求。

一是全面建成小康社会对文化发展提出了新要求。党的十九大提出了全面建成小康社会和推进社会主义文化强国建设的宏伟目标,深圳市委、市政府也做出了加快建设文化强市的战略部署。努力实现基本公共文化服务均等化,让市民享受更有品质的文化服务,为全面建成小康社会创造良好的文化条件,是深圳文化改革发展的必然要求。

二是建设现代化国际化创新型城市为文化发展提供了新空间。文化发展水平是城市软实力和综合竞争力的重要体现。深圳正致力于建设更具影响力的国际化城市,进一步提高文化发展水平,加快文化设施建设,大力发展现代创意文化和创新型文化,拓展对外文化交流领域,培育国际文化活动品牌,是建设现代化国际化创新型城市的迫切需要。

三是经济结构转型升级为文化发展提供了新契机。文化创意产业作为战略性新兴产业,资源消耗低、环境污染少、带动就业能力强、易于和相关产业融合,是经济增长和转型升级的新引擎及供给侧结构性改革的重要

突破口。加快发展文化创意产业、促进文化消费，积极扩大文化创意产品和服务供给，有利于保障和改善民生，有利于扩大内需、增加就业、培育新的经济增长点，推动经济转型升级。建设与现代化国际化创新型城市相匹配的文化强市。

综合创新，推进社会主义文化进一步发展，是新时代赋予社会主义文化建设的神圣使命。在时代的高起点上推动文化内容形式、体制机制、传播手段创新，解放和发展文化生产力，是繁荣社会主义文化事业的必由之路。改革开放已经走过四十年，留下来的都是些难啃的硬骨头，甚至是牵动全局的敏感问题和重大问题，全面深化改革面临着更为坚巨的任务和挑战。应对新考验，没有捷径可循，只有牢牢依靠人民，密切联系群众，凝聚起广大人民的磅礴力量，综合创新，推动中国特色社会主义先进文化新发展。

当前，国内外环境正发生深刻变化，文化已成为综合国力的重要标志。我们只有坚定马克思主义的指导思想，坚定不忘初心的信念，坚定文化自信，通过不断地改革创新，发展完善社会主义先进文化体系，增强中国特色社会主义先进文化的活力和吸引力，才能实现建设社会主义文化强国的战略目标。

参考文献

1. 《马克思恩格斯选集》第 1 卷，人民出版社，1995 年。
2. 《马克思恩格斯选集》第 2 卷，人民出版社，1995 年。
3. 《马克思恩格斯文集》第 10 卷，人民出版社，2009 年。
4. 《马克思恩格斯全集》第 26 卷，人民出版社，2014 年。
5. 《列宁选集》第 4 卷，人民出版社，1995 年。
6. 《列宁全集》第 6 卷，人民出版社，1986 年。
7. 《列宁全集》第 39 卷，人民出版社，1986 年。
8. 《毛泽东选集》第 1 卷，人民出版社，1991 年。
9. 《毛泽东选集》第 2 卷，人民出版社，1991 年。
10. 《毛泽东选集》第 3 卷，人民出版社，1991 年。
11. 《邓小平文选》第 1 卷，人民出版社，1994 年。
12. 《邓小平文选》第 2 卷，人民出版社，2009 年。
13. 《邓小平文选》第 3 卷，人民出版社，2009 年。
14. 《江泽民文选》第 1 卷，人民出版社，2006 年。
15. 习近平：《习近平谈治国理政》，外文出版社，2014 年。
16. 习近平：《习近平谈治国理政》第 2 卷，外文出版社，2017 年。
17. 习近平：《决胜全面建成小康社会 夺取新时代中国特色社会主义伟大胜利——在中国共产党第十九次全国代表大会上的报告》，人民出版社，2017 年。
18. 中共中央文献研究室编：《习近平关于社会主义文化建设论述摘编》，中央文献出版社，2017 年。
19. 《习近平关于全面深化改革论述摘编》，中央文献出版社，2014 年。

20.《习近平关于全面依法治国论述摘编》,中央文献出版社,2015年。

21.《习近平关于社会主义生态文明建设论述摘编》,中央文献出版社,2017年。

22.中共中央宣传部:《习近平总书记在文艺工作座谈会上的重要讲话学习读本》,学习出版社,2015年。

23.《中共中央关于深化文化体制改革 推动社会主义文化大发展大繁荣若干重大问题的决定》,人民出版社,2011年。

24.《三中全会以来重要文献选编》,中央文献出版社,2011年。

25.《十二大以来重要文献选编》,中央文献出版社,2011年。

26.《十五大以来重要文献选编》(上),人民出版社,2003年。

27.《十七大以来重要文献选编》(上),中央文献出版社,2009年。

28.《十八大以来重要文献选编》(中),中央文献出版社,2016年。

29.中共中央文献研究室:《社会主义精神文明建设文献选编》,中央文献出版社,1996年。

30.冷溶、汪作玲:《邓小平年谱(1975—1997)》,中央文献出版社,2004年。

31.中共中央文献研究室:《邓小平思想年谱(1975—1997)》,中央文献出版社,1998年。

32.《习仲勋文选》,中央文献出版社,2013年。

33.《习仲勋文集》(上卷),中共党史出版社,2013年。

34.谷牧:《谷牧回忆录》,中央文献出版社,2009年。

35.冯颜利等编著:《中国特色社会主义文化建设:打造高尚精神世界的文化发展之路》,中共中央党校出版社,2013年。

36.傅高义:《邓小平时代》,生活·读书·新知三联书店,2013年。

37.沈壮海:《先进文化论》,高等教育出版社,2003年。

38.徐稳:《中国共产党引领先进文化能力研究》,中国社会科学出版社,2013年。

39.花建等:《文化力:先进文化的内涵与21世纪中国和平发展的文化动力》,百家出版社,2006年。

40. 江畅等:《当代中国主流价值文化及其构建》,科学出版社,2017年。

41. 李述一、李小兵:《文明的冲突与选择——中国的图景》,人民出版社,1987年。

42. 司马云杰:《文化价值论》,山东人民出版社,1990年。

43. 吴秋林:《文化基因论》,商务印书馆,2017年。

44. 单波、刘欣雅主编:《国家形象与跨文化传播》,社会科学文献出版社,2017年。

45. 张森:《文化治理:理论演进、西方模式与中国路径》,中国政法大学出版社,2017年。

46. 赵林编:《中西文化的精神差异与现代转型》,华东师范大学出版社,2015年。

47. 殷海光:《中国文化的展望》,中华书局,2016年。

48. 陈登原:《中国文化史》,商务印书馆,2014年。

49. 吕思勉:《中国文化史:一部中国古代文化的说明书》,商务印书馆,2015年。

50. 柳诒徵:《中国文化史》,上海古籍出版社,2001年。

51. 康雪编著:《梁启超新民说》,中国文史出版社,2013年。

52. 蔡尚思:《中国传统思想总批判》,湖南人民出版社,1981年。

53. 高叔平编:《蔡元培政治论著》,河北人民出版社,1985年。

54. 石峻主编:《中国近代思想史参考资料简编》,生活·读书·新知三联书店,1957年。

55. 《五四运动文选》,生活·读书·新知三联书店,1950年。

56. [英]马林诺夫斯基:《文化论》,费孝通译,华夏出版社,2002年。

57. [意]维柯:《新科学》,朱光潜译,商务印书馆,1989年。

58. [美]杜威:《自由与文化》,傅统先译,商务印书馆,2013年。

59. [日]福泽谕吉:《文明论概略》,北京编译社译,商务印书馆,2011年。

60. [英]克莱夫·贝尔:《文明》,张静清、姚晓玲译,李活校,商务印书馆,1990年。

61.［美］布鲁斯·马兹利什:《文明及其内涵》,汪辉译,刘文明校,商务印书馆,2017年。

62.［英］雷蒙德·弗思:《人文类型》,费孝通译,商务印书馆,2011年。

63.［美］丹尼尔·贝尔:《资本主义文化矛盾》,赵一凡、蒲隆、任晓晋译,生活·读书·新知三联书店,1989年。

64.［英］C. P. 斯诺:《两种文化》,纪树立译,生活·读书·新知三联书店,1994年。

65.［英］特瑞·伊格尔顿:《文化的观念》,方杰译,南京大学出版社,2003年。

66.［德］马克斯·韦伯:《文明的历史脚步》,黄宪起、张晓玲译,生活·读书·新知三联书店上海分店,1988年。

67.［美］约翰·R.霍尔、玛丽·乔·尼兹:《文化:社会学的视野》,周晓虹、徐彬译,商务印书馆,2004年。

68.［英］史密斯:《文化理论:导论》,张鲲译,商务印书馆,2008年。

69.［美］杰里·D.穆尔:《人类学家的文化见解》,欧阳敏、邹乔、王晶晶译,李岩校,商务印书馆,2016年。

70.［英］帕特里克·卡罗尔:《科学、文化与现代国家的形成》,刘萱、王以芳译,上海交通大学出版社,2017年。

71.［美］托尔斯坦·凡勃伦:《科学在现代文明中的地位》,张林、张天龙译,徐颖莉校,商务印书馆,2008年。

72.［法］费尔南·布罗代尔:《十五世纪至十八世纪的物质文明、经济和资本主义》第1卷,顾良、施康强译,商务印书馆,2017年。

73.［法］让·富拉斯蒂埃:《2001年的文明》,朱邦造、陈立春译,商务印书馆,1996年。

74.［法］弗朗克·戈泰、多米尼克·克萨代尔:《跨文化管理》,陈椒仁、周晓幸译,商务印书馆,2005年。

75.《辞海》第6版彩图本,夏征农、陈至立主编,上海辞书出版社,2009年。

76. 中国大百科全书编辑部编:《中国大百科全书》第 2 版简明版,中国大百科全书出版社,2011 年。

77. 钱穆:《论语新解》新校本,九州出版社,2011 年。

78. 杨伯峻今译 刘殿爵英译:中英文对照《论语》,中华书局,2008 年。

79. 李泽厚:《论语今读》,安徽文艺出版社,1998 年。

80.(清)刘宝楠:《论语正义》,中华书局,1990 年。

81.(宋)朱熹:《四书集注》,岳麓书社,1985 年。

82. 陈鼓应:《老子今注今译》,商务印书馆,2003 年。

83.《商君书》,岳麓书社,2006 年。

84. 扬雄:《法言》,中华书局,1985 年。

85. 范仲淹:《范文正公文集》,上海古籍出版社,2002 年。

86.《顾炎武全集》(日知录一),上海古籍出版社,2012 年。

87. 郑春兴、王建国编译:《易经》,河南出版集团,2007 年。

88. 鲍思陶译:《论语》,崇文书局,2007 年。

89. 司马迁:《史记全本》(下),万卷出版公司,2016 年。

90. 鲁迅:《朝花夕拾》,中国言实出版社,2016 年。

91. 何静、韩怀仁:《中国传统文化》,解放军文艺出版社,2002 年。

92. 吴文涛、张善良编著:《管子》,北京燕山出版社,1995 年。

93. 张思平主编:《十大体系——深圳社会主义市场经济体制的基本框架》,海天出版社,1997 年。

94. 涂俏:《袁庚传·改革现场》,海天出版社,2016 年。

95. 中共深圳市委宣传部写作组:《深圳的斯芬克斯之谜》,海天出版社,1991 年。

96. 深圳博物馆编:《深圳经济特区创业史》,人民出版社,1995 年。

97. 广东省地方史志编纂委员会编:《广东省志·经济特区志》,广东人民出版社,1996 年。

98. 黄树森、龙迎春、张承良:《春天纪——改革开放 30 年的真实记录和鲜活映像》,广东人民出版社,2009 年。

99. 深圳市史志办公室编:《中国经济特区的建立与发展·深圳卷》,中共党史出版社,1997年。

100. 广东省政协文史资料研究委员会编:《经济特区的由来》,广东人民出版社,2002年。

101. 陈禹山、陈少京:《袁庚之谜》,花城出版社,2005年。

102. 江潭瑜主编:《深圳改革开放史》,人民出版社,2010年。

103. 深圳市史志办公室编:《中国经济特区的精神文明建设（深圳卷）》,中共党史出版社,2003年。

104. 王京生:《文化+：文化产业发展的战略选择》,海天出版社,2017年。

105. 王京生:《文化是流动的》,人民出版社,2013年。

106. 王京生主编:《深圳十大观念》,深圳报业集团出版社,2011年。

107. 章必功:《移民文化新论》,人民出版社,2010年。

108. 吴俊忠编:《深圳文化三十年：民间视野中的深圳文化读本》,商务印书馆,2010年。

109. 陶一桃主编:《深圳经济特区年谱》,中国经济出版社,2010年。

110. 温诗步主编:《深圳文化变革大事》,海天出版社,2008年。

111. 彭立勋主编:《文化体制改革与文化产业发展——2003年深圳文化蓝皮书》,中国社会科学出版社,2003年。

112. 彭立勋主编:《城市文化创新与和谐文化建设——2007年深圳文化蓝皮书》,中国社会科学出版社,2007年。

113. 彭立勋主编:《改革开放与城市文化发展——2009年深圳文化蓝皮书》,中国社会科学出版社,2009年。

114. 彭立勋主编:《文化创造活力与城市文化实力》,中国社会科学出版社,2013年。

115. 彭立勋主编:《深圳文化蓝皮书2014：全面深化改革与城市文化建设》,中国社会科学出版社,2014年。

116. 彭立勋主编:《深圳文化蓝皮书2015：文化治理现代化与文化发展新常态》,中国社会科学出版社,2015年。

117. 张骁儒主编:《深圳文化发展报告：2016》，社会科学文献出版社，2016年。

118. 张骁儒主编:《深圳文化发展报告：2017》，社会科学文献出版社，2017年。

119. 刘中国主编:《纪事·深圳经济特区25年》，海天出版社，2006年。

120. 广东档案馆编:《广东改革开放三十年重要档案文献》（上），中国档案出版社，2008年。

121. 王京生:《城市文化"十大愿景"》，中国人民大学出版社，2015年。

122. 《三生万物：庞朴自选集》，首都师范大学出版社，2011年。

123. 刘国光主编:《深圳特区发展战略研究》，香港经济导报出版社，1985年。

124. 吴松营、段亚兵主编:《深圳精神文明建设（文件汇编）》，海天出版社，1996年。

125. 李德顺:《新价值论》，云南人民出版社，2004年。

126. 亚里士多德:《政治学》，吴寿彭译，商务印书馆，1965年。

127. ［德］斐迪南·滕尼斯:《共同体与社会》，林荣远译，商务印书馆，1999年。

128. ［法］菲利普·潘什梅尔:《法国》，漆竹生译，上海译文出版社，1980年。

129. ［美］理查德·尼克松:《1999：不战而胜》，中国人民公安大学出版社，1988年。

130. 陈永林、郑军编著:《承传与融合——深圳文化创新》，中央编译出版社，2017年。

131. 杨宏海:《深圳文化研究》，花城出版社，2001年。

132. 梁英平、谢春红等:《深圳十大观念解读》，中山大学出版社，2012年。

133. ［美］英格尔斯:《人的现代化》，殷陆君译，四川人民出版社，1985年。

134.［德］奥斯瓦尔德·斯宾格勒著：《西方的没落》，齐世荣等译，商务印书馆，2001年。

135.李伟彦：《脚印集——深圳文化垦荒岁月的断忆》，中国青年出版，2003年。

136.鞠天相：《争议与启示·袁庚在蛇口纪实》，中国青年出版社，1998年。

137.《历年深圳统计年鉴》，中国统计出版社。

后 记

　　本书是深圳社会主义先进文化研究与传播中心全体研究人员集体劳动的结晶。2017年11月，深圳社会主义先进文化研究与传播中心在深圳市委宣传部、深圳市委教育工委大力支持下在深圳职业技术学院成立。中心成立后，深圳职业技术学院党委书记陈秋明教授即提出了此项目策划，并成立了以陈秋明为组长的课题组开展研究。本书叙论由周春水（一、二）、刘静（三）、谭属春（四）撰写；第一章第一节由杜芳撰写，第二节由李强撰写，第三节由孙剑平、李强撰写；第二章第一节由汪婧、葛桦撰写，第二节由房尚文撰写，第三节由苏艳丽撰写，第四节由蒋宗伟、葛桦撰写，第五节由陈永力撰写；第三章第一节由李强、蒋宗伟撰写，第二节、第三节由蒋宗伟撰写，第四节由陶继双撰写，第五节由汪婧撰写；第四章第一节、第三节由习明撰写，第二节由孙晓玲、丁雪梅撰写，第四节由高竟玉撰写，第五节由王玉桂撰写，第六节由孙晓玲撰写；第五章第一节由钟文苑撰写，第二节由高予远撰写，第三节由刘艳撰写，第四节由高丽敏撰写；第六章第一节由谭翀撰写，第二节由黄牡丹撰写，第三节由冯锦敏撰写，第四节由谢文兵撰写；第七章第一节由杨卓林撰写，第二节由尹向东撰写，第三节、第四节由徐刚撰写。孙晓玲、汪婧、蒋宗伟、谭翀、李强、陈永力、杨卓林、钟澄、张艳红参与了初稿审改。全书由陈秋明、谭属春统稿，由陈秋明审改定稿。

　　本书的协作自始至终得到深圳市委宣传部的大力支持，得到华南师范大学马克思主义学院院长、教育部"长江学者奖励计划"特聘教授陈金龙、深圳市委宣传部理论处处长杨建博士的悉心指导，他们参与了本书提纲的讨论与审定，审阅了全部书稿，提出了很多宝贵的意见和建议；本书在研究过程中也参阅了近年来公开发表的诸多专家学者的研究成果，在此一并表示感谢！

深圳社会主义先进文化建设内容极其丰富，值得总结的东西很多，本书作为初次研究的尝试，不可能面面俱到，挂一漏万之处在所难免；同时，本书是深圳社会主义先进文化研究与传播中心成立以来第一次集体合作的研究结果，参与撰稿人数较多，各章节篇幅不等，文风难以统一，加之时间和水平有限，难免有肤浅之处，欢迎广大读者批评指正。